Reden des Buddha

Lehre, Verse, Erzählungen

Übersetzt und eingeleitet von Hermann Oldenberg

Mit einer Einführung
herausgegeben von Heinz Bechert

Herder
Freiburg · Basel · Wien

Verlag Herder Freiburg im Breisgau 1993

Herstellung: Freiburger Graphische Betriebe 1992
Umschlaggestaltung: Joseph Pölzelbauer
Umschlagmotiv: Buddha, Wandmalerei, späte Kuṣāṇa-Zeit, 3.–4. Jh.
Balawaste (Zentralasien), Delhi, National Museum.
ISBN 3-451-4112-X

Inhalt

Einführung zur Neuausgabe 11
Einleitung von Hermann Oldenberg 21

ERSTER TEIL
VOM LEBEN UND DER PERSON DES BUDDHA

1. Ein Jünger spricht von Buddha 58
2. Der Seher Asita besucht das Buddhakind 58
3. Das Fortziehen des Bodhisatta von seiner Heimat . . . 61
4. Die vergeblichen Kasteiungen 67
5. Versuchung durch Māra 75
6. Die Erlangung der Buddhaschaft 77
7. Die ersten Vorgänge nach Erlangung der Buddhaschaft 82
8. Māras Töchter als Versucherinnen 85
9. Buddha entschließt sich die Lehre zu predigen 89
10. Die ersten Predigten 92
11. Aussendung der Jünger. Begegnung mit Māra 99
12. Die Rede von den Flammen der Sinnenglut 100
13. Die Gewinnung der beiden vornehmsten Jünger . . . 101
14. Weib und Kind des Buddha 106
15. Devadatta 108
16. Die Nonne Sundarī 119
17. Māra versucht Buddha mit Herrschermacht 122
18. Māra als Ackersmann 123
19. Der kranke Mönch 125
20. Der abgefallene Mönch 126
21. Der Brunnen 129
22. Buddha hört ein Liebeslied an 130
23. Buddha und Dhaniya der Herdenbesitzer 135
24. Buddha als Ackersmann 137

25. Die Gewalt der Buddhaverkündigung 138
26. Vom Wesen des Buddha (einzelne Versgruppen und Verse) 140
27. Aus der Erzählung über die letzten Wanderungen des Buddha und über sein Eingehen in das Nirvana 143

ZWEITER TEIL
DIE LEHRE. WELTLEIDEN UND ERLÖSUNG

28. Verborgen und offenbar 160
29. Die Lehre handelt allein vom Heil 160
30. Das Gleichnis vom Stabe 161
31. Die Elefantenspur 162
32. Welche Fragen Buddha nicht beantwortet 162
33. Die Einseitigkeit des unerleuchteten Erkennens . . . 166
34. Der Gläubige und die Lehre 170
35. Welt und Ich 171
36. Erkennen und Welt 175
37. Sein, Nichtsein, Werden 178
38. Māra und die Welt 179
39. Das „Wesen" 179
40. Ist ein Subjekt zu finden? 181
41. Noch einmal das Subjekt 182
42. Die Last und der Lastträger 183
43. Das Nichtwissen, die letzte Quelle alles Leidens . . . 184
44. Die Unendlichkeit der Seelenwanderung und ihrer Leiden 185
45. Die Länge des Weltalters 186
46. Die vielen und die wenigen 187
47. Gibt es ein Jenseits? 189
48. Von den Höllenstrafen 200
49. Die Wesenlosigkeit des Weltdaseins 204
50. Das Meer der Vergänglichkeit 205
51. Die Vergänglichkeit des Daseins 206
52. Der Gedanke der Vergänglichkeit alles Seins 207
53. Die vier Berge 207

54. Das Leben ist kurz 210
55. Die Macht von Alter und Tod 211
56. Buddha und die Welt 212
57. Vergänglichkeit des Geistigen wie des Körperlichen . 213
58. Trauer um Vergängliches 215
59. Liebe bringt Leid 216
60. Gefangene 217
61. Verschiedener Geschmack 218
62. Von den Nöten des Weltlebens 220
63. Motten und Licht 221
64. Die körperliche Erscheinung der Weisen und der Toren 222
65. Welt und Weltleiden. (Verschiedene Versgruppen und Einzelverse) 222
66. Raṭṭhapāla 227
67. Edles und unedles Suchen 241
68. Aus der Rede vom Lohn des Asketentums 244
69. Das Gleichnis von den Mangofrüchten 259
70. Die beiden Räder 260
71. Woran man erkennt, ob man auf dem Wege zur Erlösung ist 262
72. Die drei Stätten 263
73. Der himmlische Baum 264
74. Die Gebirgskuh 265
75. Die drei Stücke geistlichen Lebens 267
76. Vom Mönchsleben. Aus einer Dichtung 268
77. Gleichgültigkeit gegen Weib und Kind 269
78. Gleichmut gegenüber Lob und Tadel 270
79. Von der Freundschaftsübung 271
80. Die Streitsüchtigen 273
81. Mit wem man verkehren soll 274
82. Aus dem Gedicht vom Nashorn 275
83. Aus dem Gedicht von der Schlangenhaut 276
84. Vom geistlichen Leben und Streben. (Vermischte Versgruppen und Einzelverse) 277
85. Weltglück und Erlösung 281
86. Das Gleichnis von der Lampe 283

87. Der Erlöste 284
88. Der Erlöste. (Vermischte Versgruppen und Verse) . . . 284
89. Glaube und Hingang der Bāhiya 289
90. Der Mönch in der Schlangenhöhle 292
91. Der Tod des Godhika 293
92. Vom Dasein des Erlösten 296
93. Gegenstücke 303
94. Vom Nirvana 304

DRITTER TEIL
GEMEINDELEBEN UND GEMEINDEORDNUNG. DIE LAIEN

95. Das Meer und die Lehre und Gemeinde der Gläubigen 308
96. Die Einträchtigen 311
97. Vom Mönchsleben. (Versgruppen und Einzelverse) . . 313
98. Die Ordination 318
99. Die Beichtfeier 324
100. Die Regenzeit 329
101. Fromme Stiftungen 330
102. Der Besitz von Gold und Silber den Mönchen verboten 334
103. Die Gründung des Nonnenordens 336
104. Aus den Betrachtungen und Erinnerungen einzelner Ältester (Mönche und Nonnen) 341
105. Die Pflichten von Mönchen und Laien 354
106. Mönche und Laien: ihr gegenseitiges Verhältnis . . . 358
107. Die Laienfrau, wie sie sein soll 359
108. Die Entstehung der Kasten 362
109. Kritik des Brahmanentums 366
110. Waschungen reinigen nicht von Sünde 373
111. Selbstliebe und Schonung der andern 374
112. Von Sittlichkeit und rechtem Benehmen im gesellschaftlichen und Familienleben 374
113. Rechtes und unrechtes Tun. (Einzelne Versgruppen und Verse) 383

VIERTER TEIL
FABELN UND ANDERE ERZÄHLUNGEN (JĀTAKAS)

114. Die Schildkröte und die Gänse: von der Redseligkeit . 386
115. Wider die Redseligkeit 388
116. Der Löwe und der Specht 390
117. Der Esel in der Löwenhaut 391
118. Der vorsichtige Affe 393
119. Die Affen dilettieren als Gärtner 395
120. Die beiden Affen 396
121. Furcht steckt an 397
122. Die vier Katzen 400
123. Der Elefant und der Mistwurm 402
124. Der König und der Mistwurm 403
125. Das Häschen 406
126. Der indiskrete und der diskrete Papagei 410
127. Die Krähen und das Meer 411
128. Der Pfau in Babylon 412
129. Der Affe berichtet über das Treiben der Menschen . . 415
130. Das salomonische Urteil 416
131. Vom Branntweintrinken 418
132. Unglücksnamen 419
133. Der betrogene Betrüger 421
134. Weibertugend 426
135. Die entlarvte Frau 432
136. Dieb und Kurtisane 434
137. Der Sklave als großer Herr 438
138. Die Karawane in der Wüste 441
139. Der Gott, der zu nichts nütze ist 443
140. Die bedeutungsvollen Verse 445
141. Das graue Haar 448

ANHANG: EIN JÜNGERER TEXT ÜBER BUDDHAS TÄGLICHES LEBEN 451

Nachweis der Herkunft der übersetzten Stücke 456

Einführung zur Neuausgabe

Am 18. März 1920 verstarb im Alter von 65 Jahren in Göttingen *Hermann Oldenberg*, einer der bedeutendsten deutschen Indienforscher. Er hatte durch seine Arbeiten über die vedische Literatur und Religion sowie über den frühen Buddhismus die Grundlagen für unser heutiges Verständnis der altindischen Geisteswelt gelegt. Oldenberg studierte in Berlin und Göttingen klassische Philologie; schon drei Jahre nach seiner Promotion habilitierte er sich 1878 in Berlin für Sanskrit-Philologie. Bereits im nächsten Jahr erschien seine Ausgabe und Übersetzung des *Dīpavaṃsa* („Inselchronik"), der ältesten erhaltenen Chronik der Insel Ceylon (Sri Lanka), die gleichzeitig eine der wichtigsten frühen Quellen für die Geschichte der buddhistischen Gemeinde darstellt. Oldenbergs Ausgabe ist ein Meisterwerk; sie ist bis heute die maßgebliche Bearbeitung dieses Textes geblieben. Der Schwerpunkt seiner Arbeiten lag in den folgenden Jahren auf dem Gebiet der heiligen Schriften des sog. südlichen Buddhismus („Theravāda-Buddhismus"), der bis heute in Sri Lanka und Südostasien verbreitet ist. Oldenberg hat als erster erkannt, daß diese Quellen uns erlauben, ein zutreffendes Bild von den frühesten Entwicklungsstufen der buddhistischen Religion zu gewinnen. Noch in demselben Jahr 1879 publizierte er den ersten Band seiner Ausgabe des *Vinayapiṭaka* („Korb [d. h. Textsammlung] der Ordenszucht"), des ersten Teils der heiligen Schriften der Theravāda-Buddhisten; diese Ausgabe lag bereits 1883 in fünf Bänden abgeschlossen vor. Zusammen mit dem britischen Orientalisten *T. W. Rhys Davids* hat er den größten Teil dieses Textes auch zum ersten Mal in eine europäische Sprache übersetzt („Vinaya Texts", 3 Bde., Oxford 1881–1885).

Im Jahre 1881 erschien die erste Auflage von Oldenbergs Werk

„Buddha, Sein Leben, Seine Lehre, Seine Gemeinde". Mit diesem Buch beginnt die moderne Buddhismusforschung. Hermann Oldenberg besaß die außergewöhnliche Fähigkeit, in der zu seiner Zeit noch kaum erschlossenen Fülle des Überlieferungsmaterials das Wesentliche zu erkennen; er verband seinen treffsicheren Blick für die großen Zusammenhänge mit gewissenhafter philologischer Akribie und genauester Berücksichtigung der Einzelfragen. Daraus erklärt sich, daß seine Werke bis heute, mehr als 70 Jahre nach seinem allzu frühen Tode, nichts von ihrer Aktualität für ein zutreffendes Verständnis der Kultur des alten Indiens eingebüßt haben. Dies gilt ganz besonders für seine Arbeiten über den Buddhismus, aber nicht weniger für sein zweites großes Forschungsgebiet, die Erschließung der vedischen Religion und Literatur vom Rigveda, Indiens ältestem Literaturdenkmal, über die Brāhmaṇa-Texte bis zu den Upanishaden und den spätvedischen Ritualtexten. Es gelang ihm, die Entwicklung der religiösen Vorstellungen Indiens in ihrem inneren Zusammenhang verständlich zu machen; auch der Buddhismus wird so in den großen Kontext der indischen Geistesgeschichte eingefügt.

Sowohl auf dem Gebiet der Buddhismusforschung wie auf dem der Veda-Forschung haben einige spätere Gelehrte gemeint, mit neu erschlossenem Material oder mit neuen theoretischen Ansätzen Oldenbergs Auffassungen für überholt erklären und zu einem grundsätzlich anderen Verständnis der uns überlieferten Dokumente gelangen zu können. Es hat sich aber gezeigt, daß die Wissenschaft immer wieder zu Oldenbergs Erkenntnissen zurückkehren mußte.

Es war Hermann Oldenberg, der den Gelehrtenstreit um die Frage der Historizität der Gestalt des Buddha mit seinem schon erwähnten bahnbrechenden Werk „Buddha, Sein Leben, Seine Lehre, Seine Gemeinde" entschieden hat (1881; die Ausgabe letzter Hand, auf die in Oldenbergs Einleitung zum vorliegenden Band verwiesen wird, erschien 1920; später wurde das Buch wiederholt nachgedruckt). Man findet Oldenbergs Argumente auch in seiner Einleitung zum vorliegenden Werk kurz zusammengefaßt; dort wird das Wissen um die Tatsache vorausgesetzt, daß mehrere Forscher in Buddha eine nur mythische Gestalt gesehen haben. Nach der Meinung von *R. O. Franke* (1862–1928), den Oldenberg namentlich erwähnt, sei die historische Gestalt Buddhas so weit hinter dem altindischen Mythos von einem erwarteten Welterlöser verborgen, daß sie für uns nicht mehr faßbar ist. Der große französische Indologe *Émile Senart* hatte in Buddha sogar nur die Personifikation eines alten Sonnenmythos gesehen. Oldenbergs Auffassung, daß wir in den ältesten buddhistischen Quellen einige zuverlässige Hinweise auf Ereignisse finden, die sich auf die historische Gestalt des Gotama Buddha beziehen, und vor allem seine These, daß dieser Gotama Buddha auch der wirkliche Schöpfer der ihm in den alten Texten zugeschriebenen Lehre zwar nicht in allen Einzelheiten, aber doch in ihren Grundzügen gewesen sein müsse, hat sich längst allgemein durchgesetzt.

In diesem Zusammenhang sei auch daran erinnert, daß Gotama, der historische Buddha, nach der Überzeugung der Buddhisten nur ein Erleuchteter in einer langen Kette von Welterleuchtern gewesen ist. Es gibt in jeder Weltperiode einen Buddha, der den zwischenzeitlich vergessenen Weg zur Erlösung wiederentdeckt. Bis zu seiner Erleuchtung heißt er Bodhisatta („Erleuchtungswesen"), eine Vorstellung, die im vorliegenden Buch oft anklingt. Aufgrund der für die Buddha-Lehre von Anfang an charakteristischen, aber auch bereits der älteren indischen Überlieferung nicht fremden Lehre von einem zyklischen Weltverlauf dürfen wir auch den Ursprung dieser Vorstellungen auf den historischen Buddha zurückführen.

In seiner Einleitung erwähnt Oldenberg auch, daß seine Auffassungen durch die Funde der Zentralasienexpeditionen (in Deutschland bekannt als sog. Turfan-Expeditionen) bestätigt worden seien. Diese Expeditionen haben Bruchstücke von Handschriften aus den heiligen Schriften buddhistischer Schulrichtungen zutage gefördert, deren heilige Texte nicht wie die der Theravāda-Buddhisten (also der „Überlieferung des Südens" in der Terminologie Oldenbergs) in der Pāli-Sprache, sondern in Sanskrit niedergeschrieben worden waren. Die systematische Erschließung dieser Texte ist erst lange nach Oldenbergs Tod gelungen; sie war vor allem Verdienst von *Ernst Waldschmidt* (1897–1985), der als Oldenbergs zweiter Amtsnachfolger auf dem indologischen Lehrstuhl in Göttingen die von Oldenberg hier begründete Tradition der Buddhismusforschung konsequent weitergeführt hat.

Waldschmidt und andere spätere Gelehrte haben auch die Erforschung der buddhistischen Überlieferungen in China und Tibet in Angriff genommen. Sowohl die Chinesen wie die Tibeter haben bekanntlich in großem Umfang uns heute im Original verlorene frühe buddhistische Texte aus den Sanskrit-Originalen übersetzt und in ihren Sammlungen heiliger Schriften des Buddhismus zusammengestellt. Diese Werke repräsentieren die Überlieferungen der in jener Zeit im Norden Indiens und in Zentralasien verbreiteten buddhistischen Gemeinden, die sich in mancher Hinsicht von der Pāli-Überlieferung des Theravāda-Buddhismus unterscheiden. Oldenberg waren seinerzeit nur wenige dieser Texte zugänglich; sein Bild des frühen Buddhismus beruht ganz überwiegend auf Quellen in indischen Sprachen, also in Pāli und in Sanskrit. Die Erwartung mancher Forscher um die Mitte unseres Jahrhunderts, mit Hilfe dieser neu erschlossenen Quellen zu einem wesentlich anderen Bild des frühen Buddhismus zu gelangen, als es Oldenberg gezeichnet hat, hat sich nicht erfüllt. So darf heute festgestellt werden, daß das von *Helmuth von Glasenapp* (1891–1963) seiner Neuausgabe von Oldenbergs „Buddha" beigefügte Nachwort (1959) mit einer Darstellung der nach Glasenapps Meinung richtigen Interpretation der Lehre des historischen Buddha als überholt angesehen werden muß. Die in diesem Nachwort als zentrale Konzeption des frühen Buddhismus bezeichnete „Dharma-Theorie" ist in ihrer dort dargestellten ausgebildeten Form eine Schöpfung einer späteren philosophischen Schule des Buddhismus gewesen und zwei oder drei Jahrhunderte nach dem Tode des Buddha ausgestaltet worden. Die zugrunde liegende Vorstellung, nach der die endliche Welt auf einem Zusammenwirken von *dhamma* (Pāli-Form des Sanskrit-Wortes dharma) genannten Gegebenheiten beruhe, ist allerdings durchaus alt und auch in Oldenbergs Buch erörtert, wie das folgende Zitat daraus belegt (6. Auflage, 1914, S. 311f.):

„Nun erscheint in der Dogmatik des Buddhismus die endliche Welt durchaus als auf sich selbst beruhend. Was wir sehen, was wir hören, unsere Sinne wie die Objekte, die ihnen gegenüberstehen, alles ist im Kreislauf des Entstehens und Vergehens begriffen; alles ist nur ein Dhamma, ein Saṅkhāra, und alle Dhamma, alle Saṅkhāra sind vergänglich. Woher dieser Kreislauf? Wir wissen nur, daß er da ist seit unabsehbarer Vergangenheit. Das Bedingte wird als Tatsache anerkannt; das Denken findet nirgends einen Antrieb, von ihm auf ein Unbedingtes, sagen wir in der Sprache der Upanishaden, auf das Brahman zurückzugehen. Wie wäre es auch anders möglich? Wo der Gegensatz von Vergänglichem und Ewigem zu der Höhe gesteigert ist, die das indische Denken erreicht hat, läßt sich in der Tat kaum mehr eine Verbindung zwischen zwei solchen Seiten vorstellen. Hätte ein Ewiges, wie auch immer, an dem, was sich in der Welt des Vergänglichen zuträgt, einen Anteil, würde nicht ein Schatten der Vergänglichkeit auf jenes zurückfallen? Damit aber verschwindet jeder Gedanke daran, für das Verständnis dieser Welt die Annahme eines Ewigen zur Hilfe zu rufen. Das Wandelbare, Bedingte läßt sich nur denken als bedingt durch ein anderes Wandelbares, Bedingtes."

Aus diesen Ansätzen eine konsequente Welterklärung zu entwikkeln, blieb späteren Buddhisten vorbehalten. Der Buddha selbst wollte nicht eine Welterklärung geben, sondern einzig und allein den Weg zur Erlösung aufzeigen. Deshalb hat er seine Aussagen zu philosophischen Fragen konsequent auf die Aussagen begrenzt, die zur Begründung des Erlösungsweges unentbehrlich waren.

Oldenbergs Darstellung der Lehre des historischen Buddha hat sich in allen wesentlichen Punkten bestätigt. So stimmt die aus der Feder des bedeutendsten Buddhismusforschers der jüngeren Vergangenheit, des belgischen Gelehrten *Étienne Lamotte* (1903–1983), stammende Darstellung des frühen Buddhismus („Der Buddha, Seine Lehre und Seine Gemeinde", in: Der Buddhismus: Geschichte und Gegenwart, hrsg. von H. Bechert und R. Gombrich, München 1989, S. 33–67) in allen wesentlichen Punkten mit Oldenbergs Auffassungen überein. Oldenbergs Genialität, mit der er bereits 1881 aus dem seinerzeit sehr begrenzten und großenteils von ihm selbst aus Handschriften erstmals erschlossenen Quellenmaterial zu einem gültig gebliebenen Entwurf von Leben und Lehre des historischen Buddha gelangt ist, wird man erst bei Berücksichtigung dieser Umstände voll zu würdigen imstande sein. Auch hinsichtlich des Verhältnisses des frühen Buddhismus zu den vorangehenden Stufen der Entwicklung indischer Religion und Philosophie, also zu den jüngeren vedischen Texten und vor allem den Upanishaden, glaube ich sagen zu dürfen, daß Oldenbergs Thesen in den wesentlichen Punkten gültig geblieben sind; man findet sie ausführlich in seinem Werk „Die Lehre der Upanishaden und die Anfänge des Buddhismus" (1915) begründet.

Kontrovers ist bis heute geblieben, wie man die Aussagen des Buddha zur Frage nach dem Absoluten zu verstehen habe. Darüber hat es gerade in unserem Jahrhundert nicht nur unter Gelehrten, sondern auch im Kreise der Anhänger der buddhistischen Lehre tiefgehende Meinungsverschiedenheiten gegeben. Der Buddha hat zu der Frage nach dem Absoluten geschwiegen, wie in einer Reihe von Lehrtexten belegt ist. Oldenberg hat als erster die Bedeutung dieses Schweigens erfaßt; in der Wissenschaftsgeschichte wird er als der Vertreter der Schule des „schweigenden Buddha" apostrophiert. In der Einleitung zum vorliegenden Buch ist er nur verhältnismäßig kurz auf diese Problematik eingegangen. In seinem Buch „Buddha" dagegen ist dieser Fragenkomplex vor allem in dem Abschnitt „Der Heilige, Das Ich, Das Nirvāna" sehr eingehend erörtert. Oldenberg weist hier mit Nachdruck auf die Notwendigkeit hin, für das Verstehen fremder Religionen zunächst von deren eigenen Fragestellungen und Denkweisen auszugehen. Wenn man dies tut, wird manche Frage als Scheinfrage entlarvt und manche Kritik gegenstandslos. Lassen wir Oldenberg sprechen (6. Aufl., S. 307–309):

„Nicht *wir* sollen entdecken wollen, was in einem Glauben das Wesentliche ist. Dies zu bestimmen sollen wir den Bekennern eines jeden Glaubens selbst überlassen, und die geschichtliche Forschung soll aufzeigen, wie sie es bestimmt haben. Hat man den Buddhismus als eine Religion des *Nichts* bezeichnet und ihn von hier aus als von dem Kernpunkt seines Wesens zu entwickeln versucht, so hat man es in der Tat erreicht, das, was für Buddha selbst und für die alte Gemeinde seiner Jünger die Hauptsache gewesen ist, ganz und gar zu verfehlen.

Ist der Heilige am Ziel seines irdischen Lebens angelangt, so gilt von ihm, was ein alter Text ausspricht: ‚Der Leib des Vollendeten, ihr Jünger, besteht, abgeschnitten von der Gewalt, die zum Werden führt. Solange sein Leib besteht, so lange werden Götter und Menschen ihn schauen; zerbricht sein Leib, ist sein Leben abgelaufen, werden Götter und Menschen ihn nicht mehr schauen.' Während bei Wesen, die in der Seelenwanderung befangen sind, das Erkennen *(viññāṇa)*, aus dem Sterbenden entweichend, den Keim eines neuen Daseins hervorbringt, geht das Erkennen des sterbenden Heiligen ohne Rest unter. ‚Zerbrochen ist der Leib', sagt Buddha, als einer der Jünger in das Nirvāna eingegangen ist, ‚erloschen ist das Vorstellen; die Empfindungen alle sind dahingeschwunden. Die Gestaltungen haben Ruhe gefunden; das Erkennen ist zur Rüste gegangen.'

Als der ehrwürdige Godhika sich selbst durch Öffnen einer Ader den Tod gegeben hat, sehen die Jünger um seinen Leichnam eine finstere Rauchwolke sich nach allen Seiten hin und her bewegen: Buddha erklärt ihnen, was der Rauch bedeutet. ‚Das ist Māra, der Böse, ihr Jünger. Er sucht das Erkennen Godhikas des edlen: Wo hat das Erkennen Godhikas des edlen seine Stätte gefunden? Des edlen Godhika Erkennen hat nirgends eine Stätte gefunden; er ist in das Nirvāna eingegangen.'

Bedeutet dies Ende des irdischen Daseins das Ende des Daseins überhaupt? Ist es das Nichts, das den sterbenden Vollendeten in sein Reich aufnimmt? Schritt für Schritt haben wir uns dieser Frage genähert. Man hat gemeint, die Antwort schon in dem Wort Nirvāna, d. h. ‚Erlöschen', enthalten zu finden, mit welchem Wort der Buddhismus, offenbar einer damals weitverbreiteten Ausdrucksweise folgend, das höchste Ziel benannte. ‚Wie der Lampe Erlöschen', sagt man, ‚so geschah des Geistes Erlösung.' Es schien die nächstliegende Deutung, daß dies Erlöschen ein Erlöschen des Daseins im Nichts ist. Gegen ein so kurzes Abtun der Frage aber wurden bald berechtigte Zweifel laut. Von einem Erlöschen ließ sich ja auch da sprechen – und ist von den Indern unbestreitbar oft genug auch da gesprochen worden – wo das Sein nicht vernichtet war, sondern wo es von der Flammenglut des Leidens befreit den Weg zur kühlern Ruhe leidenloser Seligkeit gefunden hatte."

Man muß also fragen, wer da eigentlich wiedergeboren wird, und wer ins Nirvāna eingeht und dann nicht mehr wiedergeboren wird. Nāgasena, der dem indogriechischen König Menandros oder Milinda die Lehre des Buddha erklärte, benutzt für seine Worte folgendes Gleichnis: ‚Wenn jemand eine Lampe anzündet, würde sie nicht die ganze Nacht hindurch brennen? Ist nun die Flamme in der ersten Nachtwache identisch mit der Flamme der mittleren und der letzten Nachtwache, oder sind sie nun verschieden?' Der König muß beide Fragen verneinen. ‚So auch', sagt Nāgasena, ‚schließt sich die Kette der Gegebenheiten des Daseins zusammen; die eine entsteht, die andere vergeht. Ohne Anfang, ohne Ende schließt es sich zusammen; darum ist es weder dasselbe Wesen noch ein anderes Wesen, das zur letzten Stufe seines Erkennens gelangt' (*Milindapañha* 40). Der an dieser Frage interessierte Leser sei übrigens noch auf das Buch von *Guy R. Welbon*, „The Buddhist Nirvāṇa and Its Western Interpreters" (Chicago 1968) hingewiesen, in dem er eine eingehende Würdigung von Oldenbergs Auffassung im Kontext der Wissenschaftsgeschichte findet.

Nun verstehen wir, warum der Buddha die Frage nach der Weiterexistenz des Erlösten im Nirvāna nicht beantwortet hat. Die Fragen, ‚ob die Welt ewig oder nicht ewig ist, ob die Welt begrenzt oder unendlich ist, ob das Lebewesen mit dem Körper identisch oder von ihm verschieden ist, ob der Vollendete nach dem Tod fortlebt oder nicht oder ob er weder fortlebt noch nicht fortlebt' (*Majjhimanikāya* I, S. 426), zu beantworten, lehnt er ab – sie führen ins Gestrüpp der Meinungen, zur Verwirrung, weg von dem, was allein nötig und sinnvoll ist, nämlich vom Weg zur Erlösung.

Die vorausgehenden Feststellungen hinsichtlich der Aktualität von Oldenbergs Forschungsergebnissen auch 70 Jahre nach seinem Tod besagen natürlich nicht, daß die Wissenschaft nicht in manchen Fragen der Beurteilung des frühen Buddhismus und in der Interpretation mancher Textstellen Fortschritte auch in den von Oldenberg behandelten Themenbereichen gemacht hat, allein schon infolge des unvergleichlich reicheren Quellenmaterials, das uns heute zur Verfügung steht. Als Beispiel sei erwähnt, daß wir heute die Lebenszeit des Buddha – von Oldenberg auf ca. 560 bis 480 v.Chr. datiert – um wenigstens ein Jahrhundert später ansetzen. Es handelt sich dabei aber um eine Frage, die mit der allgemeinen Unsicherheit chronologischer Überlieferungen im alten Indien zusammenhängt.

Fast alle Bücher Oldenbergs sind im Laufe der letzten zwanzig Jahre nachgedruckt worden; seine „Kleinen Schriften" wurden von *Klaus Ludwig Janert* in der Serie der „Glasenapp-Stiftung" gesammelt und herausgegeben (2 Bände, Wiesbaden 1967). Dagegen war die vorliegende Sammlung von Übersetzungen früher buddhistischer Texte, die erst zwei Jahre nach Oldenbergs Tod im Kurt Wolff Verlag in München erschienen ist, schon seit langem vergriffen und nur schwer zugänglich. Durch die Initiative des Verlags Herder, dieses Buch erneut zu publizieren, wird so eine fühlbare Lücke geschlossen.

Oldenbergs Stil ist nicht immer ganz einfach zu lesen. Dies hat nicht nur die Rezeption seiner Schriften in Deutschland, sondern auch die Genauigkeit der Übersetzungen seiner Werke in andere Sprachen beeinträchtigt. Seine Forschungsergebnisse sind gleichwohl von der internationalen Forschung meist sehr bald übernommen worden; übrigens hat er einige seiner Werke selbst in englischer Sprache publiziert.

Im vorliegenden Band wurde der Text von Oldenbergs Übersetzungen einschließlich der zugehörigen Anmerkungen vollständig übernommen. Es wurden lediglich einige Bemerkungen weggelassen, die sich auf die spezielle wissenschaftliche Diskussion der damaligen Zeit beziehen und die daher für den heutigen Leser ohne Interesse sind. Auch Oldenbergs Einleitung wurde um einige Abschnitte gekürzt, die heute nicht mehr von Bedeutung sind, insbesondere Einzelheiten der Wissenschaftsgeschichte sowie Bemerkungen zur indischen Metrik und zur Übersetzungstechnik. Die teilweise altertümliche Orthographie der Vorlage wurde jedoch beibehalten.

Der Text wurde neu gesetzt; die Korrekturlesung der Übersetzungen sowie die Anpassung der Querverweise innerhalb der Übersetzung wurden dankenswerterweise vom Verlagskorrektor übernommen.

Es ist zu hoffen, daß dieser Band dazu beiträgt, das Wissen um die Lehre des Buddha zu verbessern und Verständnis für die Denkweise der frühen Buddhisten zu fördern, indem es Originalquellen in der Übersetzung eines der größten Kenner altindischer Kultur präsentiert.

Göttingen, August 1992 *Heinz Bechert*

EINLEITUNG

von Hermann Oldenberg

Wie Gebirgsumrisse sich wohl langsam aus Nebeln herausheben und jetzt hier, jetzt dort Bruchstücke ihrer großen Linien enthüllen, so ist die rätselreiche Gestalt des *Buddha* für das Bewußtsein der neueren Zeiten aus Nebeln von Phantasmen, die sich durch Jahrtausende um sie gelagert haben, langsam und allmählich in steigender Klarheit hervorgetreten.

Gehen wir auf die Zeit *Goethes* zurück, so fehlt, wenn ich nicht irre, jede Spur davon, daß dieser selbst sein allumschauendes Auge, das sich gern auch auf die neu erschlossenen Schöpfungen des indischen Geistes richtete, je auf der Person oder der Gedankenwelt des Buddha habe ruhen lassen. Nur vorübergehend gedenkt *Herder* „der Lehre des Budda oder Fo, die aus Baktra hinuntergestiegen sein soll". Als *Friedrich Schlegel* sein gedankenreiches und bahnbrechendes Buch „Über die Sprache und Weisheit der Indier" schrieb, fand auch er nicht Anlaß oder Möglichkeit, mit der „Lehre der Buddhisten, welche etwa tausend Jahre nach ihrem Ursprung, um die Zeit Christi, in Tibet und China eingeführt ward", sich irgend eingehender zu beschäftigen. Und noch *Hegel* äußert sich in den Vorlesungen über die Philosophie der Geschichte nur kurz bei der Besprechung Chinas über „Fo oder Fohi, auch Buddha oder Gautama": er schreibt ihm das Grunddogma zu, daß das Nichts das Prinzip aller Dinge sei, daß alles aus dem Nichts hervorgegangen sei und auch dahin zurückkehre – eine Lehre, zu der Buddha nach allem, was wir jetzt von ihm wissen, bedenklich den Kopf geschüttelt hätte.

Wie kam es nun, daß damals unter der reichen Ernte, die von den Neuentdeckern der altindischen Kultur eingebracht wurde, neben solchen Werken, wie Manus Gesetzbuch und „den Blumen des frühen, den Früchten des späten Jahres", dem anmutsreichen

Drama Kālidāsas, die Schöpfungen des Größten aller Inder so wenig in die Erscheinung traten?

Der Grund liegt nicht fern.

Die Lehre und Gemeinde des Buddha war während des Mittelalters aus ihrer vorderindischen Heimat in langen Kämpfen, vor allem in einem durch viele Jahrhunderte gehenden Prozeß allmählichen Verfalls so gut wie spurlos verschwunden. Sie hatte sich – um von ferner liegenden Kulturgebieten wie China und Tibet abzusehen – in die Länder zurückgezogen, die um das eigentliche Vorderindien herumgelagert sind: im Norden das Alpenland Nepal, im Süden und Osten Ceylon und Hinterindien. Da hatten sich und haben sich noch heute in großen, kompakten Massen Überlieferungen des Buddhismus in *indischen* Sprachen, nicht hindurchgegangen durch tibetisches oder chinesisches Medium, erhalten. Daß sich den im eigentlichen Indien einsetzenden Nachforschungen nach alten literarischen und religiösen Denkmälern diese Überlieferungen zunächst entzogen, ist begreiflich. Sozusagen prädestiniert dazu, sie schließlich doch ans Licht zu fördern, waren die in den eben genannten Ländern tätigen englischen Beamten. Unter ihnen haben sich denn in der Tat Männer gefunden, die dieser an sie herantretenden Aufgabe glänzend gerecht geworden sind.

Am Hof von Nepal lebte seit 1821 als englischer Resident *Brian Houghton Hodgson*; seiner Aufmerksamkeit konnten die reichen Schätze buddhistischer Handschriften in Sanskrit und in einer eigentümlichen Mischung von Sanskrit und Volksdialekt nicht entgehen, die in Nepal, von der europäischen Wissenschaft bis dahin nicht bemerkt, vorhanden waren. Das trockene Klima, die Geschütztheit des Landes vor mohammedanischen Invasionen hatten diese Handschriften vor dem Untergang bewahrt; hier fanden sich ältere Sanskritmanuskripte, als bis dahin irgend anderweitig bekannt geworden waren. Sie sind ausgezeichnet erhalten; oft wurden sie und werden sie noch in ihren schönen seidenen Umhüllungen auch von Leuten, die selbst keinen Buchstaben davon zu lesen imstande sind, mit abergläubischer Verehrung als wertvollste Erbstücke hochgehalten.

Hodgson, selbst kein philologischer Erforscher dieser alten Literatur, setzte, größtenteils durch Schenkung, mehrere Bibliotheken, wie die der Asiatischen Gesellschaften von London und Paris, in den Besitz bedeutender Handschriftensammlungen. Man hat ihn den Begründer buddhistischer Studien genannt; er hat diesen Ehrennamen vollauf verdient.

Oder, um nicht ungerecht gegen einen andern zu sein, nennen wir ihn einen der beiden Begründer. Denn unabhängig von seiner im hohen Norden des indischen Kulturgebiets getanen Arbeit eröffnete ungefähr gleichzeitig in dessen äußerstem Süden in ähnlichem Sinne, nicht weniger erfolgreich, *George Turnour* seine bedeutende Tätigkeit. Er war seit 1818 Beamter des Civil Service von Ceylon und so dem blühenden Leben der buddhistischen Gemeinschaft auf dieser Insel nahe gerückt. Hier nun besaß und besitzt man den heiligen Kanon der Buddhisten in der Pālisprache, einem mittelindischen, d. h. zwischen dem alten vedisch-sanskritischen und dem modernen Sprachzustand in der Mitte stehenden Dialekt, dessen Verhältnis zum Altindischen man etwa dem des Italienischen zum Latein vergleichen kann. Auf gelblichen Palmblattstreifen sind die zierlichen, schmetterlingsähnlichen Charaktere der ceylonesischen Schrift eingeritzt, in denen dort die Mönche der buddhistischen Klöster die heiligen Urkunden ihres Glaubens verzeichnen. Turnour wußte diesen Mönchen, „den beständigen Helfern in seinen Pālistudien", wertvolle Aufschlüsse abzugewinnen. So konnte er der wissenschaftlichen Welt einen Überblick über den Bestand des heiligen Kanon geben, wie ihn die Buddhisten von Ceylon besitzen. Dazu veröffentlichte und übersetzte er die große, um 500 n. Chr. verfaßte Chronik der ceylonesischen Buddhisten, den Mahāvaṃsa, einen der wenigen historischen Texte, die uns der an geschichtlichem Interesse so arme Kulturkreis Indiens hinterlassen hat. Hier wird u. a. jener König Candragupta erwähnt, von dem auch die Griechen als einem bald nach Alexanders des Großen Tode zur Herrschaft gelangten Usurpator berichten; in der aller Zeitbestimmung sonst so unzugänglichen Geschichte des alten Indien ein chronologisch fester Punkt, von dem aus auch für Buddhas Zeit (um 500 vor Chr.) – wie schon Turnour selbst alsbald klar erkannte – ein wenigstens annähernder Ansatz möglich gemacht wird.

Mit all dem waren die Probleme des Buddhismus auf die Tagesordnung der jungen, rasch erstarkenden Wissenschaft der Indologie gesetzt. Es war möglich geworden, die Ursprünge und die Geschichte dieser aus Indien verschwundenen, aber ihrer Natur nach durchaus indischen religiösen Gebilde auf Grund indischer Quellen, also mit einer ganz anderen Aussicht auf Erfolg zu erforschen. An Stelle des Fo Herders und Hegels trat der indische Buddha. Dessen näheres Aussehen blieb nun freilich zunächst noch recht zweifelhaft. Denn es zeigten sich alsbald scharfe Unterschiede zwischen den nepalesischen und den ceylonesischen Textmassen, zwischen den Überlieferungen, wie man sich damals zu sagen gewöhnte, des nördlichen und des südlichen Buddhismus. Die aus Ceylon kommenden Texte sind kürzer, vergleichsweise schlichter und nüchterner. In den nepalesischen dagegen ist alles durchzogen und ausgeschmückt mit buntester, in labyrinthischer Verschlungenheit sich wirrender Staffage, in einer Überfülle, wie nur die indische Phantasie imstande war, sie hervorzubringen. Fortwährend geschehen da Wunder über Wunder; bei jedem Schritt, den Buddha tut, strömen zahllose Götterscharen aus allen Himmeln herbei, erheben Jubelrufe, stimmen endlose Hymnen an; was jetzt geschieht, dem Ähnliches und Gleiches ist in früheren Existenzformen, im Lauf vergangener Stadien der Seelenwanderung auch schon geschehen, und so bietet sich der Anlaß, zahllose Erzählungen, Märchen, Fabeln einzuflechten: ein Beiwerk, das auch den südlichen Texten keineswegs fehlt, aber dort viel sparsamer, viel abgesonderter auftritt, die großen Linien des religiös Wichtigen ganz anders freiläßt.

In diesem Widerstreit nun man kann sagen der mehr dogmatischen und asketischen Überlieferungen des Südens und der mehr legendarischen, fabelhaften des Nordens kam es zunächst den letzteren zugute, daß sie in einem der glänzendsten Orientalisten Frankreichs, *Eugène Burnouf*, einen Bearbeiter fanden.

Durch Jahrzehnte hat hier unter den Indologen lebhafteste Meinungsverschiedenheit geherrscht. Auf der einen Seite erklärte man die schmucklosere Überlieferung des Südens für die wahrhaftigere. Auf der anderen Seite bestritt man, daß diese Einfachheit alt und echt sei; man fand in ihr vielmehr eine unter der

Einwirkung bestimmter jüngerer Geschmacksrichtungen vorgenommene Vereinfachung des Ursprünglichen.

Eine sichere Entscheidung der Alternative wurde durch unzureichende Kenntnis der Materialien lange unmöglich gemacht. Wie ich vor mehr als vierzig Jahren als junger Anfänger in London die Handschriftenschätze des *India Office* kennen lernte, sahen mich die großen Stöße von Palmblättern, auf denen der heilige Kanon des südlichen Buddhismus verzeichnet steht, als ein noch fast unberührtes Mysterium an. Ich hatte das gewisse Gefühl, hier einer religionsgeschichtlichen, literargeschichtlichen, kulturgeschichtlichen Quelle ersten Ranges gegenüberzustehen. Aber es galt, sie zu lesen und sie anderen lesbar zu machen. Ich hatte das Glück, daß es mir möglich wurde, von den drei Piṭaka („Körben"), in die jener heilige Kanon sich zerlegt, das eine in seinem Pāli-Originaltext zu veröffentlichen: das *Vinaya Piṭaka,* die Literatur der Gemeindeordnungen. Die beiden anderen, unter ihnen vor allem das wichtigste, das *Sutta* oder *Suttanta Piṭaka,* die Literatur der Lehrreden, dogmatischen und gnomischen Dichtungen usw., haben einen Umfang, der die Kräfte eines einzelnen Herausgebers durchaus überstieg. Hier griff die von *T. W. Rhys Davids* 1882 begründete und energisch geleitete *Pāli Text Society* ein. Ihr ist es zu danken, daß gegenwärtig annähernd der ganze Pālikanon in Europa mit philologischer Sorgfalt veröffentlicht ist, während in Siam auf Befehl und Kosten des Königs *Chulalongkorn* eine ebenfalls nahezu das Ganze umfassende Ausgabe in siamesischer Schrift erschien. Gleichzeitig machte auch die Veröffentlichung wichtiger nördlicher Texte erfreuliche Fortschritte. So kam man immer mehr in die Lage, über jene für das geschichtliche Verständnis des Buddhismus schlechterdings entscheidende Frage nach dem Verhältnis der beiden großen Überlieferungsmassen sich in Kenntnis des Sachverhalts ein Urteil zu bilden.

Wenn da nun auch gegenwärtig noch nicht aller Widerspruch restlos verstummt ist, darf es doch ausgesprochen werden, daß unter den Urteilsfähigen sich immer entschiedener die Überzeugung von der höheren Altertümlichkeit der südlichen Texte durchgesetzt hat.

Ihre vergleichsweise Einfachheit ist nichts Sekundäres und

nichts Gemachtes; wäre sie das, würde sich dies unfehlbar in Spuren über Spuren zu erkennen geben, von denen in Wirklichkeit nichts vorhanden ist. Das Verhältnis des Einfachen, Klaren, Schlichten zum Komplizierten, Verwirrten, Ausschweifenden ist in der Tat eben das, was unbefangener Beurteilung als das Nächstliegende erscheinen wird: jenes ist das Alte; dieses beruht auf dem Bestreben späterer Jahrhunderte, das Überkommene durch eigene, schwungvollere Erfindungen immer kühner zu überbieten.

Diese, wie ich es vielleicht nennen darf, geradlinige Auffassung des Sachverhalts wurde auf der einen Seite durch gewisse konkrete Beobachtungen, von denen hier in der Kürze die Rede sein möge, auf der anderen durch neue bedeutsame Funde wirksam unterstützt.

Jene Beobachtungen lehrten, daß in den großen nördlichen Legendentexten unter der bunten Oberfläche ihrer endlosen Erzählungen immer wieder eine durch ihren besonderen Stil charakterisierte tiefere Schicht zutage kommt, in der regelmäßig eben der Kern, die Hauptsache der berichteten Vorgänge, zur Darstellung gelangt. Was sich von dieser tieferen Schicht bald in kleinen Bruchstücken, bald in größeren, zusammenhängenden Partien erhalten hat, stellt sich unzweifelhaft als ein von den moderneren Bearbeitern übernommenes und in ihrer Weise mit ihren eigenen Zutaten ausgeschmücktes Älteres dar. Dies Ältere nun aber zeigt genau eben die sehr scharf ausgeprägten stilistischen Eigentümlichkeiten der südlichen Texte, ja es stimmt mit ihnen oft auf lange Strecken nahezu wörtlich überein. So kann man sagen, daß zu den Zeugen für die höhere Ursprünglichkeit der südlichen Überlieferung – nicht jedes Wortes und Buchstabens, aber ihres ganzen Typus – sich nunmehr ihre scheinbare Gegnerin selbst, die nördliche Überlieferung stellt: man muß diese nur scharf genug betrachten, ihre verschiedenen Schichten voneinander sondern und diejenige unter diesen Schichten befragen, welche schon durch die Art der Lagerung unzweifelhaft als die älteste und mithin entscheidende Zeugin erwiesen wird.

Zum selben Ergebnis führen nun weiter, wie ich schon andeutete, auch hochwichtige Funde, die neuerdings gelungen sind. Expeditionen, in deren Ausrüstung die großen europäischen

Nationen miteinander wetteiferten, geleitet von Männern wie *Aurel Stein, Grünwedel, v. LeCoq, Pelliot,* haben unter dem Sande der zentralasiatischen Wüsten neben Denkmälern der bildenden Künste und vielerlei anderen Fundstücken auch eine Fülle handschriftlicher Materialien und Stücke alter Blockdrucke ans Licht gezogen: Manuskripte bzw. Drucke und Fragmente, die in der Trockenheit des Wüstensandes oder in so glücklicher Verwahrung wie in jener wahrhaft märchenhafte Handschriftensätze bergenden Felskammer von Tun-huang sich unübertrefflich haben erhalten können. Da kam nun unter Dokumenten in den verschiedensten Sprachen – auch in mehreren bis jetzt unbekannt gewesenen, wie dem sogenannten Tocharisch, einem neuentdeckten Gliede der großen indoeuropäischen Sprachfamilie – neben Texten wie denen, die jetzt die Erforschung des manichäischen Glaubens auf neue Grundlagen stellen, auch viel Buddhistisches zum Vorschein. Und da ist nun zu berichten, daß dort eine erhebliche Masse von Bruchstücken heiliger Texte in Sanskrit gefunden ist, die zwar nicht in allen Details mit dem ceylonesischen Pāliexemplar übereinstimmen, aber doch durchaus in demselben charakteristischen Stil reden, denselben Überlieferungstypus darstellen. Die Abweichungen von jenem Exemplar erklären sich leicht genug aus der Zugehörigkeit der betreffenden Texte zu einer anderen Schule. Die fundamentalen Übereinstimmungen aber bedeuten, daß auch hier wieder der Norden schließlich das Gewicht der südlichen Zeugnisse verstärken hilft. Es geht eben nicht an, von dem Typus des Buddhismus, den die Überlieferung der Ceylonesen uns kennen lehrt, als von einer speziellen, etwa auf eine Sekte beschränkten Erscheinungsform jenes Glaubens zu reden. Vielmehr muß die ursprünglich allgemeine, über die ganze älteste buddhistische Welt reichende Gültigkeit des dort vorliegenden, nun nicht mehr als speziell südlich benennbaren Überlieferungstypus anerkannt werden. Ich für mein Teil bin zwar der Überzeugung, daß für einen unbefangenen Beurteiler beim Suchen nach dem Ältesten die Legendenbücher des Nordens sich gegenüber den in Ceylon erhaltenen Texten überhaupt nie hätten in den Vordergrund schieben dürfen. Daß diese Schätzung der beiden Quellenmassen jetzt eine neue urkundliche Bestätigung erhalten hat, wird doch auch, wer früher selbst nicht zweifelte, mit Befriedigung betrachten.

Im Gesagten liegt nun die Rechtfertigung dafür, daß den in diesem Buch mitgeteilten Übersetzungen durchweg – mit Ausnahme zweier wohl der ceylonesischen, aber nicht der kanonischen Tradition angehöriger Elemente: eines kurzen Anhangsstückes und, wovon unten noch näher die Rede sein muß, gewisser Partien der Fabeln und Erzählungen – Texte des in Ceylon überlieferten Kanon zugrunde gelegt sind. Es braucht natürlich nicht erst ausgesprochen zu werden, daß sich auch an spätere Entwicklungen buddhistischen Denkens, Phantasierens, Lebens vielfach ein nicht geringes Interesse knüpft. Dies Interesse zur Geltung zu bringen, wäre eine Aufgabe für sich. Hier aber geht die Absicht dahin, den Leser an die wundervolle Gestalt des Buddha selbst, an die ursprünglichen Gedankenkreise, die älteste Poesie des Buddhismus so nah wie irgend möglich heranzuführen.

So nah wie irgend möglich: was liegt in diesem Wort? Mit was für einem Grad von Nähe etwa kann hier gerechnet werden?

Die ungewisse Beleuchtung, in der die altbuddhistische Welt sich uns darstellt, bringt es mit sich, daß diese Frage nur annähernd beantwortet werden kann.

Hier kommt zunächst in Betracht, daß die zeitliche Entfernung, welche die altbuddhistischen Texte vom Leben des Buddha selbst trennt, nur unbestimmt abschätzbar ist. Natürlich ist nicht alles in jenen Texten gleich alt. Speziell die auf die Gemeindeordnungen bezügliche Literatur, konkrete Realitäten behandelnd und in ihrer ganzen Struktur fester als die religiös-philosophischen Erörterungen und Poesien, läßt mit besonderer Deutlichkeit einen Aufbau älterer und jüngerer Schichten erkennen und gibt dadurch einen gewissen Anhalt für die Beurteilung auch der an sich weniger durchsichtigen anderen Teile des Kanon. Will man zahlenmäßige Ansätze haben, so kann bei solchen von Beweisbarkeit natürlich nicht die Rede sein. Aber als nicht unwahrscheinlich darf ausgesprochen werden, daß die Zeit von etwa 80 oder 100 Jahren nach Buddhas Tode ein annehmbares Durchschnittsdatum für große Hauptpartien des Kanon darstellt: wo dann freilich ebenso in bezug auf ältere Entstehung von Vielem, darunter wohl gerade von besonders Wesentlichem, wie anderseits in bezug auf jüngere Zufügung von Nachgetragenem und Nachgewachsenem mancher unentbehrliche Vorbehalt zu machen sein wird.

An erster Stelle sei da betont – damit ist ja freilich zunächst nur einem Minimum von Ansprüchen genügt, die unsre Wißbegier erheben darf –, daß an der geschichtlichen Realität von Buddhas Persönlichkeit die Überlieferung meines Erachtens nicht die leisesten Zweifel läßt. Die Vorstellung, daß in dem großen Lehrer sich in Wahrheit so etwas wie die mythische Gestalt eines Sonnenheros verkörpere, ist, wenn ich recht sehe, aus der ernstlichen Diskussion verschwunden. Und ich kann es nicht für begründet halten, wenn noch in neuester Zeit ein scharfsinniger Forscher *(Prof. R. O. Franke)* zwar anerkennen will, daß irgend jemand oder irgendwelche Jemande die älteste buddhistische Lehre geschaffen haben müssen – sonst wäre diese eben nicht da –, anderseits aber leugnet, daß wir darüber, wer dieser Jemand denn nun war, irgendwelche Kunde besitzen: so daß also der sogenannte „Gotama Buddha" in Wahrheit eben nur gleichbedeutend mit „N. N." wäre. Ich meine, daß damit die Kritik doch ein großes Stück über das Ziel hinausgeschossen hat. Bei der Sekte der Jainas nimmt eine ähnliche Stellung wie Gotama Buddha bei den Buddhisten der „Jina" Nātaputta ein. Den erwähnen auch die buddhistischen Texte nicht selten – natürlich in feindlichem Sinn – als Zeitgenossen des Buddha unter den mit ihm rivalisierenden Lehrern; eine Reihe spezieller Angaben dieser Texte über ihn und über seine Verkündigung stimmen gut zur jainistischen Überlieferung. Ist damit nicht die geschichtliche Wirklichkeit dieses Mannes gesichert? Und liegt irgendein ernstlicher Grund vor, die reale Existenz, die man dem einen dieser Sektenhäupter zugestehen muß, dem andern zu bestreiten? Ein Grund zu bezweifeln, daß Gotama in der Tat dem Adelsgeschlecht der Sakyas angehört hat, welchem ihn beispielsweise die zu zahllosen Malen wiederholte Benennung seiner Jünger als „Asketen, die dem Sakyasohn anhangen", zurechnet? Oder zu bezweifeln, daß er aus dem offenbar unbedeutenden Kapilavatthu stammte? Hätten seine Jünger (oder ich muß ja vielmehr sagen, die Jünger des unfaßbaren N. N., dem man, ich weiß nicht weshalb, fälschlich seinen Namen beigelegt hätte) einen Geburtsort für ihn erfunden, sie hätten wohl einen glänzenderen gewählt. Und der Glaube an diese Bedeutung von Kapilavatthu bzw. dessen Vorort Lumbinī stand ja schon in der Zeit des Asoka (um 250 v. Chr.) fest genug, um jenen König zur Wallfahrt dorthin zu begeistern: „Hier ist Buddha, der Weise aus dem Sakyageschlecht geboren", sagt die neu entdeckte Inschrift der Säule, die Asoka dort errichtet hat.

Ebensowenig angebracht kann es mir weiter scheinen, an den Grundzügen des Bildes zu zweifeln, das die Texte von der Lebensweise des Buddha entwerfen oder stillschweigend als etwas Selbstverständliches fortwährend voraussetzen: an diesem geistlichen Wanderleben im Mönchsgewand und mit der Tonsur, mit dem Gefolge von Jüngern, den täglichen Bettelgängen, der langen Ruhepause während der Regenzeit, den Predigten und lehrenden Gesprächen mit Gläubigen und Fremden. In der Atmosphäre Indiens konnte es ja nicht anders geschehen, als daß die Phantasie ein solches Leben auch mit Wundergeschichten schmückte; es wäre verfehlt, wollten wir unter dieser Umhüllung die starke Schicht von Wahrem und Wirklichem, die zugrunde liegt, übersehen. Ja, wenn wir hier allein auf die „nördliche" Überlieferung (vgl. oben S. 24) angewiesen wären! Unter deren Mirakelkram könnte sich jene Schicht vielleicht verstecken. Aber es wäre ein schweres Versäumnis unserer Forschung, unterließe sie es, unserm glücklichen Besitz der südlichen Überlieferungsmasse abzugewinnen, was sich ihm nur abgewinnen läßt.

Wenn man sich in diese nun ohne Voreingenommenheit einfühlt und einlebt, wird man die Gestalt des Buddha doch, glaube ich, nicht mehr für eine schlechterdings unerkennbare halten. Es ist wahr: individuelle Unterschiede zwischen ihm und seinen Jüngern zeichnen sich kaum ab, nur daß bei ihm alles ins Übergroße gesteigert erscheint, bei ihm der Ursprung dessen liegt, was jene von ihm empfangen haben. Dieser Abstand des Schaffenden und der Nachschaffenden oder der Geschöpfe tritt in der Überlieferung sehr deutlich hervor; und im übrigen liegt vielleicht gerade in der Schwäche der individuellen Nuancen etwas, das der geschichtlichen Wirklichkeit treu genug entsprechen möchte. Stelle man sich solche und ähnliche Erwägungen Punkt für Punkt in aller Gewissenhaftigkeit vor Augen: dann aber unterlasse man nicht, doch vor allem unbefangen sich dem Eindruck hinzugeben, den die Texte uns erwecken. Da wird man denn, meine ich, über die Entfernung der Jahrtausende hinüber auch heute noch etwas davon sehen und fühlen, was damals viele so überwältigend ergriffen hat: wie Buddha mit seinem unhörbaren Schritt, von den Schauern der Heiligkeit, dem Licht und der Majestät des Genius umflossen, durch das Gedränge des Alltagslebens hindurchging, selbst in einer anderen Welt heimisch –

> „Im Mönchsgewande, ohne Haus und Heimstatt,
> geschornen Hauptes, weltentnomm'nen Geistes
> schreit' ich, den Menschenkindern unberührbar" –
>
> „Buddha, ihn, der Unendlichkeit Durchschreiter,
> den Spurlosen, wie mögt ihr ihn erspüren?"

Klingt in solchen Versen nicht aus jener tiefen Vergangenheit mit überzeugender Gewalt ein Staunen zu uns herüber, wie nur die Erscheinung eines ganz Großen es in menschlichen Seelen erwekken kann? Dieser Durchschreiter der Unendlichkeit blickt auf das Welttreiben hin, das er als von ewiger Notwendigkeit, strenger Gesetzmäßigkeit beherrscht erkennt. Er fühlt sich im sicheren Besitz der Formel, in der sich diese Gesetzmäßigkeit ausdrückt, und damit im Besitz des Mittels, ihr Wirken vermöge ihrer selbst zur Ruhe zu bringen und so mit eigner Kraft, unendlich erhaben über Verlangen und Bedürfnis nach göttlicher Hilfe, aus den Leiden des Daseins und aus seinen Freuden, die nichts als verhülltes Leiden sind, aufzusteigen in das stille Ewigkeitsreich jenseits von Sein und Nichtsein. Und er fühlt sich weiter als den, der durch unzählige Existenzen wandernd unaufhaltsam Schritt für Schritt dem Ziel sich genähert und jetzt das Ziel erreicht hat: der Einzige, Allüberragende unter den Menschengeschlechtern dieses Aeon, der Lehrer und Meister zu sein, der die unvergleichliche Erkenntnis der Menschheit erbarmungsvoll darbietet – so haben in endlosen Reihen vergangener Weltalter die früheren Buddhas, jeder zu seiner Zeit, sie denen dargeboten, deren Verdienst guter Werke es ihnen eingebracht hat, in einem Zeitalter der Buddhaverkündung und am rechten Orte wiedergeboren zu werden; denn schwer ist es, in den Wildnissen von Welt und Seelenwanderung den Anblick eines Buddha zu erlangen! –

Dürfen wir nun im einzelnen glauben, von den Ausdrücken, in denen der große Lehrer seine Überzeugung von den Ordnungen des Weltlaufes niedergelegt hat, in unseren Texten noch etwas wiederzufinden? Ich kann hier natürlich nur wenige Punkte hervorheben. Zu weiterer Vervollständigung – wie überhaupt zur Erläuterung von vielem, was in den unten vorgelegten Übersetzungen berührt, aber nicht näher ausgeführt wird – verweise ich auf meine an anderem Ort versuchte eingehende Darstellung der alten Buddhalehre („Buddha, Sein Leben, Seine Lehre, Seine Gemeinde", 7. Auflage 1920).

Aus den zahllosen, gewiß zum allergrößten Teil erfundenen Reden nun, die im heiligen Kanon überliefert sind, heben sich gewisse fundamentale Formeln in einer alles andere weit überragenden Bedeutsamkeit hervor. Da ist an erster Stelle die Formel der „vier edlen Wahrheiten" zu nennen: die Sätze vom Leiden, von der Entstehung des Leidens, von der Aufhebung des Leidens und vom Wege zur Aufhebung des Leidens (s. unten Nr. 10). Die Erkenntnis der vier Wahrheiten in der heiligen Nacht unter dem Feigenbaum zu Uruvelā hat den Bodhisatta zum Buddha gemacht. Mit dem Vortrag eben dieser vier Wahrheiten im Park von Benares eröffnet er sein Werk der Verkündigung. Wie jede Fußspur in des Elefanten Fußspur Raum findet, findet alle heilsame Wesenheit Raum in der Lehre der vier edlen Wahrheiten (Nr. 31) – und so zieht sich durch die kanonischen Texte eine lange Reihe von Aussprüchen, die die unvergleichliche Bedeutung dieser vier Sätze in immer neuen Wendungen preisen. Wie alt mögen sie nun sein? Da gibt es allerdings nur Wahrscheinlichkeit, keine Gewißheit. Für durchaus wahrscheinlich aber halte ich es in der Tat, daß wir hier im wesentlichen Inhalt, ja vielleicht gar in den Details des Wortlautes ein Gebilde vor uns haben, das vom Sakyasohn selbst geformt ist. Bedenken wir, daß er in einem Zeitalter und in Umgebungen gelebt hat, wo alle Welt die Fähigkeit besaß und das Bedürfnis fühlte, Lehrmeinungen in bestimmt ausgeprägter Gestalt zu formulieren, zu besitzen und zu wiederholen. Sind wir da verhindert und nicht vielmehr dazu gedrängt anzunehmen, daß auch dieser Lehrer mit fest formulierten Sätzen vor seine Hörer getreten ist? Und es würde wohl schwer sein, eine andere Fassung zu erdenken, die so einfach und zutreffend wie eben diese das Wesentliche der Buddhalehre in kürzestem, glücklichstem Ausdruck zusammenfaßte. Wenn da nun die Überlieferung eben dieser tausendmal von ihr wiederholten Formel eine solche Ausnahmestellung zuweist, wie sie das in der Tat tut, haben wir da irgend ernstlichen Grund zum Unglauben?

Ähnlich, immer noch zuversichtlich, wenn auch nicht ganz mit derselben vollen Zuversicht, möchte ich über die „Kausalitätsformel" urteilen (unten Nr. 7), die die welterfüllende Verkettung von Ursachen und Wirkungen, von der Grundursache, dem Nichtwissen, bis zur letzten Wirkung, dem Weltleiden darstellt. Für eine Lehre, die die gesetzmäßige Notwendigkeit alles Geschehens so nachdrücklich betont, wie das als Grundzug der buddhistischen in die Augen fällt, lag es in der Tat besonders nahe, in einer solchen Formel nähere Auskunft über die Gesetzmäßigkeit jenes Verlaufes zu geben. Nicht anders urteile ich weiter über die Lehre vom „Nichtselbst" (Nr. 10). Auch diese gehört zu den alles bedingenden, fortwährend durch die Weiten der heiligen Texte wiederholten Fundamentaldoktrinen: im körperlichen Dasein wie in der Welt des Empfindens, Vorstellens, Erkennens drängt sich unaufhaltsam kommend und gehend ein Vorgang mit dem andern; das alles aber, was „ich" da zu durchleben scheine, ist in Wahrheit nicht Ich, ist nicht mein, sondern ein gleichgültiges Spiel fremder Kräfte, von dem ich mich ablösen soll. Es wäre schwer, diese Gedankengänge aus der buddhistischen Verkündigung fortzudenken, und daß Buddha selbst sie ungefähr in der Form, wie es in der Rede an die fünf ersten Jünger (Nr. 10) geschieht, zum Ausdruck gebracht habe: auch dies, meine ich, kann nur für wahrscheinlich gelten.

Unter den Texten, die Gemeindeleben und Gemeindeordnungen betreffen, läßt sich Ähnliches vielleicht über das große Verzeichnis der Vergehungen (Nr. 99) sagen, das halbmonatlich bei der Beichtfeier vorgetragen wurde. Der ganze Aufbau der von der Gemeindeordnung handelnden Literatur weist auf dies Verzeichnis als das älteste, allem andern zugrunde liegende hin. Nichts wahrscheinlicher, möchte ich meinen, als daß schon Buddha selbst mit seinem Jüngerkreis Beichtfeiern, in denen die geistliche Gemeinsamkeit aller Ordensglieder zum sichtbaren Ausdruck kam, in einer der späteren ähnlichen Form gehalten hat: worin denn liegt, daß auch ein solches Verzeichnis – vielleicht in kürzerer, altertümlicher Gestalt, nachgebildet möglicherweise Beichtverzeichnissen, wie sie unter älteren Mönchsgemeinschaften bestanden – schon damals vorhanden gewesen sein wird.

Ich weise noch auf einige weitere charakteristische Züge am Bilde Buddhas und seiner Lehre hin, die in den unten gegebenen Texten stark hervortreten und von denen ich nicht anders kann als wahrscheinlich finden, daß ihnen volle geschichtliche Echtheit zukommt.

Da erwähne ich zuvörderst die in mehreren der übersetzten Textstücke (Nr. 29; 32) sehr nachdrücklich betonte Abneigung gegen die Beschäftigung mit allen Fragen von nur theoretischer Bedeutung. Ist die Welt endlich oder unendlich? Ist Seele und Leib dasselbe? Und zu solchen Fragen wird bezeichnenderweise auch gerechnet, was uns wohl vielmehr als Gegenstand der berechtigtesten religiösen Wißbegier erscheinen möchte: ob der vom Weltdasein erlöste Vollendete jenseits des Todes ist oder nicht ist – die von der westlichen Wissenschaft so viel behandelte Streitfrage, ob das Nirvana der Buddhisten das Nichts ist.

Offenbar hallten die Umgebungen, in deren Mitte Buddha seine Gemeinde begründete, von den Disputationen der Dialektiker über solche Fragen wider. Schlagworte, die im einen oder andern Sinn eine Entscheidung aussprachen, gehörten zum stehenden Bestande der philosophischen Tagesgespräche. Lebendig, ja man möchte sagen boshaft schildern buddhistische Verse (unten Nr. 33) das Treiben derer, die sich in dieser Atmosphäre gefallen und Ruhm in ihr zu erjagen suchen – wie sie von System zu System irrlichtelieren „dem Affen gleich, der von Ast zu Ast schlüpft" – wie sie je nach dem Ausgang des Redekampfs erhobenen Hauptes umherstolzieren oder als Überwundene kläglich jammern. Kein Wunder, daß Buddha es ablehnt da mitzumachen. In ihm ist jene sokratische Stimmung lebendig, die die Philosophie „vom Himmel auf die Erde herabgeführt hat". Wozu sich in

Fragen verfangen, die von der einen allein über alles wichtigen Frage nur ablenken können – von der Frage, wie der Leidende vom Leiden des Daseins erlöst wird? Den, der nach dem Sein oder Nichtsein des Vollendeten jenseits des Todes fragt, vergleicht Buddha dem Verwundeten, der seine Wunde nicht behandeln lassen will, ehe er weiß, wie der heißt, dessen Schuß ihn getroffen hat, ob er groß oder klein, hell oder dunkel ist (Nr. 32).

Wenn aber so die Antwort auf jene Jenseitsfrage ausdrücklich verweigert wird, zeigen doch anderseits – auch dies werden wir verständlich finden – manche Äußerungen der Texte (Nr. 92, 94) eine Haltung, die einer Antwort nicht unähnlich sieht. Sie deuten leise und doch, scheint mir, unmißverständlich darauf hin, daß diesen Erlösungsdurstigen ein über Sein und Nichtsein, über alle Ausdrückbarkeit mit den Mitteln irdischer Sprache und irdischen Denkens unendlich erhabenes Jenseitiges in der Tat vorgeschwebt hat. Ein Etwas, das man kein Etwas nennen kann. Seiner Natur nach läßt es sich durch Denken nicht ergründen, aber es braucht auch nicht ergründet zu werden, denn dem aus Welt und Weltleiden hinaus Fliehenden soll und kann ja die Gewißheit genügen, daß in jenes Nirvana das Leiden nicht hineinreicht. Diese so eigenartig ausgeprägte Stellungnahme zu den letzten Fragen – sieht nicht auch sie danach aus, daß sie, oder wesentlichste Elemente ihrer, von Anfang an der buddhistischen Lehre eigen gewesen ist, daß sich in ihr die geistige Haltung des Stifters jener Lehre selbst darstellt? Wäre die Stelle, an der diese Gedanken stehen, vorher von andern Gedanken eingenommen gewesen, würden sich dann diese, würden sich die Verschiebungen, die da eingetreten sein müßten, nicht in irgend welchen Spuren bemerklich machen? Wo deutet etwas darauf hin, daß zwischen der Zeit Buddhas und der unserer Texte Denker im Kreise der Gemeinde aufgetreten sind, die dem Suchen der erlösungsdurstigen Geister neue, von denen des Meisters abweichende Bahnen anzuweisen die Kraft besessen hätten?

Ein weiterer sehr wesentlicher Zug, den die kanonischen Texte am Bilde des Buddha hervortreten lassen und an dessen Geschichtlichkeit, wie ich glaube, nicht der mindeste Zweifel sein kann, ist seine Stellung zum „Yoga".

Schon in vedischer Zeit hatte man die uralte Praxis der Kasteiungen (Tapas), die dem Menschen übernatürliches Können, Visionen, den Verkehr mit der Götterwelt vermitteln, zum „Yoga" – der Wortbedeutung nach „Anspannung" – sublimiert. Diese „Anspannung" vollzog sich teils auf körperlichem Gebiet, vor allem in der Verminderung und strengen Regularisierung des Atems, teils auf seelischem, in der Zurückziehung der Sinne von den Objekten, der Fixierung des unruhig fluktuierenden Denkorgans auf *einen* Punkt; auch Selbsthypnose war dabei im Spiel. Ein vedischer Vers sagt:

„Des Atems und Verstands Einheit
Und der Sinnesorgane auch,
Jeglichen Zustands Abstreifung:
Dies ist es, was man Yoga nennt."

Und ein andrer solcher Vers beschreibt die Umgebung, in welcher der Yogin in sein mystisches Tun versenkt dasitzt:

„An ebnem, reinem Ort den Yoga übe man.
Dort sei kein Kies, Sand, Feuer, Stimmgetön, kein Teich.
Nichts tue weh dem Auge. Angenehm dem Geist,
An Höhlen reich, an Windesschutz die Stätte sei."

Es ist bekannt, welche Rolle der Yoga auch heutzutage – neuerdings freilich stark abnehmend – in Indien spielt. Noch vor nicht langer Zeit hat jener geistvolle und berühmte Rāmakṛṣṇa gelebt (gestorben 1886; *Max Müller* hat in einer anziehenden Schrift sein Bild gezeichnet: R., his life and sayings. 1898), der den ihm so vertrauten Zustand yogahafter Versenkung dem Glück verglich, „das der Fisch erlebt, den man für eine Zeitlang aus dem Wasser genommen hat und dann wieder hineinsetzt" – nicht viel anders, als wie schon ein vedischer Poet von der durch solche Versenkung sich reinigenden Seele gesagt hat:

„Welch Glück ihr wird, das sagen keine Worte;
Im eignen Innern muß man's selbst erfahren."

Hier zeigen nun die von mir übersetzten Texte – ich meine, mit unbedingter Überzeugungskraft –, daß yogahafte Übungen im Dasein auch des Buddha eine höchst bedeutende Rolle gespielt haben. In der Zeit seines suchenden Ringens um die höchste Erleuchtung, als er sieht, daß Kasteiungen ihn nicht zum Ziel führen, erinnert er sich, wie er einst als Kind auf dem Felde seines Vaters der Versenkung teilhaftig geworden ist: er wiederholt deren Übung, und so gelangt er zur Buddhaschaft (Nr. 4). Später, als der Gott Indra ihn besuchen will, sitzt er gerade in der Berghöhle in Versenkung (Nr. 22). Wie er dem König Ajātasattu den Lohn beschreibt, der dem strebenden Asketen zufällt, erscheint unter den geistlichen Herrlichkeiten, die diesem zuteil werden, die Reihe der vier Versenkungen (Nr. 68). Wie er endlich im Begriff ist, das Nirvana zu erreichen, geht er in eine Versenkung nach der andern ein, und aus der vierten tut er den letzten Schritt (Nr. 27). Aus einem unten nicht wiedergegebenen Zusammenhang füge ich hinzu: als zu höherem Wissen führend werden wiederholt zwei Wege nebeneinander namhaft gemacht – entweder hat „ein Asket oder ein Brahmane durch heißes Streben, durch Anstrengung, Bemühung, Wachsamkeit, rechtes Aufmerken des Geistes eine so gestaltete Konzentration seines Innern erreicht", daß die von ihm gesuchte Erkenntnis ihm aufgeht, oder „durch Nachdenken gewonnen, von Prüfen durchzogen" stellt sie sich bei ihm ein. Man sieht, wie tiefgewurzelt und weit verbreitet die Vorstellung von der Erlangung verborgener Erkenntnis durch yogahafte Konzentration ist. So tritt derselbe Zug auch oft in jenen „Versen der Ältesten" hervor, in denen diese ihr geistliches Streben beschreiben (Nr. 97) – nicht selten ist da von den Seligkeiten die Rede, die der Yoga in die Herzen ergießt:

> „Wenn um Mitternacht im einsamen Wald
> Der Regen rauscht, aufschreit das Getier
> Und in stiller Bergesgrotte der Mönch
> Der Versenkung pflegt: kein Glück wie dies!"

Ein Faktor des geistlichen Lebens, der in solcher Breite wirksam war, dem solche Bedeutung für die Erreichung des Erlösungszieles beigemessen wurde, hat ohne Frage, eben wie die Überlieferung es darstellt, auch im eignen Dasein des Buddha die entsprechende Geltung besessen: auch er muß gewohnt gewesen sein, wie die Texte es schildern, wieder und wieder in die mystischen Tiefen yogahafter Versenkung hinabzutauchen und die Seinen zu solcher Vertiefung zu leiten. Wer hier den Quellen den Glauben versagen wollte, würde einen sehr wesentlichen Zug am Bilde des großen Mannes verwischen: eben einen jener indischen Züge, die seine Gestalt von der aller Weisen des Westens auf das schärfste unterscheiden. –

In diesem ganzen Bilde nun, auf dessen Sichabzeichnen in unsern Texten diese Bemerkungen aufmerksam machen sollen, des Buddha und seiner Lehre, ist überall der Anschluß an die vorbuddhistische, vedische Vergangenheit und die in verschiedenen Richtungen verlaufende Entwicklung aus dieser Vergangenheit heraus klar sichtbar.

Innerhalb des Veda sind es die *Upanishaden*, in denen vor allem wir die Ansatzpunkte für diese Entwicklung zu suchen haben.

Was die Upanishaden sind, braucht heute auch weiteren Leserkreisen kaum mehr gesagt zu werden. Sie haben ja längst Bürgerrecht in unsrer eignen geistigen Welt erworben, diese Schöpfungen wundervoll kühnen Denkens, das aus allem Dasein und Geschehen als das allein Wertvolle, Lebenspendende das „Brahma" hervorhebt und zum Menschen spricht: *Tat tvam asi* „Das bist du!" Es ist nicht zuviel gesagt, daß sich die Weise, wie in der Verkündigung Buddhas hier die Sinnenwelt, dort jenseits ihrer das rätselhafte Reich des Nirvana erscheint, in wesentlichen Grundzügen aus den Upanishaden herschreibt.

In den Upanishaden hatte sich ein Dualismus herausgearbeitet: auf der einen Seite das ewige Eine, auf der anderen die von Tod und Vergänglichkeit beherrschte Vielheitswelt – beides in mächtigem Kontrast einander gegenüberstehend. Immer entschiedener gestaltete sich dieser Gegensatz zu einem schärfsten Gegensatz der Werte. „Was von ihm verschieden, ist leidvoll" – von ihm, d. h. von dem Brahma: mit höchstem Nachdruck wiederholen in einer Upanishad die Reden des weisen Yājñavalkya dreimal diesen Satz, der mit so wenigen Worten (im indischen Text mit drei Worten) der Welt das Urteil spricht. Und anderwärts wird nicht nur gesagt: „Diese Welt ist ganz vom Tode erfaßt, ganz in der Gewalt des Todes", sondern es heißt geradezu: „Diese Welt, die Gestalten des Todes" – der Tod der eigentliche Kern des Weltdaseins. Wie hier kurzweg vom Tode, so wird auch von Alter und Tod gesprochen, oder von Alter, Tod, Schmerz, Hunger und Durst. Man sieht deutlich, wie sich da die erste der vier „edlen Wahrheiten" des Buddha vorbereitet: „Geburt ist Leiden, Alter ist Leiden, Krankheit ist Leiden, Tod ist Leiden" ... Und man sieht insonderheit auch, wie die Gestalt Māras, des bösen Feindes, und all das, was der Buddhismus in dieser Gestalt zum Ausdruck bringt, schon hier in vedischer Zeit im Werden ist. Māra heißt „Tod", und wenn wir bei den Buddhisten lesen (unten Nr. 38): „Wo es ein Auge gibt und Sichtbares ... wo es ein Ohr gibt und Hörbares ..., da ist Māra" – was ist damit anders gesagt, als was der vedische Text auf seine Weise ausspricht: „Diese Welt, die Gestalten des Todes"? Man kann weitergehen: auch die besondere Wendung, die der Buddhismus der Konzeption des Māra gegeben hat, indem dieser als der Herr der Lust, als der Versucher zur Lust erscheint, bereitet sich in einer Upanishad (der Kāṭhaka-Upanishad) vor, wo der Todesfürst und Naciketas, der erkenntnisdurstige Jüngling, einander gegenüberstehen. Besitz, langes Leben, Sinnenlust bietet der Tod ihm, wenn er dem Erkennen entsagen will. Aber Naciketas weist alles zurück:

> „Das ganze Leben, schnell ist es vergangen ...
> Was soll uns Habe, wenn wir dich erblickten?"

So könnte Buddha zu Māra gesprochen haben.

Bei solch tiefer Verwandtschaft des buddhistischen Weltbildes mit dem der Upanishaden wird man doch auch wiederum den Fortschritt, den das reifer und stärker gewordene Denken des Buddhismus gegenüber jenen gemacht hat, nicht übersehen. So entschieden der Buddhist dem Weltdasein Bestand und Wert abspricht, ebenso entschieden betont er die ihm innewohnende Ordnung und Gesetzmäßigkeit. „Wenn dies ist, so ist auch jenes; wenn dies entsteht, entsteht auch jenes. Wenn dies nicht ist, ist auch jenes nicht; wenn dies aufgehoben wird, wird auch jenes aufgehoben" (unten Nr. 57). Das ist die Sprache wissenschaftlichen Denkens. Das Leiden von Alter und Tod aufzuheben, sucht man dessen Ursache und dann die Ursache der Ursache und so fort, Schritt für Schritt. Und man vertraut darauf, daß in derselben Verkettung von Ursachen und Wirkungen, in der man die Entstehung alles Leidens erfaßt hat, genau entsprechend auch der Weg zu finden sein muß, um durch Aufhebung von Glied für Glied schließlich die Aufhebung des Leidens zu erreichen.

Und nun weiter: in dem alten, mächtigen Dualismus der Upanishaden Welt – Brahma die zweite Seite. Hat wie der Gedanke des Weltleidens so auch die Konzeption des Brahma ihren Weg in die Vorstellungskreise des Buddhismus gefunden?

Unter den Namen Brahma offenbar nicht, denn daß der Gott Brahma Sahampati, den man oft mit Buddha verkehrend findet (so unten Nr. 9), etwas sehr anderes ist als das Allwesen der Upanishaden, bedarf ja keines Wortes.

Näher schon kommt man dem absoluten Seienden der Upanishaden, wenn man mit der Erinnerung an die alte Gleichung Brahma = Ātman (das Selbst, das Ich) die unten (Nr. 10) mitgeteilte Rede oder vielmehr den Dialog „von den Kennzeichen des Nichtselbst" durchdenkt. Dort spricht der Betrachter der welterfüllenden Vergänglichkeit: „Das bin ich nicht, das ist nicht mein Selbst", und er wendet sich von allem Weltdasein ab. Blickt hier nicht deutlich die Vorstellung eines über dies Weltdasein erhabenen Seins durch? Könnte denn der Kampf und Sieg, der da geschildert wird, allein von den Wellen eben jenes unbeständigen Stromes gekämpft und gewonnen werden – könnte die Vergänglichkeit, sich als solche erkennend, sich von sich selbst abwenden und zu sich sprechen: „Das bin ich nicht?" Nein, hier redet offenbar ein anderer. In der schattenhaften Unbestimmtheit, die sich aus der buddhistischen Abneigung gegen das Eingehen auf metaphysische Streitpunkte erklärt, zeigt sich hier ein Etwas, das einer höheren Ordnung der Dinge angehört, in dem Verrauschen jenes Stromes nicht mit verrauscht ...

Die Texte, die unten mitgeteilt sind, weisen noch weitere bestimmtere Spuren davon auf, daß das absolute Sein der Upanishaden dem Buddhismus, so sehr es in den Äußerungen seiner Texte mit Zurückhaltung behandelt wird, doch keineswegs spurlos verlorengegangen ist. Wir hören von dem „Ungeborenen, Ungewordenen, nicht Gemachten, nicht Gestalteten" – von dem, wo es kein Kommen und Gehen gibt, kein Sterben und keine Geburt, kein Hienieden, kein Drüben, kein Dazwischen (Nr. 94). Erkennt man da nicht das Brahma der Upanishaden wieder, von dem es heißt: „Es ist nicht grob und nicht fein, nicht kurz und nicht lang ... ohne Atem, ohne Mund, ohne Maß, ohne Innen und ohne Außen" – jenes Höchste, dem der Tiefsinn vedischer Denker den Namen „Nein, nein" beigelegt hat, seine Allfülle in den Schein der Leerheit kleidend, um sein Erhabensein über alles bestimmte, begrenzte Sein um so siegreicher hervortreten zu lassen?

An anderm Orte – in meiner Schrift „Die Lehre der Upanishaden und die Anfänge des Buddhismus", 1915 – habe ich darzulegen versucht, wie wenigstens auf Teile des Weges, der von der alten Gestalt dieser Gedanken zur buddhistischen geführt hat, ein spätvedisches System der Philosophie Licht wirft: die sogenannte „Sānkhya"lehre in ihrer ursprünglichen Form. Ich unternehme es hier nicht, auf die betreffenden Probleme zurückzukommen. Darauf aber möchte ich nicht unterlassen hinzuweisen, daß unsere Texte, so schattenhaft vieles in ihnen bleibt, doch – und das ist ja wohl die Hauptsache – noch mit anderer Lebendigkeit, als die Literatur des Sānkhya es leistet und leisten kann, uns den Blick in die Seelen dieser ernsten Menschen aufschließen, die so ganz und gar von dem einen Gedanken an die Schrecknisse der Welt, an die Seligkeit des Weltentnommenseins erfüllt sind. Man sieht sie beben vor dem Verhängnis von Alter und Tod. Man sieht ihren Kampf gegen den Wahn, daß da ihr Ich anzutreffen sein könne, wo die Vergänglichkeit herrscht – die eiserne Entschlossenheit ihrer Selbsterziehung dazu, das Abrollen des großen leidenreichen Prozesses von Werden und Vergehen als etwas Fremdes, Fernes, Gleichgültiges zu erkennen. Man sieht sie in jene Versenkungen eintauchen und deren geheimnisvolles Glück genießen, die dem Inder so teuer sind – in stiller Seele die Nähe des Nirvana empfinden,

„Gleichwie der tiefe See ruhig
Mit reinen Wassern spiegelklar".

Und man sieht in ihrer Mitte die Gestalt des Großen, dessen Erscheinen für sie das entscheidende Erlebnis geworden ist, durch den sie sind, was sie sind. Bald hört man ihn, wie er sich im sachlichen Ton alltäglicher Unterredung, man kann sagen eines sokratischen Gesprächs, an den gesunden Menschenverstand dessen, der eben vor ihm steht, wendet: „Laß mich hier dich selbst fragen, und antworte mir, wie es dir richtig scheint." Bald wiederum klingen seine Worte wie aus Jenseitsfernen kommend, erfüllt von der Hoheit und unvergleichlichen inneren Gewißheit dessen, der Māra und sein Heer besiegt, die Welt hinter sich gelassen hat und der nun den Seinen voll Erbarmen den Weg zeigt,

„Daß heilig schweigend sie wandeln,
Wie der Ganges zum Meere strömt".

Die Literatur der buddhistischen heiligen Texte wurde durch Jahrhunderte nicht niedergeschrieben, sondern wie die der Veden mit Hilfe einer bewundernswerten Gedächtniskraft mündlich überliefert. Es ist schon bemerkt, daß für die Entstehungszeit vieler Haupttexte des Pālikanon ein ungefährer Ansatz etwa auf 80 oder 100 Jahre nach Buddhas Tode (dieser selbst annähernd 480 v. Chr.) wohl zutreffen könnte, daß es aber nicht an Jüngerem, allem Anschein nach auch nicht an Älterem fehlt. Die Sprache der Texte war offenbar ursprünglich die des nordöstlichen Indien, der Māgadhīdialekt, welchen Buddha selbst gesprochen haben wird. Aber es lag im Wesen des Buddhismus, das sprachliche Gewand der Heilsverkündigung als gleichgültig zu betrachten. Buddha soll die Vorschrift erteilt haben: „Ich ordne an, ihr Mönche, daß jeder in seiner eignen Sprache das Wort Buddhas lerne." So sind die Texte offenbar in den verschiedenen Gegenden Indiens aus dem Māgadhīoriginal in die betreffenden Dialekte übertragen worden, und in einem von diesen, dem Pāli – dem Lande Mahārāṣṭra angehörig? –, sind sie nach Ceylon gelangt und dort und in Hinterindien uns erhalten geblieben. Der Unterschied zwischen Māgadhī und Pāli ist übrigens nicht sehr groß. Beispielsweise wird uns in einer Māgadhīinschrift der Titel einer Buddharede, der „Ermahnung an Rāhula" genannt: Lāghulovāde; im Pāli heißt es Rāhulovādo. Doch darf man nicht übersehen, daß das Altertum offenbar bei Übersetzungen aus einem Dialekt in einen andern die Forderung peinlicher Genauigkeit nicht gekannt hat: absichtlich und unabsichtlich wird auf dem Wege vom Māgadhī zum Pāli manches geändert, in dieser und jener Einzelheit das Echte verwischt sein; daß der Gesamteindruck dadurch irgend wesentlich alteriert wäre, haben wir keinen Grund anzunehmen.

Größere oder kleinere Lehrreden machen die wichtigste Hauptmasse der Texte aus; hier und da sind ihnen poetische Bestandteile beigemengt.

Der Stil der geistlichen Prosa, die hier vorliegt, mit ihrer Steifheit und Weitschichtigkeit, mit ihren fortwährenden Wiederholungen stellt an die Geduld des westlichen Lesers oft sehr harte Anforderungen. Die diese Sprache reden, sind nicht in weltlicher Freiheit lebende Philosophen; es sind Mönche, gewohnt jede ihrer Bewegungen mit ängstlicher Genauigkeit abzumessen und abzuzirkeln – „auf diesem Wege will ich eintreten, auf diesem Wege will ich fortgehen. Sie stehen nicht zu fern; sie stehen nicht zu nah". Einen Tag wie den andern, Jahr für Jahr führen sie immer dasselbe Leben. Was ist natürlicher, als daß dies unverbrüchliche Gebundensein an unabänderlich feste Bahn sich auch im Stil ihrer Prosa ausprägt? In stets gleichbleibender, langsam gemessener Bewegung träufeln da die Wahrheiten aus dem Munde des Wissenden. Jeder Gedanke hat seine notwendige Form. Wenn der eine dieser heiligen Männer den andern reden hört, geht es ihm so, wie man es einmal im Gleichnis von den beiden kundigen Wagenbauern ausgedrückt hat. Der eine sieht dem andern bei der Arbeit zu, und jeden Handgriff, den er für den richtigen hält, tut der andere genau: „Mit dem Herzen mein Herz erkennend arbeitet er."

Ein besonders in die Augen fallender Zug dieser Prosa ist die Neigung zur Häufung gleichbedeutender Ausdrücke. Man spricht immer wieder von „unwillig sein, murren, sich entrüsten", oder von „verherrlichen, Achtung bezeugen, huldigen, ehren". Wenn von mehreren Dingen irgend etwas in gleicher Weise gilt, sagt man nicht etwa, daß es von A und B und C gilt, sondern man sagt es von A und darauf in gleicher Weise von B und dann ebenso von C. Wird ein Vorgang erzählt, so werden dessen einzelne Elemente nicht etwa nach ihrer Bedeutung oder Bedeutungslosigkeit für das Ganze bewertet und abgestuft; sie haben nicht das Recht und die Pflicht, in entsprechend hellerer oder minder heller Beleuchtung dazustehen. Von dem Menschen, der etwas sagen oder tun will, wird mit derselben Ausführlichkeit, wie die eigentliche Hauptsache, auch berichtet, wie er sich vorher anzieht, zu dem hingeht, mit dem er zu reden hat, die üblichen Höflichkeiten mit ihm austauscht, sich zur Seite niedersetzt, und dergleichen mehr.

Der mönchische Hörer solcher Prosa ist eben ein sehr anderer als der Okzidentale, der heute nicht ohne Befremden aus weiter Ferne auf jene alten Formen des Redens zurückblickt. Bei ihm ist noch nicht wie bei diesem das Denken hundertfach und tausendfach überladen und überreizt. Seine Phantasie eilt nicht dem Redenden voran auf Bahnen, die sie geschult in langer Erfahrung weithin im voraus übersieht. Sondern der Geist, gewöhnt an die Stille endlosen Schauens, folgt gehorsam und hingenommen Schritt für Schritt der Wiederkehr und immer neuen Wiederkehr jener eintönigen Rhythmen von Sprache und Gedanken, in denen sich ihm der ewig gleichmäßige Aufbau der Daseinsordnungen enthüllt. Geduldig und ehrfurchtsvoll begleitet er etwa die in unwandelbarer Langsamkeit aufsteigende Bewegung jener Predigt „vom Lohn des Asketentums" (Nr. 68): Von den äußerlichen Vorzügen, die dem Asketen zukommen, erhebt die Predigt sich gleichmäßig fortschreitend zu den innerlicheren, auserwählteren Segnungen. Stufe um Stufe geht es hinauf: jede folgende wird immer mit denselben Worten „schöner und herrlicher" als die vorangehende genannt; keine wird übersprungen, bis am Ende der letzte Gipfel der Erlösung erstiegen ist ...

So fremdartig solche Prosa uns anschauen mag, können wir es nicht doch verstehen, daß eben sie die rechte war, um die Gedankenreihen jener Erlösungslehre in den gläubigen Geistern der Mönche unverlierbar zu befestigen? Und tut in Zusammenhängen wie etwa dem Bericht von Buddhas letzten Tagen (Nr. 27) die Ungewandtheit der Erzählung der friedevoll und feierlich gehobenen Stimmung Eintrag? Darf man es vielleicht gar so ansehen, daß nicht nur trotz jenes Mangels an Beweglichkeit, sondern geradezu durch ihn dem tiefen, glaubensgewissen Ernst dieser Sprache eine Wirkung zuteil geworden ist, welche fortgeschrittener Geschicklichkeit versagt geblieben wäre? –

Leichter als die Prosa des alten Buddhismus wird seine Poesie dem modernen Leser zugänglich sein. Ein Versuch, ihn in deren Verständnis einzuführen, wäre überflüssig; sie spricht für sich selbst. Nur einige Worte über eine bestimmte Gruppe dieser Dichtungen mögen hier eine Stelle finden: über die Verse und Versmassen, die einzelnen Ältesten, Mönchen und Nonnen, zugeschrieben werden (Nr. 104 u. a.). Unter den Verfassern oder angeblichen Verfassern finden sich manche der berühmten ältesten Jünger; deren Autorschaft ist wohl mindestens für stark verdächtig zu halten. Anders, glaube ich, steht es mit vielen offenbar jüngeren, im übrigen namenlosen Verfassern. Von einem unter ihnen sagt eine durchaus unverdächtig aussehende Überlieferung, daß er unter König Bindusāra, dem Vater des großen Asoka, also um 300 v. Chr., gelebt hat. Einen Grund, an der Autorschaft solcher Mönche zu zweifeln, kann ich nicht finden. Täusche ich mich nicht, so verrät das Aussehen der betreffenden Texte im Vergleich mit der Hauptmasse des Kanon vielfach jüngere Entstehungszeit. Aber bei der Weise, wie hier vom Leben und vor allem vom Innenleben dieser geistlichen Dichter und Dichterinnen die Rede ist, würde es doch einen Verlust bedeuten, wollten wir darum ihre Schöpfungen bei unserer Auswahl übergehen. Die Dichtung des Tālapuṭa, diesen tiefen, ergreifenden, schönheitsverklärten Ausdruck von Sehnen und innerem Kampf, möchte ich zu den kostbarsten Schätzen zählen, die uns die altindische Poesie bietet. Daß es einst mir vergönnt war, ein solches Gedicht aus den Palmblättern, in die ceylonesische und birmanische Mönche es geritzt haben, hervorzuholen und westlichen Lesern zugänglich zu machen, darf ich als einen der freundlichsten Glücksfälle betrachten, die mir in der Beschäftigung mit dem buddhistischen Schrifttum begegnet sind.

„Die Welt ist voller Widerspruch,
Und sollte sich's nicht widersprechen?" –

würde man ohne diese Erkenntnis es wohl begreifen? Die heiligen Texte der Lehre, die „nur von *einem* Geschmack durchdrungen ist, von dem Geschmack der Erlösung", enthalten eine der reichsten, buntesten, an manchen Stellen ausgelassensten *Geschichtensammlungen,* die das Altertum uns hinterlassen hat! Da springen freche und übermütige Affen umher; schlaue Hofmänner überlisten einander; wunderbar schöne Frauen betrügen schwungvoll ihre Gatten: den Geschmack, der das alles durchdringt, als Geschmack der Erlösung zu bezeichnen, wäre gewagt.

Der Erklärer der auf den ersten Blick höchst befremdenden Erscheinung wird wohl dies und jenes beibringen können, was deren Seltsamkeit mildert; hinwegschaffen läßt sich der innere Widerspruch nun einmal nicht. Er ist wohl schon im Altertum von den geistlichen Männern selbst empfunden. Denn wenigstens ungefähr deutet es doch auf solche Empfindung hin, wenn man in den heiligen Texten der Klage begegnet, daß viele Mönche nicht zuhören mögen, „wenn die tiefen, tiefsinnigen Reden des Vollendeten von überirdischen Dingen, von der Daseinsentleerung vorgetragen werden", und daß sie allein aufmerken auf „dichterische Reden, Poesien, mit bunten Worten und buntem Schmucke, weltliche, die von anderen als dem Meister geredet sind".

Genau genommen freilich trifft das eben auf diese Erzählungen insofern nicht ganz zu, als es in der Tat der Meister selbst ist, dem sie in den Mund gelegt werden. Die typische Einkleidung ist die, daß irgendein Vorfall berichtet wird, der sich in der Umgebung eines Buddha begibt, die allgemeine Aufmerksamkeit auf sich zieht, von den Mönchen besprochen wird. Dann pflegt Buddha zu bemerken: nicht allein jetzt haben sich die eben in Frage kommenden Personen so oder so benommen, sondern auch schon früher – und es folgt eine Geschichte aus der Zeit vergangener Geburten, aus jener Märchenzeit, als „Brahmadatta König zu Benares war": worauf dann zum Schluß Buddha erklärt, wie die Personen der Vergangenheit in der Gegenwart wiederkehren. Die kluge oder tugendhafte Hauptperson der Begebenheiten ist regelmäßig der Bodhisatta (künftige Buddha) selbst, und wenn es an einer solchen Person fehlt, tritt der Bodhisatta wenigstens irgendwie in einer Zuschauerrolle auf. In diesem Sinn sind es Geschichten aus den früheren Geburten des Buddha, *„Jātakas"*, d. h. Geburtsgeschichten.

Wenn nun solche Beziehung auf die Person des Höchstvollendeten dazu dienen konnte und mußte, die betreffenden Erzählungen als Bestandteil der heiligen Überlieferungen gewissermaßen zu legitimieren, so darf dies oft in der Tat sehr lose Band, das

Weltliches und Allerweltliches mit dem Heiligen verknüpfte, in vielen Fällen wiederum doch wohl nicht als eine nur äußerliche, gleichgültige Zutat angesehen werden. Hatte das Erscheinen des Buddha inmitten der Welt des wesenlosen Saṃsāra ein Reich des Wesenhaften, Ewigen begründet, so war es wohl natürlich, daß man danach verlangte, von der Vorgeschichte einer so unvergleichlichen Begebenheit etwas zu erfahren: ungefähr so, wie später der christliche Glaube seine Vorgeschichte im Alten Testament gesucht und gefunden hat. Daß das nun freilich hier eine Vorgeschichte sehr anderer Art sein mußte als dort, lag in der Natur der Sache. Der überall in Indien so schwache Faktor des Nationalen, des Geschichtlichen im großen Stil konnte hier keine Rolle spielen. Der Vorgang der Erlösung und Buddhaschaft betraf einen Einzelnen, und dann andere Einzelne, denen jener das Heil verkündete. Träger der Vorgeschichte also konnte nicht das Volk sein, sondern nur Einzelne; und da beschaffte denn der Seelenwanderungsglaube die ungeheure Bühne, auf der diese Einzelnen in einer unbegrenzten Masse wechselnder Erscheinungsformen auftreten konnten, auf der vor allem jener Eine selbst in zahllosen Situationen die Vollkommenheiten bestätigen konnte, die ihn dann zum Ziel der Buddhaschaft geführt haben. Jetzt ist er der Brahmane, der die Wege schöner Frauen kreuzt und mit ihnen bittere Erfahrungen macht, jetzt der Königssohn, der um das Verdienst grenzenloser Freigebigkeit zu erwerben, ohne Zaudern die Seinigen aufopfert. Und wie die Wege der Seelenwanderung zwischen menschlichem Dasein und tierischem hin- und herführen und ein tiefes Gefühl von der Verwandtschaft und Zusammengehörigkeit des einen und des anderen im Inder lebendig ist, fehlt es auch nicht an tierischen Verkörperungen dessen, der einst zur höchsten Höhe heiliger Vollendung aufsteigen sollte. Der vorsichtige Hahn, der sich von der Katze nicht vom Baum herunterlokken läßt, oder der weise Hase, der dem Brahmanen zur gastlichen Aufnahme seinen eigenen Leib braten will: immer ist er es selbst, ist es der Bodhisatta.

Aber, wie schon angedeutet, wenn man diese Verknüpfung der Geschichten mit der Person des Buddha nicht als gleichgültig beurteilen wird, wird man doch nicht übersehen, daß da noch andere Motive mitgewirkt haben müssen, ihnen ihre Stelle unter den heiligen Überlieferungen des Buddhismus zu verschaffen.

Da ist denn offenbar an die allgemein indische unwiderstehliche Neigung zum Geschichtenerzählen und Geschichtenhören zu erinnern. Kann auch die bekannte These *Theodor Benfeys* von Indien als dem Ursprung und der Heimat aller Märchenliteratur nicht aufrechterhalten werden, so viel ist doch unbestreitbar, daß in der Welt das mächtigste Zentrum der Produktion von Märchen und Erzählungen allerverschiedenster Art in der Tat eben Indien gewesen ist. Der Verkehr mit der Laienwelt, den der buddhistische Orden allen Grund hatte, sorgfältig zu pflegen, gab fortwährenden Anlaß, dem allverbreiteten Verlangen des Volks nach Geschichtenerzählung entgegenzukommen, wo dann natürlich das Belehrende, die Richtung auf Lebensweisheit und Lebensklugheit, die man in den Geschichten gern betonte, mit dem rein Unterhaltenden und Ergötzlichen mannigfachste unlösbare Verbindung einging. Auch heutzutage noch beobachtet man in buddhistischen Ländern lebhaftestes Interesse aller für die Jātakas. Ganze Nächte hindurch hören die Ceylonesen der Erzählung solcher Geschichten zu, ohne zu ermüden. In einer Mondnacht bei einem Ritt auf der palmenbedachten Straße von Galle nach Colombo sah *Rhys Davids,* wie auf einem freien Platz Hunderte von Menschen in festlicher Kleidung am Boden saßen, einen Vortrag anhörend, der eine Predigt schien, und unter heiterm Lächeln miteinander redend. Er ritt heran, sich zu überzeugen, was es war, das die Menge mit solcher Befriedigung erfüllte: es war die Erzählung von Jātakas. Über das längste und rührendste aller Jātakas, die Geschichte vom Prinzen Vessantara, der unter allgemeinem Jammer in unbegrenztem Gebeeifer seine eignen Kinder dem scheußlichen und grausamen Brahmanen als Gabe überantwortete, wird aus Siam berichtet, daß die Mönche es dort alljährlich vortrugen und damit ihren Hörern Tränenströme entlockten. Ähnlich am andern Ende der buddhistischen Welt: an einen Reisenden richtete die Tochter eines kalmykischen Häuptlings die Frage, ob er den Uschandarchan (d. h. eben die Vessantarageschichte) ohne Tränen lesen könne. Und davon, daß im Altertum das Interesse an diesen Erzählungen nicht geringer war, legen altbuddhistische Bauwerke, noch heute sichtbar, Zeugnis ab. Ein hervorragendster Kenner der buddhistischen Kunst, *A. Foucher*, hat in einer eignen kleinen Schrift (Les représentations de „Jātakas" sur les bas-reliefs de Barhut; Bibliothèque de vulgarisation du Musée Guimet T. XXX, Paris 1908) mit der ihm eignen Anmut hierüber berichtet. Es handelt sich um Reliefs aus dem zweiten Jahrhundert v. Chr. im Stil der ältesten uns bekannten indischen Kunst, noch vor dem Siege des griechischen Einflusses. Damals schmückte buddhistischer Glaubenseifer die monumentalen Bauwerke mit Darstellungen, unter denen die von Jātakaszenen besonders häufig sind. Dem Leser unserer Übersetzungen wird die Geschichte von den Affen begegnen, die die Bäume im Garten, welche sie begießen sollen, ausreißen, um nachzusehen, wie weit ihre Wurzeln sich ausdehnen und Wasser verlangen (Nr. 119). Eben diese Szene finden wir auf einem Relief des großen Stūpas von Barhut dargestellt. Unter Bäumen sieht man drei Figuren. Rechts schreitet ein Affe ernst geschäftig mit zwei Wassereimern einher, die er an einem über die Schultern gelegten Tragholz trägt. In der Mitte hockt ein andrer Affe am Boden und ist mit gleichem Ernst damit beschäftigt, die Wurzeln eines Baumes, den er ausgerissen hat und in der Hand hält, zu untersuchen, während links der zuschauende Mensch steht, der sich über den Vorgang unterrichtet und seine Meinung über den Wert der von den Affen entwickelten Tätigkeit aussprechen wird. Andre Reliefs zeigen andres – jenen Hahn, der auf dem Baum sitzt und den die Katze gern mit Schmeicheleien herunterlocken möchte; die junge Frau, die sich von ihrem alten Gatten, dem Brahmanen, dem sie die Augen verbunden hat, Musik machen läßt, um mit ihrem Liebhaber danach zu tanzen (s. das Jātaka unten Nr. 134); den Asketen in seinem charakteristischen Aufzug mit dem großen Haarwulst und dem Wassergefäß, wie er dem Streit zweier Fischottern um den gefangenen Fisch zusieht – der Schakal, der als Schiedsrichter angerufen wird, spricht dem einen den Kopf, dem andern den Schwanz zu und eignet sich selbstverständlich seinerseits das Mittelstück an. Nicht alle diese Jātakas können wir in unsrer Sammlung nachweisen; beispielsweise nicht die folgende lustige Szene, die zu Barhut dargestellt ist und doch wohl auf ein Jātaka bezogen werden muß. Ein riesiger Kerl sitzt da mit leidendem Ausdruck; er hat Zahnschmerzen. Man hat ihm eine große Zange an einen Zahn gelegt, den man ausziehen will und der offenbar sehr fest sitzt. Die Zange wird von einem Strick gehalten; den hat man einem Elefanten umgebunden, und eine Anzahl von Affen ist beschäftigt, diesen Elefanten davonzutreiben; gravitätisch hebt er den linken Vorderfuß, um sich in Bewegung zu setzen. Hoffen wir, daß die Operation auf diesem sinnreichen Wege glücken wird ...

Durchmustern wir nun näher die einzelnen Jātakageschichten, so fällt zuvörderst eine Anzahl von ihnen in die Augen, die uns allen als Besitz unsres eignen Volkes, unsrer Kinderwelt von jeher vertraut sind – äsopische und ihnen nahestehende Fabeln! Wir werden unten (Nr. 116) dem indischen Gegenstück der allbekannten Fabel vom Kranich begegnen, der dem Wolf den Knochen aus dem Rachen zieht. In Indien ist es ein Specht, der einem Löwen diesen Dienst erweist; wie der Specht die Möglichkeit andeutet, für die glücklich vollbrachte Lebensrettung ein Stück von dem Büffel zu bekommen, den der Löwe eben erbeutet hat, antwortet dieser:

„Der du mir wildem Bluttrinker,
Dem Täter grausen Mordeswerks,
Zwischen die Zähne dich wagtest:
Daß du noch lebst, ist reicher Lohn!"

Ähnlich alte Bekannte sind für uns die Geschichten von der Schildkröte, die mit dem Maul am Stock sich festhaltend durch die Luft getragen wird und, wie sie reden will, herunterfällt (unten Nr. 114); weiter vom Esel in der Löwenhaut (Nr. 117). Wir haben hier schöne Beispiele des Wanderns der Fabeln – denn rein zufällig kann schon eine einzelne dieser Übereinstimmungen nicht sein, geschweige denn ihre ganze Reihe –: ein Wandern, dessen Richtung und nähere Umstände zu ergründen die Forschung ebenso eifrig wie erfolglos bemüht gewesen ist, wohl begreiflich bei dem Zustand der Überlieferung, die für die Beantwortung der hier zu stellenden Fragen uns die nötigen Unterlagen nun einmal zu versagen scheint. Eine andre in westlicher allbekannter Umgebung wiederkehrende Jātakageschichte ist die vom salomonischen Urteil (Nr. 130); wenn manche hier die Frage nach dem Ursprungsland zugunsten von Indien beantworten zu können glauben, ist Gewißheit doch wohl auch in diesem Fall nicht vorhanden.

So viel ist kaum zweifelhaft, daß in diesem und vielen anderen Fällen die buddhistischen Autoren die Geschichten nicht selbst erfunden, sondern vorhandene, in Indien unabhängig von den Verschiedenheiten des religiösen Bekenntnisses gangbare sich angeeignet haben. Neben jenen wenigen von alters her westöstliches Bürgerrecht genießenden Erzählungen bildet die Masse der rein indischen natürlich die große Mehrheit. Da sind Tiergeschichten; den Affen, den Elefanten, auch den Löwen und Schakalen wird angelegentliches Interesse gewidmet und häufig die Hauptrolle übertragen. Und dann Geschichten aus dem menschlichen Leben, bald legendarisch unwirkliche, bald durchaus realistische. Hier führen sie ins Leben der Großen, an den Königshof, etwa zu Vorgängen, die zwischen dem König und seinem Oberpriester spielen (vgl. Nr. 115, 134). Dort zeigen sie das Leben der kleinen Leute, die mühsam und gequält ihren Weg durchs Dasein gehen. Eine große, meist durchaus bedenkliche Rolle fällt in diesen Geschichten der Frauenwelt zu. Weibliche Reize, weibliche Tücke und Untreue sind ein beliebtes Thema: wohl begreiflich ebenso für diese in der heißen Atmosphäre indischer Sinnlichkeit die Weltflucht predigenden Asketen, wie für die irdischer gesinnten Erzähler, deren Werk gewiß dem mönchischen oft zugrunde liegt und die mit Behagen, vielleicht nicht immer ohne Sympathie für die anmutigen Betrügerinnen, manche pikante Situation ausgemalt haben werden.

Die guten Lehren, die diese Erzählungen den Hörern einschärfen, sind keineswegs immer moralische im gewöhnlichen Sinne. Oft liegen sie vielmehr auf dem Gebiet der Lebensklugheit – der Klugheit, wie sie dem sehr viel mehr zur Vorsicht, Zurückhaltung, Verschlagenheit als zu heldenmäßiger Kühnheit neigenden indischen Wesen entspricht. Wenn später die allbekannte Fabel- und Erzählungssammlung Pañcatantra mit so unvergleichlicher Lebendigkeit die Regeln dieser Lebensklugheit an Begebenheiten der Tier- und Menschenwelt veranschaulicht hat, so zeigt sich von der Kunst und von der Lebensauffassung, die uns dort entgegentritt, recht viel schon in den Jātakas. Ja eine Reihe von Geschichten sind in ihnen und im Pañcatantra dieselben, bis zu Gleichheiten des Wortlautes der Verse, die auf beiden Seiten in die Prosa eingelegt sind.

Ich darf diese Bemerkungen, die den Leser in die Lektüre von Jātakas einführen sollen, nicht beschließen, ohne gewisser Verhältnisse zu gedenken, die dem Wert dieser in vieler Hinsicht so hervorragend bedeutsamen Texte leider doch in gewisser Hinsicht Eintrag tun. Was ich zu sagen habe, hängt mit der Form zusammen, in der die Jātakas sich stehend bewegen. Durchweg liegt Mischung von Versen und Prosa vor. Verse, oft in der ganzen Erzählung nur ein einziger Vers, enthalten irgendeinen bedeutsamen, etwa die entscheidenden Momente des ganzen Hergangs beleuchtenden, die Moral der Fabel formulierenden Ausspruch. Oder sie stellen einen mehr oder weniger pointierten Dialog dar, in dem vielleicht der Widerstreit verschiedener Tendenzen, auf dem die Geschichte beruht, zu anschaulichem, lebendig bewegtem Ausdruck kommt. Rein erzählender oder beschreibender Inhalt der Verse ist dagegen selten. Es wäre offenbar verfehlt – woran man gedacht hat –, in diesen Versen Reste aus einem vollständigeren oder gar durchaus vollständigen Verszusammenhang zu sehen, die bei dem auf irgendeine Weise eingetretenen Fortfall der übrigen Verse stehen geblieben wären. Vielmehr sind diese Verse etwas Eigenes, in gewisser Weise Abgeschlossenes. Sie sind gleichsam Steine, scharf geschliffen, um in der Fassung, für die man sie gearbeitet hat, zu glänzen. Der Mistwurm (Nr. 123) hat zum Elefanten, der aus Widerwillen vor dem Kotgeruch davonläuft, seinen Vers gesprochen:

„Mit mir Helden als Held kämpfe,
Dem Dreinschläger, dem mächtigen.
Komm, Elefant, kehre zurück!
Was läufst du feige vor mir weg?" ...

Dem antwortet der Elefant:

„Nicht soll mein Fuß dir Tod bringen,
Nicht mein Rüssel und nicht mein Zahn.
Du sollst durch meinen Kot sterben;
Der Mist geh' unter durch den Mist!"

Oder der Mann mit Namen „Bösewicht" (Nr. 132), der ausgegangen ist, sich einen schöneren Namen zu suchen, und nun überall sieht, wie die Leute mit den glückbringendsten Namen doch ins Unglück geraten, geht nach Hause, und man spricht den Vers:

„Als er den ‚Lebensreich' tot sah,
Frau ‚Geldmann' als ein armes Weib,
Und ‚Wegemann' im Wald irrend,
Kam ‚Bösewicht' nach Haus zurück."

Die Prosa hat auf diese Verse hingearbeitet; sie selbst bezeichnen den Gipfel. Bald sinnreich, bald lustig, bald pathetisch lassen sie die Essenz des in der Prosa berichteten Geschehens mit seinen inneren Antithesen, seinen Akzenten, seiner Bedeutung und Gesetzmäßigkeit in eigner, heller Beleuchtung hervortreten. Natürlich wird nicht überall mit gleicher Energie und Kunst, mit gleichem Gelingen diese Form gehandhabt. Sie hat aber ihr Dasein und ihren Sinn, in dem sich bestätigt, daß da kein Produkt irgendwelcher zufälliger Verschiebungen vor uns liegt, sondern etwas Gewolltes, Organisches.

Die Darstellungsform, von der hier die Rede ist, ist keine Besonderheit der Jātakas allein. Wir finden sie an vielen Stellen der alten indischen Literatur wieder. Ja sie begegnet mit Abweichungen im einzelnen, aber im Kern der Sache doch durchaus übereinstimmend, auch in einer Reihe außerindischer Literaturen. So beispielsweise, wie es scheint, auf israelitischem Gebiet in der Genesis; ich kann hier freilich nicht selbst urteilen, sondern nur fachmännischen Kennern dieser Literatur nachsprechen und verweise auf *Gunkels* Behandlung jenes Textes. Wenn wir da die in poetischer Form gehaltenen staunenden Worte Adams über Eva 2, 23 lesen, den Fluch über Schlange, Weib und Adam 3,14 ff., die Worte Sarahs über ihre wunderbare Mutterschaft 21,7, die pathetische Äußerung von Josephs Brüdern an diesen 37,8, so wird der an die Lektüre indischer Texte Gewöhnte sich durchaus an die dort so oft begegnende Verteilung von Prosa und Versen erinnert fühlen.

Doch es ist hier nicht unsre Aufgabe, die Rolle, die der prosaisch-poetische Darstellungstypus in der Weltliteratur gespielt hat, näher zu verfolgen. Wir bleiben bei den Jātakas und haben da nun die Tatsache festzustellen: aus höherem Altertum erhalten und im vollen Sinn zum heiligen Kanon zu rechnen – übrigens wohl im ganzen nicht gerade zu dessen ältesten Schichten – sind allein die Verse der Jātakas. Die Prosa dagegen ist ein verhältnismäßig spätes Kommentatorenmachwerk. In der Gestalt, in der sie uns vorliegt, ist sie in Ceylon, wahrscheinlich um das fünfte Jahrhundert n. Chr., redigiert worden, vielleicht sieben oder acht Jahrhunderte nach der Entstehungszeit von Hauptmassen der Verse. So geben denn auch Handschriften, bei denen streng auf Bewahrung allein des kanonischen Bestandes Gewicht angelegt wird, von den Jātakas nur die für sich allein natürlich oft unverständlichen Verse, nicht die Prosa. Wir verstehen dies auf den ersten Blick so befremdende Verhältnis aus den Zuständen eines Zeitalters, wo man gewohnt war, die Texte nicht niederzuschreiben, sondern auswendig zu wissen und mündlich sie weiter zu überliefern. Ein Jātaka kennen hieß damals so viel wie dessen Verse kennen: die mußte man auswendig gelernt haben, wollte man imstande sein, das Jātaka zu erzählen. Die Prosa, welche diese Verse umgab, mochte jeder Erzähler mit seinen eignen Worten geben; da kam es nur auf den Inhalt an. So sind denn hier wie an andern Stellen der altindischen Erzählungsliteratur – z. B. bei einer Reihe von „Hymnen" des Rigveda, welche in Wahrheit die aneinander gereihten Verse prosaisch-poetischer Erzählungen sind – von Anfang an allein die Verse in voller Authentizität überliefert worden. Als dann die großen Kommentare zu den heiligen Texten entstanden, erkannte der Erklärer der Jātakas natürlich seine Aufgabe nicht allein darin, den Wortlaut der Verse in seinen Einzelheiten auszulegen. Verständlich, lebendig wurden die Verse erst aus dem Zusammenhang der ganzen Geschichten. Die galt es darum zu erzählen.

War der Kommentar imstande, das dem alten Inhalt dieser Erzählungen entsprechend zu tun?

Was die Form anlangt, war er es offenbar nicht; er hat es nicht einmal versucht. Wie sich von selbst versteht, bewegte er sich in der Ausdrucksweise seiner eignen Zeit. Auch in der Übersetzung wird der Abstand vom Stil der kanonischen Texte dem Leser fühlbar sein.

Hinsichtlich des Inhalts liegt die Sache weniger einfach. Im ganzen kann da wohl behauptet werden, daß der Erklärer die Zusammenhänge der Geschichten, die leitenden Motive meist in ihrer wahren Gestalt wenigstens ungefähr gekannt hat. Aber Abweichungen, Ungenauigkeiten im einzelnen sind doch nicht selten untergelaufen. *A. Foucher* hat einmal für ein besonders häufig überliefertes Jātaka – das vom Wunderelefanten mit den sechs Zähnen: außer in der Pāligestalt auch in einem nordbuddhistischen Sanskritexemplar, ferner mehrfach chinesisch, und wiederholt bildlich dargestellt – den Versuch gemacht, die älteren und jüngeren Formen chronologisch zu ordnen. Da zeigte sich, wie verschiedenen Rang die Versbestandteile des Pāli-Jātaka und seine Prosa einnehmen; unter den zwölf Nummern von Fouchers Liste erhielten die Pāliverse die erste Stelle, die Pāliprosa die siebente. Schrittweise ist man eben im Lauf der Zeiten bemüht gewesen, die pathetischen und erbaulichen Effekte der Geschichte zu steigern; so ist ein Ganzes entstanden, dessen jüngere Elemente mit den älteren nur in sehr unvollkommener Harmonie stehen.

*

Gewissermaßen als Folie für die archaisch strenge Weise der kanonischen Texte habe ich im Anhang die Schilderung übersetzt, die ein Pālischriftsteller des 5. Jahrhunderts n. Chr., der große Kommentar *Buddhaghosa*, von dem regelmäßigen Verlauf eines Tages im Leben des Buddha gegeben hat. Wie in der Sprache so fällt auch im Stil der Phantasie, in der Steigerung der Wunder und in einer gewissen das Ganze durchziehenden Süßlichkeit der Unterschied vom Alten deutlich in die Augen.

*

In den Übersetzungen, die hier vorgelegt werden, habe ich es nicht für meine Aufgabe gehalten, den Text in ein nach unseren Maßstäben bequem fließendes Deutsch zu übertragen. Als bequem fließend kann diese alte Sprache ja von denen, die sie redeten und hörten, unmöglich empfunden sein. Die feierlich steife Stilisierung, die hier überall herrscht, durfte in der Übersetzung nicht verwischt werden. Was die Verse anlangt, schien mir der Versuch geboten (nur in Nr. 105 ist eine durch die besondere Natur dieses Textstückes motivierte Ausnahme gemacht), sie in Versen zu übersetzen. Dabei die Versmaße der Originale überall nachzubilden, verbot sich von selbst. Beim häufigsten der indischen Metra aber, dem Śloka, habe ich es doch, wenn auch nicht durchweg, versucht. Dies schien tunlich; und ich hoffe, daß der Echtheit des Eindrucks das Festhalten dieses vor allen andern charakteristisch indischen Versmaßes zugute kommt.

In der Auswahl der übersetzten Stücke habe ich mich nicht streng buchstäblich daran gehalten, allein „Reden des Buddha" aufzunehmen. Die sind ja doch zum allergrößten Teil in Wahrheit vielmehr Schöpfungen der alten Jüngergemeinde. Wo ich da dem Zweck des Buches durch Aufnahme einer etwa dem Sāriputta oder Ānanda zugeschriebenen Rede oder von Versen eines Ältesten, die für den Geist der alten Gemeinde bezeichnend schienen, zu dienen glaubte, habe ich unbedenklich zugegriffen.

Vielen Dank schulde ich selbstverständlich früheren Übersetzern wie den beiden *Rhys Davids, Windisch, Warren, K. E. Neumann,* den *Cambridger* Jātakaübersetzern, *Dutoit, Winternitz, Seidenstücker,* vor allem dem mit so unermüdlicher philologischer Sorgfalt arbeitenden *R. O. Franke.* Auch auf eigne Übersetzungen konnte ich hier und da zurückgreifen. Durch Mitteilung seiner Ansicht und seiner Materialien betreffend den Sinn einiger seltener oder dunkler Worte hat mich *W. Geiger* zu besonderem Dank verpflichtet. –

Möchte es nun meinen Übersetzungen gelungen sein, von diesen alten Schöpfungen ernsten Sinnens über tiefste Probleme, hochfliegender Sehnsucht nach unvergleichlichen, weltentnommenen Seligkeiten ein lebensvolles Bild zu geben. Kein vollständiges Bild. Darauf war es nicht abgesehen. Aber doch ein Bild, bei dem versucht ist, die wesentlichen, entscheidenden Züge des Originals hervorzuheben und auch die altertümliche indische Hülle, die hier den menschlichen Kern umschließt, ich möchte sagen den Erdgeruch jener Wälder und Klostergärten, in denen die gelbgewandigen Mönche dem Nirvana nachtrachteten, getreu zu bewahren. Dürfen wir diese Texte, die von den Ursprüngen des Buddhismus, von der ehrfurchtgebietenden Gestalt des Buddha selbst so manchen Schleier heben, nicht dem kostbarsten Besitz zuzählen, der uns in den Literaturen des Altertums erhalten ist?

ERSTER TEIL

VOM LEBEN UND DER PERSON DES BUDDHA

1.
EIN JÜNGER SPRICHT VON BUDDHA

„Ihn schaut mein Geist, als wenn mein Aug' ihn sähe,
Bei Nacht, bei Tag, beständig ohn' Ermatten.
Ihm Ehrfurcht weihend harr' ich auf den Morgen.
Von ihm, das fühl' ich, kann ich mich nicht trennen."

2.
DER SEHER ASITA BESUCHT DAS BUDDHAKIND

In Freud' und Wonne die dreimal zehn Gescharten [1]
Und Sakra Inda [2], die Götter in lichten Gewändern,
Schwenkend die Kleider, hell jubelnd und frohlockend
Erblickt' Asita der Seher, um Mittag rastend.

Als er so schaute die Götter, die frohen, die hochbeglückten,
Bedacht' er den Anblick, und also sprach er zu ihnen:
„Wie sind die Scharen der Götter so fröhlich zu schauen!
Die Gewänder faßt ihr und schwenkt ihr! Was hat's zu bedeuten?

Selbst als die Götter dereinst die Dämonen bekämpften
Und die Götter siegten, und ihre Feinde erlagen:
Auch damals nicht hat solche Erregung gewaltet!
Welch Wunder haben die Götter geschaut, des sie froh sind?

Ihr Jauchzen und Singen und ihre Musik hört man schallen.
Sie schlagen die Arme zusammen und tanzen den Reigen.
So frag' ich euch denn, die auf Merus [3] Gipfel ihr wohnet:
Wollet, ihr Hohen, gar rasch mich vom Zweifel befreien!"

---

[1] Die Götter.
[2] In der Sanskritform des Namens Indra, auch Śakra genannt, ein mächtigster Gott.
[3] Der Weltberg.

„Der *Buddha* sein wird, das Kleinod ohnegleichen,
Er ist geboren, den Menschen zu Heil und Freude,
Im Land der Sakyas, in Lumbinī dem Dorfe[1].
Des sind wir froh und über die Maßen selig.

„Er alles Seins Gipfel, der Wesen herrlichstes,
Der Stier der Männer, der Kreaturen höchstes Haupt,
Der Lehre Rad rollen wird er im Seherwald[2],
Dem Löwen gleich brüllend, der Tiere mächt'gem Herrn."

Als er dies hörte, kam aus der Höh' er schnell herab.
Asita lenkte den Schritt nach Suddhodanas[3] Haus.
Dort setzt' er sich nieder und sprach zu den Sakyas dies Wort:
„Wo ist er, der Knabe? Auch ich hab' zu schaun ihn den Wunsch!"

Den Knaben darauf, der leuchtend erglänzte wie Gold,
Das im Feuer bearbeitet wird von des Künstlers Hand,
Strahlend in Schönheit, in edler Erscheinung Zier
Dem Asita zeigten, dem Seher, die Sakyas den Sohn.

Als er den Knaben erschaute, den feuergleich leuchtenden,
Gleich dem Herrn der Sterne, dem hellen, am Himmelszelt,
Gleich der Sonne, die wolkenbefreit im Herbst erstrahlt,
Da ward er gar froh, und mächtige Wonne erfüllte ihn.

Mit vielen Zweigen und mit tausend Kreisen
Den Schirm im Luftraum hielt die Schar der Götter.
Goldstäb'ge Wedel wehten durch die Lüfte,
Doch sah man nicht des Schirms, der Wedel Träger.

Kaṇhasiri der Flechtenträger[4] schauend
Das Kind gleich goldnem Schmuck auf heller Decke

---

[1] Bekanntlich ist die Stelle, an der dies Dorf gestanden hat, neuerdings von *Dr. Führer* auf nepalesischem Gebiet, nördlich von Benares, wiedergefunden worden. Eine dort entdeckte Inschrift des Königs Asoka (3. Jahrhundert v. Chr.) sagt: „Hier ist Buddha, der Weise aus dem Sakyageschlecht, geboren".

[2] Dem Hain Isipatana bei Benares (Isi = Seher).

[3] Des Vaters des Buddhakindes.

[4] Kaṇhasiri ist ein anderer Name des Asita. Er trägt die charakteristische Haartracht der vedisch-brahmanischen Asketen.

Und über seinem Haupt den Schirm, den weißen,
Nahm es voll hoher Freud' in seine Arme.

Als in den Armen er hielt der Sakyas Höchsten,
Verlangensvoll, der Zeichen und Sprüche Kenner,
Erhob erfreuten Herzens er seine Stimme:
„Dies ist der Höchste des menschlichen Geschlechtes!"

Doch des gedenkend, daß nah sein eigner Hingang,
Vergoß er Tränen trauererfüllten Herzens.
Die Sakyas sehend des Sehers Tränen sprachen:
„Es wird den Knaben doch nicht Gefahr bedrohen?"

Der Sakyas Sorg' erkennend der Seher sagte:
„Nicht denk' ich dran, dem Knaben Unheil zu künden.
Von keiner Seite sah ich Gefahr ihm drohen.
Kein Mensch wie andre ist er! Seid hohen Mutes!

Der Knabe wird einst, höchster Erleuchtung teilhaft,
Der Wahrheit Reich, allkundig jeglicher Reinheit,
Begründen voll Erbarmen mit vielem Volke,
Daß weit und breit man in Heiligkeit mag wandeln.

Doch ich muß hingehn, ehe sich das vollendet;
Nur kurzer Rest ist übrig von meinem Leben.
Des höchsten Meisters Lehre werd' ich nicht hören.
Drum bin ich traurig, bekümmert, schmerzbetroffen."

Als so gar hoch erfreut er die Sakyas hatte,
Verließ der heilige Seher ihre Wohnstatt ...

3.

DAS FORTZIEHEN DES BODHISATTA VON SEINER HEIMAT

Darüber, wie der Bodhisatta[1] *Heimat und weltliches Dasein verlassen hat, sprechen die alten Texte wenig. Hierher gehören die schlichten Anfangszeilen einer alten Dichtung:*

Das Fortziehen aus dem Weltleben
Künd' ich, wie fort der Weise zog,
Und was in seinem Geist denkend
Am Fortziehn er Gefallen fand.

„Eine Stätte der Unreinheit,
Gar eng häusliches Leben ist,
Freie Weite das Fortziehen:"
Also denkend hinaus er zog.

Von allem Fehl sich frei hielt er
In seinem körperlichen Tun,
Jede Sünde des Worts mied er,
Des Lebens Weise reinigt' er.

Nach Rājagaha zog Buddha ...

und es wird nun eine Begegnung mit dem damaligen Magadhakönig Bimbisāra berichtet. Eine andere alte Äußerung:

Der Asket Gotama[2] hat einen großen Verwandtenkreis aufgegeben und der Welt entsagt.

Der Asket Gotama hat viel güldenes Gold verlassen, vergrabenes und offenbares, und hat der Welt entsagt.

Der Asket Gotama hat zart und jung, mit schwarzem Haar[3], voll schöner Jugendlichkeit, im frischesten Alter der Welt entsagt, um in die Heimatlosigkeit zu gehen.

Der Asket Gotama hat, obwohl Vater und Mutter[4] es nicht

---

[1] Das heißt der auf dem Wege zur Buddhaschaft Begriffene, Sanskrit Bodhisattva.

[2] Hier spricht ein Ungläubiger, der darum den Buddha mit seinem weltlichen Namen benennt.

[3] Ehe sein Haar zu ergrauen anfing.

[4] Ich glaube nicht, daß diese Erwähnung der Mutter als der Überlieferung

wollten, obwohl sie Tränen vergossen und weinten, sich Haar und Bart scheren lassen, gelbe Gewänder angelegt und der Welt entsagt, um in die Heimatlosigkeit zu gehen.

Über die Betrachtungen, die ihn zu diesem Schritt bewogen haben, läßt eine andre Stelle Buddha folgendes erzählen. Nachdem er von der Pracht gesprochen, in der er seine Jugend verlebt, fährt er fort:

„Mit solcher Herrlichkeit war ich begabt, ihr Jünger; in solcher übergroßen Pracht lebte ich. Da sprach ich zu mir also: ‚Ein Alltagsmensch, der keine Lehre empfangen hat, ob er gleich selbst dem Alter unterworfen und von des Alters Macht nicht frei ist, fühlt Abscheu, Widerwillen und Ekel, wenn er einen andern im Alter sieht: das kehrt sich gegen ihn selbst. Auch ich bin dem Alter unterworfen und von des Alters Macht nicht frei. Daß ich, dem Alter unterworfen und von des Alters Macht nicht frei, Abscheu, Widerwillen und Ekel empfände, wenn ich einen andern im Alter sehe, das stände mir schlecht an. Indem ich also dachte, ihr Mönche, schwand mir der Jugendmut, der der Jugend innewohnt, ganz und gar hin.'

Wie hier vom Alter, sodann genau entsprechend von Krankheit, dann vom Tode. Mit dem Abschluß: schwand mir der Gesundheitsmut, der der Gesundheit innewohnt ... schwand mir der Lebensmut, der dem Leben innewohnt, ganz und gar hin.'

Die bekannte Erzählung von den vier Ausfahrten, auf denen dem Bodhisatta das Bild dieses dreifachen Leidens und dann der Erlösung entgegentritt, wird in der älteren Überlieferung über einen der früheren Buddhas, Vipassī, gegeben. Bei der Weise, wie das Bild dieser fabelhaften früheren Buddhas dem des historischen Gotama Buddha nachgeschaffen ist, liegt der Gedanke nah, daß die Erzählung auch schon auf diesen letzteren gestellt war und nur zufällig in die uns erhaltenen Texte älterer Schicht keine Aufnahme gefunden hat. Die Erzählung von Vipassī, Gotama Buddha in den Mund gelegt, lautet folgendermaßen:

---

vom frühen Tode seiner Mutter Māyā widersprechend anzusehen ist. Es wird eben nur eine stereotype Wendung wiederholt.

„Der König Bandhumā[1] aber, ihr Mönche, ließ für den Jüngling[2] Vipassī drei Paläste erbauen, einen für die Regenzeit, einen für die Winterszeit, einen für die Sommerzeit, und bereitete ihm die Genüsse aller fünf Sinne. Da verlebte denn, ihr Mönche, der Jüngling Vipassī im Palast der Regenzeit die vier Regenmonate, umgeben von der Musik von Frauen, und stieg nicht vom Palast hinab.

„Als aber viele Jahre, viele Jahrhunderte, viele Jahrtausende vergangen waren, sprach der Jüngling Vipassī, ihr Mönche, zu seinem Wagenlenker also: ‚Mein lieber Wagenlenker, spanne alle die schönen Wagen an. Wir wollen in den Park fahren, um die Stätte dort zu beschauen.' ‚Ja, Herr' – so nahm der Wagenlenker, ihr Mönche, den Befehl des Jünglings Vipassī an, ließ alle schönen Wagen anspannen und meldete dem Jüngling Vipassī: ‚Alle die schönen Wagen, Herr, sind für dich angespannt. Tue, was du jetzt an der Zeit hältst.'

„Da bestieg, ihr Mönche, der Jüngling Vipassī einen schönen Wagen, und mit allen den schönen Wagen fuhr er hinaus zum Park.

„Wie da nun der Jüngling Vipassī, ihr Mönche, zum Park hinausfuhr, sah er einen Greis, gekrümmt wie ein Gabeldach, gebückt, auf einen Stab gestützt, einherwandernd, schwach, der Jugendkraft bar. Wie er den sah, sprach er zum Wagenlenker: ‚Was ist mit diesem Manne geschehen, lieber Wagenlenker? Sein Haar ist nicht wie bei andern Leuten, und sein Leib ist nicht wie bei andern Leuten.'

„Das ist einer, den man Greis nennt, Herr.'

„Und was ist das, lieber Wagenlenker, ein Greis?'

„Einen Greis, Herr, nennt man den, der nicht mehr lange zu leben hat.'

„Bin ich denn auch, lieber Wagenlenker, dem Alter[3] unterworfen und von des Alters Macht nicht frei?'

---

[1] Der Vater des Vipassī.

[2] Das Wort kann auch „Prinz" übersetzt werden.

[3] Die Worte „Greis" und „Alter" sind im Pālitext vom selben Stamm gebildet.

„Du, Herr, und wir alle sind dem Alter unterworfen und von des Alters Macht nicht frei.'

„So habe ich heute genug von dem Park, lieber Wagenlenker. Fahre jetzt zurück zu meinem Palast!'

„Ja, Herr' – so nahm der Wagenlenker, ihr Mönche, den Befehl des Jünglings Vipassī an und fuhr von dort zurück zu seinem Palast. Da verfiel denn, ihr Mönche, der Jüngling Vipassī drinnen in seinem Palast voll Schmerz und Trauer in Sinnen: ‚Wehe dem, was man Geburt nennt, wenn dem Geborenen Alter verhängt ist!'

Der König Bandhumā aber, ihr Mönche, ließ den Wagenlenker rufen und sprach zu ihm: ‚Hat denn der Jüngling, mein lieber Wagenlenker, am Park Vergnügen gefunden? Hat der Jüngling, lieber Wagenlenker, des Parkes sich erfreut?'

„Der Jüngling, Herr, hat am Park kein Vergnügen gefunden. Der Jüngling, Herr, hat sich des Parkes nicht erfreut.'

„Was hat denn der Jüngling gesehen, lieber Wagenlenker, wie er zum Park hinausfuhr?'

„Der Jüngling, Herr, wie er zum Park hinausfuhr, hat einen Greis gesehen ...' *Erzählung, wörtlich wie oben, des Vorfalls, mit den Gesprächen und den Reflexionen des Jünglings.*

„Da sprach, ihr Mönche, der König Bandhumā zu sich also: ‚Wenn es nur nicht vereitelt wird, daß der Jüngling Vipassī König wird! Wenn nur nicht der Jüngling Vipassī der Welt entsagt, um in die Heimatlosigkeit zu gehen! Wenn nur die Vorhersagung der vorzeichenkundigen Brahmanen nicht wahr wird!' Da bereitete der König Bandhumā, ihr Mönche, dem Jüngling Vipassī noch immer mehr Genüsse der fünf Sinne, damit der Jüngling Vipassī König würde, damit der Jüngling Vipassī der Welt nicht entsagte, um in die Heimatlosigkeit zu gehen, damit die Vorhersagung der vorzeichenkundigen Brahmanen zunichte würde. So hatte denn, ihr Mönche, der Jüngling Vipassī die Genüsse aller fünf Sinne zum Besitz und zu eigen und ließ sich in ihnen wohl sein.

„Als aber viele Jahre, viele Jahrhunderte, viele Jahrtausende vergangen waren ... *Ausfahrt in den Park wie oben.* Wie da nun der Jüngling Vipassī, ihr Mönche, zum Park hinausfuhr, sah er einen kranken Mann, leidend, voll schweren Siechtums daliegend in seinem eignen Urin und Kot, von andern aufgerichtet, von andern niedergelegt. Wie er den sah, sprach er zum Wagenlenker: ‚Was ist mit diesem Mann geschehen, lieber Wagenlenker? Seine Augen sind nicht wie bei andern Leuten, und seine Stimme ist nicht wie bei andern Leuten.'

„‚Das ist einer, den man einen Kranken nennt, Herr.'

„‚Und was ist das, lieber Wagenlenker, ein Kranker?'

„‚Einen Kranken, Herr, nennt man einen, bei dem es möglich ist, daß er von seiner Krankheit genesen könnte.'

„‚Bin ich denn auch, lieber Wagenlenker, der Krankheit unterworfen und von der Krankheit Macht nicht frei?'

(*Weiter wie oben, Reflexion des Jünglings:* „Wehe dem, was man Geburt nennt, wenn dem Geborenen Alter verhängt ist, Krankheit verhängt ist!" *Dann der König wie oben. Neue Ausfahrt in derselben Weise:*)

„... sah er eine große Menschenmenge, die zusammengeströmt war, und Gewänder von vielen Farben wurden entfärbt(?)[1]. Wie er das sah, sprach er zum Wagenlenker: ‚Was ist da für eine große Menschenmenge zusammengeströmt, lieber Wagenlenker, und Gewänder von vielen Farben werden entfärbt(?).'

„‚Das ist, Herr, was man einen Toten nennt.'

„‚So fahre denn mit dem Wagen dorthin, lieber Wagenlenker, wo der Tote ist.'

„‚Ja, Herr' – so nahm der Wagenlenker, ihr Mönche, den Befehl des Jünglings Vipassī an und fuhr mit dem Wagen dorthin, wo der Tote war. Da sah der Jüngling Vipassī, ihr Mönche, den Hingeschiedenen, Toten. Wie er ihn sah, sprach er zum Wagenlenker: ‚Was ist das, lieber Wagenlenker, ein Toter?'

„‚Einen Toten, Herr, nennt man jemanden, den seine Mutter und sein Vater und seine andern Verwandten und Blutsfreunde nicht mehr sehen werden. Und auch er wird seine Mutter und seinen Vater und seine andern Verwandten und Blutsfreunde nicht mehr sehen.'

„‚Bin ich denn auch, lieber Wagenlenker, dem Tod unterworfen

[1] Die Übersetzung ist fraglich. Vielleicht handelt es sich um das Entfärben oder Dunkelfärben bunter Kleider, wie sie zur Totentrauer nicht passen *(W. Geiger)*.

und von des Todes Macht nicht frei? Werden auch mich der König und die Königin und meine andern Verwandten und Blutsfreunde nicht mehr sehen? Und werde auch ich den König und die Königin und meine andern Verwandten und Blutsfreunde nicht mehr sehen?'

Wie oben, Reflexion des Jünglings: ,Wehe dem, was man Geburt nennt, wenn dem Geborenen Alter verhängt ist, Krankheit verhängt ist, Tod verhängt ist.' *Der König wie oben. Neue Ausfahrt.*

„... sah er einen kahlköpfigen Mann, der der Welt entsagt hatte und gelbe Gewänder trug. Wie er den sah, sprach er zum Wagenlenker: ,Was ist mit diesem Mann geschehen, lieber Wagenlenker? Sein Haupt ist nicht wie bei andern Leuten, und seine Gewänder sind nicht wie bei andern Leuten.'

„Das ist einer, den man einen Weltentsagenden nennt, Herr.'

„Und was ist das, lieber Wagenlenker, ein Weltentsagender?'

„Weltentsagend, Herr, nennt man jemanden, bei dem es heißt: Gut ist es, der Wahrheit nachwandeln; gut ist es, in Frieden wandeln; gut ist es, recht tun; gut ist es, Verdienstliches tun; gut ist es, niemandem Schaden tun; gut ist es, aller Wesen sich erbarmen.'

„Gut ist es denn um diesen Weltentsagenden bestellt, lieber Wagenlenker! Denn gut ist es, lieber Wagenlenker, der Wahrheit nachwandeln ... gut ist es, aller Wesen sich erbarmen. So fahre denn mit dem Wagen dorthin, lieber Wagenlenker, wo der Weltentsagende ist.'

„Ja, Herr' – so nahm der Wagenlenker, ihr Mönche, den Befehl des Jünglings Vipassiī an und fuhr mit dem Wagen dorthin, wo der Weltentsagende war. Der Jüngling Vipassī aber sprach zum Weltentsagenden: ,Was ist mit dir geschehen, mein Lieber? Dein Haupt ist nicht wie bei andern Leuten, und deine Gewänder sind nicht wie bei andern Leuten.'

„Ich bin, Herr, was man einen Weltentsagenden nennt.'

„Und was bedeutet das, Lieber, daß man dich einen Weltentsagenden nennt?'

„Weltentsagend, Herr, nennt man mich, weil es bei mir heißt: Gut ist es, der Wahrheit nachwandeln ...'

„Gut ist es dann um dich Weltentsagenden bestellt, mein Lieber. Denn gut ist es, mein Lieber, der Wahrheit nachwandeln ...'

„Da sprach der Jüngling Vipassī, ihr Mönche, zum Wagenlenker also: ‚So nimm denn den Wagen, lieber Wagenlenker, und fahr von hier zu meinem Palast zurück. Ich aber werde mir hier Haar und Bart scheren lassen, werde gelbe Gewänder anlegen und der Welt entsagend in die Heimatlosigkeit gehen.'

„Ja, Herr' – so nahm der Wagenlenker den Befehl des Jünglings Vipassī an, nahm den Wagen und fuhr von dort zum Palast zurück. Der Jüngling Vipassī aber ließ sich an jenem Orte Haar und Bart scheren, legte gelbe Gewänder an und ging, der Welt entsagend, in die Heimatlosigkeit. Da hörte, ihr Mönche, in der Königsstadt Bandhumatī eine große Volksmenge, vierundachtzigtausend Menschen: ‚Der Jüngling Vipassī hat sich Haar und Bart scheren lassen, hat gelbe Gewänder angelegt und ist der Welt entsagend in die Heimatlosigkeit gegangen.' Wie sie das hörten, sprachen sie untereinander: ‚Das kann keine geringe Lehre und Ordnung sein, es kann nicht schlecht um diese Weltentsagung bestellt sein, wenn der Jüngling Vipassī sich Haar und Bart hat scheren lassen ... Soll allein der Jüngling Vipassī sich Haar und Bart scheren lassen ... und wir nicht auch?' Da ließ sich, ihr Mönche, jene große Volksmenge, vierundachtzigtausend Menschen, Haar und Bart scheren; sie legten gelbe Gewänder an und folgten Vipassī, dem Bodhisatta, darin, der Welt entsagend in die Heimatlosigkeit zu gehen. Von diesem Gefolge umgeben, ihr Mönche, wanderte Vipassī, der Bodhisatta, umher in Dörfern, Flecken und Königstädten."

4.

DIE VERGEBLICHEN KASTEIUNGEN

Der Bodhisatta vertraut sich nach dem Verlassen der Heimat zuerst nacheinander zwei Lehrern an, Āḷāra Kālāma und Uddaka Rāmaputta, die ihn zu mystischen Versenkungen anleiten. Von ihnen nicht befriedigt, gibt er sich Kasteiungen hin. Hierüber soll er später einem Andersgläubigen folgendes erzählt haben:

„Wie ich nun so danach suchte, Aggivessana, was das Rechte ist, und nach der höchsten Stätte edlen Friedens forschte, kam ich unter den Magadhas [1] von Ort zu Ort wandernd nach Uruvelā [2], dem Flecken des Feldhauptmanns. Dort sah ich einen lieblichen Fleck Erde und ein schönes Gehölz; ein Fluß floß dort, klar, mit schönen Badeplätzen und lieblich, und ringsum lagen Dörfer, dahin man gehen konnte. Da sprach ich zu mir, Aggivessana: ‚Lieblich, fürwahr ist dieser Fleck Erde, schön ist das Gehölz; ein Fluß fließt dort, klar, mit schönen Badeplätzen und lieblich, und ringsum liegen Dörfer, dahin man gehen kann. So ist es gut für das Streben eines edlen Jünglings, der zu streben begehrt.' So setzte ich mich denn dort nieder, Aggivessana, und dachte: ‚So ist es gut für mein Streben.' Da wurden mir, Aggivessana – wie wenn mir etwas Alltägliches widerführe [3] – drei Gleichnisse offenbar, die niemand zuvor vernommen hatte:

„Wie wenn da, Aggivessana, ein feuchtes, saftiges Stück Holz wäre, das man ins Wasser geworfen hätte, und nun käme ein Mann mit einem oberen Reibholz [4] und dächte: Ich will Feuer erzeugen, eine Flamme hervorbringen. Wie meinst du nun, Aggivessana: wenn der Mann jenes feuchte, saftige Stück Holz, das man ins Wasser geworfen hat, mit seinem oberen Reibholz riebe, würde er so wohl Feuer erzeugen, eine Flamme hervorbringen?"

„Das würde er nicht, mein guter Gotama. Und weshalb nicht? Jenes Stück Holz ist ja feucht und saftig, mein guter Gotama, und man hat es ins Wasser geworfen. So würde nichts dabei herauskommen, als daß der Mann Mühe und Plage hätte."

„Ebenso steht es, Aggivessana, mit jenen Asketen und Brahmanen, die sich mit ihrer Körperlichkeit von Begierden nicht losgemacht haben, und bei denen, auf die Begierden sich richtend, die Lust zu den Begierden, die Liebe zu den Begierden, die Betäubung durch die Begierden, der Durst der Begierden, der Brand der Begierden noch nicht in ihrem Innern vollkommen aufgegeben und

---

[1] Ein Volk ungefähr im heutigen Bihar.

[2] Heute Urel bei Buddhagayā.

[3] Der betreffende innere Vorgang erschien ihm nicht als etwas Merkwürdiges, Außerordentliches.

[4] Mit zwei Reibhölzern, dem oberen und dem unteren, wird Feuer gerieben.

beruhigt ist: wenn diese guten Asketen und Brahmanen durch (asketische) Behandlung entstandene schmerzhafte, scharfe, beißende Empfindungen fühlen, sind sie nicht fähig, Erkenntnis, Schauen, höchste Erleuchtung zu erlangen. Und wenn diese guten Asketen und Brahmanen keine durch (asketische) Behandlung entstandenen schmerzhaften, scharfen, beißenden Empfindungen fühlen[1], sind sie ebensowenig fähig, Erkenntnis, Schauen, höchste Erleuchtung zu erlangen. Dies, Aggivessana, ist das erste Gleichnis, was – wie wenn mir etwas Alltägliches widerführe – mir offenbar wurde, von niemandem zuvor vernommen.

Und ein anderes, zweites Gleichnis, Aggivessana, wurde – wie wenn mir etwas Alltägliches widerführe – mir offenbar, von niemandem zuvor vernommen. Wie wenn da, Aggivessana, ein feuchtes, saftiges Stück Holz wäre, fern vom Wasser auf trockenen Boden hingeworfen ..." *entsprechend wie oben; es würde kein Feuer entstehen.* „Und weshalb nicht? Jenes Stück Holz ist ja feucht und saftig, mein guter Gotama, wenn es auch fern vom Wasser auf trockenen Boden hingeworfen ist. So würde nichts dabei herauskommen, als daß der Mann Mühe und Plage hätte."

„Ebenso steht es, Aggivessana, mit jenen Asketen und Brahmanen, die sich zwar mit ihrer Körperlichkeit von Begierden losgemacht haben, bei denen aber, auf die Begierden sich richtend, die Lust zu den Begierden ... *(weiter wie vorher, bis:)* sind sie ebensowenig fähig, Erkenntnis, Schauen, höchste Erleuchtung zu erlangen. Dies, Aggivessana, ist das zweite Gleichnis ...

Und ein anderes, drittes Gleichnis ... Wie wenn da, Aggivessana, ein trockenes, dürres Stück Holz wäre, fern vom Wasser, auf trockenen Boden hingeworfen, und nun käme ein Mann mit einem oberen Reibholz und dächte: Ich will Feuer erzeugen, eine Flamme hervorbringen. Wie meinst du nun, Aggivessana, wenn der Mann jenes trockene, dürre Stück Holz, das man fern vom Wasser auf trockenen Boden hingeworfen hat, mit seinem oberen Reibholz riebe, würde er so wohl Feuer erzeugen, eine Flamme hervorbringen?"

„Ja, das würde er, mein guter Gotama. Und weshalb? Jenes

---

[1] Gemeint ist offenbar, mögen sie Kasteiungen üben oder nicht.

Stück Holz ist ja trocken und dürr, mein guter Gotama, und man hat es fern vom Wasser auf trockenen Boden hingeworfen."

„Ebenso steht es, Aggivessana, mit jenen Asketen und Brahmanen, die sich mit ihrer Körperlichkeit von Begierden losgemacht haben, und bei denen, auf die Begierden sich richtend, die Lust zu den Begierden, die Liebe zu den Begierden, die Betäubung durch die Begierden, der Durst der Begierden, der Brand der Begierden in ihrem Innern vollkommen aufgegeben und beruhigt ist: wenn diese guten Asketen und Brahmanen durch (asketische) Behandlung entstandene schmerzhafte, scharfe, beißende Empfindungen fühlen, so sind sie fähig, Erkenntnis, Schauen, höchste Erleuchtung zu erlangen. Und wenn diese guten Asketen und Brahmanen keine durch (asketische) Behandlung entstandenen Empfindungen fühlen, sind sie gleichfalls fähig, Erkenntnis, Schauen, höchste Erleuchtung zu erlangen. Dies, Aggivessana, ist das dritte Gleichnis ... Dies, Aggivessana, sind die drei Gleichnisse, die – wie wenn mir etwas Alltägliches widerführe – mir offenbar wurden, von niemandem zuvor vernommen.

„Da sagte ich zu mir, Aggivessana: ‚Ich will meine Zähne aufeinanderpressen, die Zunge gegen den Gaumen stemmen und mit dem Geist die Gedanken niederhalten, niederdrücken, niederquälen!' Und ich preßte, Aggivessana, meine Zähne aufeinander, stemmte die Zunge gegen den Gaumen und hielt mit dem Geist die Gedanken nieder, drückte sie nieder, quälte sie nieder. Wie ich da, Aggivessana, meine Zähne ... niederquälte, brach mir aus den Achselhöhlen der Schweiß hervor. Wie wenn ein starker Mann, Aggivessana, einen schwächeren Mann am Haupt packt, oder an der Schulter packt und ihn niederhält, niederdrückt, niederquält, so preßte ich, Aggivessana ... und mir brach aus den Achselhöhlen der Schweiß hervor. Da war, Aggivessana, meine Kraft angespannt und zog sich nicht zurück, und meine Wachsamkeit war rege und nicht zerstreut; mein Körper aber war aufgeregt und in Unruhe, indem ich von meinem Streben angestachelt war, durch solch schmerzensreiches Streben. Und die Schmerzempfindung von solcherlei Gestalt, Aggivessana, die sich in mir erhoben hatte, war nicht imstande, sich meines Geistes zu bemächtigen.

Da sagte ich zu mir, Aggivessana: ‚Ich will die Appānakaversenkung üben.' Da hielt ich, Aggivessana, Einatmen und Ausatmen durch Mund und Nase zurück. Wie ich da, Aggivessana, Einatmen und Ausatmen durch Mund und Nase zurückhielt, entstand durch die Winde, die durch die Gehörgänge hinausgingen, ein mächtiges Geräusch. Wie wenn ein Schmiedeblasebalg in Bewegung gesetzt wird und mächtiges Geräusch entsteht, so entstand, Aggivessana, wie ich da Einatmen und Ausatmen durch Mund und Nase zurückhielt, durch die Winde, die durch die Gehörgänge hinausgingen, mächtiges Geräusch. Da war, Aggivessana, meine Kraft angespannt ... *(wie oben bis:)* ohne sich meines Geistes zu bemächtigen. Da sagte ich zu mir, Aggivessana: ‚Ich will die Appānakaversenkung weiter üben.' Da hielt ich, Aggivessana, Einatmen und Ausatmen durch Mund, Nase und Ohren zurück. Wie ich da, Aggivessana . . . zurückhielt, schlugen heftige Winde gegen mein Haupt an. Wie wenn jemandem ein starker Mann mit einer scharfen Spitze das Haupt zerwühlte, so schlugen Aggivessana ... Da war, Aggivessana, meine Kraft angespannt ...

Da sagte ich zu mir, Aggivessana: ‚Ich will die Appānakaversenkung weiter üben.' Da hielt ich, Aggivessana, Einatmen und Ausatmen durch Mund, Nase, Ohren zurück. Wie ich da, Aggivessana ... zurückhielt, erhoben sich in meinem Kopf heftige Kopfschmerzen. Wie wenn jemandem ein starker Mann mit einem festen Riemen das Haupt wie mit einer Kopfbinde einschnürte, so erhoben sich, Aggivessana ... Da war, Aggivessana, meine Kraft angespannt ...

Da sagte ich zu mir, Aggivessana: ‚Ich will die Appānakaversenkung weiter üben' *(wie oben)* ... schnitten mir heftige Winde in den Bauch. Wie wenn ein geschickter Rinderschlächter oder Rinderschlächtergeselle mit einem scharfen Schlachtmesser den Bauch eines Rindes zerschneidet, so ... Da war, Aggivessana, meine Kraft angespannt ...

Da sagte ich zu mir, Aggivessana: ‚Ich will die Appānakaversenkung weiter üben' *(wie oben)* ... entstand heftiges Brennen in meinem Körper. Wie wenn zwei starke Männer einen schwächeren Mann hier und dort an den Armen ergriffen und ihn in einer Grube voll glühender Kohlen durch die Hitze quälten und peinigten, so ... Da war, Aggivessana, meine Kraft angespannt ... Und wie die Gottheiten mich sahen, sagten sie: ‚Der Asket Gotama ist verschieden.' Einige Gottheiten aber sagten: ‚Verschieden ist der Asket Gotama nicht, aber er ist im Verscheiden.' Und andere Gottheiten sagten: ‚Verschieden ist der Asket Gotama nicht, und er ist auch nicht im Verscheiden. Der Asket Gotama ist ein Heiliger, und solches ist der Zustand eines Heiligen.' Da sagte ich zu mir, Aggivessana: ‚Ich will anfangen, mich ganz und gar der Nahrung zu enthalten.' Die Gottheiten aber, Aggivessana, kamen zu mir und sagten: ‚Fange nicht an, Verehrter, dich ganz und gar der Nahrung zu enthalten. Wenn du dich, Verehrter, ganz und gar der Nahrung enthältst, so wollen wir dir himmlischen Saft und Kraft durch die Hauptporen einflößen; damit wirst du dich aufrecht erhalten.' Da sagte ich zu mir, Aggivessana: ‚Wenn ich gänzlich zu fasten behauptete, diese Gottheiten aber mir himmlischen Saft und Kraft durch die Hauptporen einflößten und ich mich damit aufrecht erhielte, so wäre das eine Unwahrheit.' So wies ich, Aggivessana, jene Gottheiten zurück und sprach: ‚Laßt es gut sein.'

Jetzt beginnt er geringe Nahrung zu sich zu nehmen, aber so knapp, daß er doch aufs äußerste erschöpft und abgemagert bleibt.

Wenn ich, Aggivessana, meine Bauchhaut fassen wollte, faßte ich mein Rückgrat, und wenn ich mein Rückgrat fassen wollte, faßte ich meine Bauchhaut: so haftete meine Bauchhaut am Rückgrat infolge dieser geringen Nahrungsaufnahme. Und wenn ich, Aggivessana, Kot oder Urin entlassen wollte, stürzte ich vornüber hin infolge dieser geringen Nahrungsaufnahme. Und um meinen Körper zu beleben, Aggivessana, rieb ich mir die Glieder mit der Hand. Wie ich mir da, Aggivessana, die Glieder mit der Hand rieb, fiel die Behaarung, deren Wurzeln verfault waren, mir vom Leib ab infolge dieser geringen Nahrungsaufnahme ...

Da sagte ich zu mir, Aggivessana: ‚Alle Asketen und Brahmanen in vergangenen Zeiten, welche durch (asketische) Behandlung entstandene schmerzhafte, scharfe, beißende Empfindungen gefühlt haben[1]: so weit höchstens sind sie gekommen und nicht weiter. Und alle Asketen und Brahmanen in künftigen Zeiten ...

---

[1] Kurz gesagt also: welche sich hart kasteit haben.

so weit höchstens werden sie kommen und nicht weiter. Und alle Asketen und Brahmanen in der Gegenwart ... so weit höchstens kommen sie und nicht weiter. Und doch erreiche ich durch diese scharfen Peinigungen nicht die übermenschliche Vollkommenheit, die volle Herrlichkeit edlen Wissens und Schauens. Der Weg zur Erleuchtung möchte wohl ein anderer sein.‘ Und ich sprach weiter zu mir, Aggivessana: ‚Ich entsinne mich, wie ich bei den Feldarbeiten meines Vaters, des Sakya, im kühlen Schatten eines Rosenapfelbaumes gesessen habe, und wie ich da, von Lüsten mich abscheidend, von allen unreinen Wesenheiten mich abscheidend, in die mit Überlegung und Erwägung verbundene, aus Abgeschiedenheit geborene, von Befriedigung und Freude erfüllte erste Versenkung eingetreten bin und darin verharrt habe [1]. Dies möchte wohl der Weg zur Erleuchtung sein.‘ Da entstand in mir, Aggivessana, aus wachem Denken sich entwickelnd, die Erkenntnis: ‚Dies allein ist der Weg zur Erleuchtung.‘ Und ich sprach zu mir, Aggivessana: ‚Fürchte ich mich denn vor solcher Freude, die von Lüsten getrennt, von allen unreinen Wesenheiten getrennt ist?‘ Und ich sprach zu mir, Aggivessana: ‚Ich fürchte mich nicht vor solcher Freude, die von Lüsten getrennt, von allen unreinen Wesenheiten getrennt ist.‘

Da sprach ich zu mir, Aggivessana: ‚Solche Freude ist mit einem so aufs äußerste abgemagerten Körper nicht leicht zu erlangen. Ich will reichliche Nahrung zu mir nehmen, Reismus und sauren Schleim. Da nahm ich, Aggivessana, reichliche Nahrung zu mir, Reismus und sauren Schleim. Zu der Zeit, Aggivessana, warteten meine fünf Mönche, welche dachten: ‚Die Wahrheit, die der Asket Gotama erkennt, die wird er uns mitteilen.‘ Als ich aber reichliche Nahrung zu mir nahm, Aggivessana, Reismus und sauren Schleim, da fielen die fünf Mönche von mir ab und gingen hinweg: ‚Der Asket Gotama lebt im Überfluß, ist geistlichem Streben untreu geworden und hat sich dem Überfluß zugewandt.‘

So nahm ich, Aggivessana, reichliche Nahrung zu mir und kam wieder zu Kräften ...“

---

[1] Dies ist die oft wiederholte Formel der ersten der vier stehend aufgeführten Versenkungen („jhāna“). Siehe unten Nr. 6.68.

Weiter wird erzählt, wie der Bodhisatta nunmehr körperlich gestärkt durch die vier Versenkungen hindurchgeht und zur höchsten Erleuchtung durchdringt. Den Bericht hierüber gebe ich weiter unten nach einer andern ähnlichen Version. Vorher schiebe ich noch einige Sätze aus einer zweiten Erzählung über die Zeit des vergeblichen Strebens vor Erlangung der Erleuchtung, sodann eine in eben dieser Zeit spielende Versuchungsgeschichte ein.

Buddha erzählt dem Vornehmsten seiner Jünger Sāriputta:

So nun, Sāriputta, stand es um meine Zurückgezogenheit: Da tauchte ich, Sāriputta, in eine Wildnis hinein und verweilte dort. Sah ich einen Rinderhirten oder einen Hirten von Kleinvieh oder einen, der Gras oder der Holz holte, oder einen Waldarbeiter, so stürzte ich von Wald zu Wald, von Dickicht zu Dickicht, von Tal zu Tal, von Höhe zu Höhe. Und weshalb das? Damit sie mich nicht sähen, und damit ich sie nicht sähe. Wie eine Waldgazelle, Sāriputta, wenn sie Menschen sieht, von Wald zu Wald, von Dickicht zu Dickicht, von Tal zu Tal, von Höhe zu Höhe stürzt, so auch ich, Sāriputta, wenn ich einen Rinderhirten sah oder einen Hirten von Kleinvieh oder einen, der Gras oder der Holz holte, oder einen Waldarbeiter: ich stürzte von Wald zu Wald, von Dickicht zu Dickicht, von Tal zu Tal, von Höhe zu Höhe. Und weshalb das? Damit sie mich nicht sähen und damit ich sie nicht sähe ...

Und ich tauchte, Sāriputta, in einen furchtbaren Wald hinein und verweilte dort. Und dies gehörte, Sāriputta, zur Furchtbarkeit dieses furchtbaren Waldes: wenn jemand, der die Begierden nicht von sich abgetan, in diesen Wald einging, so sträubte sich ihm überall sein Haar. In den kalten Winternächten nun, um die Achten [1], in der Zeit der Schneefälle: in solchen Nächten, Sāriputta, verweilte ich nachts im Freien, bei Tage aber im Walde. Und im letzten Sommermonat [2] verweilte ich bei Tage im Freien, nachts aber im Walde. Und wie wenn mir etwas Alltägliches wi-

---

[1] Die „Achten" sind Kalenderfeste, die in die kälteste Zeit fallen.

[2] Also wenn vor dem Hereinbrechen der großen Regen die Hitze am unerträglichsten ist.

derführe[1], wurde mir, Sāriputta, dieser Spruch offenbar, den zuvor niemand vernommen hatte:

„Verbrannt und erfroren,
Allein im schreckensreichen Wald,
Nackend, kein Feuer aufsuchend,
Heil'gem Streben der Weise lebt."

5.

VERSUCHUNG DURCH MĀRA[2]

Buddha spricht

„Wie dem Ringen ich mich hingab
Am Ufer der Nerañjarā
Und Versenkung mit Macht übte,
Nach Frieden trachtend und nach Heil,

Trat, sanftes Wort im Mund führend,
An meine Seite Namuci[3]:
‚Mager, elend zu schaun bist du,
Der Tod, er ist dir nicht mehr fern.

Des Todes sind tausend Teile,
Ein Teil dem Leben nur gehört.
Lebe nur, besser ist's leben.
Lebst du, so magst du Gutes tun.

Wenn du in Heiligkeit wandelst,
Wenn dem Feuer du Opfer bringst,
Wird reichen Lohn dein Tun finden.
All dein Ringen, was soll es dir?

Des Ringens Pfad ist schwer gangbar,
Führt schwer zum Ziel, ist mühereich!'
Solch versuchendes Wort redend

---

[1] Vgl. oben S. 68 A. 3.

[2] Māra („Tod") ist der Herr dieser Welt, deren Leben Tod bedeutet. Der große dämonische Feind des Buddha. Vgl. die Einleitung.

[3] Andre Bezeichnung des Māra, Name eines im Rigveda genannten bösen Dämons.

Māra an Buddhas Seite stand.

Und wie so zu ihm sprach Māra,
Der Erhabne erwiderte:
‚Leichtsinniger Gesell, Böser!
Du verfolgst deinen eignen Zweck!

‚Zu gewinnen ich nicht trachte
Selbst kleinsten guten Werkes Lohn.
Wer dem Lohn guten Werks nachstrebt,
Zu dem, Māra, du reden magst!

‚Mein ist Glauben, und Kraft mein ist;
Weisheit bei mir gefunden wird.
Der dem Ringen ich mich weihe,
Was fragst du nach dem Leben mich?

‚Hat ja doch selbst des Stroms Wasser
Auszutrocknen der Wind Gewalt.
Wenn ich ringend mich anspanne,
Wie sollte trocknen nicht mein Blut?

‚Wenn all mein Blut mir austrocknet,
Galle vertrocknet samt dem Schleim,
Wenn mir das Fleisch hinwegschwindet,
Immer heller die Seele wird,
Immer fester des Geists Wachsein,
Und Weisheit und Versenkung steht.

*

‚Dein Heer, dem nicht im Kampf standhält
Der Weltkreis samt der Götterschar,
Nieder durch Weisheitskraft schlag ich's,
Wie Stein das Tongefäß zerschlägt.

‚Alle Gedanken fest sammelnd,
Über mein Wollen herrschend stark,
Werd' ich von Land zu Land wandern
Und leiten große Jüngerschar.

,Die werden unentwegt strebend,
Erfüllend die Gebote mein,
Den Gang, den du verwehrst, gehen
Dorthin, wo sie von Leid erlöst.'

Māra spricht

„Dem Erhabnen gefolgt bin ich
Sieben Jahre[1] auf Schritt und Tritt
Nicht konnte Zugang ich finden
Zum Buddha dem allwachsamen.

Um den Stein, der wie Fett aussah,
Flog die Krähe voll Gier herum:
Hier werd' ich leckern Fraß finden,
Ein guter Bissen winkt mir hier!

Den leckern Bissen nicht findend
Flog die Krähe hinweg von dort.
Wie die Krähe vom Stein abließ,
Wend' ich mich ab von Gotama."

Seinen Sinn überkam Kummer.
Die Laute seinem Arm entsank,
Und hinweg hob sich mißmutig
Von jenem Ort der böse Geist.

6.
DIE ERLANGUNG DER BUDDHASCHAFT

Über den entscheidenden Vorgang selbst, die Erlangung der höchsten Erkenntnis, werden dem Buddha folgende Betrachtungen und folgende Erzählung zugeschrieben:

„Wie wenn, o Brahmane, eine Henne Eier gelegt hat, acht oder zehn oder zwölf, und sorgfältig auf ihnen gesessen, sie durchwärmt, sie bebrütet hat: wie würde dann das Küchlein, das zuerst mit seiner Krallenspitze oder mit dem Schnabel die Eierschale zer-

---

[1] Das ist die Zeit zwischen dem Verlassen der Heimat und dem jetzt unmittelbar bevorstehenden Erwerb der Buddhaschaft.

bricht und glücklich ans Licht kommt, zu nennen sein – das älteste oder das jüngste?"

„Es würde das älteste zu nennen sein, mein guter Gotama, denn es ist unter ihnen das älteste."

„Ebenso nun, o Brahmane, habe unter den in Nichtwissen versunkenen Geschöpfen, die im Ei stecken und davon umhüllt sind, ich des Nichtwissens Eierschale zerbrochen und habe allein in der Welt die höchste Buddhaschaft erworben, über der nichts andres ist. So bin ich, o Brahmane, der älteste, der höchste in der Welt.

Meine Kraft nun, o Brahmane, war angespannt und zog sich nicht zurück; meine Wachsamkeit war rege und nicht zerstreut; mein Körper war still und nicht in Unruhe; mein Geist war gesammelt und auf einen Punkt gerichtet.

Da[1] trat ich, Brahmane, von Lüsten mich abscheidend, von allen unreinen Wesenheiten mich abscheidend, in die mit Überlegung und Erwägung verbundene, aus Abgeschiedenheit geborene, von Befriedigung und Freude erfüllte *erste Versenkung* ein und verharrte in ihr.

Nach dem Zurruhekommen von Überlegung und Erwägung trat ich in die durch inneren Frieden und Einheitlichkeit des Geistes bezeichnete, von Überlegen und Erwägen freie, aus Sammlung geborene, von Befriedigung und Freude erfüllte *zweite Versenkung* ein und verharrte in ihr.

Nach dem Hinscheiden des Befriedigungsgefühls verharrte ich gleichmütig, in Wachsein und Bewußtheit, und empfand in meinem Körper ein Gefühl der Freude[2], was die Edlen nennen: ‚der Gleichmütige, Wachsame, in Freude weilende'; so trat ich in die *dritte Versenkung* ein und verharrte in ihr.

Nach dem Verlassen von Freude und nach dem Verlassen von

---

[1] Hier wird die Charakteristik der vier Versenkungen (jhāna) gegeben, die fundamentale Formel dieser buddhistischen oder vielmehr allgemein indischen Mystik. Zu näherer Erläuterung sei verwiesen auf *Fr. Heiler*, Die buddhistische Versenkung (1918). Deutliche Anklänge an die Formel der ersten Versenkung habe ich auf brahmanischer Seite in dem großen Epos Mahābhārata nachgewiesen. – Vgl. noch unten Nr. 68, wo zu den einzelnen Versenkungen schöne Gleichnisse gegeben werden.

[2] Diese Freude wird mit *Heiler* als „dumpfes, physisches Wohlbehagen" zu verstehen sein.

Schmerz, nach dem Untergang alles früheren Wohlgefühls und Leidensgefühls trat ich in die durch schmerzlose und freudlose Läuterung des Gleichmuts und Wachseins bezeichnete *vierte Versenkung* ein und verharrte in ihr.

Mit also gesammeltem Geist, mit geläutertem, reinheitsreichem, der von Flecken frei war, aller Schäden entledigt, geschmeidig, der Arbeit sich fügend, feststehend und unentwegt, wandte ich meinen Geist hin auf die Erinnerung und Erkenntnis meines früheren Daseins. So erinnerte ich mich an mannigfaltiges früheres Dasein: an eine Existenz, an zwei Existenzen, an drei ... vier ... fünf ... zehn ... zwanzig ... dreißig ... vierzig ... fünfzig ... hundert ... tausend ... hunderttausend Existenzen, an viele Weltalter der Zerstörung, an viele Weltalter der Erneuerung, an viele Weltalter der Zerstörung und Erneuerung: dort war ich mit dem und dem Namen, von dem und dem Geschlecht, von der und der Erscheinung, von der und der Nahrung lebend, das und das Glück und Leid erfahrend, von so und so langer Lebensdauer. Von da schied ich und wurde dort wiedergeboren: und auch dort war ich mit dem und dem Namen ...; von da schied ich und bin hier wiedergeboren: so erinnerte ich mich an mannigfaltiges früheres Dasein mit seiner Besonderheit und mit der Bestimmtheit seines Wesens.

Dies, o Brahmane, ist die erste Wissenschaft, die ich in der ersten Nachtwache erlangt habe. Das Nichtwissen ist vernichtet, Wissen entstanden. Die Finsternis ist vernichtet, Helligkeit entstanden, wie es sich gebührt für den, der unentwegt, in heißem Eifer, sein Selbst dem Streben weihend, verharrt. Dies, o Brahmane, war mein erstes Anslichtkommen, wie eines Küchleins aus der Eierschale.

Mit also gesammeltem Geist, mit geläutertem, reinheitsreichem, der von Flecken frei war, aller Schäden entledigt, geschmeidig, der Arbeit sich fügend, feststehend und unentwegt, wandte ich meinen Geist hin auf die Kenntnis vom Abscheiden und Wiederkommen der Wesen. Da sah ich mit meinem göttlichen Auge, dem reinen, über Menschliches erhabenen die Wesen, wie sie abschieden und wiederkamen, niedere und hohe, von schöner Erscheinung und von schlechter Erscheinung, wohlwandelnde und übelwandelnde; die Wesen, wie sie nach ihren Taten ihre Stätte fanden, erkannte ich: da sind diese Wesen, behaftet mit übeln Gedanken, Worten und Werken, die die Heiligen geschmäht haben, falschen Glauben anhängend und falschen Glaubens Werke auf sich nehmend – die gehen, wenn ihr Leib zerbricht, jenseits des Todes den Unglücksweg, den bösen Gang, zur Verdammnis, zur Hölle. Jene andern Wesen aber, begabt mit guten Gedanken, Worten und Werken, die die Heiligen nicht geschmäht haben, rechtem Glauben anhängend und rechten Glaubens Werke auf sich nehmend – die gehen, wenn ihr Leib zerbricht, jenseits des Todes den Heilsweg und kommen in den Himmel. So sah ich mit meinem göttlichen Auge, dem reinen, über Menschliches erhabenen die Wesen, wie sie abschieden und wiederkamen, niedere und hohe von schöner Erscheinung und von schlechter Erscheinung, wohlwandelnde und übelwandelnde; die Wesen, wie sie nach ihren Taten ihre Stätte fanden, erkannte ich.

Dies, o Brahmane, ist die zweite Wissenschaft, die ich in der mittleren Nachtwache erlangt habe. Das Nichtwissen ist vernichtet, Wissen entstanden. Die Finsternis ist vernichtet, Helligkeit entstanden, wie es sich gebührt für den, der unentwegt, in heißem Eifer, sein Selbst dem Streben weihend verharrt. Dies, o Brahmane, war mein zweites Anslichtkommen, wie eines Küchleins aus der Eierschale.

Mit also gesammeltem Geist, mit geläutertem, reinheitsreichem, der von Flecken frei war, aller Schäden entledigt, geschmeidig, der Arbeit sich fügend, feststehend und unentwegt, wandte ich meinen Geist hin auf die Kenntnis des Untergangs der Verderbnisse[1]. ‚Dies ist das Leiden': also erkannte ich in Wahrheit. ‚Dies ist die Entstehung des Leidens': also erkannte ich in Wahrheit. ‚Dies ist die Aufhebung des Leidens': also erkannte ich in Wahrheit. ‚Dies ist der Weg zur Aufhebung des Leidens': also erkannte ich in Wahrheit[2]. ‚Dies sind die Verderb-

---

[1] Der verderbenbringenden Mächte: Lust, Werden, Irrglauben, Nichtwissen. Das dritte Glied der Reihe wird auch fortgelassen.

[2] Es handelt sich hier um die vier „edlen Wahrheiten" (s. unten Nr. 7), vom Leiden, der Entstehung des Leidens, der Aufhebung des Leidens, dem Wege zur Aufhebung des Leidens. Ihre Erkenntnis macht den Buddha zum Buddha.

nisse' ... ,Dies ist die Entstehung der Verderbnisse' ... ,Dies ist die Aufhebung der Verderbnisse' ... ,Dies ist der Weg zur Aufhebung der Verderbnisse': also erkannte ich in Wahrheit. Indem ich also erkannte und also schaute, wurde meine Seele erlöst vom Verderbnis der Lust, und meine Seele wurde erlöst vom Verderbnis des Werdens, und meine Seele wurde erlöst vom Verderbnis des Irrglaubens, und meine Seele wurde erlöst vom Verderbnis des Nichtwissens. Im Erlösten entstand die Erkenntnis: Ich bin erlöst. Vernichtet ist die Geburt, vollendet der heilige Wandel, erfüllt die Pflicht; keine Rückkehr gibt es mehr zu dieser Welt: also erkannte ich.

Dies, o Brahmane, ist die dritte Wissenschaft, die ich in der letzten Nachtwache erlangt habe. Das Nichtwissen ist vernichtet, Wissen entstanden. Die Finsternis ist vernichtet, Helligkeit entstanden, wie es sich gebührt für den, der unentwegt, in heißem Eifer, sein Selbst dem Streben weihend verharrt. Dies, o Brahmane, war mein drittes Anslichtkommen, wie eines Küchleins aus der Eierschale."

Eine andere Form des Berichts über die Erlangung der Erleuchtung:

,Der ich selbst, ihr Mönche, der Geburt unterworfen war, erkannte ich das Elend, das dem Gesetz der Geburt innewohnt, und nach dem von Geburt freien höchsten Gewinn und Wohlsein, dem Nirvana suchend, erreichte ich den von Geburt freien höchsten Gewinn und Wohlsein, das Nirvana. Der ich selbst dem Altern unterworfen war ... Der ich selbst der Krankheit unterworfen war ... Der ich selbst dem Tode unterworfen war ... Der ich selbst dem Schmerz unterworfen war ... Der ich selbst der Verderbtheit unterworfen war, erkannte ich das Elend, das dem Gesetz der Verderbtheit innewohnt, und nach dem von Verderbtheit freien höchsten Gewinn und Wohlsein, dem Nirvana, suchend, erreichte ich den von Verderbtheit freien, höchsten Gewinn und Wohlsein, das Nirvana.

Und Erkenntnis ging mir auf und Schauen ging mir auf: unverlierbare Erlösung des Geistes ist mein; dies ist die letzte Geburt; nicht gibt es hinfort Wiedergeburt."

Der innere Vorgang, der sich hier am Meister vollzogen, wieder-

holt sich an Jüngern und wird hier und da in deren poetischen Selbstbekenntnissen, den „Liedern der Mönche und Nonnen" berichtet. Hier ein solcher Bericht, der dem ehrwürdigen Sunīta zugeschrieben wird:

„Darauf einsam in Waldtiefe
Verweilend, ohne Rast und Ruh
Nach meines Meisters Wort tat ich,
Wie Er der Sieger mir gebot.

Und in der ersten Nachtwache
Früh'rer Geburten dachte ich.
Drauf in der zweiten Nachtwache
Göttliches Auge ich erwarb.
Und in der dritten Nachtwache
Brach ich die Macht der Finsternis.

Als nun die Nacht sich aufhellte,
Der Sonnenaufgang nahe war,
Die Hände faltend, mich ehrend
Indra und Brahma zu mir kam ..."

7.

DIE ERSTEN VORGÄNGE NACH ERLANGUNG DER BUDDHASCHAFT

Zu der Zeit verweilte der erhabene Buddha zu Uruvelā [1], am Ufer des Flusses Nerañjarā, am Fuß des Bodhibaumes [2], nachdem er soeben die Erleuchtung erlangt hatte. Und der Erhabene saß am Fuß des Bodhibaumes sieben Tage lang ununterbrochen mit untergeschlagenen Beinen, die Freude der Erlösung genießend.

Der Erhabene aber gedachte in der ersten Nachtwache der Entstehung (der Weltwesenheiten) aus Ursachen [3], vorwärts und

[1] Vgl. oben S. 68. A. 2.

[2] Der Baum, unter dem B. die erlösende Erkenntnis erlangt hatte.

[3] Die folgende Formel, von den Modernen häufig als Kausalitätsreihe bezeichnet, gehört zu den wichtigsten Dokumenten der altbuddhistischen Dogmatik. In ihr ist die Überzeugung von der absoluten Gesetzmäßigkeit der Vorgänge niedergelegt, in denen sich das Weltleiden vollzieht. Für die Erklärung der Formel vgl. meinen „Buddha", 7. Aufl., S. 252 ff.

rückwärts: „Aus dem Nichtwissen entstehen die Gestaltungen[1]; aus den Gestaltungen entsteht Erkennen; aus dem Erkennen entsteht Name und Körperlichkeit; aus Namen und Körperlichkeit entstehen die sechs Gebiete[2]; aus den sechs Gebieten entsteht Berührung; aus Berührung entsteht Empfindung; aus Empfindung entsteht Durst; aus Durst entsteht Ergreifen (der Existenz); aus Ergreifen entsteht Werden; aus Werden entsteht Geburt; aus Geburt entsteht Alter und Tod, Schmerz und Klagen, Leid, Kümmernis und Verzweiflung. Dieses ist die Entstehung des ganzen Reiches des Leidens.

„Wird aber das Nichtwissen aufgehoben unter restloser Vernichtung des Begehrens, so bewirkt dies Aufhebung der Gestaltungen; durch Aufhebung der Gestaltungen wird das Erkennen aufgehoben; durch Aufhebung des Erkennens wird Name und Körperlichkeit aufgehoben *und so fort, der obigen Reihenfolge entsprechend; zuletzt:* durch Aufhebung der Geburt wird Alter und Tod, Schmerz und Klagen, Leid, Kümmernis und Verzweiflung aufgehoben. Dieses ist die Aufhebung des ganzen Reiches des Leidens."

Solches sehend, tat der Erhabene zu dieser Zeit den Ausruf:

„Wenn ewige Ordnung sich dem Brahmanen
Enthüllt, dem heiß ringenden, dem versenkten,
Dann muß zurück jeglicher Zweifel weichen,
Wenn er erkennt alles Geschehns Bedingtheit."

Der Erhabene aber gedachte in der mittleren Nachtwache *folgt unverändert derselbe Inhalt der Meditation.* Solches sehend, tat der Erhabene zu dieser Zeit den Ausruf:

„Wenn ewige Ordnung sich dem Brahmanen
Enthüllt, dem heiß ringenden, dem versenkten,
Dann muß zurück jeglicher Zweifel weichen,
Wenn er erkennt aller Bedingtheit Ende."

Dieselbe Meditation in der letzten Nachtwache. Solches sehend, tat der Erhabene zu dieser Zeit den Ausruf:

---

[1] Über die „Gestaltungen" s. u. Nr. 10.

[2] Die sechs Sinne und ihre Objekte, indem neben den fünf Sinnen als sechster das Denken gerechnet wird.

„Wenn ewige Ordnung sich dem Brahmanen
Enthüllt, dem heiß ringenden, dem versenkten,
Dann steht er, fortscheuchend des Bösen Heerschar,
Der Sonne gleich, die durch den Luftraum Licht strahlt."

Es folgt unter dem „Baum des Ziegenhirten" eine Begegnung mit einem „Brahmanen von höhnischer Art", den Buddha, wiederum in Form eines „Ausrufs", auf die Eigenschaften eines wahren Brahmanen hinweist. Dann geht es weiter:

Der Erhabene aber erhob sich nach Verlauf von sieben Tagen aus jenem Zustand der Versenktheit und ging von der Stelle am Fuß der Ziegenhirtenfeige zum Mucalinda(baum). Dort am Fuß des Mucalinda saß er sieben Tage lang ununterbrochen mit untergeschlagenen Beinen, das Glück der Erlösung genießend. Zu der Zeit erhob sich, dem Jahreslauf zuwider, ein gewaltiger Regen, siebentägiges Regenwetter mit Kälte, Sturm und Finsternis. Da kam der Schlangenkönig Mucalinda aus seiner Behausung hervor, umwand siebenmal des Erhabenen Leib mit seinen Windungen und stand da, über seinem Haupt eine große Schlangenhaube machend: „Nicht treffe den Erhabenen Kälte, nicht treffe den Erhabenen Hitze, nicht treffe den Erhabenen die Berührung von Bremsen und Mücken, Sturm, Sonnenglut und Gewürm." Nach sieben Tagen aber, als der Schlangenkönig Mucalinda den Himmel aufgehellt und wolkenlos sah, löste er seine Windungen vom Leibe des Erhabenen, legte seine eigene Gestalt ab, nahm eines Jünglings Gestalt an und trat vor den Erhabenen hin, mit zusammengelegten Händen den Erhabenen verehrend. Solches sehend, tat der Erhabene zu dieser Zeit den Ausruf:

„Des Freud'gen Einsamkeit selig,
Der die Wahrheit erkennt und schaut!
Keinem ein Leid antun selig,
Im Zaum sich halten überall!

Selig, wer Leidenschaft abtat,
Wer alles Wünschen überwand!
Der trotz'gen Ichheit Stolz zwingen
Wahrlich ist höchste Seligkeit!"

Es wird dann erzählt, wie reisende Kaufleute Buddha die erste Nahrung darbieten, die er nach Erlangung der Buddhaschaft zu sich nimmt. Sie „nehmen ihre Zuflucht bei ihm und der Lehre", d. h. erklären sich als Laiengläubige. Aber die Lehre ist noch gar nicht gepredigt; Buddhas „Ausrufe", die im obigen berichtet sind, stellen solche Predigt nicht dar. Und das dritte Glied der buddhistischen Trinität neben Buddha und der Lehre, die Gemeinde, ist noch nicht vorhanden: diese schließt ihrem Wesen nach nicht Laiengläubige in sich, sondern allein Mönche bzw. Nonnen. Das Bedenken Buddhas der Aufgabe gegenüber, nunmehr die Lehre zu predigen und die Gemeinde zu begründen, und die Überwindung dieses Bedenkens bildet den Gegenstand einer folgenden Erzählung derselben Quelle. Ehe ich zu dieser übergehe, schiebe ich aus einer anderen den Bericht über eine in diese erste Zeit der Buddhaschaft gehörige Versuchungsgeschichte ein.

8.
MĀRAS TÖCHTER ALS VERSUCHERINNEN

Da gingen Taṇhā, Arati und Ragā[1], die Töchter Māras, zu Māra dem Bösen und sprachen zu Māra dem Bösen diesen Spruch:

„Warum bist du betrübt, Vater[2]?
Um wen erfüllt dich solches Leid?
Wir woll'n mit der Begier Fessel,
Einem Waldelefanten gleich,
Ihn binden und ihn herführen,
Auf daß dir untertan er sei."

Māra erwidert

„Nicht kann man durch Begier bänd'gen
Den Heiligen, Wohlwandelnden.
Von Māras Herrschaft frei ist er,
Darob erfüllt mich tiefes Leid."

---

[1] Wörtlich „Durst", „Unruhe", „Begier".
[2] Māra (vgl. oben S. 75 ff.) hatte selbst Buddha versucht und war traurig über die Vergeblichkeit seiner Bemühungen.

Da gingen Taṇhā, Arati und Ragā, die Töchter Māras, zu dem Erhabenen und sprachen zu ihm: „Wir verehren deine Füße, Asket." Aber der Erhabene achtete ihrer nicht als einer, der unter gänzlicher Vernichtung jeder irdischen Bestimmtheit [1] die Erlösung gefunden hatte.

Da gingen Taṇhā, Arati und Ragā, die Töchter Māras, beiseite und überlegten miteinander: „Verschieden sind die Neigungen der Männer. Wir wollen uns jede in hundert Jungfrauen verwandeln."

Da verwandelten sich Taṇhā, Arati und Ragā, die Töchter Māras, jede in hundert Jungfrauen, gingen zu dem Erhabenen und sprachen zu ihm: „Wir verehren deine Füße, Asket." Auch dessen achtete der Erhabene nicht als einer, der unter gänzlicher Vernichtung jeder irdischen Bestimmtheit die Erlösung gefunden hatte.

Da gingen Taṇhā, Arati und Ragā, die Töchter Māras, beiseite und überlegten miteinander: „Verschieden sind die Neigungen der Männer. Wir wollen uns jede in hundert junge Frauen, die noch nicht geboren haben ... in hundert Frauen, die einmal geboren haben ... in hundert Frauen, die zweimal geboren haben ... in hundert Frauen von mittlerem Alter ... in hundert alte Frauen verwandeln." *Der Ausgang ist immer der gleiche.*

Da gingen Taṇhā, Arati und Ragā, die Töchter Māras, beiseite und sprachen zueinander: „Es ist wahr, was der Vater zu uns gesagt hat:

‚Nicht kann man durch Begier bänd'gen
Den Heiligen, Wohlwandelnden.
Von Māras Herrschaft frei ist er,
Darob erfüllt mich tiefes Leid.'

[1] Vgl. über diesen Begriff unten S. 89 A. 2.

An welchen Asketen oder Brahmanen auch immer, dessen Leidenschaften nicht überwunden sind, wir uns so heranmachen würden, dessen Herz würde zerspringen, oder das rote Blut würde ihm aus dem Munde brechen, oder er würde in Wahnsinn geraten oder in Geistesverwirrung. Wie ein grünes Rohr, wenn es abgeschnitten ist, austrocknet, vertrocknet, verwelkt, so würde er austrocknen, vertrocknen, verwelken."

Da gingen Taṇhā, Arati und Ragā, die Töchter Māras, zum Erhabenen und traten zur Seite hin. Zur Seite stehend aber sprach Taṇhā, die Tochter Māras, zum Erhabenen diesen Spruch:

„Traf dich ein Leid, daß du im Walde sinnest?
Hat man dich ausgeraubt? Begehrst du Habe?
Hast ein Verbrechen du im Dorf begangen?
Warum hältst du mit keinem Menschen Freundschaft?
Warum von aller Freundschaft bist entblößt du?"

Buddha spricht

„Des Heils Erlangung und des Herzens Frieden,
Über das Heer der Wonn' und Schönheit siegend,
Betracht' ich einsam, Seligkeit genießend.
Darum halt' ich mit keinem Menschen Freundschaft,
Darum bin ich entblößt von aller Freundschaft."

Arati aber, die Tochter Māras, sprach zum Erhabenen diesen Spruch:

„Wie pflegt ein Mönch zu leben, der der Fluten
Fünfheit, darauf die sechste hat durchschritten?
Wie pflegt zu sinnen er, so daß der Lüste
Gedanken ihn nicht packen, fern ihm bleiben?"

Buddha spricht

Voll Ruhe ist sein Leib, befreit die Seele,
Keine Gestaltung[1] schaffend, wachsam, hauslos,
Die Wahrheit kennend, sinnend ohne Grübeln,
Von Zorn, von Trägheit frei, zurück nicht denkend:
„So pflegt ein Mönch zu leben, der der Fluten
Fünfheit, darauf die sechste hat durchschritten.

---

[1] Vgl. S. 97 A. 1

So pflegt zu sinnen er, so daß der Lüste
Gedanken ihn nicht packen, fern ihm bleiben."

Ragā aber, die Tochter Māras, sprach vor dem Erhabenenen diesen Spruch des Friedens:

„Wahrlich den Durst bezwingend werden Scharen,
Wird die Gemeinde, viele Wesen wandeln [1].
Viel Volk wird der hauslose Durstbezwinger
Zum Ziele leiten aus dem Reich des Todes.

„Nur durch der Wahrheit Wort führen
Die Helden, die Vollendeten.
Die gehorsam dem Wort folgen,
Wer tadelt die Erkennenden?"

Da gingen Taṇhā und Arati und Ragā, die Töchter Māras, zu Māra dem Bösen. Und Māra der Böse sah Taṇhā und Arati und Ragā, die Töchter Māras, von fern herankommen. Wie er sie sah, sprach er zu ihnen diese Sprüche:

„Mit Lotusstengeln, Törinnen,
Einen Berg ihr zerwühlen wollt,
Mit dem Nagel Gestein spalten,
Eisen beißen mit eurem Zahn.

„Gegen Felsen das Haupt stoßt ihr,
Sucht festen Grund im Höllenreich,
Rennt mit der Brust an Baumstämme:
Müßt ablassen von Gotama!"

Ragā, Arati samt Taṇhā
Gleißend waren sie ihm genaht.
Wie Baumwollflöckchen Sturm fortweht,
Trieb sie der Meister von sich fort.

---

[1] Der Text ist hier unsicher; infolgedessen auch die Übersetzung.

9.
BUDDHA ENTSCHLIESST SICH DIE LEHRE ZU PREDIGEN[1]

Als nun der Erhabene sich in Verborgenheit und Einsamkeit zurückgezogen hatte, erhob sich in seinem Geist dieser Gedanke: „Erkannt habe ich diese Lehre, die tief, schwer zu schauende, schwer zu verstehende, die friedvolle, herrliche, bloßem Nachdenken unerfaßbare, feine, nur dem Weisen zugängliche. In Weltlust aber verweilt die Menschheit; in Weltlust ist sie heimisch; an Weltlust freut sie sich. So ist denn der Menschheit, der in Weltlust verweilenden, in Weltlust heimischen, an Weltlust sich freuenden dies schwer erschaubar: die Verknüpfung von Ursachen und Wirkungen, die Entstehung eines jeglichen aus seiner Ursache. Und auch dies ist gar schwer erschaubar: Das Zurruhekommen aller Gestaltungen, das Fahrenlassen aller irdischen Bestimmtheit[2], der Untergang des Durstes, das Freisein von Verlangen, das Aufhören, das Nirvana. Wenn ich die Lehre predige und die andern sie nicht verständen: das wäre für mich Ermüdung, das wäre für mich Qual." Und wie wenn ihm etwas Alltägliches widerführe[3], wurden dem Erhabenen diese Sprüche offenbar, die niemand zuvor vernommen hatte:

„Mit schwerer Müh erreicht hab' ich's:
Genug, ich künd' es andern nicht.
Die in Lieben, in Haß leben,
Ihnen verbirgt die Lehre sich.

„Was fein, tief, schwer zu schauen, zart ist,
Was dem Ird'schen zuwiderläuft,
Nicht werden's die Begierblinden,
Die Finsternis umhüllten sehn!"

---

[1] Nach Einschiebung der Versuchungsgeschichte kehren wir hier in Nr. 9–14 zu dem obigen Bericht (S. 85.) zurück.

[2] Über die fundamentale Lehre von der Verknüpfung von Ursachen und Wirkungen s. oben S. 33. Über den Begriff der „Gestaltungen": unten S. 97 A. 1. Die „Bestimmtheiten" (*upadhi*, wörtlich „Unterlagen"): ein aus der vorbuddhistischen Spekulation übernommener, in dieser selbst nicht lebendig funktionierender Begriff: die „Unterlagen", durch die das Jenseitige, Absolute zum empirischen, dieser Welt angehörigen Wesen materialisiert wird.

[3] Vgl. oben S. 68 A. 3.

Wie der Erhabene also dachte, neigte sich sein Geist dazu in Ruhe zu verharren und die Lehre nicht zu predigen.

Da erkannte Brahma Sahampati[1] in seinem Geist die Gedanken, die durch den Geist des Erhabenen gingen. Und er sprach zu sich: „Vergehen ach wird diese Welt, zugrunde gehen ach wird diese Welt, wenn des Vollendeten, des Heiligen, des höchsten Buddha Geist sich dazu neigt in Ruhe zu verharren und die Lehre nicht zu predigen." Und schnell wie ein starker Mann den gekrümmten Arm ausstreckt oder den ausgestreckten Arm krümmt: so verschwand Brahma Sahampati aus der Brahmawelt und trat vor dem Erhabenen in die Erscheinung. Und Brahma Sahampati entblößte die eine Schulter vom Obergewand, senkte sein rechtes Knie zur Erde, neigte die zusammengelegten Hände gegen den Erhabenen und sprach zum Erhabenen also: „Es möge, Herr, der Erhabene die Lehre predigen; es möge der Wohlwandelnde die Lehre predigen. Es sind Wesen, denen nur wenig Unreinheit anhaftet, aber wenn sie die Lehre nicht hören, gehen sie verloren: die werden Erkenner der Lehre sein."

Also redete Brahma Sahampati.

Als er so geredet hatte, sprach er weiter:

„Im Magadhalande erhob sich vordem
Unreine Lehre, sündiger Menschen Machwerk.
Der Ewigkeit Tor, es ist hier! O tu es auf!
Laß hören, was, Sündloser, du erkannt hast!

„Wer droben steht hoch auf des Berges Felsenhaupt,
Des Auge schaut weit über alles Volk hin.
So steig auch du, Weiser, empor, wo droben
Weit übers Land ragen der Wahrheit Zinnen,
Und schau herab, Leidloser, auf die Menschheit,
Die Leidende, welche Geburt und Alter quält.
„Steh auf, steh auf, streitbarer Held, an Siegen reich!
Durchzieh die Welt, sündlos, der Scharen Führer!
Erhabner, deine Lehre künde!
Manche werden dein Wort verstehn!"

---

[1] Sahampati „Der Herr der Kräfte"? Stehender Beiname Brahmas in den buddhistischen Texten.

Als er so redete, sagte der Erhabene zu Brahma Sahampati: „Also, Brahma, habe ich zu mir gesprochen: ‚Erkannt habe ich diese Lehre *wie oben. bis:* wäre für mich Qual.' Und wie wenn mir etwas Alltägliches widerführe, o Brahma, wurden mir diese Sprüche offenbar *wie oben.* Wie ich also denke, o Brahma, neigt sich mein Geist dazu, in Ruhe zu verharren und die Lehre nicht zu predigen."

Brahma wiederholt seine Bitte und erfährt wieder Abweisung, alles mit denselben Worten. Er bittet zum drittenmal:

Da blickte der Erhabene, das Zureden Brahmas vernehmend und der Wesen sich erbarmend, mit seinem Buddhaauge über die Welten hin. Und wie der Erhabene mit seinem Buddhaauge über die Welten hinblickte, sah er Wesen, denen wenig Unreinheit und denen viel Unreinheit anhaftete, von scharfen Sinnen und von stumpfen Sinnen, von guter Art und von böser Art, leicht zu unterweisen und schwer zu unterweisen, manche, die für die Gefahren des Jenseits und der Sünde ein Auge hatten. Wie in einem Teich voll Wasserrosen, blauem Lotus, weißem Lotus, die einen Wasserrosen, blauen Lotusblumen, weißen Lotusblumen, im Wasser geboren, im Wasser erwachsen, aus dem Wasser nicht hervorragen und in der Tiefe blühen – andre Wasserrosen, blaue Lotusblumen, weiße Lotusblumen, im Wasser geboren, im Wasser erwachsen bis zum Wasserspiegel reichen – wieder andere Wasserrosen, blaue Lotusblumen, weiße Lotusblumen, im Wasser geboren, im Wasser erwachsen über das Wasser sich erheben, vom Wasser unbenetzt: also sah der Erhabene mit seinem Buddhaauge über die Welten hinblickend Wesen, denen wenig Unreinheit und denen viel Unreinheit anhaftete, von scharfen Sinnen und von stumpfen Sinnen, von guter Art und von böser Art, leicht zu unterweisen und schwer zu unterweisen, manche, die für die Gefahren des Jenseits und der Sünde ein Auge hatten. Als er solches sah, sprach er zu Brahma Sahampati den Spruch:

„Der Ewigkeit Tor, es sei jedem aufgetan,
Der Ohren hat. Mag sich denn Glaube regen!
Vergebliche Mühe zu meiden hab' ich
Das edle Wort noch nicht der Welt verkündet."

Da sah Brahma Sahampati: „Der Erhabene hat mir zugesagt, die Lehre zu predigen." Und er brachte dem Erhabenen ehrfurchtsvollen Gruß, umwandelte ihn rechtshin gewandt und verschwand von selbiger Stätte.

10.

DIE ERSTEN PREDIGTEN

Buddha würde die von ihm erkannte Wahrheit zuvörderst seinen ehemaligen Lehrern, Ālāra Kālāma und Uddaka, des Rāma Sohn, (oben S. 67) verkünden. Doch beide sind nicht mehr am Leben. So beschließt er, zu den fünf Asketen zu sprechen, die einst an seinen Kasteiungen teilgenommen und ihn dann verlassen haben (S. 73). Sie weilen bei Benares. Dorthin macht er sich auf.

Da erblickte Upaka, ein Asket der Ājīvakasekte, den Erhabenen, wie er zwischen Gayā und dem Baum der Erkenntnis seine Straße zog. Ihn erblickend, sprach er zu dem Erhabenen: „Hell, Freund, ist deiner Züge Ausdruck. Rein und klar ist deine Farbe. Wem folgend, Lieber, hast du das Weltleben verlassen? Wer ist dein Meister? Wessen Lehre bekennst du?"

Als er so redete, sprach der Erhabene zu Upaka, dem Ājīvaka, die Verse:

„Allüberwindend bin ich und allwissend;
Von allem, was da ist, bin unbefleckt ich,
Allosgelöst, befreit durch Durstvernichtung,
Erkenner bin ich selbst – wem sollt ich folgen?

„Mein Lehrer kann niemand heißen;
Meinesgleichen nicht findet man.
An Hoheit kommt mir gleich niemand
Hienieden und im Götterreich.

„Denn ich bin in der Welt heilig,
Ein Meister, über den nichts geht
Höchster Buddha allein, weil' ich
In des Nirvana kühlem Reich.

„Auf daß der Lehre Rad rolle,
Ziehe ich hin zur Kāsistadt[1].
In dieser blinden Welt rühr' ich
Die Trommel der Unsterblichkeit.

---

[1] Die Stadt des Kāsivolkes ist Benares.

„So behauptest du, mein Lieber, daß
Du der Heilige, der unendlich Siegreiche bist?"
„Meinesgleichen[1] die Siegreichen
Aller Gefahr entnommen sind.
Alles Böse besiegt hab' ich:
Sieger drum heiß ich, Upaka."

Als er so redete, sagte Upaka der Ājīvaka: „Das mag so sein, mein Freund!" schüttelte das Haupt, nahm einen anderen Weg und ging von dannen.

Der Erhabene aber wanderte weiter von Ort zu Ort und kam nach Benares, zum Gazellenhain Isipatana[2], wo die Schar der fünf Mönche war. Da erblickten die fünf Mönche den Erhabenen, wie er von fern einherkam. Ihn erblickend, verabredeten sie miteinander: „Da kommt der Asket Gotama, meine Freunde, der im Überfluß lebt, dem geistlichen Streben untreu geworden ist, sich dem Überfluß zugewandt hat. Den darf man nicht ehrfurchtsvoll begrüßen oder vor ihm aufstehen oder ihm Almosenschale und Obergewand abnehmen. Doch mag man ihm einen Sitz hinstellen; wenn er will, mag er sich setzen." Je näher aber der Erhabene zu den fünf Mönchen herankam, um so viel weniger vermochten die fünf Mönche bei ihrer Abrede zu bleiben. Sie gingen dem Erhabenen entgegen, und der eine nahm dem Erhabenen Almosenschale und Obergewand ab, der andere breitete ihm einen Sitz, wieder ein anderer brachte ihm Fußwasser, Fußbank, Fußschemel (?). Und der Erhabene setzte sich auf den Sitz, der ihm bereitet war, nieder; dort sitzend wusch der Erhabene seine Füße. Sie aber sprachen den Erhabenen mit seinem Namen an und redeten ihn an „mein Freund". Als sie so redeten, sprach der Erhabene zu den fünf Mönchen also: „Sprecht nicht, ihr Mönche, den Vollendeten mit seinem Namen an und redet ihn nicht an ‚mein Freund'. Der Vollendete, ihr Mönche, ist der heilige, höchste Buddha. Tut euer Ohr auf, ihr Mönche: die Erlösung vom Tode ist gefunden. Ich unterweise euch; ich predige euch die Lehre. Wenn ihr nach mei-

---

[1] Kein Widerspruch zu dem oben Gesagten, daß Buddha nicht seinesgleichen hat. Es ist an die Buddhas anderer Weltalter gedacht.
[2] Diese für den Buddhismus hochheilige Stätte ist zu Sarnath bei Benares wiedergefunden.

ner Unterweisung wandelt, so werdet ihr über ein Kleines das, um dessen willen edle Jünglinge ganz und gar von der Heimat lassen und in die Heimatlosigkeit gehen, diese höchste Vollendung heiligen Wandels unter Erschauen der Lehre selbst erkennen, sie von Angesicht zu Angesicht sehen und darin verweilen."

Als er so redete, sprachen die fünf Mönche zu dem Erhabenen also: „Durch jenen Wandel, lieber Gotama, durch jene Übungen, durch jene Kasteiungen hast du nicht die übermenschliche Vollkommenheit, die volle Herrlichkeit edlen Wissens und Schauens erreichen können. Wie willst du denn jetzt, wo du im Überfluß lebst, dem geistlichen Streben untreu geworden bist, dem Überfluß dich zugewandt hast, die übermenschliche Vollkommenheit erreichen, die volle Herrlichkeit edlen Wissens und Schauens?"

Als sie so redeten, sprach der Erhabene zu den fünf Mönchen also: „Der Vollendete, ihr Mönche, lebt nicht im Überfluß, ist nicht dem geistlichen Streben untreu geworden, hat sich nicht dem Überfluß zugewandt. Der Vollendete, ihr Mönche, ist der heilige, höchste Buddha. Tut euer Ohr auf ... *wie oben, bis* und darin verweilen."

Und zum zweitenmal sprachen die fünf Mönche ... *ihre Rede und des Buddha Antwort wie oben.* Und zum drittenmal sprachen die fünf Mönche *ihre Rede wie oben.*

Als sie so redeten, sprach der Erhabene zu den fünf Mönchen also: „Gebt ihr mir zu, ihr Mönche, daß ich nie zuvor also zu euch geredet habe?"

„Das hast du nicht, Herr."

„Der Vollendete, ihr Mönche, ist der heilige, höchste Buddha. Tut euer Ohr auf ... *wie oben, bis* und darin verweilen." Der Erhabene aber vermochte die fünf Mönche zu überzeugen. Und die fünf Mönche hörten von neuem auf den Erhabenen; sie taten ihr Ohr auf und richteten ihre Gedanken auf die Erkenntnis. Da redete der Erhabene zu den fünf Mönchen also: „Zwei Enden gibt es, ihr Mönche, denen muß, wer dem Weltleben entsagt, fern bleiben. Welche zwei sind das? Hier das Leben in Lüsten, der Lust und dem Genuß ergeben: das ist niedrig, gemein, ungeistlich, unedel, nicht zum Ziele führend. Dort Übung der Selbstquälerei: die ist leidenreich, unedel, nicht zum Ziele führend. Von diesen beiden

Enden, ihr Mönche, sich fernhaltend, hat der Vollendete den Weg, der in der Mitte liegt, entdeckt, der Blick schafft und Erkenntnis schafft, der zum Frieden, zum Erkennen, zur Erleuchtung, zum Nirvana führt.

Und was, ihr Mönche, ist dieser vom Vollendeten entdeckte Weg, der in der Mitte liegt, der Blick schafft und Erkenntnis schafft, der zum Frieden, zum Erkennen, zur Erleuchtung, zum Nirvana führt?

Es ist dieser edle achtteilige Pfad, der da heißt: rechtes Glauben, rechtes Entschließen, rechtes Wort, rechte Tat, rechtes Leben, rechtes Streben, rechtes Gedenken, rechtes Sichversenken. Dies, ihr Mönche, ist der vom Vollendeten entdeckte Weg, der in der Mitte liegt, der Blick schafft und Erkenntnis schafft, der zum Frieden, zum Erkennen, zur Erleuchtung, zum Nirvana führt. Dies, ihr Mönche, ist die edle Wahrheit vom *Leiden*. Geburt ist Leiden, Alter ist Leiden, Krankheit ist Leiden, Tod ist Leiden, mit Unliebem vereint sein ist Leiden, von Liebem getrennt sein ist Leiden, nicht erlangen, was man begehrt, ist Leiden: kurz die fünferlei Objekte des Ergreifens [1] sind Leiden.

Dies, ihr Mönche, ist die edle Wahrheit von der *Entstehung des Leidens*: es ist der Durst, der zur Wiedergeburt führt, samt Freude und Begier, hier und dort seine Freude findend: der Lüstedurst, der Werdedurst, der Vergänglichkeitsdurst [2].

Dies, ihr Mönche, ist die edle Wahrheit von der *Aufhebung des Leidens*: die Aufhebung dieses Durstes durch restlose Vernichtung des Begehrens, ihn fahren lassen, sich seiner entäußern, sich von ihm lösen, ihm keine Stätte gewähren.

Dies, ihr Mönche, ist die edle Wahrheit vom *Wege zur Aufhebung des Leidens*: es ist dieser edle achtteilige Pfad, der da heißt: rechtes Glauben, rechtes Entschließen, rechtes Wort, rechte Tat,

---

[1] Die fünf Gruppen oder Komplexe der Elemente, die das leiblich-geistige Dasein ausmachen: Körperlichkeit, Empfindungen, Vorstellungen, Gestaltungen (über diese s. unten S. 97 A. 1.), Erkennen. Diese Elemente „ergreift" der Unerlöste.

[2] Werdedurst und Vergänglichkeitsdurst ist das Begehren, sofern es sich mit dem Glauben an beständige Fortdauer des Werdens oder mit dem Glauben, daß mit dem Tod alles zu Ende ist, verbindet.

rechtes Leben, rechtes Streben, rechtes Gedenken, rechtes Sichversenken.

„Dies ist die edle Wahrheit vom Leiden': also, ihr Mönche, ging mir über diese zuvor nicht vernommenen Ordnungen der Blick auf, ging mir die Erkenntnis auf, ging mir das Verstehen, das Wissen, das Anschauen auf. ‚Diese edle Wahrheit vom Leiden muß man begreifen' ... ‚Diese edle Wahrheit vom Leiden habe ich begriffen': also, ihr Mönche, ging mir über diese zuvor nicht vernommenen Ordnungen der Blick auf, ging mir die Erkenntnis auf, ging mir das Verstehen, das Wissen, das Anschauen auf.

Entsprechende dreifach gegliederte Äußerung über die andern drei Wahrheiten.

Und solange ich, ihr Mönche, nicht von diesen vier edlen Wahrheiten solche dreifach gegliederte, zwölfteilige, wahrhafte Erkenntnis und Schauen in voller Klarheit besaß, solange, ihr Mönche, hatte ich auch nicht das Bewußtsein, in der Welt samt Göttern, samt Māra, samt Brahma, unter allen Wesen samt Asketen und Brahmanen, samt Göttern und Menschen die höchste Erleuchtung gewonnen zu haben.

Seit ich aber, ihr Mönche, von diesen vier edlen Wahrheiten solche dreifach gegliederte, zwölfteilige, wahrhafte Erkenntnis und Schauen in voller Klarheit besaß, von da an, ihr Mönche, war ich mir dessen bewußt, in der Welt samt Göttern, samt Māra, samt Brahma, unter allen Wesen samt Asketen und Brahmanen, samt Göttern und Menschen die höchste Erleuchtung gewonnen zu haben.

Und Erkenntnis ging mir auf, und Schauen ging mir auf: unverlierbare Erlösung des Geistes ist mein; dies ist die letzte Geburt; nicht gibt es hinfort Wiedergeburt."

So sprach der Erhabene. Mit Freude begrüßten die fünf Mönche des Erhabenen Rede. Und als diese Lehrrede vorgetragen wurde, ging dem ehrwürdigen Koṇḍañña der Wahrheitsblick frei von Dunst und Unreinheit auf: was immer dem Gesetz des Entstehens untertan ist, alles das ist auch dem Gesetz des Vergehens untertan.

Aus den himmlischen Welten erklingen die Beifallsrufe der Göt-

ter, welche die Verkündigung der Lehre feiern. Erdbeben; Lichtglanz geht durch alle Welten.

Der Erhabene aber tat diesen Ausruf: „Wahrlich, Koṇḍañña hat erkannt! Wahrlich, Koṇḍañña hat erkannt!" So empfing der ehrwürdige Koṇḍañña diesen Namen: Koṇḍañña der Erkenner. Der ehrwürdige Koṇḍañña der Erkenner aber, die Wahrheit schauend, zur Wahrheit hingelangt, die Wahrheit verstehend, die Wahrheit durchdringend, den Zweifel überwindend, dem Schwanken entronnen, der vollen Kundigkeit teilhaft, von keinem andern abhängig in bezug auf die Verkündigung des Meisters, sprach zum Erhabenen: „Ich möchte, Herr, vom Erhabenen die niedere Weihe, ich möchte die höhere Weihe empfangen." „Komm her, o Mönch!" so sprach der Erhabene. „Wohl verkündet ist die Lehre. Wandle in Heiligkeit, allem Leiden ein Ende zu machen." Das war die höhere Weise dieses Ehrwürdigen.

In derselben Weise erlangen auch die übrigen vier Mönche den „Wahrheitsblick" und empfangen die Weihe.

Der Erhabene aber redete zu den fünf Mönchen also: „Die Körperlichkeit, ihr Mönche, ist nicht das Selbst. Wäre die Körperlichkeit das Selbst, ihr Mönche, so könnte die Körperlichkeit nicht der Krankheit unterworfen sein, und man müßte von der Körperlichkeit sagen können: so soll mein Körper sein; so soll mein Körper nicht sein. Da aber, ihr Mönche, die Körperlichkeit ein Nichtselbst ist, dehalb ist die Körperlichkeit der Krankheit unterworfen, und man kann von der Körperlichkeit nicht sagen: so soll mein Körper sein. So soll mein Körper nicht sein.

„Die Empfindungen, ihr Mönche, sind nicht das Selbst ...

„Die Vorstellungen ... die Gestaltungen, ihr Mönche, sind nicht das Selbst ...

„Das Erkennen, ihr Mönche, ist nicht das Selbst ...[1]

„Wie meint ihr nun, ihr Mönche?

---

[1] Jedesmal genau dieselbe Ausführung, wie vorher über die Körperlichkeit: die schon oben S. 95 A. 1 erwähnten fünf Komplexe des leiblich-geistigen Daseins. Einer Erläuterung bedarf der vierte Begriff der Reihe, die „Gestaltungen". Dies sind die vergangenem Denken, Wollen, Handeln entstammenden Eindrücke, die als innewohnende Dispositionen künftiges Dasein gestalten. Vgl. meinen „Buddha", 7. Aufl., S. 281 ff.

Ist die Körperlichkeit beständig oder unbeständig?"

„Unbeständig, Herr."

„Was aber unbeständig ist, ist das Leiden oder Freude?"

„Leiden, Herr."

„Was aber unbeständig, Leiden, der Veränderung unterworfen ist, kann man, wenn man das betrachtet, sagen: das ist mein, das bin ich, das ist mein Selbst?"

„Das kann man nicht, Herr." *Dasselbe von den andern vier Komplexen.*

„Deshalb ihr Mönche, was für Körperlichkeit es nur immer gibt, vergangene, künftige, gegenwärtige, in uns oder außerhalb, stark oder zart, gering oder hoch, in Ferne oder Nähe: alle Körperlichkeit ist nicht mein, bin nicht ich, ist nicht mein Selbst. So muß man dies wahrheitsgemäß in rechter Weisheit ansehen. *Dasselbe von den andern vier Komplexen.*

Wer es also ansieht, ihr Mönche, ein kundiger, edler Hörer der Lehre wendet sich ab von der Körperlichkeit, wendet sich ab von den Empfindungen, wendet sich ab von den Vorstellungen, wendet sich ab von den Gestaltungen, wendet sich ab vom Erkennen. Indem er sich davon abwendet, wird er frei von Begehren. Durch Freiheit vom Begehren wird er erlöst. Im Erlösten entsteht die Erkenntnis: Ich bin erlöst. Vernichtet ist die Geburt, vollendet der heilige Wandel, erfüllt die Pflicht; keine Rückkehr gibt es mehr zu dieser Welt: also erkennt er."

So sprach der Erhabene. Mit Freude begrüßten die fünf Mönche des Erhabenen Rede. Und als diese Lehrrede vorgetragen ward, wurden die Seelen der fünf Mönche, vom Ergreifen (des Daseins) ablassend, von aller Verderbnis erlöst. Zu dieser Zeit gab es sechs Heilige in der Welt.

Diese für die buddhistische Dogmatik hervorragend wichtige Rede „von den Kennzeichen des Nichtselbst" begründet in der Kürze die Überzeugung von dem allem Dasein innewohnenden Leiden. Wenn hier zur Vergänglichkeit gesagt wird „das bin ich nicht, das ist nicht mein Selbst", blickt, freilich in unbestimmtester Form, der vom alten Buddhismus nicht leicht in voller Ausdrücklichkeit ausgesprochene Gedanke an ein der Vergänglichkeit entnommenes Sein durch. Vgl. oben die Einleitung, und meine „Lehre der Upanishaden und Anfänge des Buddhismus", S. 305 ff.

11.
AUSSENDUNG DER JÜNGER. BEGEGNUNG MIT MĀRA

Der Erhabene aber redete zu den Mönchen[1] also:

„Gelöst bin ich, ihr Mönche, von allen Fesseln, von göttlichen und menschlichen. Auch ihr seid von allen Fesseln gelöst, ihr Mönche, von göttlichen und menschlichen. Wandelt euren Weg, ihr Mönche, zu Vieler Wohl, zur Freude Vieler, zum Erbarmen für die Welt, zum Besten, zum Wohl, zur Freude von Göttern und Menschen. Geht nicht zu zweien denselben Weg. Predigt, ihr Jünger, die Lehre, deren Anfang herrlich ist, die in der Mitte herrlich ist, die am Ende herrlich ist, nach dem Geist und nach dem Buchstaben; macht offenbar den ganzen und vollen, reinen Wandel in Heiligkeit. Es sind Wesen, denen nur wenig Unreinheit anhaftet, aber wenn sie die Lehre nicht hören, gehen sie verloren: die werden Erkenner der Lehre sein. Und auch ich, ihr Mönche, werde nach Uruvelā, nach dem Flecken des Feldhauptmanns gehen, die Lehre zu predigen."

Māra aber, der Böse, ging hin, wo der Erhabene war. Dorthin gelangt, sprach er zum Erhabenen den Spruch:

„Jegliche Fessel hält fest dich,
So göttliche wie menschliche.
Mächtige Bande dich binden:
Von mir kommst du nicht los, o Mönch!"

Buddha sprach

„Jeglicher Fessel frei bin ich,
So göttlicher wie menschlicher.
Vom mächt'gen Band gelöst bin ich.
Geschlagen bist du, Todesfürst!"

---

[1] Seit den im vorangehenden Abschnitt berichteten Vorgängen ist die Zahl der Heiligen auf 61 angewachsen.

Māra sprach

„Die Fessel in der Luft schwebend,
Die das Herze gefangen nimmt,
mit der will ich dich festhalten.
Von mir kommst du nicht los, o Mönch!"

Buddha sprach

„Gestalt, Töne, Geschmack, Düfte,
Berührung, dran das Herze hängt,
An dem allen die Lust schwand mir.
Geschlagen bist du, Todesfürst!"

Da sah Māra der Böse: „Der Erhabene kennt mich. Der Wohlwandelnde kennt mich." Und traurig und unmutig verschwand er von selbiger Stätte.

12.
DIE REDE VON DEN FLAMMEN DER SINNENGLUT

Eine Menge weiterer Bekehrungen ist erfolgt, darunter die von tausend brahmanischen Asketen („Jaṭilas", d. h. Haarflechtenträgern) zu Uruvelā. Jetzt hält Buddha vor diesen die folgende Rede, zu der nach jüngerer Überlieferung ein Waldbrand die Veranlassung gegeben haben soll.

Der Erhabene aber, als er in Uruvelā verweilt hatte, solange es ihm gefiel, machte sich auf die Wanderschaft nach (dem Berge) Gayāsīsa („Haupt von Gayā") mit einer großen Mönchsschar, mit tausend Mönchen, lauter früheren Jaṭilas. Da verweilte nun der Erhabene zu Gayā, auf dem Gayāsīsa, mit den tausend Mönchen. Da sprach der Erhabene zu den Mönchen also:

„Alles, ihr Mönche, steht in Flammen? Und was alles, ihr Mönche, steht in Flammen? Das Auge, ihr Mönche, steht in Flammen. Die sichtbaren Dinge stehen in Flammen. Das Erkennen vermöge des Auges steht in Flammen. Die Berührung des Auges (mit sichtbaren Dingen) steht in Flammen. Das Empfinden, das infolge der Berührung des Auges (mit dem Sichtbaren) entsteht, sei es Freude, sei es Schmerz, sei es nicht Schmerz noch Freude: auch dies steht in Flammen. Wodurch ist es entflammt? Durch der Begierde Feuer, durch des Hasses Feuer, durch der Verblendung Feuer ist es entflammt, durch Geburt, Alter, Tod, Schmerz, Klagen, Leid,

Kümmernis und Verzweiflung ist es entflammt: also sage ich.

„Das Ohr steht in Flammen ... *die ganze vorher über das Auge und das Sichtbare gegebene Ausführung kehrt über Ohr und Töne wieder.*

„Die Nase (bzw. die Gerüche) ...

„Die Zunge (bzw. der Geschmack) ...

„Der Körper (bzw. das Berührbare) ...

„Das Denken (bzw. die Gedankendinge) ...

„Wer es also ansieht, ihr Mönche, ein weiser, edler Hörer des Worts wendet sich ab vom Auge, wendet sich ab vom Sichtbaren, wendet sich ab vom Erkennen vermöge des Auges, wendet sich ab von der Berührung des Auges (mit dem Sichtbaren), wendet sich ab vom Empfinden, das infolge der Berührung des Auges (mit dem Sichtbaren) entsteht, sei es Freude, sei es Schmerz, sei es nicht Schmerz noch Freude. *Dasselbe von den übrigen Sinnen.* Indem er sich davon abwendet, wird er frei von Begehren. Durch Freiheit von Begehren wird er erlöst. Im Erlösten entsteht die Erkenntnis: Ich bin erlöst. Vernichtet ist die Geburt, vollendet der heilige Wandel, erfüllt die Pflicht; keine Rückkehr gibt es mehr zu dieser Welt: also erkennt er."

Und als diese Lehrrede vorgetragen ward, wurden die Seelen dieser tausend Mönche, vom Ergreifen (des Daseins) ablassend, von aller Verderbnis erlöst.

13.

DIE GEWINNUNG DER BEIDEN VORNEHMSTEN JÜNGER

Zu dieser Zeit hielt sich der Wandermönch Sañjaya in Rājagaha[1] auf zusammen mit einer großen Schar von Wandermönchen, zwei und einem halben Hundert von Wandermönchen. Zu der Zeit nun übten Sāriputta und Moggallāna geistlichen Wandel bei Sañjaya, dem Wandermönch. Die hatten die Verabredung getroffen: wer unter uns zuerst die Erlösung vom Tode findet, soll es dem andern sagen.

[1] Die Hauptstadt des Magadhalandes (Bihar), heute Rajgir.

Der ehrwürdige Assaji[1] aber kleidete sich des Morgens an, nahm Almosenschale und Obergewand und ging nach Rājagaha hinein, Almosen zu sammeln. Sein Kommen und Gehen, sein Hin- und Herblicken, das Einziehen und Ausstrecken seiner Glieder erweckte Wohlgefallen. Er hatte die Augen niedergeschlagen und zeigte sich schicklich in jeder Haltung. Da sah Sāriputta, der Wandermönch, den ehrwürdigen Assaij, wie er in Rājagaha Almosen sammelte – wie sein Kommen und Gehen ... Wohlgefallen erweckte, er die Augen niedergeschlagen hatte und sich schicklich zeigte in jeder Haltung. Wie er ihn sah, sprach er zu sich: „Dieser Mönch muß einer von denen sein, die in der Welt heilig sind oder den Pfad der Heiligkeit erreicht haben. Ich will zu diesem Mönch hingegen und ihn fragen: „In wessen Nachfolge, Freund, hast du das Weltleben verlassen? Wer ist dein Meister? Wessen Lehre bekennst du?" Da aber dachte Sāriputta, der Wandermönch: „Jetzt ist nicht die rechte Zeit, diesen Mönch zu fragen. Er ist zu den Häusern hineingegangen, Almosen zu sammeln. Ich will hinter diesem Mönch fort und fort einherfolgen auf dem Wege, wie Bedürftige es gewohnt sind." Der ehrwürdige Assaji aber, als er in Rājagaha den Almosengang vollbracht hatte, nahm die gesammelten Almosen und machte sich auf den Rückweg. Da ging Sāriputta, der Wandermönch, zum ehrwürdigen Assaji hin, begrüßte sich mit dem ehrwürdigen Assaji, wechselte mit ihm begrüßende, freundliche Rede und trat zur Seite hin. Zur Seite stehend, sprach Sāriputta, der Wandermönch, zum ehrwürdigen Assaji also: „Hell, Freund, ist deiner Züge Ausdruck. Rein und klar ist deine Farbe. In wessen Nachfolge, Freund, hast du das Weltleben verlassen? Wer ist dein Meister? Wessen Lehre bekennst du?" „Es ist der große Asket, Freund, der Sakyasohn, der vom Sakyahause kommend die Welt verlassen hat. Ihm, dem Erhabenen, folgend, habe ich die Welt verlassen. Er, der Erhabene, ist mein Meister. Seine, des Erhabenen Lehre bekenne ich." „Und was sagt, Ehrwürdiger, dein Meister? Und was lehrt er?" „Ich bin noch ein Neuling, Freund, habe noch nicht lange die Welt verlassen und bin erst vor kurzem zu dieser Lehre und Ordnung herzugekommen. Ausführlich kann ich dir

---

[1] Einer der zuerst bekehrten fünf Mönche, an die die Predigt von Benares gerichtet war.

die Lehre nicht künden, aber ihren kurzen Sinn will ich dir sagen." Da sprach Sāriputta, der Wandermönch, zum ehrwürdigen Assaji: „Es sei, Freund, sage mir wenig oder viel; aber vom Sinn sprich mir; nach dem Sinn habe ich Verlangen. Was willst du dich viel an den Buchstaben kehren?" Da sprach der ehrwürdige Assaji zu Sāriputta, dem Wandermönch, dieses Wort der Lehre:

„Die Wesenheiten, die verursacht sind –
Was ihre Ursach' ist, lehrt der Vollendete,
Und wie sie aufgehoben werden:
Dies ist des großen Mönches Lehre[1]."

Als aber Sāriputta, der Wandermönch, dies Wort der Lehre hörte, ging ihm der Wahrheitsblick frei von Dunst und Unreinheit auf: was immer dem Gesetz des Entstehens untertan ist, alles das ist auch dem Gesetz des Vergehens untertan.

„Ist auch die ganze Lehre dies allein nur,
Hast du die Stätt' erreicht, wo alles Leid verschwindet,
Die Stätte, die kein Auge mocht erschauen,
Drob hingegangen Myriaden, Myriaden Weltenjahre."

Sāriputta aber, der Wandermönch, ging hin zu Moggallāna, dem Wandermönch. Da sah Moggallāna, der Wandermönch, Sāriputta, den Wandermönch, wie er von fern einherkam. Ihn erblikkend, sprach er zu Sāriputta, dem Wandermönch: „Hell, Freund, ist deiner Züge Ausdruck. Rein und klar ist deine Farbe. Hast du die Erlösung vom Tode gefunden, Freund?" „Ja, Freund, ich habe die Erlösung vom Tode gefunden!" „Und wie hast du die Erlösung vom Tode gefunden, Freund?" „Ich sah, Freund, den Mönch Assaji, wie er in Rājagaha Almosen sammelte" *folgt Erzählung des Vorgangs wörtlich, wie er oben berichtet ist, bis zu dem Verse: Die Wesenheiten, die verursacht sind, usw.*

Als aber Moggallāna, der Wandermönch, dies Wort der Lehre

---

[1] Der Spruch weist auf die Verkettung von Ursachen und Wirkungen hin, wie sie in der oben S. 83 gegebenen Formel gelehrt ist. Daß dies als kürzester Sinn der Buddhalehre vorgetragen wird, ist bezeichnend dafür, welche fundamentale Bedeutung dem Glauben an die Gesetzmäßigkeit alles Geschehens im Buddhismus zukommt (vgl. S. 82 A. 3.). Die hier vorliegende Formel ist zu unzähligen Malen als kurzgefaßtes Glaubensbekenntnis des Buddhismus wiederholt worden.

hörte, ging ihm der Wahrheitsblick *usw. wie oben, bis: Myriaden Weltenjahre.*

Da sprach Moggallāna, der Wandermönch, zu Sāriputta, dem Wandermönch: „Laß uns gehen, Freund, und vor den Erhabenen treten. Er, der Erhabene, ist unser Meister." „Diese Wandermönche, zwei und ein halbes Hundert, Freund, weilen hier, auf uns sich verlassend, auf uns hinblickend. Denen müssen wir es kundtun; sie können sich dann verhalten, wie es ihnen recht scheint." Da gingen Sāriputta und Moggallāna zu jenen Wandermönchen hin und sprachen zu ihnen: „Wir wollen gehen, Freunde, und vor den Erhabenen treten. Er, der Erhabene, ist unser Meister." „Wir weilen hier, auf euch, ihr Ehrwürdigen, uns verlassend, auf euch hinblickend. Wenn ihr, Ehrwürdige, bei dem großen Asketen den heiligen Wandel üben wollt, wollen wir alle bei dem großen Asketen heiligen Wandel üben." Da gingen Sāriputta und Moggallāna zu Sañjaya, dem Wandermönch, und sprachen zu ihm: „Wir wollen gehen, Freund, und vor den Erhabenen treten. Er, der Erhabene, ist unser Meister." „Nicht also, Freunde, geht nicht! Zu dreien wollen wir die Leiter dieser Schar sein." Und zum zweitenmal ... und zum drittenmal *dieselben Worte der beiden an Sañjaya und dieselbe Antwort.* Da nahmen Sāriputta und Moggallāna jene Wandermönche, zwei und ein halbes Hundert, mit sich und gingen hin zum Veḷuvana[1]. Dem Wandermönch Sañjaya aber brach an jenem Ort ein heißer Blutstrom aus dem Munde.

Da sah der Erhabene die beiden, Sāriputta und Moggallāna, wie sie von fern einherkamen. Sie erblickend, sprach er zu den Mönchen also: „Da kommen jene beiden Genossen, ihr Mönche, Kolita, und Upatissa[2]. Dies wird mein Jüngerpaar sein, ein höchstes, herrliches Paar."

---

[1] „Bambushain" bei Rājagaha, vom Magadhakönig der Mönchsgemeinde Buddhas gestiftet.

[2] Andere Namen von Moggallāna bzw. Sāriputta. Wenn in einer der ältesten den Buddhismus betreffenden Inschriften, einem Erlaß des Königs Asoka (um die Mitte des 3. Jh. v. Chr.) an die Gemeinde, unter den heiligen Texten, deren Studium der König empfiehlt, „die Frage des Upatissa" genannt wird, ist da nicht die hier vorliegende Erzählung von Sāriputtas Frage an Assaji gemeint?

Was tiefem Erkennen sich offenbart,
Jeder Seinsbestimmtheit gänzlicher Untergang:
Dadurch erlöst, kamen sie hin zum Veḷuhain.
Und der Meister sprach über sie die Verkündigung:
„Die Genossen, Kolita, Upatissa kommen dort.
Mein Jüngerpaar,
Ein höchstes, herrliches Paar wird dieses sein."

Sāriputta aber und Moggallāna gingen hin zum Erhabenen, fielen nieder, ihr Haupt zu den Füßen des Erhabenen neigend, und sprachen zum Erhabenen: „Mir möchten, Herr, vom Erhabenen die niedere Weihe und möchten die höhere Weihe empfangen." „Kommt her, ihr Mönche!" so sprach der Erhabene. „Wohl verkündet ist die Lehre. Wandelt in Heiligkeit, allem Leiden ein Ende zu machen." Das war die höhere Weihe dieser Ehrwürdigen.

Zu dieser Zeit übten viele angesehene Söhne edler Familien im Magadhalande bei dem Erhabenen heiligen Wandel. Die Leute waren unwillig, murrten und entrüsteten sich: „Daß die Väter keine Söhne haben: darauf geht der Mönch Gotama aus. Daß die Frauen Witwen werden: darauf geht der Mönch Gotama aus. Daß die Geschlechter zugrunde gehen: darauf geht der Mönch Gotama aus. Jetzt hat er die tausend Jaṭilas dahin gebracht, daß sie die Welt verlassen haben. Und er hat diese Wandermönche des Sañjaya zwei und ein halbes Hundert, dahin gebracht, daß sie die Welt verlassen haben. Und nun üben so viele angesehene Söhne edler Familien im Magadhalande beim Mönch Gotama heiligen Wandel." Und wo sich die Mönche sehen ließen, sang man sie an mit dem Spruche:

„Es kam der große Mönch wandernd
Zu der Magadhas Bergesstadt.
Alle Sañjayas her führt' er.
Wen er wohl heut herführen wird?"

Da hörten die Mönche, wie die Leute unwillig waren, murrten und sich entrüsteten. Und die Mönche sagten es dem Erhabenen. „Der Lärm wird nicht lange dauern, ihr Mönche. Sieben Tage nur wird er dauern, und nach sieben Tagen wird es still werden. Wenn euch denn, ihr Mönche, die Leute mit dem Vers ansingen: ‚es kam der große Mönch ...', so singt ihr sie wieder an mit diesem Spruch:

‚Nur durch der Wahrheit Wort führen
Die Helden, die Vollendeten.
Die gehorsam dem Wort folgen,
Wer tadelt die Erkennenden?'"

Zu dieser Zeit nun sangen die Leute, wo sich die Mönche sehen ließen, sie mit dem Spruch an: „Es kam der große Mönch ..." Die Mönche aber sangen die Leute wieder an mit diesem Spruch: „Nur durch der Wahrheit Macht ..."

Da sahen die Leute: „Die Asketen, die dem Sakyasohn anhangen, führen die Menschen durch Wahrheit, nicht durch Unwahrheit." Und jener Lärm dauerte nur sieben Tage, und nach sieben Tagen wurde es still.

14.
WEIB UND KIND DES BUDDHA

Der Erhabene aber blieb in Rājagaha solange es ihm gefiel und machte sich dann auf die Wanderschaft nach Kapilavalthu[1]. Und von Ort zu Ort wandernd, gelangte er nach Kapilavalthu. Da verweilte er denn im Sakyalande, zu Kapilavalthu, im Nigrodhagarten[2]. Der Erhabene aber kleidete sich am Morgen an, nahm Obergewand und Almosenschale und ging zum Hause Suddhodanas des Sakya[3]; dort setzte er sich auf einem Sitz nieder, der da bereitet war.

Die Mutter des Rāhula aber, die Fürstin[4] sprach zum Knaben Rāhula: „Das ist dein Vater, Rāhula. Geh hin und sprich ihn um dein Erbe an!"

Da ging der Knabe Rāhula zum Erhabenen, trat vor ihn hin und sprach: „Dein Schatten, Asket, tut mir wohl!"

Der Erhabene aber stand von seinem Sitz auf und ging von dannen. Da ging der Knabe Rāhula Schritt für Schritt hinter dem Erhabenen einher und sprach: „Gib mir mein Erbteil, Asket! Gib

---

[1] Dies ist bekanntlich seine Heimatstadt.
[2] D. h. im Garten der indischen Feigenbäume – jener Bäume mit den sich herabsenkenden und zu neuen Stämmen werdenden Luftwurzeln.
[3] Dies ist der Vater des Buddha.
[4] Es handelt sich um die Gemahlin seines früheren Weltlebens und um seinen ersten Sohn.

mir mein Erbteil, Asket!" Da sprach der Erhabene zum ehrwürdigen Sāriputta: „So erteile denn, Sāriputta, dem Knaben Rāhula die niedere Weihe!"[1]

„Wie soll ich, Herr, dem Knaben Rāhula die niedere Weihe erteilen?"

Der Erhabene aber, nachdem er aus dieser Veranlassung und bei dieser Gelegenheit eine Lehrrede gehalten, sprach zu den Mönchen: „Ich ordne an, ihr Mönche, die Novizenweihe durch das dreifache Nehmen der Zuflucht. Und also, ihr Mönche, ist diese Weihe zu erteilen. Zuerst befiehlt man dem Aufzunehmenden sich Haar und Bart scheren zu lassen, die gelben Gewänder anzulegen, die eine Schulter vom Obergewand zu entblößen, die Füße der Mönche zu verehren, niederzukauern und die zusammengelegten Hände zu erheben. Dann sagt man zu ihm: „Folgendermaßen mußt du sprechen: „Ich nehme meine Zuflucht beim Buddha. Ich nehme meine Zuflucht bei der Lehre. Ich nehme meine Zuflucht bei der Gmeinde. Zum zweitenmal ... Zum drittenmal nehme ich meine Zuflucht beim Buddha. Zum drittenmal nehme ich meine Zuflucht bei der Lehre. Zum drittenmal nehme ich meine Zuflucht bei der Gemeinde." Ich ordne an, ihr Mönche, die Novizenweihe durch dies dreifache Nehmen der Zuflucht."

Und der ehrwürdige Sāriputta erteilte dem Knaben Rāhula die niedere Weihe.

Da ging Suddhodana der Sakya zum Erhabenen hin, brachte ihm seinen ehrfurchtsvollen Gruß und setzte sich zur Seite nieder. Und zur Seite sitzend sprach Suddhodana der Sakya zum Erhabenen: „Herr, ich begehre einen Wunsch an den Erhabenen zu tun." „Die Vollendeten, Gotama, sind darüber erhaben Wünsche zu gewähren[2]." „Es ist zulässig und untadelhaft, was ich begehre, Herr." „So sprich, Gotama." „Als der Erhabene die Welt verließ,

---

[1] Die erste Weihe ist gemeint, die den weltlich Lebenden in einen Asketen verwandelt, nicht die eigentliche Ordination, durch die man vollberechtigter Mönch wird. Vgl. meinen „Buddha", 7. Aufl., S. 394.

[2] D. h. solange sie den Inhalt des Wunsches nicht kennen, verträgt es sich nicht mit ihrer Heiligkeit, ihn zu gewähren. – Man bemerke, wie Buddha seinen Vater mit dem Familiennamen Gotama anredet, den er auch selbst trägt.

Herr, war es mir kein geringer Schmerz; ebenso bei Nanda [1]; ein übergroßer Schmerz war es bei Rāhula. Die Liebe zum Sohne, Herr, schneidet in die Oberhaut; hat sie in die Oberhaut geschnitten, schneidet sie in die Unterhaut; hat sie in die Unterhaut geschnitten, schneidet sie ins Fleisch ... in die Sehnen ... in die Knochen; hat sie in die Knochen geschnitten, trifft sie das Mark und setzt sich in ihm fest. So bitte ich, Herr: mögen die edlen Herren [2] einem Sohn nicht ohne Erlaubnis seines Vaters und seiner Mutter die niedere Weihe erteilen!" Der Erhabene aber unterwies Suddhodana den Sakya mit Reden über die Lehre, trieb ihn an, ermahnte ihn und erfreute ihn. Suddhodana aber der Sakya, vom Erhabenen mit Reden über die Lehre unterwiesen, angetrieben, ermahnt und erfreut, stand von seinem Sitz auf, brachte dem Erhabenen ehrfurchtsvollen Gruß, umwandelte ihn rechtshin gewandt und ging von dannen. Der Erhabene aber, nachdem er aus dieser Veranlassung und bei dieser Gelegenheit eine Lehrrede gehalten, sprach zu den Mönchen: „Einem Sohn, ihr Mönche, darf man nicht ohne Erlaubnis seines Vaters und seiner Mutter die niedere Weihe erteilen. Wer sie ihm erteilt, ist einer Übertretung schuldig."

Man bemerke die von allem Pathos entfernte Einfachheit dieses Berichts über das erste Wiedersehen des Buddha mit den Seinen, die er lange Jahre vorher, als er zum Asketen wurde, verlassen hatte. Sehr anders die jüngeren Gestalten dieser Erzählung.

15.

DEVADATTA

Devadatta, der Vetter des Buddha, ist in seinen Orden eingetreten. Er spielt in diesem die Rolle des Judas Ischariot. Er konspiriert mit dem Königssohn Ajātasattu. Dieser soll seinen Vater töten, um selbst König zu werden; er selbst will den Buddha töten, um an seine Stelle zu treten.

Devadatta aber ging zum Prinzen Ajātasattu und sprach zum Prinzen Ajātasattu also: „Gib deinen Leuten Befehl, großer König, daß sie den Asketen Gotama ums Leben bringen." Da gab der

---

[1] Ein Halbbruder des Buddha, Sohn seiner Mutterschwester Mahāpajāpatī.
[2] Die buddhistischen Mönche.

Prinz Ajātasattu den Männern den Befehl: „Hört! Was euch der edle Devadatta sagt, das müßt ihr tun." Da befahl Devadatta einem Mann: „Geh, mein Freund; an der und der Stelle hält sich der Asket Gotama auf. Den bringe ums Leben und komme auf dem und dem Wege zu mir zurück." Auf jenem Wege nun stellte er zwei Männer auf und befahl ihnen: „Wenn ein Mann auf diesem Wege kommt, so bringt ihn ums Leben und kommt auf dem und dem Wege zu mir zurück."

Ebenso dann vier Männer, um die beiden Männer zu töten. Dann acht Männer, dann sechzehn Männer.

Der eine Mann aber ergriff Schwert und Schild, hing sich Bogen und Köcher um und ging hin, wo der Erhabene war. Dort angelangt, blieb er unweit von dem Erhabenen stehen, in Furcht, Aufregung, Angst, Zittern, Erstarrung. Da sah der Erhabene den Mann, wie er in Furcht, Aufregung, Angst, Zittern, Erstarrung dastand. Wie er ihn sah, sprach er zu dem Mann: „Komm, Freund, fürchte dich nicht!" Da tat der Mann Schwert und Schild beiseite, warf Bogen und Köcher von sich, ging zu dem Erhabenen hin, fiel vor ihm nieder, das Haupt zu seinen Füßen neigend, und sprach zum Erhabenen: „Schuld, Herr, ist über mich gekommen als über einen Toren, einen Verirrten, einen Übeltäter, daß ich mit schlimmen Gedanken, mit Mordsgedanken hierher gekommen bin. So möge, Herr, der Erhabene es von mir annehmen, daß ich meine Schuld als Schuld bekenne, um in Zukunft mich davor zu hüten!"

„Freilich, Freund, ist Schuld über dich gekommen als über einen Toren, einen Verirrten, einen Übeltäter, daß du mit schlimmen Gedanken, mit Mordsgedanken hierher gekommen bist. Da du aber, Freund, die Schuld als Schuld erkennst und sie, wie es recht ist, gut machst, so nehmen wir das von dir an. Denn das, Freund, ist Wachstum in der Ordnung des Edlen, wenn jemand seine Schuld als Schuld erkennt, sie, wie es recht ist, gut macht und in Zukunft sich davor hütet."

Der Erhabene aber redete zu dem Mann vom einen nach dem andern, als da ist: die Rede vom Geben, die Rede von guter Sitte, die Rede von der Himmelswelt; der Lüste Elend, Eitelkeit, Verderblichkeit, den Segen des Freiseins von Lüsten verkündete er. Als der Erhabene aber erkannte, daß die Seele des Mannes geschickt, geschmeidig, von Hemmung frei, erhoben, gläubig gestimmt war, da verkündete er ihm, was die vornehmste Lehre der Buddhas ist: das Leiden, die Entstehung des Leidens, die Aufhebung des Leidens, den Weg zur Aufhebung des Leidens [1]. Wie ein reines Gewand, das von schwarzen Flecken frei ist, ganz und gar die Farbe in sich aufnimmt, so ging jenem Mann, wie er dort saß, der Wahrheitsblick frei von Dunst und Unreinheit auf: ‚Was immer dem Gesetz des Entstehens untertan ist, alles das ist auch dem Gesetz des Vergehens untertan.' Jener Mann aber, die Wahrheit schauend, zur Wahrheit hingelangt, die Wahrheit verstehend, die Wahrheit durchdringend, den Zweifel überwindend, dem Schwanken entnommen, zur Kundigkeit hingelangt, von keinem Andern abhängig in bezug auf die Verkündigung des Meisters, sprach zum Erhabenen also: „Herrlich, Herr! Herrlich, Herr! Gleich wie man, o Herr, das Niedergebeugte aufrichtet, oder das Verborgene enthüllt, oder dem Verirrten den Weg zeigt, oder in der Finsternis eine Leuchte hinhält, damit, wer Augen hat, die Gestalten der Dinge sehe, also hat der Erhabene in mancherlei Weise die Lehre verkündet. Ich nehme, Herr, meine Zuflucht beim Erhabenen und bei der Lehre und bei der Gemeinde der Mönche. Als seinen Verehrer (Laienjünger) halte mich der Erhabene von heute an, solange mein Leben währt, der ich meine Zuflucht bei ihm genommen habe [2]." Der Erhabene aber sprach zu dem Manne: „Geh nicht auf diesem Wege, mein Freund! Geh auf jenem Wege!" – so sandte er ihn auf einem andern Wege von sich.

Die zwei, vier acht, sechzehn Männer, die dann in Tätigkeit treten sollten, werden ebenso bekehrt.

Der eine Mann aber ging hin zu Devadatta und sprach zu ihm: „Ich bin nicht imstande, Herr, den Erhabenen ums Leben zu bringen. Von großer Wunderkraft ist der Erhabene, und groß ist seine Gewalt." „Schon gut, Freund, bringe du den Asketen Gotama

---

[1] Die vier „edlen Wahrheiten" vgl. S. 95f. Der Bericht über solche Bekehrung mit der Voranstellung der allgemeinen zugänglichen Lehren, auf die dann die Predigt der vier Wahrheiten folgt, kehrt in den Texten stehend wieder.

[2] Die stehende Formel, durch die man sich als Laienjünger des Buddha erklärt.

nicht ums Leben. Ich selbst werde den Asketen Gotama ums Leben bringen."

Zu der Zeit wandelte der Erhabene im Schatten des Berges Gjjhakūṭa („Geierspitze") auf und ab. Devadatta aber bestieg den Berg Gjjhakūṭa und warf einen mächtigen Felsblock hinab: „Damit will ich den Asketen Gotama ums Leben bringen." Da neigten sich zwei Bergspitzen zusammen und fingen den Felsblock auf. Ein herabfallendes Stück aber sprang davon und traf den Fuß des Erhabenen, so daß sein Blut floß. Da blickte der Erhabene in die Höhe und sprach zu Devadatta: „Große Schuld hast du auf dich geladen, du Tor, daß du mit schlimmen Gedanken, mit Mordsgedanken das Blut des Vollendeten hast fließen lassen." Und der Erhabene redete zu den Mönchen also: „Dies, ihr Mönche, ist die erste Todsünde[1], mit der sich Devadatta beladen hat, daß er mit schlimmen Gedanken, mit Mordsgedanken das Blut des Vollendeten hat fließen lassen."

*

Zu der Zeit war in Rājagaha ein Elefant mit Namen Nālāgiri, der war wild, ein Töter von Menschen. Da ging Devadatta nach Rājagaha hinein, ging zum Elefantenstall und sprach zu den Elefantenwärtern: „Hört, ihr Männer, wir sind gut Freund mit dem König und können machen, daß jemand von niederer Stellung zu hoher Stellung befördert, seine Verpflegung gebessert, sein Lohn vermehrt wird. Also hört! Wenn der Asket Gotama diese Straße betritt, dann laßt diesen Elefanten Nālāgiri los und laßt ihn durch diese Straße laufen!" „Ja, Herr" – so nahmen die Elefantenwärter den Befehl des Devadatta entgegen. Der Erhabene aber kleidete sich des Morgens an, nahm Almosenschale und Obergewand und ging mit vielen Mönchen nach Rājagaha hinein, Almosen zu sammeln. Da betrat der Erhabene jene Straße. Die Elfantenwärter aber sahen, daß der Erhabene jene Straße betrat; da ließen sie den Elefanten Nālāgiri los und ließen ihn durch jene Straße laufen. Da sah der Elefant Nālāgiri den Erhabenen, wie er von fern herankam. Wie er

---

[1] Wörtlich: eine Sünde, die unmittelbare Bestrafung findet (nicht erst in einer künftigen Existenz). Dies wurde von gewissen schwersten Sünden angenommen.

ihn sah, erhob er seinen Rüssel, richtete Ohren und Schwanz in die Höhe und lief gegen den Erhabenen an. Und die Mönche sahen den Elefanten Nālāgiri, wie er von fern herankam. Wie sie ihn sahen, sprachen sie zum Erhabenen: „Da läuft, Herr, der wilde Elefant Nālāgiri, der menschentötende, durch diese Straße. Möge, Herr, der Erhabene umkehren, möge der Wohlwandelnde umkehren!" „Kommt, ihr Mönche, fürchtet euch nicht. Das ist unmöglich, ihr Mönche, es ist ausgeschlossen, daß fremde Gewalt den Vollendeten ums Leben brächte. Unberührt von Gewalt, ihr Mönche, gehen die Vollendeten in das Nirvana ein." Und zum zweitenmal ... und zum drittenmal ... *dieselben Worte der Mönche und Antwort des Buddha.*

Zu der Zeit waren die Menschen in die Obergeschosse der Paläste und der Häuser und auf die Dächer gestiegen. Und die ungläubigen, unbekehrten, unerleuchteten Menschen sagten: „Der schöne große Asket wird durch den Elefanten zu Schaden kommen." Die gläubigen, bekehrten, klugen, erleuchteten Menschen aber sagten: „Da kann man lange warten, ihr Guten, bis der Elefant mit dem Elefanten [1] kämpfen wird." Der Erhabene aber entsandte gegen den Elefanten Nālāgiri die Kraft seines freundlichen Denkens. Da senkte der Elefant Nālāgiri, vom Erhabenen mit der Kraft freundlichen Denkens getroffen, seinen Rüssel, ging zum Erhabenen und stellte sich vor ihm hin. Der Erhabene aber berührte mit der rechten Hand die Erhöhung auf der Stirn des Elefanten Nālāgiri und sprach zum Elefanten Nālāgiri die Sprüche:

„Den Elefanten [2] greife nicht an, mein Elefant,
Denn anzugreifen, mein Elefant, den Elefanten bringet Leid.
Denn wer jenen schlägt, mein Elefant,
Kein Heil für ihn es im Jenseits gibt.

Vor wilder Brunst, vor Lässigkeit [3] sei auf der Hut:
Kein Heil erwartet den, der sich in Lässigkeit verliert.
Doch deine Taten werden solche sein,
Daß du den Weg des Heiles gehen wirst."

---

[1] Mächtige Menschen liebt der Inder mit Elefanten zu vergleichen.

[2] Natürlich wieder der menschliche Elefant.

[3] Im Pāli ein in der Übersetzung nicht wiederzugebendes Wortspiel *(mado und pamādo).*

Da hob der Elefant Nālāgiri mit seinem Rüssel den Staub von den Füßen des Erhabenen auf, streute ihn sich über das Haupt und ging zurück, rückwärts gebeugt, solange er den Erhabenen sah. Und der Elefant Nālāgiri ging zum Elefantenstall und stellte sich dort an seinen Platz, und fortan war der Elefant Nālāgiri zahm. Zu der Zeit sangen die Menschen den Spruch:

„Die Einen mit dem Stab bänd'gen,
Mit Haken und mit Peitschenhieb.
Ohn Stab und Wehr vom Hochweisen
Der Elefant gebändigt ist."

*

Devadatta aber ging dahin, wo Kokālika, Kaṭamorakatissaka, der Khaṇḍadevī Sohn des Samuddadatta [1] waren, und sprach zu ihnen: „Kommt, Freunde, laßt uns Spaltung in der Gemeinde und Herrschaft des Asketen Gotama hervorrufen." Als er so redete, sprach Kokālika zu Devadatta: „Der Asket Gotama, Freund, ist von großer Wunderkraft, und groß ist seine Gewalt. Wie wollen wir Spaltung in der Gemeinde und Herrschaft des Asketen Gotama hervorrufen?" „Kommt, Freunde, wir wollen zum Asketen Gotama gehen und diese fünf Satzungen von ihm fordern: ‚Der Erhabene, Herr, verkündigt auf mannigfaltige Weise das Lob des Bescheidenen, Zufriedenen, des Ausrotters und Abschüttlers der Sünde, des gläubig Gestimmten, der Ehrerbietigkeit, der Kraftanspannung. Diese fünf Satzungen nun, Herr, führen auf mannigfaltige Weise zur Bescheidenheit, Zufriedenheit, Ausrottung und Abschüttlung der Sünde, gläubiger Stimmung, Ehrerbietigkeit, Kraftanspannung.

Wohlan, Herr, laß die Mönche ihr Leben lang das Gelübde des Waldlebens befolgen; wer in der Nähe des Dorfs lebt, den möge Schuld treffen.

Laß sie ihr Leben lang das Gelübde des Almosensammelns befolgen; wer eine Einladung annimmt, den möge Schuld treffen.

Laß sie ihr Leben lang das Gelübde des Lumpengewandes [2] be-

---

[1] Freunde des Devadatta.

[2] Das Gelübde, sich in ein aus aufgesammelten Lumpen verfertigtes Gewand zu kleiden.

folgen; wer eines Hausvaters Gewand annimmt, den möge Schuld treffen.

Laß sie ihr Leben lang das Gelübde des Wohnens am Fuß der Bäume befolgen; wer unter ein Dach geht, den möge Schuld treffen.

Laß sie ihr Leben lang sich des Fischfleisches enthalten; wer Fischfleisch ißt, den möge Schuld treffen[1]. „Dem wird der Asket Gotama nicht zustimmen. Wir aber wollen den Leuten diese fünf Satzungen kundgeben. Es wird möglich sein, ihr Freunde, mit diesen fünf Satzungen Spaltung in der Gemeinde und Herrschaft des Asketen Gotama herbeizuführen, denn die Leute, ihr Freunde, pflegen das Strenge zu lieben." Und Devadatta ging samt seinem Gefolge zum Erhabenen hin, brachte dem Erhabenen seinen ehrfurchtsvollen Gruß und setzte sich zur Seite nieder. Zur Seite sitzend, sprach Devadatta zum Erhabenen also: „Der Erhabene, Herr, verkündigt ... *wie oben, Forderung der fünf Punkte.*"

„Nicht also, Devadatta! Wer will, mag das Gelübde des Waldlebens befolgen; wer will, mag in der Nähe des Dorfs leben. Wer will, mag das Gelübde des Almosensammelns befolgen; wer will, mag Einladungen annehmen. Wer will, mag das Gelübde des Lumpengewandes befolgen; wer will, mag eines Hausvaters Gewand annehmen. Für acht Monate[2], Devadatta, habe ich Wohnen am Fuß der Bäume erlaubt. Unter drei Bedingungen ist Fischfleisch rein: wenn man es nicht gesehen, nicht davon gehört, keinen Verdacht hat." Devadatta aber, erfreut und glücklich, daß der Erhabene jene fünf Satzungen ablehnte, stand mit seinem Gefolge vom Sitz auf, brachte dem Erhabenen ehrfurchtsvollen Gruß, umwandelte ihn rechtshin gewandt und ging von dannen.

Und Devadatta ging mit seinem Gefolge nach Rājagaha hinein und gab den Leuten die fünf Satzungen kund: „Wir sind, ihr Freunde, zum Asketen Gotama gegangen und haben diese fünf Satzungen von ihm gefordert: ‚Der Erhabene, Herr, verkündigt

---

[1] Überwiegend handelt es sich bei den fünf Punkten um strengere Ordnungen, denen sich der buddhistische Mönch unterwerfen *konnte*, die aber Devadatta obligatorisch machen wollte; vgl. meinen „Buddha", 7. Aufl., S. 407.
[2] Die Zeit außer den vier Regenmonaten.

...' diesen fünf Satzungen will der Asket Gotama nicht zustimmen. Wir aber wollen diese fünf Satzungen annehmen und danach leben."

Da sagten die ungläubigen, unbekehrten, unerleuchteten Menschen: „Unter den Asketen, die dem Sakyasohn anhangen, sind es diese, die die Sünde abgeschüttelt und sie aus ihrem Leben ausgerottet haben. Der Asket Gotama aber lebt im Überfluß und ist auf den Überfluß bedacht." Die gläubigen, bekehrten, klugen, erleuchteten Menschen aber waren unwillig, murrten und entrüsteten sich: „Wie kann Devadatta sich darum bemühen, in des Erhabenen Gemeinde und Herrschaft Spaltung hervorzurufen!" Die Mönche aber hörten, wie die Leute unwillig waren, murrten und sich entrüsteten. Und die Bescheidenen unter den Mönchen wurden auch unwillig, murrten und entrüsteten sich: „Wie kann Devadatta sich darum bemühen, in dieser Gemeinde und Herrschaft Spaltung hervorzurufen!" Die Mönche aber sagten dem Erhabenen von der Sache. „Ist es wahr, Devadatta, daß du dich bemühst, in meiner Gemeinde und Herrschaft Spaltung hervorzurufen?" „Es ist wahr, Erhabener." „Nicht also, Devadatta. Laß nicht Spaltung der Gemeinde dir gefallen. Ein schlimmes Ding, Devadatta, ist Spaltung der Gemeinde. Wer die einträchtige Gemeinde spaltet, Devadatta, begeht eine Sünde, deren Strafe durch das Weltalter reicht; das Weltalter hindurch wird er in der Hölle gepeinigt werden. Wer aber, Devadatta, in der gespaltenen Gemeinde die Eintracht herstellt, tut ein gutes Werk, Brahmas würdig; das Weltalter hindurch wird er Himmelsfreuden genießen. Nicht also, Devadatta. Laß nicht Spaltung der Gemeinde dir gefallen. Ein schlimmes Ding, Devadatta, ist Spaltung der Gemeinde."

Der ehrwürdige Ānanda aber kleidete sich des Morgens an, nahm Almosenschale und Obergewand und ging nach Rājagaha hinein Almosen zu sammeln. Da sah Devadatta den ehrwürdigen Ānanda wie er in Rājagaha Almosen sammelte. Ihn erblickend, ging er zum ehrwürdigen Ānanda hin und sprach zu ihm: „Vom heutigen Tage an, Freund Ānanda, werde ich getrennt vom Erhabenen und getrennt von der Mönchsgemeinde die Beichtfeier halten und die Gemeindeakte vollziehen." Der ehrwürdige Ānanda aber, als er in Rājagaha Almosen gesammelt hatte, nach dem

Mahl, vom Almosengang zurückgekehrt, ging zum Erhabenen hin, brachte ihm seinen ehrfurchtsvollen Gruß und setzte sich zur Seite nieder; zur Seite sitzend sprach der ehrwürdige Ānanda zum Erhabenen also *folgt Bericht über das eben erzählte Erlebnis genau in den obigen Worten. Zum Schluß der Satz* „Heute, Herr, wird Devadatta die Gemeinde spalten!" Der Erhabene aber, wie er dies erfuhr, tat zu der Zeit den Ausruf:

„Guten die gute Tat leicht ist;
Schwer ist Bösen die gute Tat.
Leicht ist die böse Tat Bösen;
Schwer ist Edlen die böse Tat."

Devadatta aber, als der Fasttag gekommen war, stand von seinem Sitz auf und verteilte Stimmtäfelchen: „Wir sind, Freunde, zum Asketen Gotama gegangen ... *wie oben S. 115.* Diesen fünf Satzungen will der Asket Gotama nicht zustimmen. Wir aber wollen diese fünf Satzungen annehmen und danach leben. Welchen unter euch Ehrwürdigen diese fünf Satzungen gefallen, der möge ein Stimmtäfelchen nehmen." Zu der Zeit nun waren da fünfhundert Vajjiputtaka-Mönche (Söhne des Vajjigeschlechts) von Vesālī, Neulinge und ohne Einsicht in das, um was es sich handelte. Die dachten: „Dies ist die Lehre, dies die Ordnung, dies die Verkündigung des Meisters", und sie nahmen die Stimmtäfelchen. Devadatta aber, nachdem er die Gemeinde gespalten hatte, nahm die fünfhundert Mönche mit sich und machte sich auf den Weg nach Gayāsīsa[1].

Sāriputta aber und Moggallāna[2] gingen zum Erhabenen hin, brachten dem Erhabenen ehrfurchtsvollen Gruß und setzten sich zur Seite nieder. Zur Seite sitzend aber sprach der ehrwürdige Sāriputta zum Erhabenen: „Devadatta, Herr, hat die Gemeinde gespalten, fünfhundert Mönche mit sich genommen und sich auf den Weg nach Gāyāsīsa gemacht." „Werdet ihr denn nicht, ihr Sāriputtas[3], mit diesen Neulingen unter den Mönchen Mitleid haben? Geht hin, ihr Sāriputtas, ehe jene Mönche in Unheil und Verderben verfallen." „Ja, Herr" – so nahmen Sāriputta und Moggallāna

---

[1] Vergleiche über diesen Berg oben S. 100

[2] Über diese beiden Hauptjünger des Buddha s. oben S. 101 ff.

[3] D. h. Sāriputta und Moggallāna, mit eigentümlichem Gebrauch der Mehrzahl.

den Befehl des Erhabenen entgegen, standen von den Sitzen auf, brachten dem Erhabenen ehrfurchtsvollen Gruß, umwandelten ihn rechtshin gewandt und gingen nach Gayāsīsa.

Zu der Zeit stand ein Mönch nicht fern vom Erhabenen weinend da. Der Erhabene aber sprach zu jenem Mönch: „Warum weinst du, Mönch?" „Selbst die vornehmsten Jünger des Erhabenen, Herr, Sāriputta und Moggallāna – selbst die gehen zu Devadatta hin und nehmen Devadattas Lehre an." „Das ist unmöglich, Mönch, es ist ausgeschlossen, daß Sāriputta und Moggallāna des Devadatta Lehre annehmen könnten. Vielmehr sind sie hingegangen, die Mönche zu unterweisen."

Zu der Zeit nun saß Devadatta, umgeben von großem Gefolge und predigte seine Lehre. Da sah Devadatta den Sāriputta und Moggallāna, wie sie von ferne herankamen. Wie er sie sah, sprach er zu den Mönchen also: „Sehet, Mönche, wie wohlverkündet meine Lehre ist. Selbst die vornehmsten Jünger des Asketen Gotama, Sāriputta und Moggallāna – selbst die kommen zu mir und nehmen meine Lehre an." Als er so gesprochen hatte, sagte Kokālika zu Devadatta: „Vertraue nicht auf Sāriputta und Moggallāna, Freund Devadatta! Sāriputta und Moggallāna führen Böses im Schilde; unter der Herrschaft böser Absichten stehen sie!" „Laß gut sein, Freund; mir soll willkommen sein, wer meine Lehre annimmt." Und Devadatta bot dem ehrwürdigen Sāriputta die Hälfte seines eigenen Sitzes an: „Komm, Sāriputta, setze dich hier nieder!" „Schon gut, Freund", erwiderte der ehrwürdige Sāriputta, nahm einen andern Sitz und setzte sich zur Seite nieder. Und auch der ehrwürdige Mahāmoggallāna nahm einen Sitz und setzte sich zur Seite nieder. Devadatta aber unterwies bis tief in die Nacht hinein die Mönche mit Reden über die Lehre, trieb sie an, ermahnte sie und erfreute sie. Darauf aber forderte er den ehrwürdigen Sāriputta auf: „Die Mönchsgemeinde, Freund Sāriputta, zeigt noch keine Abspannung und Müdigkeit. Laß dir, Freund Sāriputta, eine Rede der Lehre für die Mönche einfallen. Mein Rücken ist ermüdet, den will ich ausstrecken." „Ja, Freund" – so nahm der ehrwürdige Sāriputta den Wunsch des Devadatta entgegen. Devadatta aber ließ sich das Kleid vierfach falten und legte sich auf seine rechte Seite nieder. Und müde, unwachsam und gedankenlos verfiel er augenblicks in Schlaf.

Da spendete der ehrwürdige Sāriputta den Mönchen Ermahnung und Unterweisung durch Predigt der Lehre, von den Wundern der Verkündigung handelnd. Und der ehrwürdige Mahāmoggallāna spendete den Mönchen Ermahnung und Unterweisung durch Predigt der Lehre, von den Wundern der Wunderkräfte handelnd. Wie aber jenen Mönchen vom ehrwürdigen Sāriputta Ermahnung und Unterweisung gespendet wurde durch Predigt der Lehre, von den Wundern der Verkündigung handelnd, und vom ehrwürdigen Mahāmoggallāna durch Predigt der Lehre, von den Wundern der Wunderkräfte handelnd, ging ihnen der Wahrheitsblick frei von Dunst und Unreinheit auf: was immer dem Gesetz des Entstehens untertan ist, alles das ist auch dem Gesetz des Vergehens untertan. Der ehrwürdige Sāriputta aber sprach zu den Mönchen: „Laßt uns, Freunde, zum Erhabenen hingehen. Wer des Erhabenen Lehre annimmt, möge kommen!" Da nahm Sāriputta und Moggallāna jene fünfhundert Mönche mit sich und gingen zum Veḷuvana[1]. Kokālika aber weckte den Devadatta auf: „Steh auf, Freund Devadatta! Sāriputta und Moggallāna haben dir deine Mönche entführt! Habe ich es dir nicht gesagt, Freund Devadatta: Vertraue nicht auf Sāriputta und Moggallāna! Sāriputta und Moggallāna führen Böses im Schilde; unter der Herrschaft böser Absichten stehen sie!"

Dem Devadatta aber brach an jenem Ort ein heißer Blutstrom aus dem Munde.

*

Und der Erhabene sprach zu den Mönchen also:

„Es war einmal, ihr Mönche, an einer Stätte im Walde ein großer Teich. An dem lebten Elefanten; die tauchten in den Teich hinab, rissen mit dem Rüssel Wurzelschossen und Wurzeln der Lotus aus, spülten sie sorgfältig ab, und wenn sie von Schlamm frei waren, kauten und verzehrten sie sie. Davon wurden sie schön und stark, und sie verfielen auf diese Weise nicht dem Tod oder totesgleichen Leiden. Da waren nun aber auch, ihr Mönche, junge Elefantenkälber, die es jenen großen Elefanten nachtun wollten. Die tauchten

[1] Dem Park, in dem Buddha weilt.

in den Teich hinab, rissen mit dem Rüssel Wurzelschossen und Wurzeln der Lotus aus, spülten sie aber nicht sorgfältig ab, und schlammbedeckt wie sie waren, kauten und verzehrten sie sie. Davon wurden sie nicht schön und stark, sondern sie verfielen auf diese Weise dem Tode und todesgleichen Leiden. So, ihr Mönche, will auch Devadatta tun wie ich, und er wird elend sterben.

„Dem Rieseneber[1], der die weite Erd' umwühlt,
Dem Lotusfresser, der im Strom die Nacht durchwacht,
Will es das Junge gleichtun, schluckt den Schlamm und stirbt.
So elend stirbt, wer sich vermißt zu tun wie ich."

Nach einer in der älteren Textschicht nicht vorliegenden Erzählung fand Devadatta sein Ende, indem Flammen aus der Hölle hervorschlugen und ihn lebendig verzehrten.

16.
DIE NONNE SUNDARĪ

Also habe ich gehört[2].

Einstmals verweilte der Erhabene zu Sāvatthī[3], im Jetavana, dem Garten des Anāthapiṇḍika. Zu der Zeit wurde der Erhabene gefeiert und hochgehalten, ihm wurde Achtung, Ehre, Hochschätzung bewiesen,und er empfing Gaben alles dessen, was er bedurfte: Mönchsgewänder, Speise, Lager und Sitz, Arzeneien für Krankheitsfälle. Und auch die Gemeinde der Mönche wurde gefeiert ... *wie oben.* Die andersgläubigen Asketen aber wurden nicht gefeiert ... Da konnten die andersgläubigen Asketen es nicht länger mit ansehen, wie man den Erhabenen und die Gemeinde der Mönche feierte, und sie gingen zur Wandernonne Sundarī und sprachen zu ihr: „Bist du wohl imstande, Schwester, den Deinen einen Dienst zu leisten?" „Was soll ich tun, ihr Herren? Was bin ich nicht für euch zu tun imstande? Auch mein Le-

---

[1] Der „Rieseneber" ist natürlich der Elefant.

[2] Dies die stehenden Eingangsworte eines Lehrtextes.

[3] Diese Kosala-Hauptstadt, von Buddha sehr oft besucht, lag wahrscheinlich an der Stelle des heutigen Sahet-Mahet, an der Grenze der Distrikte von Bahraich und Gonda.

ben bin ich bereit für die Meinen hinzugeben!" „So gehe denn, Schwester, recht häufig in das Jetavana." „Das will ich tun, ihr Herren", so willigte die Wandernonne Sundarī in das Begehren der andersgläubigen Asketen und ging immer wieder in das Jetavana. Als nun die andersgläubigen Asketen dessen gewiß waren, daß viele Leute die häufigen Gänge der Wandernonne Sundarī nach dem Jetavana bemerkt hatten, brachten sie sie ums Leben und vergruben sie ebendort in einem Brunnen in dem Graben, der das Jetavana umgab. Dann gingen sie zu Pasenadi, dem Kosalakönig und sprachen zu ihm: „Jene Wandernonne Sundarī, großer König, ist verschwunden!" „Wo denkt ihr denn, wo sie sein kann?" „Im Jetavana, großer König!" „So durchsucht das Jetavana!" Da durchsuchten die andersgläubigen Asketen das Jetavana und zogen sie so, wie sie sie dort versenkt hatten, aus dem Brunnen des Grabens hervor. Dann legten sie sie auf eine Bahre, brachten sie nach Sāvatthī hinein, zogen dort von Straße zu Straße und von Platz zu Platz und erregten die Wut der Leute, indem sie sprachen: „Seht, ihr Herren, wie die Anhänger des Sakyasohnes es treiben! Schamlos sind diese Asketen, die dem Sakyasohn anhangen, lasterhaft, böse, verlogen; unheiligen Wandel führen sie! Die wagen es zu tun, als wandelten sie in Tugend, Frieden, Heiligkeit, als wären sie wahrhaft, sittlich, von guter Art! Bei ihnen ist ja von Asketentum keine Rede, von Brahmanentum keine Rede! Ihr Asketentum, ihr Brahmanentum ist nichts wert! Woher käme wohl bei ihnen Asketentum und Brahmanentum? Weit entfernt sind sie von Asketentum, von Brahmanentum! Welcher Mann wird denn tun, was die Männer zu tun pflegen, und darauf das Weib ums Leben bringen!" So oft da nun die Leute in Sāvatthī Mönche sahen, schalten, schmähten, beleidigten, quälten sie sie mit rohen Schimpfreden: „Schamlos sind diese Asketen ..." *(wie oben).*

Da gingen viele Mönche, nachdem sie sich am Morgen angekleidet und Almosenschale und Obergewand genommen hatten, nach Sāvatthī hinein, um Almosen zu sammeln. Als sie ihren Almosengang getan hatten, nach dem Mahl, vom Almosengang zurückgekehrt, gingen sie zum Erhabenen, brachten ihm ihren ehrfurchtsvollen Gruß und setzten sich zur Seite nieder. Zur Seite sitzend sprachen die Mönche zum Erhabenen: „Wenn jetzt in Sāvatthī die Leute Mönche sehen, schelten, schmähen, beleidigen, quälen sie sie ..." „Der Lärm wird nicht lange dauern, ihr Mönche. Sieben Tage nur wird er dauern, und nach sieben Tagen wird es still werden. Wo auch denn, ihr Mönche, die Leute, wenn sie Mönche sehen, schelten ...", denen antwortet mit dem Spruch:

„Wer spricht, was unwahr ist, kommt in die Hölle,
Und wer ableugnet, was er hat begangen:
Die beiden leiden sterbend gleiche Strafe
Für solches sünd'ge Tun in Jenseitswelten."

Die Mönche nun, wie sie diesen Spruch vom Erhabenen empfangen hatten, *antworteten den Schmähungen in der angegebenen Weise.*

Da dachten die Leute: „Diese Asketen des Sakyasohnes haben es nicht getan; die Asketen des Sakyasohnes schwören, daß sie es nicht getan haben." Und jener Lärm dauerte nicht lange; er dauerte nur sieben Tage, und nach sieben Tagen wurde es still.

Da gingen viele Mönche zum Erhabenen, brachten ihm ihren ehrfurchtsvollen Gruß und setzten sich zur Seite nieder. Zur Seite sitzend sprachen die Mönche zum Erhabenen: „Wunderbar, Herr! Staunenswert, Herr! Wie richtig, Herr, hat der Erhabene doch gesagt: ‚Der Lärm wird nicht lange dauern ... nach sieben Tagen wird es still werden.' Jetzt ist es still geworden, Herr!"

Solches sehend, tat der Erhabene zu der Zeit den Ausruf:

„Man greift einander an mit Worten zügellos,
Wie einen Elefanten auf dem Schlachtgefild.
Hört er das rohe Wort, das wider ihn man spricht,
Ertrage es der Mönch mit unverstörtem Sinn."

Wir begegnen hier zum erstenmal dem Jetavana, einem Lieblingsaufenthalt des Buddha. Über diesen Park sei ein alter Vers angeführt:

„Das Jetavana, hier ist es,
Durchwandelt von der Seher Schar,
Der Ort, der mir das Herz froh macht,
Des Wahrheitsfürsten Aufenthalt."

17.
MĀRA VERSUCHT BUDDHA MIT HERRSCHERMACHT

Also habe ich gehört.

Einstmals verweilte der Erhabene im Kosalalande, im Himalaya, in einer Waldhütte.

Als der Erhabene sich da einmal in Verborgenheit und Einsamkeit zurückgezogen hatte, stieg in seinem Geist dieser Gedanke auf: „Möglich ist es fürwahr, als König mit Gerechtigkeit zu regieren, ohne daß man tötet oder töten läßt, ohne daß man Bedrükkung übt oder sie üben läßt, ohne daß man Schmerzen leidet oder andern Schmerzen zufügt."

Da erkannte Māra der Böse in seinem Geist den Gedanken, der im Geist des Erhabenen aufgestiegen war. Und er ging zum Erhabenen und sprach zu ihm: „Möge der Erhabene als König regieren, möge der Wohlwandelnde als König regieren mit Gerechtigkeit, ohne daß er tötet oder töten läßt, ohne daß er Bedrückung übt oder sie üben läßt, ohne daß er Schmerzen leidet oder andern Schmerzen zufügt!"

Da erkannte Māra der Böse in seinem Geist den Gedanken, der im Geist des Erhabenen aufgestiegen war. Und er ging zum Erhabenen und sprach zu ihm: „Möge der Erhabene als König regieren, möge der Wohlwandelnde als König regieren mit Gerechtigkeit, ohne daß er tötet oder töten läßt, ohne daß er Bedrückung übt oder sie üben läßt, ohne daß er Schmerzen leidet oder andern Schmerzen zufügt!"

„Was hast du denn im Auge, Böser, daß du so zu mir sprichst: ‚Möge der Erhabene ...'?"

„Der Erhabene, Herr, hat ja alle vier Teile der Wundermacht erworben, entfaltet, in Gang gebracht, begründet, geübt, sich zu eigen gemacht, zu voller Vollendung geführt. Wenn der Erhabene wollte, so könnte er fügen, daß der Himalaya, der König der Berge, zu Gold würde, und er würde zu Gold werden."

Buddha erwidert

„Wenn ein Gebirg von Gold wäre,
Ganz von Golde – gedoppelt selbst[1]
Ein Begier'ger zu klein fänd' es:
Danach handle, wer dies erkennt.

Ein Weiser, der durchschaut des Leidens Ursprung,
Wie könnt' ein solcher sich den Lüsten neigen?
Wissend, daß Haften ist des Daseins Quelle,
Mög' üben er, was ihn von Haften frei macht."

Da sah Māra, der Böse: „Der Erhabene kennt mich. Der Wohlwandelnde kennt mich." Und traurig und unmutig verschwand er von selbiger Stätte.

18.
MĀRA ALS ACKERSMANN

Buddha verweilt in Sāvatthī

Zu der Zeit unterwies der Erhabene die Mönche mit Lehrreden üer das Nirvana, ermahnte sie, trieb sie an und erfreute sie. Und die Mönche nahmen seine Rede gläubig an, beherzigten sie, erwogen sie mit allen ihren Gedanken und taten ihr Ohr auf, die Lehre zu hören.

Da dachte Māra, der Böse: „Dieser Asket Gotama unterweist die Mönche mit Lehrreden über das Nirvana ... Ich will zum Asketen Gotama hingehen, um ihm das Augenlicht zu rauben."

Da nahm Māra, der Böse, die Gestalt eines Ackersmannes an, nahm einen großen Pflug auf die Schulter, nahm einen langen Treibstock in die Hand, und mit wirrem Haar, in hänfenes Gewand gekleidet, die Füße von Lehm beschmutzt, ging er zum Erhabenen und sprach zu ihm:

„Hast du vielleicht Stiere gesehen, Asket?"

„Was willst du mit Stieren, Böser?"

„Mein ist das Auge, Asket. Mein ist alles Sichtbare. Mein ist das

---

[1] Die wahre Textgestalt ist hier zweifelhaft und die Übersetzung darum unsicher.

Reich des Erkennens, das aus der Berührung des Auges mit Sichtbarem entsteht. Wohin willst du gehen, Asket, von mir frei zu werden?

Mein ist das Ohr ... die Nase ... die Zunge ... der Leib ... das Denken, Asket. Mein sind alle Gedankendinge. Mein ist das Reich des Erkennens, das aus der Berührung des Denkens mit Gedankendingen entsteht. Wohin willst du gehen, Asket, von mir frei zu werden?"

Buddha erwidert

„Dein ist das Auge, Böser. Dein ist alles Sichtbare. Dein ist das Reich des Erkennens, das aus der Berührung des Auges mit Sichtbarem entsteht. Wo es aber kein Auge gibt, Böser, und kein Sichtbares, und kein Reich des Erkennens, das aus der Berührung des Auges mit Sichtbarem entsteht, dahin ist der Weg dir verschlossen, Böser.

Dasselbe für die andern Sinne, einschließlich des Denkens.

Māra spricht

„Wovon die Welt sagt: ‚Mein ist es',
Und die so reden: ‚Es ist mein';
Wenn darauf sich dein Sinn richtet,
Kommst du, o Mönch, nicht los von mir",

Buddha erwidert

„Wovon sie reden – mein ist's nicht.
Die so reden, die bin ich nicht.
So sei dir denn gesagt, Böser:
Nicht wirst erschauen du meinen Pfad."

Māra verschwindet unmutig.

19.

DER KRANKE MÖNCH

Einstmals verweilte der Erhabene zu Rājagaha, im Veluvana, dem Kalandakanivāpa („Futterplatz der Eichhörnchen").

Zu der Zeit verweilte der ehrwürdige Vakkali im Hause eines Töpfers, krank, von Leiden und schwerer Krankheit heimgesucht.

Da sprach der ehrwürdige Vakkali zu seinen Pflegern: „Macht euch auf, Freunde, und geht zum Erhabenen. Neigt euch in meinem Namen mit dem Haupt zu den Füßen des Erhabenen und sprecht: ‚Der Mönch Vakkali, Herr, ist krank, von Leiden und schwerer Krankheit heimgesucht. Er neigt sich mit seinem Haupt zu den Füßen des Erhabenen.' Und sprecht weiter also: ‚Wohlan, Herr, möge der Erhabene zum Mönch Vakkali gehen aus Erbarmen für ihn'."

„Ja, Freund" – so nahmen die Mönche die Bitte des ehrwürdigen Vakkali entgegen, gingen zum Erhabenen, brachten ihm ihren ehrfurchtsvollen Gruß und setzten sich zur Seite nieder. Und zur Seite sitzend sprachen die Mönche zum Erhabenen: „Der Mönch Vakkali, Herr, ist krank, von Leiden und schwerer Krankheit heimgesucht. Er neigt sich mit seinem Haupt zu den Füßen des Erhabenen und spricht also: ‚Wohlan, Herr, möge der Erhabene zum Mönch Vakkali kommen aus Erbarmen für ihn'."

Der Erhabene gab durch Stillschweigen seine Zusage.

Und der Erhabene kleidete sich an, nahm Almosenschale und Obergewand und ging zum ehrwürdigen Vakkali. Da sah der ehrwürdige Vakkali den Erhabenen von fern herankommen. Wie er ihn sah, raffte er sich von seinem Bett auf.

Der Erhabene aber sprach zum ehrwürdigen Vakkali: „Schon gut, Vakkali! Raffe dich nicht von deinem Bett auf! Hier sind Sitze bereitet; da werde ich mich setzen." Und der Erhabene setzte sich nieder auf einen Sitz, der dort bereitet war. Und wie er dort saß, sprach er zum ehrwürdigen Vakkali: „Geht es dir wohl, Vakkali? Findest du zu leben? Nehmen die Schmerzen ab und nicht zu? Bemerkst du Abnahme von ihnen und keine Zunahme?"

„Es geht mir nicht wohl, Herr, ich finde nicht zu leben. Heftige

Schmerzen nehmen bei mir zu und nicht ab. Ich bemerke Zunahme von ihnen und keine Abnahme."

„Du empfindest doch nicht, Vakkali, über irgend etwas Unruhe oder Reue?"

„Freilich, Herr, empfinde ich keine kleine Unruhe und keine kleine Reue."

„Dir macht doch nicht, Vakkali, dein Gewissen einen Vorwurf in bezug auf die Tugend deines Wandels?"

„Nein, Herr, mein Gewissen macht mir keinen Vorwurf in bezug auf die Tugend meines Wandels."

„Wenn dir also dein Gewissen, Vakkali, keinen Vorwurf macht in bezug auf die Tugend deines Wandels, worüber empfindest du denn Unruhe und Reue?"

„Schon lange, Herr, hatte ich den Wunsch, zum Erhabenen zu gehen, ihn zu sehen. Aber meines Leibes Kraft war nicht groß genug, daß ich zum Erhabenen hätte gehen können, ihn zu sehen."

„Laß es gut sein, Vakkali. Was soll es dir, ob du diesen verweslichen Leib siehst? Wer die Lehre sieht, Vakkali, der sieht mich, und wer mich sieht, der sieht die Lehre. Denn die Lehre sehen, Vakkali, heißt mich sehen, und mich sehen, heißt die Lehre sehen."

Buddha hält nun die oft wiederkehrende Predigt über die Unbeständigkeit von Körperlichkeit, Empfindungen, Vorstellungen, Gestaltungen und Erkennen (vgl. S. 97f). Vakkali endet wie Godhika (Nr. 91) und geht wie dieser in das Nirvana ein.

20.
DER ABGEFALLENE MÖNCH

Also habe ich gehört.

Einstmals verweilte der Erhabene bei Rājagaha auf dem Berge Gijjhakūṭa („Geierspitze").

Zu der Zeit war ein Wandermönch Sarabha mit Namen, der war vor nicht lange von dieser Lehre und Ordnung abgefallen. Der führte zu Rājagaha vor den Leuten solche Reden: „Ich habe die Lehre der Asketen, die dem Sakyasohn anhangen, erkannt.

Und da ich die Lehre der Asketen, die dem Sakyasohn anhangen, erkannt habe, bin ich von dieser Lehre und dieser Ordnung abgefallen."

Nun kleideten sich viele Mönche am Morgen an, nahmen Almosenschale und Obergewand und gingen nach Rājagaha hinein, um Almosen zu sammeln.

Sie hören von den Reden, die Sarabha führt, und berichten darüber an Buddha. Sie sprechen zu diesem:

„Wohlan, Herr, möge der Erhabene sich erbarmen und zum Ufer der Sappinikā gehen, zum Garten der Wandermönche, zum Wandermönch Sarabha."

Der Erhabene drückte durch Schweigen seine Einwilligung aus.

Und am Abend erhob sich der Erhabene aus der Zurückgezogenheit und ging zum Ufer der Sappinikā, zum Garten der Wandermönche, zum Wandermönch Sarabha. Als er dorthin gekommen war, ließ er sich auf einen Sitz nieder, der da bereitet war. Wie er da saß, sprach der Erhabene zu Sarabha, dem Wandermönch also:

„Ist es wahr, Sarabha, daß du solche Reden führst: ‚Ich habe die Lehre ... und dieser Ordnung abgefallen'?"

Als er so sprach, schwieg der Wandermönch Sarabha.

Und zum zweitenmal sprach der Erhabene zu Sarabha, dem Wandermönch, also: „Sage mir, Sarabha, als was hast du denn die Lehre der Asketen, die dem Sakyasohn anhangen, erkannt? Wenn dir etwas darin fehlt, werde ich es dir voll machen. Wenn dir aber nichts fehlt, werde ich dir meinen Beifall zollen."

Und zum zweitenmal schwieg der Wandermönch Sarabha.

Und zum drittenmal sprach der Erhabene zu Sarabha, dem Wandermönch, also: „Mir, Sarabha, ist die Lehre der Asketen, die dem Sakyasohn anhangen, bekannt. Sage mir, Sarabha, als was hast du denn die Lehre der Asketen, die dem Sakyasohn anhangen, erkannt? Wenn dir etwas darin fehlt, werde ich es dir voll machen. Wenn dir aber nichts fehlt, werde ich dir meinen Beifall zollen."

Und zum drittenmal schwieg der Wandermönch Sarabha.

Da sprachen die Wandermönche von Rājagaha zum Wandermönch Sarabha: „Eben das, was du wohl vom Asketen Gotama erbitten möchtest, das bietet der Asket Gotama dir an. Sage, Sarabha, als was hast du denn die Lehre der Asketen, die dem Sakyasohn anhangen erkannt? Wenn dir etwas darin fehlt, wird der Asket Gotama es dir voll machen. Wenn dir aber nichts fehlt, wird der Asket Gotama dir seinen Beifall geben."

Als sie so sprachen, saß der Wandermönch Sarabha stumm und verdrießlich da, zusammengesunken, zu Boden blickend, in Gedanken verloren, unfähig zu antworten.

Als nun der Erhabene den Wandermönch Sarabha stumm und verdrießlich sah, zusammengesunken, zu Boden blickend, in Gedanken verloren, unfähig zu antworten, sprach er zu jenen Wandermönchen:

„Wenn ein Wandermönch zu mir sagte: ‚Du behauptest, der höchste Buddha („Erleuchtete") zu sein, aber auf die und die Dinge erstreckt sich deine Erleuchtung nicht', so würde ich ihn genau ausfragen und ins Verhör nehmen und mit ihm reden. Und wenn ich ihn dann so genau ausfragte und ins Verhör nähme und mit ihm redete, so wäre es unmöglich, es wäre ausgeschlossen, daß die Sache nicht mit ihm auf die eine oder die andere von drei Weisen ein Ende nähme. Er würde entweder vom Einen zum Andern abschweifen, das Gespräch anderswohin wenden. Oder er würde seinen Zorn und Haß und Unglauben verraten. Oder er würde stumm und verdrießlich, zusammengesunken, zu Boden blickend, in Gedanken verloren, unfähig zu antworten, dasitzen wie hier der Wandermönch Sarabha.

Und wenn ein Wandermönch zu mir sagte: ‚Du behauptest von allem Verderblichen erlöst zu sein, aber von den und den Verderblichkeiten bist du nicht frei', so würde ich ihn genau befragen ... *wie oben.*"

Und wenn ein Wandermönch zu mir sagte: ‚Um welches Zieles willen du deine Lehre vorträgst, das erreicht der nicht, der danach handelt: allem Leiden ein Ende zu machen', so würde ich ihn genau befragen ... *wie oben.*'

Da ließ der Erhabene am Ufer der Sappinikā, im Garten der Wandermönche, dreimal sein Löwengebrüll erschallen und stieg empor in die Luft.

Nicht lange aber, nachdem der Erhabene von dannen gegangen

war, spotteten [1] die Wandermönche von allen Seiten den Wandermönch Sarabha mit herabwürdigenden Reden in Grund und Boden: „Das war ja, Freund Sarabha, wie wenn im großen Walde ein alter Schakal sagte: ‚Ich will brüllen wie ein Löwe' und dann nur heulte wie ein Schakalchen, wie ein Goldwölfchen. Ebenso hast du, Freund Sarabha, als der Asket Gotama nicht da war, gesagt: ‚Ich will brüllen wie ein Löwe', und dann hast du nur geheilt wie ein Schakalchen, wie ein Goldwölfchen. Das war ja, Freund Sarabha, wie wenn ein kleines Küken sagte: ‚Ich will krähen wie ein Hahn', und dann eben nur piepte wie ein Küken. Ebenso hast du, Freund Sarabha, als der Asket Gotama nicht da war, gesagt: ‚Ich will krähen wie ein Hahn', und dann hast du nur gepiept wie ein Küken. Wie ein Stier, Freund Sarahba, im leeren Kuhstall findet, daß er gewaltig brüllen müsse, so hast du auch, Freund Sarabha, als der Asket Gotama nicht da war, gefunden, daß du mächtig brüllen müssest." Und die Wandermönche spotteten von allen Seiten den Wandermönch Sarabha mit herabwürdigenden Reden in Grund und Boden.

21.
DER BRUNNEN

Also habe ich gehört.

Einstmals wanderte der Erhabene im Lande der Mallas [2] mit einer großen Mönchsschar und kam nach Thūna, einem Brahmanendorf der Mallas. Da hörten die Brahmanen und Bauern von Thūna: „Der Asket Gotama, der vom Sakyahause kommend, die Welt verlassen hat, wandert im Lande der Mallas mit einer großen Mönchsschar und ist nach Thūna gekommen." Und sie füllten den Brunnen bis zum Rande mit Gras und Spreu und sagten zueinander: „Dies kahlköpfige Mönchspack soll nicht zu trinken finden."

Der Erhabene aber verließ den Weg und ging zu eines Baumes

---

[1] Ich kann dies Wort nur vermutungsweise und annähernd wiedergeben.
[2] Die Mallas herrschten zu Kusinārā, wo später Buddha gestorben ist.

Fuß. Dort ließ er sich auf den Sitz nieder, der für ihn bereitet war. Wie er nun da saß, sprach der Erhabene zum ehrwürdigen Ānanda: „Ich bitte dich, Ānanda, hole mir aus jenem Brunnen Wasser zum Trinken." Auf dieses Wort erwiderte der ehrwürdige Ānanda dem Erhabenen: „Eben, Herr, haben die Brahmanen und Bauern von Thūna diesen Brunnen bis zum Rande mit Gras und Spreu gefüllt, und haben zueinander gesagt: ‚Dies kahlköpfige Mönchspack soll nicht zu trinken finden'." Zum zweitenmal *derselbe Befehl des Buddha, dieselbe Antwort. Dann der Befehl zum drittenmal.* „Ja, Herr", so nahm Ānanda den Befehl des Erhabenen entgegen, ergriff die Schale und ging zum Brunnen. Der Brunnen aber, wie der ehrwürdige Ānanda herzukam, spie alles Gras und alle Spreu aus seiner Öffnung aus und stand da voll bis zum Rande von reinem, ungetrübtem, klarem Wasser – überfließend, hätte man meinen sollen. Da dachte der ehrwürdige Ānanda: „Wunderbar, fürwahr, staunenswert fürwahr ist es, wie wundermächtig und hochgewaltig der Erhabene ist: hat doch dieser Brunnen, wie ich hinzukam, alles Gras ..." Und er schöpfte mit seiner Schale Wasser, ging zum Erhabenen und sprach zu ihm: „Wunderbar fürwahr ... Möge der Erhabene das Wasser trinken; möge der Wohlwandelnde das Wasser trinken."

Solches sehend, tat der Erhabene zu der Zeit den Ausruf:

„Fände sich überall Wasser,
Wozu täte der Brunnen Not?
Hat man vertilgt des Dursts Wurzel,
Was ist's, das noch zu suchen bleibt?"

22.

BUDDHA HÖRT EIN LIEBESLIED AN

Also habe ich gehört.

Einstmals verweilte der Erhabene im Lande der Magadhas. Da liegt östlich von Rājagaha ein Brahmanendorf mit Namen Ambasaṇḍā („Mangogehölz"). Von diesem nördlich weilte er auf dem Berge Vediyaka in der Indasālahöhle.

Zu der Zeit nun bekam Sakka, der Inda der Götter[1], Lust, den Erhabenen zu sehen.

Er macht sich mit einem Gefolge von Göttern, vor allem mit dem Gandhabba (Sanskrit Gandharva, halbgöttliches Wesen, Musiker der Götterwelt) Pañcasihka, nach dem Berge Vediyaka auf.

Da leuchtete mächtiger Glanz über dem Berg Vediyaka und über dem Brahmanendorf Ambasaṇḍā auf, würdig der Göttermacht der Götter. Und in den Dörfern ringsumher sprachen die Leute: „In Flammen steht heute der Berg Vediyaka; in Brand steht heute der Berg Vediyaka; ein Feuermeer ist heute der Berg Vediyaka. Wie kommt es nur, daß heute solch mächtiger Glanz über dem Berg Vediyaka leuchtet und über dem Brahmanendorf Ambasaṇḍā?" Und sie wurden von Schreck befallen, und ihr Haar sträubte sich.

Sakka aber, der Inda der Götter, sprach zum Gandhabba Pañcasikha: „Für unsereinen ist es schwer, mein Sohn Pañcasikha, bei einem Vollendeten Zutritt zu erhalten. Die Vollendeten leben in Versenkung, der Versenkung froh und in sie zurückgezogen. Du solltest, mein Sohn Pañcasikha, zuvor den Erhabenen in gnädige Stimmung versetzen. Wenn du ihn zuvor gnädig gestimmt hast, dann könnten wir herzugehen, den Erhabenen zu besuchen, den heiligen, höhsten Buddha."

„So soll es geschehen, mein hoher Herr" – nahm der Gandhabba Pañcasikha den Befehl Sakkas, des Inda der Götter, entgegen. Und er ergriff seine weiße Laute aus Beluvaholz und ging zur Indasālahöhle. Dort, an einer Stelle, wo er dachte: „Hier ist der Erhabene nicht mehr fern von mir und nicht zu nah, und er wird meine Musik hören können", stellte er sich zur Seite hin. Und zur Seite stehend, schlug der Gandhabba Pañcasikha seine weiße Laute aus Beluvaholz und sang dieses Lied, in dem des Buddha gedacht wurde, und der Lehre gedacht wurde, und der Heiligen gedacht wurde, und der Liebe gedacht wurde.

„Voll Ehrfurcht grüß ich deinen Vater, Schöne[2]:

---

[1] Der Indra (Pāli Inda) der alten Mythologie, auch Sakra (Pāli Sakka genannt).
[2] Die „Schöne" und „Sonnenschein" sind Eigennamen der Halbgöttin, die das Lied feiert.

Timbaru[1], Jungfrau Sonnenschein, begrüß ich,
Der, Holde, dich erzeugt hat,
Dich meines Herzens höchste Freud' und Wonne.

Wie kühle Luft den Schweißgebadeten erquickt,
Wie Trank den Durstenden,
Bist du, Angirastochter[2], teuer mir,
Wie Heiligen der Wahrheit Wort.

Wie man dem Kranken Arzenei,
Wie Speise man dem Hungrigen mag reichen,
So spende Lindrung, Schöne,
Den Glutenqualen, die mein Herz verzehren ...

Wie zu des Teiches kaltem Naß,
Darein des Lotus Blütenstaub geregnet,
Der Elefant gequält von Hitze eilt,
Laß mich an deines Busens Kühle sinken ...

Mein Herz an dich gekettet ist;
Durch dich ist's umgewandelt.
Ich kann nicht von dir weichen,
Dem Fisch gleich, den die Angel hält gefangen.

In deine Arme schließe mich, Schönhüftige,
Du Holde mit dem sanften, leisen Blick,
In deine Arme schließe mich:
Das ist der Wunsch, den ich im Herzen hege ...

Der guten Taten Lohn, die ich getan
An Heiligen, Vollendeten:
O würde, du allschönes Weib,
Mir sein Genuß zuteil mit dir vereint!

Der guten Taten Lohn, die ich getan
Auf diesem weiten Erdenrund:
O würde, du allschönes Weib,
Mir sein Genuß zuteil mit dir vereint!

Wie tief versenkt der Sakyasohn,
In sich geschlossen, weise, wachen Geistes
Sich des Gewinns des Ewigen erfreut,
So strebe ich dir zu, du Sonnenschein!

---

[1] Timbaru ist König der Gandhabbas.

[2] Die Angirasen sind ein in mythische Ferne zurückreichendes Brahmanengeschlecht, dem hier die Göttin zugerechnet wird.

Wie Seligkeit des Weisen Herz erfüllt,
Wenn der Erleuchtung höchstes Heil ihm worden,
So wär' auch ich beseligt,
Dürft' ich mit dir in Liebe mich vereinen.

Wenn Sakka mir wollt' einen Wunsch gewähren,
Der dreiunddreißig Götter Herr,
Dich würd' allein ich wählen:
So will's die Liebe, die mich hält gefangen.

Dein Vater, weise Jungfrau, gleicht dem Salbaum,
Der prangt in frischer Blütenpracht.
Ich neige mich in Ehrfurcht
Ihm, der ein solches Kind gezeugt, du Schöne!"

Als er so gesungen, sprach der Erhabene zum Gandhabba Pañcasihka: „Deiner Saiten Klang, Pañcasikha, eint sich schön mit des Gesanges Klang, und des Gesanges Klang mit dem Klang der Saiten. Und deiner Saiten Klang, Pañcasikha, übertönt nicht des Gesanges Klang, und des Gesanges Klang nicht den Klang der Saiten. Wann hast du dieses Lied erdacht, Pañcasikha, in dem des Buddha gedacht wird, und der Lehre gedacht wird, und der Heiligen gedacht wird, und der Liebe gedacht wird?"

„Es war einst, Herr, als der Erhabene zu Uruvelā verweilte, am Ufer des Flusses Nerañjarā, am Fuße des Ajapāla-Feigenbaumes („Baum der Ziegenhirten"), kurz nachdem er die Erleuchtung erlangt hatte. Zu der Zeit war da die Tochter des Gandhabbakönigs Timbaru, mit Namen Bhaddā Suriyavaccasā („die Schöne, Sonnenschein"); die liebte ich. Diese Schwester [1] aber liebte einen Andern, Sikhaddhi, den Sohn Mātalis, des Wagenlenkers [2]: den liebte sie. Und als ich, Herr, jene Schwester auf keine Weise erlangen konnte, nahm ich meine weiße Laute aus Beluvaholz, ging zum Hause des Gandhabbakönigs Timbaru und schlug die weiße Laute aus Beluvaholz, indem ich jenes Lied sang, in welchem des Buddha gedacht wird, und der Lehre gedacht wird, und der Heiligen gedacht wird, und der Liebe gedacht wird:

---

[1] Ein Ausdruck, in dem besonders in geistlicher Sprache von einer Frau gesprochen wird, um die Reinheit des Verhältnisses von ihr zu betonen.
[2] M. ist Wagenlenker des Sakka.

‚Voll Ehrfurcht grüß' ich …'

Als ich so gesungen, Herr, sprach Bhaddhā Suriyavaccasā zu mir: ‚Ich habe, edler Herr, den Erhabenen nicht selbst von Angesicht gesehen. Aber ich habe von dem Erhabenen gehört, als ich in Sudhammā tanzte, der Halle im Himmel der dreiunddreißig Götter. Und weil du, edler Herr, den Erhabenen preisest, so will ich mich heute mit dir vereinen.' Dieses eine Mal, Herr, bin ich mit jener Schwester vereint gewesen, und niemals später ein zweites Mal."

Man sieht natürlich, wie nicht erst hervorgehoben zu werden braucht, daß dies Liebeslied, „in dem des Buddha gedacht wird, und der Lehre gedacht wird, und der Heiligen gedacht wird, und der Liebe gedacht wird", kein ganz echtes Liebeslied ist, sondern Mönchspoesie. Und doch kann es uns wohl von der Liebeslyrik der altbuddhistischen Zeit eine Vorstellung geben. Die anmutige Szene, wie der himmlische Spielmann dies Lied dem großen Heiligen vorsingt und von ihm mit freundlicher Anerkennung gehört wird, war ein beliebter Gegenstand für die altbuddhistische Kunst. Es sei vor allem auf ein reizendes Relief von gräko-indischem Stil hingewiesen, jetzt im Museum von Kalkutta, oft abgebildet, z. B. bei A. Foucher, L'art gréco-bouddhique du Gandhāra, Bd. I, Paris 1905, S. 493, und bei V. Smith, A History of Fine Art in India and Ceylon, Oxford 1911, S. 109. In der Mitte, in einer Felshöhle, wie in einer Nische, die mächtige Gestalt des Buddha, thronend, in sich versunken, mit dem Heiligenschein. Flammen die – nach Foucher – seine heiße Versenkung (meinerseits glaube ich auf Grund des hier übesetzten Textes, vielmehr die Nähe der Götter) ausgehen läßt, umspielen die Wände der Grotte. Von der einen Seite tritt Indra mit großem Göttergefolge an ihn heran; der Sonnenschirm, der über ihm gehalten wird, kennzeichnet den Götterkönig. Auf der andern Seite, voranstehend unter mehreren Gestalten, die leider halbzerstörte des Pañcasikha, mit den Resten der Laute. Rund umher Felsen und Bäume; ein Löwe friedlich neben einer Antilope, ein Pfau, Affen, die durch die Nähe des Heiligen dazu gebracht sind, gleich ihm die Haltung der Meditation einzunehmen, und die in der Tat großen religiösen Ernst zeigen …

23.
BUDDHA UND DHANIYA DER HERDENBESITZER

Dhaniya spricht

„Mein Reis ist gekocht, gemolken die Milch" (sprach Dhaniya der Hirt)
„An der Mahī wohn' ich mit Freundesschar.
Bedacht ist die Hütte, das Feuer entflammt.
Nun regne, Gott, was du regnen magst!"

Buddha spricht

„Zorn ist mir entschwunden, mein Starrsinn getilgt[1], (sprach der Erhabene),
„An der Mahī weil' ich jetzt hier, jetzt dort.
Ohn' Dach ist die Hütte, das Feuer gelöscht.
Nun regne, Gott, was du regnen magst!" ...

Dhaniya spricht

„Mein Weib ist gehorsam und ohne Falsch,
Mir in Liebe vereint durch lange Zeit.
Nie hat sie ein böses Wort mir gesagt.
Nun regne, Gott, was du regnen magst!"

Buddha spricht

„Mein Sinn ist gehorsam, gelöst von der Welt,
Geläutert, gebändigt durch lange Zeit.
Nie wird etwas Böses erfunden in mir.
Nun regne, Gott, was du regnen magst!" ...

---

[1] Im Pālitext zeigen die Worte des Dhaniya und die Entgegnungen des Buddha häufig einen Gleichklang, der in der Übersetzung nicht wiedergebbar ist. In der ursprünglichen Fassung, im Māgadhīdialekt, muß dieser Gleichklang noch weiter gegangen sein als in dem uns vorliegenden Pālitext.

Dhaniya spricht

„Fest eingegraben die Pfähle sind;
Die Seile von Schilf sind neu und schön.
Da reißt sich kein Kalb von der Fessel los.
Nun regne, Gott, was du regnen magst!"

Buddha spricht

„Wie der Stier jegliches Band zersprengt,
Schlingpflanzen, vermorschte, der Elefant,
So kehr ich in Mutterschoß nicht zurück.
Nun regne, Gott, was du regnen magst!"

Da strömten gewaltige Güsse herab,
Überflutend die Tiefen und die Höhn.
Wie nun das Rauschen er vernahm
Des Regens, sprach Dhaniya dies Wort:

„Kein kleiner Gewinn ist dies für uns,
Daß wir den Erhabenen durften schau'n.
Du bist unsre Zuflucht, Allsehender!
Unser Meister, großer Weiser, sei!

Wir wollen gehorsam, mein Weib und ich,
In Heiligkeit leben nach deinem Gebot,
Und hinter uns lassend Geburt und Tod
Alles Leids Überwinder wollen wir sein."

Māra spricht[1]

„Freud' hat an den Söhnen, wer Söhne besitzt" (sprach Māra der Böse),
„An den Herden hat Freude der Herden Herr
Weltdasein bereitet Freude dem Mann;
Wer davon sich löst, keine Freude hat."

---

[1] Wie das plötzliche Auftreten Māras in diesem Zusammenhang motiviert zu denken ist, steht dahin.

„Schmerz hat von den Söhnen, wer Söhne besitzt"
(sprach der Erhabene),
„Von den Herden hat Schmerz der Herden Herr.
Weltdasein bereitet Schmerzen dem Mann;
Wer davon sich löst, keine Schmerzen hat."

24.
BUDDHA ALS ACKERSMANN

Also habe ich gehört.

Einstmals verweilte der Erhabene im Lande der Magadhas, zu Dakkiṇāgiri („Südberg"), in Ekanāḷā, einem Brahmanendorf. Zu der Zeit waren beim Brahmanen Kasibhāradvāja („Bhāradvāja dem Ackersmann") fünfhundert Pflüge angespannt; es war die Zeit der Aussaat.

Der Erhabene aber kleidete sich morgens an, nahm Almosenschale und Obergewand und ging hin, wo des Brahmanen Kasibhāradvāja Feldarbeiten getan wurden. Beim Brahmanen Kasibhāradvāja fand nun eben die Speisung der Arbeiter statt. Da ging der Erhabene hin, wo die Speisung geschah, und stellte sich zur Seite. Und der Brahmane Kasibhāradvāja sah den Erhabenen, wie er zur Seite dastand, auf ein Almosen wartend, und sprach zu ihm: „Ich pflüge und säe, Asket. Und wenn ich gepflügt und gesät habe, esse ich. Pflüge und säe du auch, und hast du gepflügt und gesägt, dann iß." „Auch ich, Brahmane, pflüge und säe und esse, nachdem ich gepflügt und gesät habe." „Wir sehen beim Herrn Gotama doch kein Joch und keinen Pflug und keine Pflugschar und keinen Treibstock und keine Stiere, und trotzdem sagt der Herr Gotama: ‚Auch ich, Brahmane, pflüge und säe und esse, nachdem ich gepflügt und gesät habe'." Und der Brahmane Kasibhāradvāja sprach zum Erhabenen diesen Spruch:

„Du seist ein Ackersmann, sprichst du.
Doch daß du ackerst, sehn wir nicht.
Wo ackerst du dein Feld? frag' ich.
Laß mich kennen den Acker dein."

„Glaub' ist mein Samen, strenge Zucht ist Regen,
Mein Joch und Pflug ist weisheitsreiches Wesen,
Die Deichsel heil'ge Scheu, der Riemen Denken,
Pflugschar und Treibstock ist des Geistes Wachsein.

Des Körpers Tun, die Rede sorgsam hütend,
Knapp in der Nahrung, die dem Leib gewährt wird,
Jät' ich mit Wahrheit aus des Ackers Unkraut,
Ab spann ich (?) meinen Pflug mit güt'ger Sanftmut.
Kraftvolles Streben joch' ich an als Zugtier.
Zur höchsten Friedensstätte geht die Fahrt hin,
Vorwärts beständig, nie zurück sich wendend,
Zum Ziel, wo altes Leid sein Ende findet.

So tu' als Ackersmann ich meine Arbeit.
Frucht der Unsterblichkeit ist's, was ich ernte.
Und die gleich mir bestellten ihren Acker,
Erlösung finden sie von allem Leiden."

Da schöpfte der Brahmane Kasibhāradvāja Reismilch mit einer großen Messingschale und bot sie dem Erhabenen dar: „Möge der Herr Gotama die Reismilch essen. Ein Ackersmann ist er. Denn der Herr Gotama pflügt den Acker, der die Frucht der Unsterblichkeit trägt ..."

25.
DIE GEWALT DER BUDDHAVERKÜNDIGUNG

„Der Löwe, ihr Mönche, der König der Tiere, geht um die Abendzeit von seinem Lagerplatz. Ist er von seinem Lagerplatz gegangen, so gähnt er, blickt um sich nach den vier Himmelsgegenden und erhebt dreimal sein Löwengebrüll. Hat er dreimal sein Brüllen erhoben, geht er auf Beute aus.

„Wenn nun die Tiere, ihr Mönche, den Löwen, den König der Tiere, brüllen hören, so werden sie in großer Zahl von Furcht, Schrecken, Zittern befallen. Die Höhlenbewohner gehen in ihre

Höhlen, die Wassertiere ins Wasser, die Waldtiere in den Wald, die Vögel erheben sich in die Lüfte.

„Und des Königs Elefanten, ihr Mönche, die in Dörfern und Flecken und Königsstädten mit festen Seilen angebunden sind, die zerreißen und zersprengen ihre Fesseln, und voll Furcht, Urin und Kot von sich lassend, fliehen sie hierhin und dorthin.

„So hochmächtig, ihr Mönche, ist der Löwe, der König der Tiere, über allem Getier, von so hoher Gewalt und Majestät.

„So ist es nun auch, ihr Mönche, wenn in der Welt ein Vollendeter erscheint, ein erhabener höchster Buddha, begabt mit Wissen und rechtem Tun, ein Wohlwandelnder, ein Welterkenner, ein Höchster, der Ungebändigten Bändiger und Lenker, der Götter und Menschen Lehrer, ein erhabener Buddha. Er verkündigt die Lehre: Dies ist die Körperlichkeit, dies der Körperlichkeit Entstehung, dies der Körperlichkeit Aufhebung. Dies sind die Empfindungen ... die Vorstellungen ... die Gestaltungen ... das Erkennen, dies des Erkennens Entstehung, dies des Erkennens Aufhebung [1].

„Wenn nun die Götter, ihr Mönche, die langlebigen [2], schönheitsreichen, in Freuden schwimmenden, die droben in ihren Götterwohnungen langen Daseins sich freuen, des Vollendeten Verkündigung hören, so werden auch sie in großer Zahl von Furcht, Schrecken, Zittern befallen: ‚So sind wir denn vergänglich und haben geglaubt, wir wären unvergänglich. So haben wir denn kein bleibendes Sein und haben geglaubt, wir hätten bleibendes Sein. So sind wir denn nicht ewig und haben geglaubt, wir wären ewig. Vergänglich also sind wir, ohne bleibendes Sein, nicht ewig, in das Weltdasein verflochten!'

„So hochmächtig, ihr Mönche, ist der Vollendete über der Welt samt den Göttern, von so hoher Gewalt und Majestät."

So sprach der Erhabene. Als so der Wohlwandelnde geredet hatte, sprach der Meister weiter also:

---

[1] Über diese Begriffsreihe vgl. S. 95 f.

[2] Man erinnere sich, daß nach buddhistischem Glauben auch die Götter vergänglich, in die Seelenwanderung verflochten sind.

„Als, der die Wahrheit fand, Buddha,
Das Rad der Lehre rollen ließ,
Der Erdwelt und der Welt droben
Meister, der unvergleichliche –

Als des Weltdaseins Aufhebung
Und sein Entstehn er kündete,
Den edlen Pfad von acht Gliedern,
Der zu des Leidens Ende führt:

Da waren auch die langleb'gen
Götter, die schönen, herrlichen,
Voll Schrecken, furchterfaßt, zitternd,
Wie vor dem Löwen das Getier,

Als sie des Heil'gen Wort hörten,
Des erlösten, vollendeten:
‚Uns trifft das Los des Weltdaseins,
Vergänglichkeit ist unser Teil!'"

26.
VOM WESEN DES BUDDHA

Einzelne Versgruppen und Verse.

Buddha spricht zum Brahmanen Sela

„König, Sela, fürwahr bin ich"
– sprach der Erhabene –
„Ohnegleichen, der Wahrheitsfürst.
Der Lehre Rad laß' ich rollen,
Dies Rad, das Niemand hemmen kann."

Sela

„Daß ein Buddha du seist, kündst du"
– sprach der Brahmane Sela –
„Ohnegleichen, ein Wahrheitsfürst.
‚Der Lehre Rad laß' ich rollen':
So zu mir sprichst du, Gotama.

Wer ist nun, Herr, dein Feldhauptmann,
Jünger, Genosse deines Werkes?
Wer läßt mit dir das Rad rollen
Der Lehre, so wie du es tust?"

Buddha

„Wie ich lasse das Rad rollen – o Sela",
sprach der Erhabene –
„Der Lehre ohnegleiches Rad,
Sāriputta[1] mit mir rollt es,
Der Nächste den Vollendeten.

Was man erkennen soll, kenn ich.
Was man vollziehn soll, ich vollzog's.
Was man zu lassen hat, ließ ich:
So erwarb ich die Buddhaschaft.

Laß den Zweifel an mir schwinden;
Glauben, Brahmane, weck in dir.
Einen Buddha zu schaun, selten
Wird dieses Glück der Welt zuteil.

Der in der Welt zu schaun schwer ist,
Dieweil gar selten er erscheint:
Ich bin's, Brahmane, bin Buddha,
Allen Wunden der beste Arzt."

Sabhiya, ein andersgläubiger Asket, ist bekehrt und preist den Buddha

„Hochgeborner, dir sei Ehre,
Ehre, höchster der Männer, dir!
An Hoheit kommt dir gleich Niemand
Hienieden und im Götterreich.

Der Buddha bist du, bist Meister;
Māras Bezwinger, Weiser du:

---

[1] Vgl. oben S. 101 f.

Von Wollen frei, am Ziel bist du,
Führst zum Ziel der Geschöpfe Schar.

Hinaus über das Weltdasein
Schreitest du, tilgst, was uns verderbt.
Freiheitsgewohnt, ein Leu bist du,
Von Furcht und Schrecken unberührt.

Nicht zu netzen vermag Wasser
Der Lotusblume Lieblichkeit.
So nicht Gutes und nicht Böses –
Beides dich nicht benetzen kann.
Held, deinen Fuß mir darbiete:
Sabhiya seinen Meister grüßt!"

Dessen Sieg allunbesiegbar ist,
Dem obzusiegen Keinem ist gegeben:
Buddha, Ihn, der Unendlichkeit Durchschreiter,
Den Spurlosen, wie mögt ihr ihn erspüren?

Den die netzwerfende Hafterin,
Die Begierde fortzureißen keine Macht hat:
Buddha, Ihn, der Unendlichkeit Durchschreiter,
Den Spurlosen, wie mögt ihr ihn erspüren?

Der Sonne Licht bei Tag leuchtet.
Bei Nacht erstrahlt des Mondes Schein.
Trägt er Waffen, der Held leuchtet,
Der Weise, wenn er sich versenkt.
Doch Tag und Nacht ohn Aufhören
Strahlt der Buddha mit seinem Glanz.

Ein Brahmane hat Buddha nach dem Geschlecht gefragt, dem er entstammt.

„Bin nicht Brahmane, nicht von Fürstenstamme,
Nicht vom Geschlecht der Bürger oder Bauern.
Wohl kenn ich der Alltagsmenschen Sippe.
Fremd jedem Etwas wandle ich als Weiser.

Im Mönchsgewande, ohne Haus und Heimstatt,
Geschornen Hauptes, weltentnommnen Geistes
Schreit' ich, den Menschenkindern unberührbar.
Wie magst nach meiner Abkunft mich, Brahmane, fragen?"

27.
AUS DER ERZÄHLUNG ÜBER DIE LETZTEN WANDERUNGEN DES BUDDHA UND ÜBER SEIN EINGEHEN IN DAS NIRVANA

Der Erhabene aber, als er im Hain der Ambapālī[1] geweilt hatte, solange es ihm gefiel, sprach zum ehrwürdigen Ānanda: „Wir wollen uns aufmachen, Ānanda; wir wollen zum Beluvadorf gehen." „Ja, Herr" – so stimmte der ehrwürdige Ānanda dem Erhabenen zu. Der Erhabene aber ging mit einer großen Mönchsschar zum Beluvadorf.

Da sprach der Erhabene zu den Mönchen: „Geht, ihr Mönche. Tretet um Vesālī herum, wie ihr miteinander befreundet und bekannt seid und einander anhängt, die Regenzeit an. Ich aber werde hier im Beluvadorf die Regenzeit antreten."

„Ja, Herr", so nahmen die Mönche den Befehl des Erhabenen entgegen. Und wie sie miteinander befreundet und bekannt waren und einander anhingen, so traten sie um Vesālī herum die Regenzeit an. Der Erhabene aber trat ebendort im Beluvadorf die Regenzeit an.

Als nun der Erhabene die Regenzeit angetreten hatte, befiel ihn eine schwere Krankheit. Heftige Schmerzen erhoben sich, die ihn dem Tode nah brachten. Denen gab der Erhabene wachsam und bewußt Raum und ließ sich durch sie nicht anfechten.

Da sprach der Erhabene zu sich: „Das würde mir nicht anstehen, daß ich in das Nirvana einginge, ohne zu denen geredet zu haben, die für mich sorgten, und ohne es der Gemeinde der Mönche kundgetan zu haben. Ich will diese Krankheit mit Macht un-

---

[1] Die Hetäre Ambapālī hatte diesen bei Vesāli gelegenen Hain der Mönchsgemeinde gestiftet. Das Beluvadorf (doch wohl benannt von einem Beluva-[Bilva-]Gehölz) muß, wie der Zusammenhang zeigt, ein Vorort von Vesālī gewesen sein. Die große und glänzende Freistadt Vesālī selbst scheint an der Stelle des heutigen Besarh (Nord-Bihār) gelegen zu haben.

terdrücken und im Festhalten am Lebenswillen[1] verharren. Da unterdrückte der Erhabene die Krankheit mit Macht und verharrte im Festhalten am Lebenswillen. Da legte sich jene Krankheit des Erhabenen.

Der Erhabene aber, als er von der Krankheit aufgestanden war, nicht lange nachdem er aufgestanden war von jenem Kranksein, trat heraus aus dem Mönchshause und setzte sich im Schatten des Mönchshauses nieder auf den Sitz, der für ihn bereitet war. Der ehrwürdige Ānanda aber ging zum Erhabenen hin, brachte dem Erhabenen seinen ehrfurchtsvollen Gruß und setzte sich zur Seite nieder. Zur Seite sitzend, sprach der ehrwürdige Ānanda zum Erhabenen also: „Welches Glück, Herr, daß dem Erhabenen besser geworden ist! Welches Glück, Herr, daß es dem Erhabenen gut geht! Mein Körper, Herr, war wie erstarrt (?). Mir war schwindlig; ich konnte keinen Gedanken fassen wegen der Krankheit des Erhabenen. Aber den einen Trost hatte ich doch, Herr: Der Erhabene wird nicht in das Nirvana eingehen, ehe nicht der Erhabene über die Gemeinde der Mönche noch sein Wort gesprochen hat."

„Was erwartet denn die Gemeinde der Mönche noch von mir, Ānanda? Ich habe die Lehre verkündet, Ānanda, und habe keinen Unterschied gemacht zwischen drinnen und draußen; nicht hat der Vollendete, Ānanda, mit seiner Lehre gegeizt. Wer es so meint, Ānanda ‚Ich will die Gemeinde der Mönche leiten', oder ‚Nach mir soll die Gemeinde der Mönche sich richten', der möchte über die Gemeinde der Mönche sein Wort sprechen. Der Vollendete aber, Ānanda, meint es nicht so: ‚Ich will die Gemeinde der Mönche leiten' oder ‚Nach mir soll die Gemeinde der Mönche sich richten'. Was soll da der Vollendete über die Gemeinde der Mönche noch sein Wort sprechen? Ich bin jetzt hinfällig, Ānanda; ich bin alt, ich bin ein Greis, der seinen Weg gemacht und sein Alter erreicht hat. Achtzig Jahre bin ich alt. Wie ein gebrechlicher Karren, Ānanda, nur noch durch Stricke (?) und solcherlei Notbehelf zusammenhält, so hält auch, Ānanda, des Vollendeten Körper, möchte ich sagen, nur durch Stricke (?) und solcherlei Notbehelf zusammen ...

[1] Über die Vorstellung, um die es sich hier handelt, vgl. S. 146 A. 1.

„So verharrt denn also, Ānanda, daß ihr eure eigne Leuchte und eure eigne Zuflucht seid, daß nichts andres eure Zuflucht ist, daß die Lehre eure Leuchte, die Lehre eure Zuflucht, nichts andres eure Zuflucht ist …

„Denn welche Mönche jetzt, Ānanda, oder nach meinem Hingang also verharren werden, daß sie ihre eigne Leuchte und ihre eigne Zuflucht sind, daß nichts andres ihre Zuflucht ist, daß die Lehre ihre Leuchte, die Lehre ihre Zuflucht, nichts andres ihre Zuflucht ist: die, Ānanda, werden auf der Höhe stehen, alle die, die dem rechten Wandel nachtrachten."

*

Nicht lange aber, nachdem der ehrwürdige Ānanda fortgegangen war, ging Māra, der Böse, zum Erhabenen und trat zur Seite hin. Zur Seite stehend aber sprach Māra, der Böse, zum Erhabenen: „Möge jetzt, Herr, der Erhabene in das Nirvana eingehen! Möge der Wohlwandelnde in das Nirvana eingehen! Jetzt, Herr, ist für den Erhabenen die Zeit des Nirvana gekommen. Der Erhabene, Herr, hat dies Wort gesprochen: ‚Ich werde nicht in das Nirvana eingehen, du Böser, ehe nicht Mönche meine Jünger geworden sind, weise und unterwiesen, kundig, reich an Wissen, Kenner der Lehre, der Lehre beflissen, rechten Verhaltens beflissen, der Lehre nachwandelnd, die, was sie von ihrem Meister gehört haben, weiter verkünden, lehren, bekanntmachen, aufstellen, enthüllen, ordnen, auseinander legen, den Widerspruch, der sich erhebt, durch die Lehre vernichten und ganz zunichte machen, unter Wundertun (?) die Lehre verkünden'. Jetzt aber, Herr, sind Mönche des Erhabenen Jünger geworden, weise und unterwiesen … So möge denn jetzt, Herr, der Erhabene in das Nirvana eingehen! Jetzt, Herr, ist für den Erhabenen die Zeit des Nirvana gekommen!"

Māra wiederholt die Mahnung zum Eingehen in das Nirvana, indem er für „Mönche" nacheinander setzt „Nonnen", „Laienbrüder", „Laienschwestern". Endlich fährt er fort

„Der Erhabene, Herr, hat dies Wort gesprochen: ‚Ich werde nicht in das Nirvana eingehen, du Böser, ehe nicht dieser heilige Wandel, den ich lehre, gediehen ist und zugenommen hat und sich verbreitet hat über alles Volk und im Schwange geht und in helles Licht gesetzt ist, soweit Götter und Menschen wohnen'. Jetzt aber, Herr, ist der heilige Wandel, den du lehrst ... soweit Götter und Menschen wohnen. So möge denn jetzt, Herr, der Erhabene in das Nirvana eingehen! Möge der Wohlwandelnde in das Nirvana eingehen! Jetzt, Herr, ist für den Erhabenen die Zeit des Nirvana gekommen!"

Als er so geredet hatte, sprach der Erhabene zu Māra, dem Bösen, also: „Laß dich das nicht kümmern, du Böser! Über nicht lange wird des Vollendeten Nirvana sein. Von jetzt an über drei Monate wird der Vollendete in das Nirvana eingehen."

Da entließ der Erhabene beim Cāpāla Cetiya wachsamen und bewußten Geists von sich den Lebenswillen [1]. Und als der Erhabene den Lebenswillen von sich entlassen hatte, geschah ein großes Erdbeben, ein furchtbares, Haarsträuben erregendes, und die Trommeln der Götter erdröhnten. Der Erhabene aber, wie er dies wahrnahm, tat zu dieser Zeit den Ausruf:

„Sei's gleicher, sei's ungleicher Art, Entstehen
Und Werdewillen tat von sich der Weise,
Zerbrach, in sich befriedet, fest gesammelt
Gleich einem Panzerkleid des Selbsts Entstehen."

*

„Habe ich es dir nicht im voraus gesagt, Ānanda: von allem, was uns lieb und wert ist, müssen wir uns trennen, müssen uns von ihm abscheiden, es muß anders damit werden? Wie wäre es denn, Ānanda, möglich, daß, was geboren, geworden, gestaltet, der Auflösung untertan ist, sich nicht auflöste? Das kann nicht sein. Und weiter, Ānanda, was der Vollendete aufgegeben, ausgespieen, von sich gelöst, verlassen, abgetan hat – der Lebenswille, den er von sich entlassen hat, das bestimmte Wort, das der Vollendete gesprochen hat: ‚Über nicht lange wird des Vollendeten Nirvana sein. Von jetzt an über drei Monate wird der Vollendete in das Nirvana eingehen': daß der Vollendete dies Wort um des Lebens willen wieder zurückschlucken sollte, das kann nicht sein.
„Wir wollen uns aufmachen, Ānanda; wir wollen zum ‚Großen Walde', zur Kūṭāgārahalle gehen."

---

[1] Wörtlich: den Sankhāra, d. h. die „Gestaltung" (vgl. S. 97 A. 1).

„Ja, Herr" – so stimmte der ehrwürdige Ānanda dem Erhabenen zu. Der Erhabene aber ging mit dem ehrwürdigen Ānanda zum „Großen Walde", zur Kūṭāgārahalle. Dorthin gelangt, sprach er zum ehrwürdigen Ānanda also: „Geh, Ānanda; laß alle Mönche, die sich in der Nähe von Vesālī aufhalten, in die Empfangshalle zusammenkommen." „Ja, Herr" – so nahm der ehrwürdige Ānanda den Befehl des Erhabenen entgegen, ließ alle Mönche, die sich in der Nähe von Vesālī aufhielten, in der Empfangshalle zusammenkommen, ging zum Erhabenen, brachte ihm seinen ehrfurchtsvollen Gruß und trat zur Seite hin. Zur Seite stehend, sprach der ehrwürdige Ānanda zum Erhabenen: „Die Mönchsgemeinde, Herr, ist versammelt. Der Erhabene, Herr, tue, was er jetzt an der Zeit hält."

Der Erhabene aber ging zur Empfangshalle und setzte sich auf den Sitz nieder, der für ihn bereitet war. Wie er dort saß, sprach der Erhabene zu den Mönchen also:

„So mögt ihr denn, ihr Mönche, alle die Dinge, die ich erkannt und euch gelehrt habe, recht erfassen, danach wandeln, sie verwirklichen, sie ausbreiten, auf daß dieser heilige Wandel dauern und lange währen möge: das gereiche zu Vieler Wohl, zur Freude Vieler, zum Erbarmen für die Welt, zum Besten, zum Wohl, zur Freude von Göttern und Menschen. Und was sind die Dinge, ihr Mönche, die ich erkannt und euch gelehrt habe, die ihr recht erfassen, danach wandeln, sie verwirklichen, sie ausbreiten sollt, auf daß ...? Es ist die vierfache Wachsamkeit, das vierfache rechte Streben, die vier Teile der Wunderkraft, die fünf Organe, die fünf Kräfte, die sieben Glieder der Erleuchtung, der edle achtgliedrige Pfad. Dies sind die Dinge, ihr Mönche, die ich erkannt und euch gelehrt habe ..."

Der Erhabene aber sprach zu den Mönchen also: „Wohlan, ihr Mönche, ich sage euch: der Vergänglichkeit untertan sind alle Gestaltungen. Laßt niemals nach in eurem Streben. Über nicht lange wird des Vollendeten Nirvana sein. Von jetzt an über drei Monate wird der Vollendete zum Nirvana eingehen."

So sprach der Erhabene. Als so der Wohlwandelnde geredet hatte, sprach der Meister weiter also:

„Mein Leben seinem Ziel zureift,
Mir bleibt nur kurzer Daseinsrest.

Euch verlassend, hinweg geh' ich;
Den Zufluchtsort erschafft' ich mir.

Seid ohne Unterlaß wachsam,
Geht in Tugend den rechten Pfad.
Wohlgesammelt, entschlußkräftig
Behütet, Jünger, euren Geist.

Wer unwandelbar treu feststeht
In dieser Lehr' und dieser Zucht,
Verlassend der Geburt Irrweg
Erreicht er alles Leidens Ziel."

Der Erhabene aber kleidete sich des Morgens an, nahm Almosenschale und Obergewand und ging nach Vesālī hinein, Almosen zu sammeln. Als er in Vesālī den Almosengang vollbracht hatte, nach dem Mahle, vom Almosengang zurückgekehrt, blickte er nach Elefantenart [1] auf Vesālī hin und sprach zum ehrwürdigen Ānanda also:

„Dies, Ānanda, wird des Vollendeten letzter Blick auf Vesālī gewesen sein. Wir wollen uns aufmachen, Ānanda; wir wollen nach Bhaṇḍagāma gehen!"

„Ja, Herr" – so stimmte der ehrwürdige Ānanda dem Erhabenen zu. Der Erhabene aber ging mit einer großen Mönchsschar nach Bhaṇḍagāma. Dort verweilte der Erhabene zu Bhaṇḍagāma.

Da sprach der Erhabene zu den Mönchen also: „Weil wir vier Dinge, ihr Mönche, nicht erkannt hatten und nicht in sie eingedrungen waren, habe ich und habt ihr diesen langen Weg durchwandern und durchirren müssen. Was sind diese vier Dinge? Weil wir edle Sittenzucht ... edle Sammlung ... edle Weisheit ... edle Erlösung nicht erkannt hatten ... *wie eben, bis* ... durchirren müssen. Nun aber ist diese edle Sittenzucht ... edle Sammlung ... edle Weisheit ... edle Erlösung erkannt und sind wir in sie eingedrungen. Vernichtet ist der Werdedurst; zerstört, was zum Werden führt; nicht mehr gibt es jetzt neues Werden."

---

[1] Ein Buddha dreht, wenn er sich umsehen will, nicht den bloßen Kopf zurück, sondern den ganzen Körper.

So sprach der Erhabene. Als so der Wohlwandelnde geredet hatte, sprach der Meister weiter also:

„Sitte, Sammlung, dazu Weisheit
Und Erlösung, das höchste Gut
Durch Erleuchtung ist es erkannt
Von Gotama, dem Herrlichen.

Und wie er es erkannt, kündet
Buddha solches der Jüngerschar,
Der Meister, alles Leids Ender,
Der Seher, der Erloschene."

Die Wanderung geht weiter. Man kommt nach Pāvā.

Da hörte Cunda, des Schmiedes Sohn: „Der Erhabene ist nach Pāvā gekommen und verweilt in Pāvā in meinem Mangohain." Da ging Cunda, des Schmiedes Sohn, hin zum Erhabenen, brachte dem Erhabenen ehrfurchtsvollen Gruß und setzte sich zur Seite nieder. Wie er zur Seite dasaß, unterwies der Erhabene Cunda, des Schmiedes Sohn, mit geistlicher Rede, trieb ihn an, ermahnte ihn und erfreute ihn. Cunda aber, des Schmiedes Sohn, vom Erhabenen mit geistlicher Rede unterwiesen, angetrieben, ermahnt und erfreut, sprach zum Erhabenen: „Möge mir, Herr, der Erhabene, für morgen zum Mahl sein Kommen zusagen samt der Mönchsschar." Der Erhabene gab seine Zusage, indem er schwieg. Cunda aber, des Schmiedes Sohn, als er erkannt hatte, daß der Erhabene zusagte, stand von seinem Sitz auf, brachte dem Erhabenen seinen ehrfurchtsvollen Gruß, umwandelte ihn rechtshin gewandt und ging von dannen.

Als aber die Nacht vergangen war, ließ Cunda, des Schmiedes Sohn, in seiner Behausung erlesene Speisen, feste und flüssige, zubereiten und treffliches weiches Eberfleisch [1], und ließ dem Erhabenen die Mahlzeit ansagen: „Es ist Zeit, Herr, das Mahl ist bereit."

Der Erhabene aber kleidete sich des Morgens an, nahm Al-

---

[1] Diese Übersetzung halte ich für wahrscheinlich; ähnlich *R. O. Franke.* Doch enthält der Schlußbestandteil des Worts, das buchstäblich „Eber-Weichheit" bedeutet, offenbar die genauere, nicht wiedergebbare technische Bezeichnung der betreffenden aus Eberfleisch bereiteten Speise. Nach Andern – meines Erachtens weniger wahrscheinlich – wäre vielmehr eine trüffelartige Speise gemeint.

mosenschale und Obergewand und ging mit der Mönchsschar zur Behausung Cundas, des Schmiedsohnes. Dort setzte er sich auf den Sitz nieder, der für ihn bereit war. Wie er dort saß, sprach der Erhabene zu Cunda, des Schmiedes Sohn, also: „Das weiche Eberfleisch, Cunda, das bei dir bereitet ist, damit bewirte mich. Die andere, feste und flüssige Speise aber, die bereitet ist, damit bewirte die Mönchsschar."

„Ja, Herr" – so nahm Cunda, des Schmiedes Sohn, den Befehl des Erhabenen entgegen. Und mit dem weichen Eberfleisch, das bereitet war, bewirtete er den Erhabenen; mit der andern festen und flüssigen Speise aber, die bereitet war, bewirtete er die Mönchsschar.

Der Erhabene aber sprach zu Cunda, des Schmiedes Sohn: „Was von deinem weichen Eberfleisch übrig geblieben ist, Cunda, das vergrabe in einer Grube. Ich weiß Niemanden, Cunda, in der Welt samt Göttern, samt Māra, samt Brahma, unter allen Wesen samt Asketen und Brahmanen, samt Göttern und Menschen, der, wenn er dies gegessen, es richtig verdauen könnte, außer dem Vollendeten."

„Ja, Herr" – so nahm Cunda, des Schmiedes Sohn, den Befehl des Erhabenen entgegen, und was von dem weichen Eberfleisch übrig geblieben war, das vergrub er in einer Grube. Darauf ging er hin zum Erhabenen, brachte dem Erhabenen ehrfurchtsvollen Gruß und setzte sich zur Seite nieder. Wie er zur Seite dasaß, unterwies der Erhabene Cunda, des Schmiedes Sohn, mit geistlicher Rede, trieb ihn an, ermahnte ihn und erfreute ihn. Darauf stand er von seinem Sitz auf und ging von dannen.

Als aber der Erhabene die Speise Cundas, des Schmiedsohnes, genossen hatte, befiel ihn eine schwere Krankheit, die Ruhr. Heftige Schmerzen erhoben sich, die ihn den Tode nah brachten. Denen gab der Erhabene wachsam und bewußt Raum und ließ sich durch sie nicht anfechten. Der Erhabene aber sprach zum ehrwürdigen Ānanda: „Wir wollen uns aufmachen, Ānanda; wir wollen nach Kusinārā gehen." „Ja, Herr" – so stimmte der ehrwürdige Ānanda dem Erhabenen zu.

Als er Cundas, des Schmieds Speise
Verzehrt – so habe ich gehört –,
Schwere Krankheit, den Tod drohend,
Den weisen Meister überkam.

Wie er des Ebers weiches Fleisch genossen,
Heftiger Krankheit Schmerzen ihn befielen.
Und er entleerte sich und sprach, der Hohe:
„Nach Kusinārā will, der Stadt, ich gehen."

Auf dem Wege nach Kusinārā[1] *trug sich der im folgenden berichtete Vorfall zu, der, so unbedeutend er an sich ist, doch als allem Anschein nach in getreuer Erinnerung bewahrt, hier hervorgehoben sei.*

Der Erhabene aber ging mit einer großen Mönchsschar zum Fluß Kakutthā. Dort tauchte er in den Fluß Kakutthā hinab, badete, trank, stieg wieder heraus und ging zum Mangohain. Dort angelangt, sprach er zum ehrwürdigen Cundaka[2]: „Bitte, Cundaka, lege mir das Kleid vierfach gefaltet hin. Ich bin müde, Cundaka. Ich will mich niederlegen." „Ja, Herr" – so nahm der ehrwürdige Cundaka den Befehl des Erhabenen entgegen und legte ihm das Kleid vierfach gefaltet hin. Und der Erhabene legte sich auf seine rechte Seite, wie ein Löwe liegt, einen Fuß über dem andern, und wachsam und bewußt hielt er den Gedanken fest, wieder aufstehen zu wollen. Der ehrwürdige Cundaka aber setzte sich daselbst vor dem Erhabenen nieder.

Gewandert kam Buddha zum Flusse Kakautthā,
Dem ruhigen, reinen, mit klarem Wasser.
Ins Wasser stieg müde hinab der Meister,
Der höchste Vollendete, ohnegleiche.
Als er gebadet, trank er, entstieg dem Flusse
Der Meister, umringt von den Jüngerscharen.
Der heilige Meister, der Wahrheit Künder,
Der Weise ging hin zu dem Mangowalde.

---

[1] Kusinārā pflegt mit dem heutigen Kasia, im Distrikt Gorakhpur, identifiziert zu werden. Volle Sicherheit hierüber ist noch nicht erreicht [Die Identifikation gilt heute als gesichert; z. B. H. W. Schumann, Der historische Buddha, Köln 1982, S. 289–291].

[2] Dieser Mönch Cundaka oder Cunda ist natürlich von dem vorher und bald, an einer hier nicht übersetzten Stelle, auch nachher erwähnten Cunda, des Schmiedes Sohn, verschieden.

Drauf sprach er zu Cunda, dem Mönche: Falte
Das Kleid mir vierfach, daß ich mich niederlege.
Und Cunda tat nach dem Gebot des Heil'gen,
Vierfach gefaltet breitet' er schnell das Kleid aus.
Da legte der Meister sich hin, der müde,
Und Cunda auch setzte sich vor ihm nieder.

*

Der Erhabene aber sprach zum ehrwürdigen Ānanda also: „Wir wollen uns aufmachen, Ānanda. Wir wollen zum andern Ufer des Flusses Hiraññavatī, nach Kusinārā, zum Upavattana, dem Sālahain der Mallas [1], gehen." „Ja, Herr" – so stimmte der ehrwürdige Ānanda dem Erhabenen zu. Der Erhabene aber ging mit einer großen Mönchsschar zum andern Ufer des Flusses Hiraññavatī, nach Kusinārā, zum Upavattana, dem Sālahain der Mallas. Dort angelangt sprach er zum ehrwürdigen Ānanda also: „Bitte, Ānanda, bereite mir zwischen zwei Sālazwillingsbäumen ein Ruhebett mit dem Kopfende nach Norden. Ich bin müde, Ānanda. Ich möchte mich niederlegen." „Ja, Herr" – so nahm der ehrwürdige Ānanda den Befehl des Erhabenen entgegen und bereitete zwischen zwei Sālazwillingsbäumen ein Ruhebett mit dem Kopfende nach Norden. Und der Erhabene legte sich auf seine rechte Seite, wo ein Löwe liegt, einen Fuß über dem andern, wachsam und bewußt.
Zu der Zeit aber waren die beiden Sālazwillingsbäume über und über mit Blüten bedeckt, obwohl es dafür nicht die Jahreszeit war. Die bestreuten, überstreuten, überschütteten den Leib des Vollendeten, dem Vollendeten zu Ehren. Und himmlische Mandāravablüten [2] fielen aus der Luft herab. Die bestreuten ... Und himmlischer Sandelstaub fiel aus der Luft herab. Der bestreute ... Und himmlische Musikinstrumente erklangen im Luftraum dem Vollendeten zu Ehren. Und himmlische Gesänge erschollen im Luftraum dem Vollendeten zu Ehren.
Der Erhabene aber sprach zum ehrwürdigen Ānanda also: „Die beiden Salazwillingsbäume, Ānanda, sind über und über mit Blüten bedeckt ... *wie eben, bis* dem Vollendeten zu Ehren. Dem

---

[1] Die Mallas sind das herrschende Adelsgeschlecht von Kusinārā. – Sāla: ein stattlicher Baum (Vatica robusta).
[2] Der Mandārava ist ein im Himmelreich wachsender Baum.

Vollendeten aber, Ānanda, gebührt andre Verherrlichung, andre Achtung, andre Huldigung, andre Ehre, andre Ehrfurcht. Welcher Mönch, Ānanda, oder welche Nonne, welcher Laienjünger oder welche Laienjüngerin der Lehre beflissen lebt, rechten Verhaltens beflissen, der Lehre nachwandelnd: die verherrlichen den Vollendeten, bezeugen ihm ihre Achtung, huldigen ihm, ehren ihn mit höchster Ehre. Deshalb, Ānanda, der Lehre beflissen zu leben, rechten Verhaltens beflissen, der Lehre nachwandelnd: darin, Ānanda, müßt ihr euch üben."

Zu dieser Zeit stand der ehrwürdige Upavāṇa vor dem Erhabenen und fächelte den Erhabenen. Der Erhabene aber wies den ehrwürdigen Upavāṇa fort: „Geh weg, Mönch, stehe nicht vor mir!"

Da sprach der ehrwürdige Ānanda zu sich: „Dieser ehrwürdige Upavāṇa hat lange Zeit dem Erhabenen gedient, ist um ihn bemüht gewesen und hat in seiner Nähe geweilt. Und nun zu allerletzt hat der Erhabene den ehrwürdigen Upavāṇa fortgewiesen und gesprochen: ‚Geh weg, Mönch, stehe nicht vor mir!' Was ist nur der Grund, was die Ursache, daß der Erhabene den ehrwürdigen Upavāṇa fortgewiesen und gesprochen hat: ‚Geh weg, Mönch, stehe nicht vor mir!'"?

Da sprach der ehrwürdige Ānanda zum Erhabenen: „Dieser ehrwürdige Upavāṇa ... *wie eben, bis* stehe nicht vor mir!"?

„Aus den zehn Weltsystemen, Ānanda, sind zu allermeist die Gottheiten zusammengeströmt, den Vollendeten zu sehen. So weit, Ānanda, um Kusinārā und um Upavattana, den Sālahain der Mallas, sich ein Umkreis von zwölf Meilen erstreckt, ist kein Fleck auch nur so klein wie der Stich einer Haarspitze, der nicht von hochmächtigen Gottheiten besetzt ist. Die Gottheiten aber, Ānanda, sind unwillig: ‚Von fernher sind wir gekommen, den Vollendeten zu sehen. Nur dann und wann, nur selten erscheinen in der Welt die Vollendeten, die heiligen höchsten Buddhas. Und in der heutigen Nacht, in der letzten Nachtwache wird des Vollendeten Nirvana sein. Da steht nun dieser hochmächtige Mönch vor dem Erhabenen und verbirgt ihn uns; es wird uns nicht zuteil, im letzten Augenblick den Vollendeten zu sehen'; so sind die Gottheiten, Ānanda, unwillig."

*

Ānanda fragt „Wie sollen wir, Herr, uns gegen ein weibliches Wesen verhalten?"

„Sie nicht ansehen, Ānanda!"

„Und wenn wir sie sehen müssen, Erhabener, wie sollen wir uns dann verhalten?"

„Nicht zu ihr reden, Ānanda!"

„Und wer zu ihr redet, Herr, wie soll er sich verhalten?"

„Er soll Wachsamkeit üben, Ānanda!"

*

Der ehrwürdige Ānanda aber ging hinein in das Mönchshaus, lehnte sich gegen den Türverschluß [1] und stand weinend da: „Ich muß noch an mir arbeiten und habe das Ziel nicht erreicht, und mein Meister wird in das Nirvana eingehen, der sich meiner erbarmte!"

Der Erhabene aber sprach zu den Mönchen: „Ihr Mönche, wo ist denn Ānanda?"

„Der ehrwürdige Ānanda, Herr, ist in das Mönchshaus hineingegangen", ... *wie oben.*

Der Erhabene aber sprach zu einem der Mönche: „Gehe hin, Mönch, und sprich in meinem Namen zu Ānanda: ‚Der Meister ruft dich, Freund Ānanda!'"

„Ja, Herr" – so nahm jener Mönch den Befehl des Erhabenen entgegen, ging zum ehrwürdigen Ānanda hin und sprach zu ihm: „Der Meister ruft dich, Freund, Ānanda!"

„Ja, Freund" – so nahm der ehrwürdige Ānanda das Wort des Mönchs entgegen, ging zum Erhabenen hin, brachte dem Erhabenen ehrfurchtsvollen Gruß und setzte sich zur Seite nieder. Wie er da zur Seite da saß, sprach der Erhabene zum ehrwürdigen Ānanda also:

„Nicht also, Ānanda, klage nicht, jammere nicht! Habe ich es dir nicht im voraus gesagt, Ānanda: von allem, was uns lieb und wert ist, müssen wir uns trennen, müssen uns von ihm abscheiden, es muß anders damit werden? Wie wäre es denn möglich, Ānanda, daß was geboren, geworden, gestaltet, der Auflösung untertan ist, sich nicht auflöste? Das kann nicht sein. Du aber, Ānanda, hast

---

[1] Wörtlich: „Affenkopf".

lange Zeit dem Vollendeten gedient mit freundschaftsreichem Tun, in Güte und Freude, ohne Falsch, ohne Ende, in Gedanken, Worten und Werken. Du hast Gutes getan, Ānanda. Strebe nur dem Heil nach! Bald hast du alle Verderbnis überwunden."

*

Der Erhabene aber sprach zum ehrwürdigen Ānanda also: „Es möchte sein, Ānanda, daß ihr so zu euch sprächet: ‚Unsrer Lehre Meister ist hingegangen. Wir haben keinen Meister mehr!' So müßt ihr es nicht ansehen, Ānanda. Die Lehre und Ordnung, Ānanda, die ich euch verkündigt und festgesetzt habe, die ist euer Meister nach meinem Hingang ..."

Der Erhabene aber sprach zu den Mönchen also: „Es möchte sein, ihr Mönche, daß vielleicht auch nur *ein* Mönch einen Zweifel oder eine Ungewißheit fühlte über den Buddha, oder die Lehre, oder die Gemeinde, oder den Pfad, oder die Übung. Fragt, ihr Mönche, damit ihr nicht hinterher voll Reue zu euch sprechen müßt: ‚Von Angesicht zu Angesicht haben wir den Meister gesehen, aber wir haben es nicht über uns vermocht, ihn, wie er vor uns stand, zu befragen'."

Als er so geredet hatte, schwiegen die Mönche.

Und zum zweitenmal ... und zum drittenmal sprach der Erhabene zu den Mönchen also: „Es möchte sein, ihr Mönche, ..." Und zum drittenmal schwiegen die Mönche.

Da sprach der Erhabene zu den Mönchen also: „Es möchte sein, ihr Mönche, daß ihr aus Ehrfurcht vor dem Erhabenen nicht fragen wollt. Dann möge ein Genosse, ihr Mönche, es seinem Genossen sagen."

Als er so geredet hatte, schwiegen die Mönche.

Der ehrwürdige Ānanda aber sprach zum Erhabenen: „Wunderbar, Herr! Staunenswert, Herr! Solchen Glauben habe ich, Herr: in dieser Mönchsgemeinde gibt es nicht auch nur bei *einem* Mönch einen Zweifel oder eine Ungewißheit über den Buddha, oder die Lehre, oder die Gemeinde, oder den Pfad, oder die Übung."

„Aus Glauben redest du also, Ānanda. Wissen aber hierüber besitzt, Ānanda, der Vollendete: in dieser Mönchsgemeinde gibt es nicht auch nur bei *einem* Mönch einen Zweifel oder eine Ungewißheit über den Buddha, oder die Lehre, oder die Gemeinde, oder den Pfad, oder die Übung. Denn unter diesen Fünfhunderten von Mönchen, Ānanda, ist selbst der geringste Mönch in die Bahn gelangt, der Gefahr des Versinkens nicht unterworfen, sicher, des höchsten Erleuchtungszieles gewiß[1]."

Der Erhabene aber sprach zu den Mönchen also: „Wohlan, ihr Mönche, ich sage euch: der Vergänglichkeit untertan sind alle Gestaltungen. Laßt niemals nach in eurem Streben!"

Dies war des Vollendeten letztes Wort.

Da ging der Erhabene in die erste Versenkung ein[2]. Aus der ersten Versenkung erhob er sich und ging in die zweite ... dritte ... vierte Versenkung ... zur Stufe der Raumunendlichkeit ... zur Stufe der Erkenntnisunendlichkeit ... zur Stufe der Nichtirgendetwasheit ... zur Stufe von weder Vorstellen noch Nichtvorstellen ... zur Aufhebung von Vorstellen und Empfinden ein.

Der ehrwürdige Ānanda aber sprach zum ehrwürdigen Anuruddha: „Der Erhabene, Herr Anuruddha[3], ist in das Nirvana eingegangen." „In das Nirvana, Freund Ānanda, ist der Erhabene nicht eingegangen, sondern nur zur Aufhebung von Vorstellen und Empfinden."

Buddha durchmißt jetzt dieselbe Reihe der Versenkungen rückwärts bis zur ersten Versenkung, dann wieder vorwärts von der ersten bis zur vierten Versenkung.

Aus der vierten Versenkung erhob sich der Erhabene und ging unmittelbar in das Nirvana ein.

Als der Erhabene in das Nirvana eingegangen war, im Augenblick seines Nirvana geschah ein großes Erdbeben, ein furchtbares, Haarsträuben erregendes, und die Trommeln der Götter erdröhnten.

Als der Erhabene in das Nirvana eingegangen war, im Augenblick seines Nirvana sprach Brahma Sahampati[4] diesen Spruch:

---

[1] Diese Ausdrücke geben die stehende Beschreibung dessen, der auf der untersten der vier Heiligkeitsstufen steht, des Sotāpanna d. h. des in die Bahn (eigentlich in den Strom) Gelangten. Er ist davor sicher, in der Seelenwanderung zu einer der niederen, qualvollen Existenzformen hinabzusinken.

[2] Über die vier Versenkungen s. unten Nr. 68.

[3] Anuruddha ist dem geistlichen Alter nach der Höherstehende, und wird darum mit „Herr", Ānanda dagegen mit „Freund" angeredet.

[4] Siehe oben S. 90.

„Die Leiblichkeit einst ablegen
In den Welten die Wesen all,
Wie jetzt Buddha, dem nichts gleichkommt,
Der höchste Meister in der Welt,
Der Vollendete, Kraftreiche
Zum Nirvana ist gangen ein."

Als der Erhabene in das Nirvana eingegangen war, im Augenblick seines Nirvana sprach Sakka, der Indra der Götter[1] diesen Vers:

„Alle Gestaltung, ach, wechselnd
Dem Entstehen, dem Vergehn gehört.
Was geworden, muß hinschwinden.
Selig des Werdens End' und Ruh!"

Als der Erhabene in das Nirvana eingegangen war, im Augenblick seines Nirvana sprach der ehrwürdige Anuruddha diese Verse:

„Die Atemzüge still standen
Des Festgeist'gen, des Heiligen,
Als unbewegt zur Ruh einging
Der Weise, wie die Stunde kam.

Da gab es kein Zurückweichen;
So ertrug er den letzten Schmerz.
Wie hellen Lichtes Schein auslischt,
Ging zur Erlösung ein sein Geist."

Als der Erhabene in das Nirvana eingegangen war, im Augenblick seines Nirvana sprach der ehrwürdige Ānanda diesen Vers:

„Da entstand in der Welt Schrecken,
Und Haarsträuben entstand allda,
Als an Herrlichkeit reich Buddha
Zum Nirvana ist gangen ein."

Als der Erhabene in das Nirvana eingegangen war, da streckten manche Mönche, die von Leidenschaften noch nicht frei waren, die Arme aus, weinten, warfen sich jählings zu Boden, wälzten sich hierhin und wälzten sich dorthin: „Allzu früh ist der Erhabene in das Nirvana eingegangen! Allzu früh ist der Wohlwan-

[1] Wie schon früher bemerkt, der Gott, der als Gewittergott in der Vedapoesie hoch verehrt wird. Der alte, wilde Dreinschläger und Somatrinker hat sich, wie man sieht, stark verändert, bis er an Buddhas Leiche diese abgeklärte Weisheit verkünden konnte.

delnde in das Nirvana eingegangen! Allzu früh hat sich das Auge in der Welt geschlossen!" Die Mönche aber, die von Leidenschaften frei waren, die nahmen in Wachsein und Bewußtsein hin, was geschehen war: „Der Vergänglichkeit untertan sind die Gestaltungen. Wie wäre es anders möglich?"

Der ehrwürdige Anuruddha aber sprach zu den Mönchen also: „Nicht also, Freunde, klagt nicht, jammert nicht! Hat es der Erhabene nicht im voraus gesagt, Freunde: von allem, was uns lieb und wert ist, müssen wir uns trennen, müssen uns von ihm abscheiden, es muß anders damit werden? Wie wäre es denn möglich, Freunde, daß, was geboren, geworden, gestaltet, der Auflösung untertan ist, sich nicht auflöste? Das kann nicht sein ..."

ZWEITER TEIL

DIE LEHRE.
WELTLEIDEN UND ERLÖSUNG

Einige der wichtigsten Lehrreden oder dogmatischen Stücke sind schon im Zusammenhang der Texte mitgeteilt, die das Leben des Buddha darstellen: so die Predigt von Benares mit dem Text der vier „edlen Wahrheiten" oben S. 95f., die Kausalitätsformel S. 83, die Rede vom Nichtselbst S. 97, die Rede von den Flammen der Sinnenglut S. 100f.

28.
VERBORGEN UND OFFENBAR

„Drei Dinge, ihr Mönche, wirken verhüllt, nicht offenbar. Welche drei sind das?"

Ein Weib, ihr Mönche, wirkt verhüllt, nicht offenbar.

Die Sprüche der Brahmanen, ihr Mönche, wirken verhüllt, nicht offenbar.

Falsche Lehre, ihr Mönche, wirkt verhüllt, nicht offenbar.

Diese drei Dinge, ihr Mönche, wirken verhüllt, nicht offenbar.

Drei Dinge, ihr Mönche, leuchten offenbarlich, nicht verhüllt. Welche drei sind das?

Die Mondscheibe, ihr Mönche, leuchtet offenbarlich, nicht verhüllt.

Die Sonnenscheibe, ihr Mönche, leuchtet offenbarlich, nicht verhüllt.

Die von dem Vollendeten verkündete Lehre und Ordnung, ihr Mönche, leuchtet offenbarlich, nicht verhüllt.

Diese Dinge leuchten offenbarlich, nicht verhüllt."

29.
DIE LEHRE HANDELT ALLEIN VOM HEIL

Einstmals verweilte der Erhabene zu Kosambī im Siṃsapāwalde.

Da nahm der Erhabene wenige Siṃsapāblätter in die Hand und sprach zu den Mönchen also:

„Was meint ihr, ihr Mönche: was ist mehr, die wenigen Siṃsapāblätter, die ich in die Hand genommen habe, oder die andern Blätter droben im Siṃsapāwalde?"

„Die wenigen Blätter, Herr, die der Erhabene in die Hand genommen hat, sind etwas Geringes. Viel mehr aber sind die andern Blätter droben im Siṃsapāwalde."

„So ist auch, ihr Mönche, das viel mehr, was ich erkannt und euch nicht verkündet habe. Und weniger ist, was ich verkündet habe.

Und warum ist dieses, ihr Mönche, von mir nicht verkündet worden? Weil es nicht zweckdienlich ist, ihr Mönche, weil es nicht zu den Grundlagen heiligen Lebens gehört, weil es nicht zur Weltabkehr, nicht zur Leidenschaftslosigkeit, nicht zur Aufhebung, nicht zum Frieden, nicht zur Erkenntnis, nicht zur Erleuchtung, nicht zum Nirvana führt. Darum ist dies von mir nicht verkündet.

Und was ist von mir verkündet, ihr Mönche? ‚Dies ist das Leiden'; das ist von mir verkündet, ihr Mönche. ‚Dies ist die Entstehung des Leidens' ... ‚Dies ist die Aufhebung des Leidens' ... ‚Dies ist der Weg zur Aufhebung des Leidens'; das ist von mir verkündet. Und warum ist dies von mir verkündet, ihr Mönche? Weil es zweckdienlich ist, ihr Mönche, weil es ... zur Erleuchtung, zum Nirvana führt. Darum ist dies von mir verkündet.

So müßt ihr denn, ihr Mönche, eure Kraft setzen an den Gedanken: ‚Dies ist das Leiden' ... ‚Dies ist die Entstehung des Leidens' ... ‚Dies ist die Aufhebung des Leidens' ... ‚Dies ist der Weg zur Aufhebung des Leidens'."

Man vergleiche über diese Rede die Erörterungen in meinem „Buddha" 7. Aufl., S. 229f., und die Anwendung, die von den hier vorliegenden Gedankengängen speziell für die Behandlung oder vielmehr die Nichtbehandlung gewisser rein theoretischer Probleme in der Buddhalehre gemacht wird, unten Nr. 32.

30.

DAS GLEICHNIS VOM STABE

„Wie ein Stab, ihr Mönche, den man in die Höhe wirft, einmal mit seinem unteren Ende zum Boden niederfällt, einmal mit der Mitte und einmal mit der Spitze: so steht es auch, ihr Mönche, mit den Wesen, die gehemmt vom Nichtwissen und gefangen vom Durst umherirren und wandern. Das eine Mal gehen sie von dieser Welt zum Jenseits; das andre Mal kehren sie vom Jenseits zu dieser Welt zurück. Und woher das? Weil sie die vier edlen Wahrheiten nicht erschaut haben, ihr Mönche. Welche vier? Die edle Wahrheit vom Leiden, die edle Wahrheit von der Entstehung des Leidens, die edle Wahrheit von der Aufhebung des Leidens, die edle Wahrheit vom Wege zur Aufhebung des Leidens.

Darum, ihr Mönche, müßt ihr eure Kraft daran setzen zu erkennen: ‚Dies ist das Leiden' ... und ihr müßt eure Kraft daran setzen zu erkennen: ‚Dies ist der Weg zur Aufhebung des Leidens'."

31.
DIE ELEFANTENSPUR

Sāriputta spricht

„Wie, ihr Freunde, die Fußspur von allem, was da läuft, in des Elefanten Fußspur Platz findet, und des Elefanten Fußspur für die höchste vor allen andern gilt nach ihrer Größe, so finden auch, ihr Freunde, welche heilsamen Wesenheiten es immer gibt, alle ihre Zusammenfassung in den vier edlen Wahrheiten. In welchen vieren? In der edlen Wahrheit vom Leiden, in der edlen Wahrheit von der Entstehung des Leidens, in der edlen Wahrheit von der Aufhebung des Leidens, und in der edlen Wahrheit vom Wege zur Aufhebung des Leidens."

32.
WELCHE FRAGEN BUDDHA NICHT BEANTWORTET

Also habe ich gehört.

Einstmals verweilte der Erhabene in Sāvatthī, im Jetavana, dem Garten des Anāthapiṇḍika. Da erhob sich im Geist des ehrwürdigen Mālunkyāputta, als er sich in Verborgenheit und Einsamkeit zurückgezogen hatte, diese Erwägung: „Die Ansichten, über die der Erhabene keine Erklärung gegeben, die er liegen gelassen und abgewiesen hat, als da ist ,die Welt ist ewig' und ,die Welt ist nicht ewig', ,die Welt ist endlich', ,die Welt ist nicht endlich', ,Seele und Leib sind dasselbe', ,Seele und Leib sind verschieden', ,der Vollendete ist nach dem Tode', ,der Vollendete ist nicht nach dem Tode', ,der Vollendete ist und ist nicht nach dem Tode', ,der Vollendete ist weder noch ist er nicht nach dem Tode' – darüber gibt der Erhabene mir keine Erklärung. Daß der Erhabene mir darüber keine Erklärung gibt, das gefällt mir nicht, das halte ich nicht für recht. So will ich denn zum Erhabenen hingehen und ihn hierüber befragen. Wenn der Erhabene mir die Erklärung gibt ,die Welt ist ewig', oder ,die Welt ist nicht ewig' ..., dann will ich bei dem Erhabenen den Wandel der Heiligkeit führen. Wenn aber der Erhabene mir nicht die Erklärung gibt ,die Welt ist ewig' ..., dann will ich mich von den geistlichen Übungen lossagen und mich dem gewöhnlichen Leben zuwenden."

Und als es Abend geworden war, trat der ehrwürdige Mālunkyāputta hervor aus der Verborgenheit und Einsamkeit, ging zum Erhabenen hin, brachte dem Erhabenen seinen ehrfurchtsvollen Gruß und setzte sich zur Seite nieder. Und zur Seite sitzend sprach der ehrwürdige Mālunkyāputta zum Erhabenen also: ,In meinem Geist, Herr, hat sich, als ich mich in Verborgenheit und Einsamkeit zurückgezogen hatte, diese Erwägung erhoben: *wie oben, bis* dem gewöhnlichen Leben mich zuwenden. Wenn der Erhabene weiß ,die Welt ist ewig', möge der Erhabene mir erklären ,die Welt ist ewig." Wenn der Erhabene weiß ,die Welt ist nicht ewig', möge der Erhabene mir erklären ,die Welt ist nicht ewig.' Wenn der Erhabene nicht weiß ,die Welt ist ewig' oder ,die Welt ist nicht ewig', so ist für jemand, der das nicht weiß und nicht sieht, dies allein die gerade Antwort: ,Ich weiß es nicht, ich sehe es nicht'. *Ebenso über die andern Fragepunkte.*

„Wie ist es denn, Mālunkyāputta, habe ich also zu dir gesprochen: ,Komm, Mālunkyāputta, führe als mein Jünger den Wandel der Heiligkeit; ich will dir erklären: ,die Welt ist ewig', oder ,die Welt ist nicht ewig' ..."

„Das hast du nicht, Herr."

„Oder hast anderseits du zu mir gesprochen: ,Ich will, Herr, als des Erhabenen Jünger den Wandel der Heiligkeit führen; der Erhabene wird mir erklären: ‚die Welt ist ewig' ...?"

„Das habe ich nicht, Herr."

„So spreche ich also, Mālunkyāputta, nicht zu dir: ‚Komm, Mālunkyāputta ...', und du sprichst auch nicht zu mir: ‚Ich will, Herr ...' Wenn es so steht, du Tor, wer bist du dann, und von wem willst du dich lossagen? Wenn jemand also spräche, Mālunkyāputta: ‚So lange will ich nicht beim Erhabenen den Wandel der Heiligkeit führen, als der Erhabene mir nicht erklären wird ‚die Welt ist ewig' ...: ehe der Vollendete darüber eine Erklärung gegeben hätte, Mālunkyāputta, würde der Mensch sterben.

Es ist, Mālunkyāputta, wie wenn ein Mann von einem Pfeil getroffen wäre, einem vergifteten, stark mit Gift bestrichenen, und seine Freunde und Genossen, seine Angehörigen und Blutsverwandten einen Arzt, einen Chirurgen riefen. Wenn jener nun sagte: ‚Ich werde mir den Pfeil so lange nicht herausziehen lassen, als ich den Mann nicht kenne, der mich geschossen hat, ob er ein Kshatriy oder ein Brahmane oder ein Vaiśya oder ein Sūdra ist' – oder wenn er sagte: ‚Ich werde mir den Pfeil so lange nicht herausziehen lassen, als ich den Mann nicht kenne, der mich geschossen hat, welches sein Name und sein Geschlecht ist ... ob er lang oder kurz oder mittelgroß ist ... ob er schwarz oder braun ist oder gelbe Hautfarbe hat ... in welchem Dorf oder Flecken oder in welcher Stadt er wohnt ... als ich den Bogen nicht kenne, mit dem ich geschossen bin, ob es ein Bogen von der Art der Cāpa oder von der Art Kodaṇḍa ist ... als ich die Sehne nicht kenne, mit der ich geschossen bin *folgt Aufzählung verschiedener Arten von Sehnen* ... als ich den Schaft nicht kenne, mit dem ich geschossen bin *folgen zwei Arten davon* ... als ich von dem Schaft, mit dem ich geschossen bin, nicht weiß, mit was für Vogelfedern er befiedert ist, ob vom Geier oder vom Reiher oder vom Falken oder vom Pfau oder vom Sithilahanu ... als ich von dem Schaft, mit dem ich geschossen bin, nicht weiß, mit was für einer Tiersehne er umwickelt ist, ob vom Rind oder vom Büffel oder vom Hirsch oder vom Löwen ... als ich den Pfeil nicht kenne, mit dem ich geschossen bin *folgen verschiedene Arten von Pfeilen* – ehe der Mann das in Erfahrung gebracht hätte, Mālunkyāputta, würde er sterben. So steht es auch, Mālunkyāputta, mit dem, der spräche: ‚So lange will ich nicht als des Erhabenen Jünger den Wandel der Heiligkeit führen, als der Erhabene mir nicht erklären wird ‚die Welt ist ewig' ... Ehe der Vollendete darüber eine Erklärung gegeben hätte, Mālunkyāputta, würde der Mensch sterben.

Daß allein, wenn die Ansicht besteht, Mālunkyāputta, ‚die Welt ist ewig', heiliger Wandel möglich wäre: so verhält es sich nicht. Daß allein, wenn die Ansicht besteht, Mālunkyāputta, ‚die Welt ist nicht ewig', heiliger Wandel möglich wäre: so verhält es sich auch nicht. Mag die Ansicht bestehen ‚die Welt ist ewig' oder mag die Ansicht bestehen ‚die Welt ist nicht ewig': in jedem Fall gibt es Geburt, gibt es Alter, gibt es Tod, gibt es Leid und Klagen, Schmerz, Kümmernis und Verzweiflung, deren Überwindung schon auf dieser Erde ich verkünde. *Ebenso über die andern Fragepunkte.*

Darum, Mālunkyāputta, was von mir nicht erklärt ist, das laßt unerklärt bleiben. Und was von mir erklärt ist, das laßt erklärt sein. Und was ist von mir nicht erklärt, Mālunkyāputta? ‚die Welt ist ewig': das ist von mir nicht erklärt, Mālunkyāputta. *Ebenso die andern Fragepunkte.* Und warum ist dies von mir nicht erklärt, Mālunkyāputta? Weil es nicht zweckdienlich ist, Mālunkyāputta, weil es nicht zu den Grundlagen heiligen Wandels gehört, weil es nicht zur Weltabkehr, nicht zur Leidenschaftslosigkeit, nicht zur Aufhebung, nicht zum Frieden, nicht zur Erkenntnis, nicht zur Erleuchtung, nicht zum Nirvana führt: darum ist dies von mir nicht erklärt. Und was ist von mir erklärt, Mālunkyāputta? ‚Dies ist das Leiden': Das ist von mir erklärt, Mālunkyāputta. ‚Dies ist die Entstehung des Leidens' ... ‚Dies ist die Aufhebung des Leidens' ... ‚Dies ist der Weg zur Aufhebung des Leidens': Das ist von mir erklärt. Und warum ist dies von mir erklärt, Mālunkyāputta? Weil es zweckdienlich ist, Mālunkyāputta, weil es zu den Grundlagen heiligen Wandels gehört, weil es zur Weltabkehr ... zur Erleuchtung, zum Nirvana führt: darum ist dies von mir erklärt. Darum, Mālunkyāputta, was von mir nicht erklärt ist, das laßt unerklärt bleiben. Und was von mir erklärt ist, das laßt erklärt sein."

So sprach der Erhabene. Mit Freude begrüßte der ehrwürdige Mālunkyāputta des Erhabenen Rede.

33.

DIE EINSEITIGKEIT DES UNERLEUCHTETEN ERKENNENS

Also habe ich gehört.

Einstmals verweilte der Erhabene zu Sāvatthī, im Jetavana, dem Garten des Anāthapiṇḍika. Zu dieser Zeit kamen viele Asketen, Brahmanen, Wandermönche verschiedener Sekten nach Sāvatthī herein, um Almosen zu sammeln – verschieden voneinander in dem, was sie glaubten, was sie für recht hielten, was sie billigten, an verschiedene Glaubenslehren sich haltend. Da waren Asketen und Brahmanen, die also lehrten und also glaubten: „Die Welt ist ewig. Nur dies ist wahr, alles andere ist Torheit." Dann waren da Asketen und Brahmanen, die also lehrten und also glaubten: „Die Welt ist nicht ewig. Nur dies ist wahr, alles andere ist Torheit." Dann waren da Asketen und Brahmanen, die also lehrten und also glaubten: „Die Welt ist endlich" ... „Die Welt ist nicht endlich" ... „Seele und Leib sind dasselbe" ... „Seele und Leib sind verschieden" ... „Der Vollendete ist nach dem Tode" ... „Der Vollendete ist nicht nach dem Tode" ... „Der Vollendete ist und ist nicht nach dem Tode" ... „Der Vollendete ist weder noch ist er nicht nach dem Tode. Nur dies ist wahr, alles andre ist Torheit." Die lebten untereinander in Hader, Zank und Streit, mit dem Speer ihrer Rede aufeinander losstechend: „Dies ist Wahrheit; nein, dies ist nicht die Wahrheit! Dies ist nicht die Wahrheit; nein, dies ist die Wahrheit!"

Da waren nun viele Mönche, die kleideten sich am Morgen an, nahmen Almosenschale und Gewand und gingen nach Sāvatthī hinein, Almosen zu sammeln. Als sie in Sāvatthī den Almosengang vollbracht hatten, nach dem Mahl, vom Almosengang zurückgekehrt, gingen sie zu dem Erhabenen, brachten ihm ehrfurchtsvollen Gruß und setzten sich zur Seite nieder. Zur Seite sitzend, sprachen die Mönche zum Erhabenen also: „Da weilen, Herr, viele Asketen, Brahmanen, Wandermönche verschiedener

Sekten zu Sāvatthī, verschieden voneinander in dem, was sie glauben … *wie oben, bis* dies ist nicht die Wahrheit; nein dies ist die Wahrheit!"

„Die Wandermönche von den andern Sekten, ihr Mönche, sind blind und haben keine Augen. Sie wissen nicht, was wirklich und was unwirklich ist. Sie wissen nicht, was wahre Lehre und falsche Lehre ist. Nicht wissend, was wirklich und was unwirklich, was wahre Lehre und falsche Lehre ist, leben sie in Hader, Zank und Streit …

Es war einmal, ihr Mönche, eben hier in Sāvatthī ein König. Der sprach zu einem seiner Leute: ‚Geh hin, mein lieber Mann, und laß alle Blindgeborenen von Sāvatthī an einem Ort zusammenkommen!' ‚Ja, Herr' – so nahm, ihr Mönche, jener Mann den Befehl des Königs entgegen, holte alle Blindgeborenen von Sāvatthī zusammen, ging zum König und sprach zu ihm: ‚Herr, alle Blindgebornen von Sāvatthī sind an einem Orte versammelt!' ‚So zeige, sage ich dir, den Blindgebornen einen Elefanten.' ‚Ja, Herr' – so nahm der Mann den Befehl des Königs entgegen und zeigte den Blindgebornen einen Elefanten[1]: ‚So ist ein Elefant, ihr Blindgebornen!' Den einen Blindgebornen zeigte er des Elefanten Kopf: ‚So ist ein Elefant, ihr Blindgebornen!' Den andern Blindgebornen zeigte er des Elefanten Ohr … Zahn … Rüssel … Rumpf … Fuß … Rücken (Hinterteil?) … Schwanz … Schweifhaar: ‚So ist ein Elefant, ihr Blindgebornen!' Als so der Mann, ihr Mönche, den Blindgebornen den Elefanten gezeigt hatte, ging er zum König und sprach zu ihm: ‚Herr, die Blindgebornen haben den Elefanten gesehen. Tue, was du jetzt an der Zeit hältst.' Da ging der König, ihr Mönche, zu den Blindgebornen hin und sprach zu ihnen: ‚Habt ihr den Elefanten gesehen, ihr Blindgebornen?' ‚Ja, Herr, wir haben den Elefanten gesehen!' ‚So sagt mir, ihr Blindgebornen: wem gleicht nun der Elefant?' Die Blindgebornen, ihr Mönche, die den Kopf des Elefanten gesehen hatten, antworteten: ‚Der Elefant, Herr, ist wie ein Topf.' Die Blindgebornen, die das Ohr des Elefan-

[1] Die Vorstellung ist natürlich die, daß die Blindgebornen den Elefanten betasten. Aber der Text spricht ganz unbefangen von „zeigen" (wörtlich „sehen lassen") und „sehen".

ten gesehen hatten, antworteten: ‚Der Elefant, Herr, ist wie eine Kornschwinge.' Die Blindgebornen, die den Zahn des Elefanten gesehen hatten, antworteten ... ‚wie eine Pflugschar.' Die Blindgebornen, die den Rüssel des Elefanten gesehen hatten, antworteten: ‚wie eine Pflugdeichsel.' Die Blindgebornen, die den Rumpf des Elefanten gesehen hatten, antworteten: ... ‚wie ein Speicher.' Die Blindgebornen, die den Fuß des Elefanten gesehen hatten, antworteten: ... ‚wie eine Säule.' Die Blindgebornen, die den Rücken (Hinterteil?) des Elefanten gesehen hatten, antworteten: ... ‚wie ein Mörserkolben.' Die Blindgebornen, die die Schweifhaare des Elefanten gesehen hatten, antworteten: ...'wie ein Besen.' ‚So ist der Elefant; nein, so ist er nicht! So ist der Elefant nicht; nein so!': und sie schlugen mit ihren Fäusten aufeinander los. Der König aber, ihr Mönche, hatte daran seine Freude[1].

So sind auch, ihr Mönche, die Wandermönche von den andern Sekten blind und haben keine Augen ..." *wie oben.*

Solches erkennend, tat der Erhabene zu der Zeit den Ausruf:

„Seht, das ist es, woran kleben
Asketen und Brahmanen viel.
Mit gehässigem Wort streiten
Leute, die nur ein Bruchstück schaun."

Ich schließe einige Verse und Versgruppen an, die das Haften der Menschen an Lehrmeinungen und den Streit darüber schildern und tadeln.

Das Eine läßt man, das Andre faßt man,
Der Laune folgt man, gefangen bleibt man,
Jetzt hier sich haltend, jetzt dorthin greifend,
Dem Affen gleich, der von Ast zu Ast schlüpft.

Die Ansicht, der man als der besten anhängt,
Die rühmt man in der Welt vor allem andern.
Wer nicht so lehrt, der wird als Tor verschrien.
So ist des Streitens Ende nicht zu finden.

---

[1] Die hier erzählte Geschichte ist in Indien so bekannt, daß man mit stehender Wendung darauf Bezug nimmt: „wie die Blinden und der Elefant" (Journal of the Royal Asiatic Society 1911, S. 201).

Was jemand bei sich selbst als preiswert achtet
In Sehen, Hören, Denken oder Tugend,
Allein das wählt er, um es festzuhalten,
Und alles andre sieht er an als Torheit.

„Dies ist allein der Weg zur Reinheit", spricht man.
Auf anderm Weg läßt Reinheit man nicht gelten.
Die Meinung, die man wählt, rühmt man als herrlich.
So findet Gläub'ge gar verschiedne Wahrheit.

Die Redner tauchen in der Hörer Menge,
Erklären gegenseitig sich für Toren,
Sind andrer Meinung, disputieren eifrig,
Nach Beifall gierig, nicht mit Selbstlob kargend.

Im Redestreit in der Versammlung Mitte
Führt man auf Beifall fahndend seine Schläge.
Trifft man auf Abwehr, ist man schlechter Laune,
Nimmt Tadel übel, sucht des Gegners Blöße.

Der, dessen These für besiegt erklären,
Für widerlegt des Redekampfes Richter,
Der jammert kläglich als ein Überwund'ner.
„Die Sach' ist mir mißglückt", spricht er voll Schmerzen ...

Wer aber Glück hat und wer Beifall findet,
Wenn seine Red' er hält in der Versammlung,
Der lacht und geht einher erhobnen Hauptes,
Hat seine Sache ja nach Wunsch geführet.

Doch solcher Hochmut wird ihm zum Verderben,
Der Stolz und Überstolz, in dem er redet.
Dies soll man einsehn und soll Streit vermeiden;
Er führt – die Kund'gen wissen's – nicht zur Reinheit.

34.
DER GLÄUBIGE UND DIE LEHRE

Vorangegangen sind Äußerungen über die Kausalitätsreihe (vgl. S. 83).

„Wenn ihr nun also erkennt und schaut, ihr Mönche, würdet ihr wohl mit euren Gedanken in die Vergangenheit laufen und sprechen: ‚Sind wir in der Vergangenheit gewesen? – sind wir in der Vergangenheit nicht gewesen? – was sind wir in der Vergangenheit gewesen? – wie sind wir in der Vergangenheit gewesen? – was waren wir in der Vergangenheit zuvor und was sind wir dann geworden?'"

„So würden wir nicht denken, Herr!"

„Würdet ihr denn aber, ihr Mönche, wenn ihr also erkennt und schaut, mit euren Gedanken in die Zukunft laufen und sprechen: ‚Werden wir in Zukunft sein? – werden wir in Zukunft nicht sein? – was werden wir in Zukunft sein? – wie werden wir in Zukunft sein? – was werden wir in Zukunft zuvor sein und was werden wir dann werden?'"

„So würden wir nicht denken, Herr!"

„Würdet ihr denn aber, ihr Mönche, wenn ihr also erkennt und schaut, jetzt in betreff der Gegenwart über euch selbst hin und her denken: ‚Bin ich denn nun? Bin ich denn nun nicht? Was bin ich denn nun? Wie bin ich denn nun? Dieses Wesen, woher kommt es und wohin geht sein Weg?'"

„So würden wir nicht denken, Herr!"

„Würdet ihr denn, ihr Mönche, wenn ihr also erkennt und schaut, sagen: ‚Wir hegen Ehrfurcht vor dem Meister, und aus Ehrfurcht vor dem Meister reden wir so?'"

„Das würden wir nicht, Herr!"

„Oder würdet ihr, ihr Mönche, wenn ihr also erkennt und schaut, sagen: ‚Ein Asket spricht so zu uns, und viele Asketen, wir sind es nicht selbst, die also reden?'"

„Das würden wir nicht, Herr!"

„Oder würdet ihr, ihr Mönche, wenn ihr also erkennt und schaut, einen andern Meister erwählen?"

„Das würden wir nicht, Herr!"

„Oder würdet ihr, ihr Mönche, wenn ihr also erkennt und schaut, die Gelübde, die alle die verschiedenen Asketen und Brahmanen sich auflegen, und alles, womit sie sich beeifern und was sie für glückbringend halten, ernst nehmen?"

„Das würden wir nicht, Herr!"

„Würdet ihr denn nicht, ihr Mönche, zu dem, was ihr selbst erkannt, selbst geschaut, selbst erfahren habt, dazu allein euch bekennen?"

„Das würden wir, Herr!"

„Schön, ihr Mönche! Ich habe euch zu meinen Jüngern gemacht, ihr Mönche, auf diese Lehre hin, die sichtbar erschienen ist, die keiner Zeit bedarf, die heißt: ‚Komm und siehe', die zum Heil führt, die im eignen Innern von Weisen erkannt wird. Diese Lehre, ihr Mönche, ist sichtbar erschienen; sie bedarf keiner Zeit; sie heißt ‚Komm und siehe'; sie führt zum Heil; sie wird im eigenen Innern von Weisen erkannt: wenn ich also geredet habe, so habe ich aus diesem Grunde also geredet."

35.
WELT UND ICH

Buddha spricht zu dem jungen Gott Rohitassa.

„Wo man, mein Freund, nicht geboren wird, nicht altert, nicht stirbt, kein früheres Dasein verläßt, zu keinem neuen Dasein gelangt – ein Ende der Welt, von dem solches gilt, kann durch kein Wandern erkannt, erschaut, erreicht werden: so sage ich. Aber ich sage dir auch, Freund, daß ohne der Welt Ende zu erreichen man des Leidens Ende nicht finden mag. Und ich lehre, Freund, daß in diesem klaftergroßen Körper, der von Bewußtsein erfüllt ist, der nach Asketenweise lebt, die Welt enthalten ist und der Welt Entstehung und der Welt Aufhebung und der Weg zur Aufhebung der Welt.

„Durch kein Wandern zum Weltende
Jemals man hingelangen kann,
Doch wer nicht dringt zum Weltende,
Wird von dem Leiden nicht erlöst.

Darum der Weisheitsreiche, Weltenkund'ge,
Weltend-erreichend, heil'gen Wandel übend,
Von der Welt Ende wissend, voller Frieden,
Nicht diese Welt, nicht jene Welt begehret."

„Ich sage euch, ihr Mönche, daß durch kein Wandern der Welt Ende erkannt, erschaut, erreicht werden kann. Aber ich sage euch auch, ihr Mönche, daß ohne der Welt Ende zu erreichen man des Leidens Ende nicht finden mag."

So redete der Erhabene, stand von seinem Sitz auf und ging hinein zum Klosterhause.

Als aber der Erhabene noch nicht lange fortgegangen war, dachten die Mönche bei sich: „Hier hat uns, Freunde, der Erhabene nur in der Kürze die Lehre erteilt und hat ihren Sinn uns nicht ausführlich erklärt, und so ist er von seinem Sitz aufgestanden und zum Klosterhause hineingegangen: ‚Ich sage euch, ihr Mönche ... Ende nicht finden mag.' Wer möchte uns wohl von dieser Lehre, die der Erhabene uns in der Kürze erteilt hat, den Sinn ausführlich erklären?"

Da dachten diese Mönche bei sich: „Hier ist der ehrwürdige Ānanda, der vom Meister belobt wird und Ehre empfängt von den verständigen Genossen des heiligen Wandels. Der ehrwürdige Ānanda wird imstande sein, von dieser Lehre, die uns der Erhabene in der Kürze erteilt hat, den Sinn ausführlich zu erklären. So wollen wir zum ehrwürdigen Ānanda gehen und den ehrwürdigen Ānanda hierüber befragen."

Da gingen diese Mönche zum ehrwürdigen Ānanda, begrüßten sich mit dem ehrwürdigen Ānanda, wechselten mit ihm begrüßende, freundliche Rede und setzten sich zur Seite nieder. Und zur Seite sitzend, sprachen die Mönche zum ehrwürdigen Ānanda also:

Sie erzählen den eben berichteten Vorgang und knüpfen daran ihre Frage, immer in denselben Worten. Ānanda erwidert:

„Das ist ja, ihr Freunde, als ob ein Mann Kernholz haben wollte, nach Kernholz suchte, Kernholz zu finden ausginge; da stände nun ein Baum, an Kernholz reich, und er ließe dessen Wurzeln stehen und ließe seinen Stamm stehen und meinte, in den Zweigen und Blättern Kernholz zu finden! So handelt auch ihr Ehrwürdigen, die ihr, während doch der Meister da ist, den Erhabenen beiseite laßt und uns erwählt, uns hierüber zu befragen! Er, der Erhabene, ihr Freunde, ist der erkennende Erkenner und der schauende Schauer, das verkörperte Auge, die verkörperte Erkenntnis, die verkörperte Lehre, der verkörperte Brahma, der Lehrer und Verkünder, der Aufheller des Sinnes, der Spender der Unsterblichkeit, der Wahrheitsfürst, der Vollendete. Und es war für euch die Zeit, daß ihr den Erhabenen selbst hierüber befragtet, und was der Erhabene euch geantwortet hätte, daran hättet ihr euch gehalten!"

„Freilich, Freund Ānanda, ist der Erhabene der erkennende Erkenner und der schauende Schauer, das verkörperte Auge, die verkörperte Erkenntnis, die verkörperte Lehre, der verkörperte Brahma, der Lehrer und Verkünder, der Aufheller des Sinnes, der Spender der Unsterblichkeit, der Wahrheitsfürst, der Vollendete. Und freilich war es für uns die Zeit, daß wir den Erhabenen selbst hierüber befragt hätten, und was der Erhabene uns geantwortet hätte, daran hätten wir uns gehalten. Aber doch wird der ehrwürdige Ānanda vom Meister belobt und empfängt Ehre von den verständigen Genossen des heiligen Wandels. Der ehrwürdige Ānanda wird imstande sein, von dieser Lehre, die uns der Erhabene in der Kürze erteilt hat, den Sinn ausführlich zu erklären. So möge denn der ehrwürdige Ānanda es uns erklären und sich das nicht verdrießen lassen!"

„So höret zu, ihr Freunde, und bedenket es wohl; ich will zu euch reden."

„So sei es, Freund", stimmten die Mönche dem ehrwürdigen Ānanda zu. Und der ehrwürdige Ānanda redete also:

„Wenn der Erhabene, ihr Freunde, euch nur in der Kürze die Lehre erteilt und ihren Sinn nicht ausführlich erklärt hat und so von seinem Sitz aufgestanden und zum Klosterhause hineingegangen ist: ‚Ich sage euch, ihr Mönche, daß durch kein Wandern der Welt Ende erkannt, erschaut, erreicht werden kann. Aber ich sage euch auch, ihr Mönche, daß, ohne der Welt Ende zu erreichen, man des Leidens Ende nicht finden mag' – diese vom Erhabenen in der Kürze erteilte Lehre, deren Sinn er ausführlich nicht erklärt hat, verstehe ich, Freunde, in der Ausführlichkeit also:

Wodurch, ihr Freunde, man über die Welt die Weltvorstellung hat und den Weltstolz, das wird in der Ordnung des Edlen Welt genannt. Und wodurch, ihr Freunde, hat man über die Welt die Weltvorstellung und den Weltstolz? Durch das Auge, ihr Freunde, hat man über die Welt die Weltvorstellung und den Weltstolz. Durch das Ohr ... durch die Nase ... durch die Zunge ... durch den Körper[1] ... durch das Denken hat man über die Welt, ihr Freunde, die Weltvorstellung und den Weltstolz. Wodurch, ihr Freunde, man über die Welt die Weltvorstellung hat und den Weltstolz, das wird in der Ordnung des Edlen Welt genannt.

Wenn nun der Erhabene, ihr Freunde, euch nur in der Kürze die Lehre erteilt und ihren Sinn ...: so verstehe ich diese vom Erhabenen in der Kürze erteilte Lehre, deren Sinn er ausführlich nicht erklärt hat, in der Ausführlichkeit so, wie ich es euch gesagt habe. Ist es euch aber genehm, ihr Freunde, so mögt ihr Ehrwürdigen zum Erhabenen selbst hingehen, ihn zu befragen, und was der Erhabene euch antwortet, daran mögt ihr euch halten."

„So sei es, Freund", stimmten die Mönche dem ehrwürdigen Ānanda zu. Und sie standen von ihren Sitzen auf, gingen zum Erhabenen hin, brachten dem Erhabenen ehrfurchtsvollen Gruß und setzten sich zur Seite nieder. Zur Seite sitzend aber sprachen die Mönche zum Erhabenen also:

Sie erzählen ihm in den oben gebrauchten Ausdrücken den Vorgang bis dahin, wo sie zu Ānanda gehen.

„Da hat uns, Herr, der ehrwürdige Ānanda auf diese Weise wörtlich und buchstäblich den Sinn erklärt."

„Klug, ihr Mönche, ist Ānanda! Von hoher Weisheit, ihr Mönche, ist Ānanda! Wenn ihr mich, ihr Mönche, hierüber befragtet, würde auch ich euch ebenso antworten, wie Ānanda euch geantwortet hat. Eben dies ist der Sinn jenes Worts, und daran mögt ihr euch halten."

---

[1] Als das Organ der Tastempfindungen.

36.
ERKENNEN UND WELT

Aus einem Gespräch des Buddha mit dem Bürgerssohn Kevaddha.

„Es geschah einmal, Kevaddha, daß ein Mönch von eben dieser Mönchsgemeinde in seinem Geist diese Erwägung anstellte: ‚Wo finden denn diese vier großen Wesenheiten restlos ihr Ende; das Element der Erde, das Element des Wassers, das Element des Feuers und das Element der Luft?' Da ging, Kevaddha, dieser Mönch in Versenkung ein solchergestalt, daß ihm in dieser Versenkung der Weg zu den Göttern offenbar wurde.

Da begab sich nun der Mönch zu den Göttern des Himmels der vier Götterkönige und sprach zu ihnen: ‚Wo finden, ihr Freunde, diese vier großen Wesenheiten restlos ihr Ende: das Element der Erde, das Element des Wassers, das Element des Feuers und das Element der Luft?'

Als er so gesprochen, sagten die Götter des Himmels der vier Götterkönige zu dem Mönch: ‚Das wissen wir auch nicht, lieber Mönch, wo diese vier großen Wesenheiten restlos ihr Ende finden: das Element der Erde, das Element des Wassers, das Element des Feuers und das Element in der Luft. Da sind aber die vier Götterkönige, die sind herrlicher und erhabener als wir. Die könnten es wohl wissen, wo diese vier großen Wesenheiten restlos ihr Ende finden ...'

Da begab sich der Mönch, Kevaddha, zu den vier Götterkönigen ...

Dieselbe Frage; auch sie wissen keine Antwort. Und so wird der Mönch zu immer höheren Göttern geschickt; das Ergebnis ist immer das gleiche. Endlich will man ihn zum großen Brahma selbst schicken. Er fragt die Götter:

‚Wo ist denn jetzt der große Brahma zu finden, meine Freunde?'

‚Das wissen wir auch nicht, mein lieber Mönch, wo Brahma ist, und was Brahmas Aufenthalt ist, und an welchem Ort Brahma weilt. Aber, lieber Mönch, wie die Vorzeichen sich jetzt zeigen, wie ein Licht sich erhebt und Glanz erscheint, wird Brahma sicherlich erscheinen. Denn das ist das Vorzeichen für das Erscheinen Brahmas, daß sich ein Licht erhebt und Glanz erscheint.'

Da trat denn über nicht lange, Kevaddha, der große Brahma in die Erscheinung. Und der Mönch, Kevaddha, ging zum großen Brahma hin und sprach zu ihm: ‚Wo finden, mein Freund, diese vier großen Wesenheiten restlos ihr Ende: das Element der Erde, das Element des Wassers, das Element des Feuers und das Element der Luft?'

Als er so gesprochen, sagte der große Brahma zu dem Mönch: ‚Ich bin Brahma, mein lieber Mönch, der große Brahma, der Überwinder, der Unüberwundene, der durch und durch Schauende, der Allmächtige, der Herrscher, Schöpfer, Bildner, der Höchste, der Ordner, der Gewaltige, der Vater alles dessen, was ist und was sein wird.'

Und zum zweitenmal. Kevaddha, sprach der Mönch zu Brahma: ‚Ich frage dich nicht danach, mein Freund, ob du Brahma bist, der große Brahma ... Sondern danach frage ich dich: „Wo finden, mein Freund, diese vier großen Wesenheiten ...?'

Und zum zweitenmal, Kevaddha, sagte der große Brahma zu dem Mönch: ‚Ich bin Brahma ...'

Und zum drittenmal, Kevaddha, sprach der Mönch zu Brahma: ‚Ich frage dich nicht danach ...'

Da faßte der große Brahma, Kevaddha, den Mönch beim Arm und führte ihn beiseite. Und er sprach zu ihm: ‚Hier sind, mein lieber Mönch, die Götter des Brahmagefolges. Die glauben: ‚Es gibt nichts, das Brahma nicht sieht. Es gibt nichts, das Brahma nicht weiß. Es gibt nichts, das Brahma nicht mit Augen schaut.' Deshalb habe ich dir in ihrer Gegenwart nicht geantwortet. Ich weiß auch nicht, lieber Mönch, wo diese vier großen Wesenheiten restlos ihr Ende finden: das Element der Erde, das Element des Wassers, das Element des Feuers und das Element der Luft. Du also hast übelgetan, mein lieber Mönch, du hast verfehlt gehandelt, daß du üer den Erhabenen hinweggegangen bist und dich mit deinem Suchen anderswohin gewandt hast, um Antwort auf diese Frage zu erhalten. Geh zu Ihm, dem Erhabenen, mein Mönch, und lege ihm deine Frage vor. Und was dann der Erhabene dir offenbart, daran mgast du dich halten.'

Da verschwand, Kevaddha, jener Mönch, schnell wie ein starker Mann den gekrümmten Arm ausstreckt oder den ausgestreckten Arm krümmt, aus der Brahmawelt und trat vor mir in die Erscheinung. Und der Mönch, Kevaddha, brachte mir seinen ehrfurchtsvollen Gruß und setzte sich zur Seite nieder. Und zur Seite sitzend, sprach der Mönch zu mir: ,Wo finden, Herr, die vier großen Wesenheiten ...?'

Als er so gesprochen, Kevaddha, sagte ich zu dem Mönch: ,Die seefahrenden Kaufleute, mein Mönch, pflegten einen landfindenden Vogel mitzunehmen, wenn sie mit ihrem Schiff auf den Ozean hinausfuhren. Wenn ihr Schiff kein Land mehr in Sicht hatte, ließen sie den landfindenden Vogel fliegen. Der flog nach Osten, flog nach Süden, flog nach Westen, flog nach Norden, flog in die Höhe, flog nach den Zwischengegenden. Wenn er nun irgendwo in der weiten Runde Land sah, so flog er dorthin. Wenn er aber nirgends in der Runde Land sah, kehrte er zum Schiff zurück. Ebenso, mein Mönch, bist du bis zur Brahmawelt gegangen, Antwort auf deine Frage suchend, und hast sie nicht gefunden: und so kommst du denn nun zurück zu mir. Deine Frage aber muß nicht so gestellt werden: ,Wo finden, Herr, diese vier großen Wesenheiten restlos ihr Ende: das Element der Erde, das Element des Wassers, das Element des Feuers und das Element der Luft?' Sondern die Frage, mein Mönch, muß so gestellt werden:

,Was ist's, wo keinen Grund findet
Wasser und Erde, Feu'r und Luft,
Lang und Kurz nicht Bestand findet
Und Grob und Fein und Schön und Schlecht?
Wo jeder Nam', alle Gestalt
Ohne Rest aufgehoben wird?'

Darauf ist die Antwort diese:

,Erkennen, das unzeigbare,
Alleuchtende, unendliche:
Das ist's, wo keinen Grund findet
Wasser und Erde, Feu'r und Luft,
Lang und Kurz nicht Bestand findet
Und Grob und Fein und Schön und Schlecht,
Wo jeder Nam', alle Gestalt
Ohne Rest aufgehoben wird.
Durch des Erkennens Aufhebung
Auch jenes aufgehoben wird.'"

So sprach der Erhabene. Mit Freude begrüßte Kevaddha, der Bürgersohn, des Erhabenen Rede.

Was die viel bestrittene Deutung dieses Textes anlangt, so scheint er mir zu denen zu gehören, die die Nutzlosigkeit des Fragens nach den Vorgängen in der großen Welt draußen einschärfen; allein die inneren Vorgänge haben etwas für uns zu bedeuten, sind allein wert, daß wir sie erforschen (vgl. S. 34). Wie es mit einem etwaigen Untergang der Elemente im Weltganzen steht, kann selbst Brahma nicht beantworten; aber dies ist eine Frage, die wir überhaupt nicht tun sollen. Uns gehen die Elemente allein an, sofern sie in unser Erkennen eintreten und so sich mit den Vorgängen verflechten, die über unser höchstes Wohl und Wehe entscheiden. In unserm Erkennen aber haben sie keinen festen Bestand; wo das Erkennen aufhört, hören auch sie auf – nämlich sie hören auf, soweit sie für uns in Betracht kommen, als Objekt unseres Erkennens. Diese Mahnung, allein nach dem zu fragen, was für uns Sinn und Bedeutung hat, liegt meines Erachtens von der dem alten Buddhismus gänzlich fremden Lehre: „Die Welt ist meine Vorstellung" recht weit ab. Vgl. meinen „Buddha", 7. Aufl., S. 257 A. 1.

37.

SEIN, NICHTSEIN, WERDEN

„An eine Zweiheit, Kaccāyana, pflegt sich diese Welt zu halten, an das ‚Es ist' und an das ‚Es ist nicht'.

Wer aber die Entstehung der Welt nach der Wahrheit mit rechter Einsicht anschaut, Kaccāyana, für den gibt es in bezug auf die Welt kein ‚Es ist nicht'.

Und wer das Vergehen der Welt nach der Wahrheit mit rechter Einsicht anschaut, Kaccāyana, für den gibt es in bezug auf die Welt kein ‚Es ist' ...

‚Alles ist' – dies, Kaccāyana, ist das eine Ende.

‚Alles ist nicht', dies ist das zweite Ende.

Von diesen beiden Enden, Kaccāyana, hält sich der Vollendete fern und zeigt den Weg in der Mitte: ‚Aus dem Nichtwissen entstehen die Gestaltungen' ..."[1]

38.
MĀRA UND DIE WELT

Einstmals verweilte der Erhabene zu Rājagaha im Veḷuvana („Bambuswalde"), dem Kalandakanivāpa („Futterplatz der Eichhörnchen").

Und der ehrwürdige Samiddhi ging zum Erhabenen ... und sprach zum Erhabenen also: „Māra, Māra, so sagt man. Worin, Herr, liegt nun das Wesen Māras und der Benennung des Māra?"

„Wo es ein Auge gibt, Samiddhi, und Sichtbares, wo es Erkennen auf Grund des Sehens gibt, und Gedankendinge, die durch Erkennen auf Grund des Sehens erkannt werden, da ist Māra und die Benennung Māras.

Wo es ein Ohr gibt ... wo es ein Geruchsorgan gibt ... wo es eine Zunge gibt ... wo es einen Körper gibt ... wo es ein Denken gibt ...

Wo es aber kein Auge gibt, Samiddhi, und kein Sichtbares und Erkennen auf Grund des Sehens und keine Gedankendinge, die durch Erkennena uf Grund des Sehens erkannt werden, da ist nicht Māra und die Bennennung Māras.

Wo es kein Ohr gibt ...", usw.[2]

39.
DAS „WESEN"

Buddha verweilt zu Sāvatthī. Dort tut die Nonne Vajirā ihren Bettelgang.

Als sie nach Sāvatthī ihren Almosengang vollbracht hatte, nach

---

[1] Es folgt die Kausalitätsformel in ihrem positiven und ihrem negativen Teil; siehe oben S. 83.

[2] Vgl. zu dieser Deutung der Gestalt Māras meinen „Buddha", 7. Aufl., S. 354f.

dem Mahl, vom Almosengang zurückgekehrt, ging sie zum Andhawalde, um dort die Mittagsrast zu halten. In des Andhawaldes Tiefe eingegangen, setzte sie sich am Fuß eines Baumes nieder zur Mittagsrast.

Māra aber, der Böse, wollte der Nonne Vajirā Furcht, Zittern, Haarsträuben erregen und sie aus ihrer Vertiefung herausreißen. So ging er zur Nonne Vajirā und redete sie an mit dem Spruch:

„Wer hat erschaffen dies Wesen?
Des Wesens Schöpfer, kennst du ihn?
Woher das Wesen kommt, weißt du's?
Ist dir bekannt, wo es vergeht?"

Da dachte die Nonne Vajirā: „Was ist das für ein menschliches oder nichtmenschliches Geschöpf, das diesen Spruch spricht?" Und die Nonne Vajirā sagte sich: „Das ist Māra, der Böse. Um mir Furcht, Zittern, Haarsträuben zu erregen und mich aus meiner Vertiefung herauszureißen spricht er diesen Spruch."

Als aber die Nonne Vajirā erkannt hatte, daß es Māra, der Böse, war, sprach sie zu Māra, dem Bösen diesen Spruch:

„‚Wesen' – was soll dies Wort, Māra?
In Irrwahn du befangen bist!
Gestaltungsmassen[1] nur sind es;
Nirgends ein Wesen findet man.

Denn wie man des Gefährts Teile,
Wenn sie vereint sind, Wagen nennt,
Also gibt auch den fünf Gruppen[2]
Den Namen ‚Wesen' diese Welt.

Leiden allein ist's, das entsteht,
Leiden besteht und Leiden vergeht.
Andres als Leid entsteht nirgends;
Andres als Leiden nicht vergeht."

Da sah Māra, der Böse: „Die Nonne Vajirā kennt mich." Und traurig und unmutig verschwand er von selbiger Stätte.

---

[1] Über „Gestaltung" vgl. S. 97 A. 1.

[2] Die fünf Gruppen der Elemente des leiblich-geistigen Daseins, vgl. S. 95 A. 1.

Der kleine Text trägt in der Kürze Gedanken vor, die ausführlicher in einem vielbeachteten Abschnitt eines jüngeren Werks dargelegt werden: jenes merkwürdigen Dialogs Milindapañha („Fragen des Milinda"), der seinen Namen von einem der griechischen, im nordwestlichen Indien regierenden Fürsten, dem Menandros (= Milinda; wohl 2. Jh. vor Chr.) hat. Milinda disputiert mit dem buddhistischen Weisen Nāgasena. Gibt es dennn, so fragt er, überhaupt einen Nāgasena? Wo wäre er denn? Die Haare sind doch nicht Nāgasena, Haut und Fleisch und Knochen auch nicht; ebensowenig Empfindungen, Vorstellungen, Erkennen. „Wo immer ich also auch frage, Herr, nirgends finde ich einen Nāgasena. Ein bloßes Wort, Herr, ist Nāgasena. Was ist denn Nāgasena?" Nun aber wendet Nāgasena dieselbe Argumentation gegen den König. Der hat gesagt, er sei zu Wagen hergekommen. Gibt es denn einen Wagen? Ist die Deichsel der Wagen? Sind es die Räder? Ist es der Wagenkasten? „Ein bloßes Wort, o König, ist der Wagen. Was ist denn der Wagen?" so ergibt sich: in bezug auf Deichsel, Räder, Wagenkasten usw. wird die Benennung „Wagen" gebraucht, und ebenso in bezug auf Haare, Fleisch, Knochen, Vorstellungen, Erkennen usw. die Bezeichnung Nāgasena; eine „Person" ist dabei nicht erfaßbar. Der Heilige, der das dem König darlegt, beruft sich dabei auf eben den hier übersetzten Text, die Worte der Nonne Vajirā. Vgl. meinen „Buddha", 7. Aufl., S. 292 ff.

40.

IST EIN SUBJEKT ZU FINDEN?

„Wer ist es, Herr, der da berührt?"

„Die Frage ist nicht richtig gestellt", sagte der Erhabene. ‚Er berührt, so spreche ich nicht. Spräche ich also: ‚Er berührt', dann wäre die Frage zulässig: ‚Wer ist es, Herr, der da berührt?' Nun spreche ich aber nicht so. Wenn mich, der ich so nicht spreche, jemand fragen wollte: ‚Woraus, Herr, entsteht die Berührung?', diese Frage wäre zulässig. Und es gibt die Antwort darauf: ‚Aus den sechs Gebieten[1] entsteht Berührung; aus Berührung entsteht Empfindung.'"

„Wer ist es, Herr, der da empfindet?"

„Die Frage ist nicht richtig gestellt", sagte der Erhabene. ‚Er empfindet', so spreche ich nicht. Spräche ich also: ‚Er empfindet', dann wäre die Frage zulässig: ‚Wer ist es, Herr, der da empfindet?' Nun spreche ich aber nicht so. Wenn mich, der ich so nicht spreche, jemand fragen wollte: ‚Woraus, Herr, entsteht die Empfindung?" diese Frage wäre zulässig. Und es gibt die Antwort darauf: ‚Aus Berührung entsteht Empfindung; aus Empfindung entsteht Durst.'"

Die Erörterung wird in derselben Weise durch einige weitere Gründe der Kausalitätsreihe (oben S. 83) fortgesetzt. Die buddhistische Lehre, daß wohl Empfindungen usw. sich ereignen, sie aber nicht einem empfindenden usw. Subjekt angehören, tritt klar hervor. Vgl. meinen „Buddha" 7. Aufl., S. 296f.

41.
NOCH EINMAL DAS SUBJEKT

Zu der Zeit verfiel ein Mönch in seinem Geist auf folgende Überlegung: „Die Körperlichkeit ist ja nun kein Selbst. Die Empfindungen sind kein Selbst. Die Vorstellungen sind kein Selbst. Die Gestaltungen sind kein Selbst. Das Erkennen ist kein Selbst[2]. Die vom Nichtselbst getanen Werke, wie können sie ein Selbst, berühren[3]?"

---

[1] Vgl. zu diesem Ausdruck und überhaupt zu der hier vorliegenden Vorstellungsreihe oben S. 83.

[2] Die geläufige Fünferreihe; s. oben S. 97.

[3] Mit andern Worten: wenn von keinem Selbst, sondern nur von einer Kette von Vorgängen – körperlichen, solchen des Empfindens usw. – gesprochen werden kann, wie verträgt sich damit die Lehre von der Vergeltung der Taten, die doch ein diese Vergeltung verdienendes und empfangendes Subjekt vorauszusetzen scheint? Die metaphysischen Grundauffassungen des Buddhismus kommen hier mit dem von altersher feststehenden Glauben an die Vergeltung der Werke in Konflikt.

Der Erhabene aber erkannte in seinem Geist die geistige Überlegung jenes Mönchs und sprach zu den Mönchen also:

„Es kann geschehen, ihr Mönche, daß irgend ein Tor, ein Unwissender, von Nichtwissen befangener, mit seinem Geist, der unter des Durstes Herrschaft steht, des Meisters Lehre glaubt überholen zu können: ‚die Körperlichkeit ist ja nun kein Selbst ... die vom Nichtselbst getanen Werke, wie können sie ein Selbst berühren?' Durch Gegenfragen kläre ich euch da auf, ihr Mönche, über die einen und die andern Wesenheiten. Wie meint ihr denn, ihr Mönche: ist die Körperlichkeit beständig oder unbeständig?"

„Unbeständig, Herr."

Der Dialog läuft weiter in der Bahn von S. 97f., bis zu den Sätzen über die erreichte Erlösung.

42.
DIE LAST UND DER LASTTRÄGER

„Die Last, ihr Mönche, will ich euch zeigen und den Lastträger, und das Aufnehmen der Last und das Ablegen der Last. Das höret!

‚Was ist die Last, ihr Mönche?

Die fünferlei Objekte des Ergreifens [1]: so muß man antworten. Welche fünf? Die Körperlichkeit als Objekt des Ergreifens, die Empfindungen ... die Vorstellungen ... die Gestaltungen ... das Erkennen als Objekt des Ergreifens. Dies heißt die Last, ihr Mönche.

Und wer ist der Lastträger, ihr Mönche? Die Person: so muß man antworten – der ehrwürdige Soundso von dem und dem Geschlecht. Der heißt der Lastträger, ihr Mönche.

Und was ist das Aufnehmen der Last, ihr Mönche? Es ist der Durst, der zur Wiedergeburt führt, samt Freude und Begier, hier und dort seine Freude findend: der Lüstedurst, der Werdedurst, der Vergänglichkeitsdurst [2]. Dies heißt das Aufnehmen der Last, ihr Mönche.

Und was, ihr Mönche, ist das Ablegen der Last? Es ist die Aufhe-

---

[1] Vgl. oben S. 95 A. 1.

[2] Der Text wiederholt hier, und entsprechend im folgenden Satz, den Wortlaut der zweiten bzw. dritten der „edlen Wahrheiten". S. oben S. 95.

bung dieses Durstes durch restlose Vernichtung des Begehrens, ihn fahren lassen, sich seiner entäußern, sich von ihm lösen, ihm keine Stätte gewähren. Dies heißt das Ablegen der Last, ihr Mönche."

So sprach der Erhabene. Als so der Wohlwandelnde geredet hatte, sprach der Meister weiter also:

„Die Last nenn' ich die fünf Gruppen,
Lastträger die Persönlichkeit;
Leiden: die Last sich aufladen;
Die Last ablegen: Seligkeit.

Die Last, die schwere, ablegend,
Nicht auf sich nehmend neue Last,
Ausreißend der Begier Wurzel,
Befreit von Hunger löscht man aus."

Dies kleine Textstück ist von eigenartiger Bedeutung. Der Buddhismus lehnt es sonst nachdrücklich ab, im Fluß der körperlichen Vorgänge, sowie des Empfindens, Vorstellens usw. von einem Selbst zu sprechen. Er sieht da nur den Strom der sich einigenden und wieder sich auflösenden Vorgänge. Hier tritt ausnahmsweise eine andre Auffassung hervor: wenn sich in der Masse jener Vorgänge die „Last" darstellt, so gibt es auch einen „Lastträger", die Person oder das Subjekt. Vgl. meinen „Buddha", 7. Aufl., S. 297, A. 1.

43.

DAS NICHTWISSEN, DIE LETZTE QUELLE ALLES LEIDENS [1]

„Das Leiden nicht erkennen, und den Ursprung des Leidens nicht erkennen, und die Aufhebung des Leidens nicht erkennen, und den Weg zur Aufhebung des Leidens nicht erkennen: das wird Nichtwissen genannt."

Buddha verweilt zu Sāvatthī. Ein Mönch kommt zu ihm und fragt ihn:

„‚Nichtwissen, Nichtwissen', so sagt man, Herr. Was ist nun,

[1] Man vergleiche die Formel S. 83, die zeigt, wie aus dem Nichtwissen, durch Verkettung vieler Mitglieder, das Weltleiden entsteht.

Herr, das Nichtwissen, und wodurch verfällt man dem Nichtwissen?"

„Da ist, o Mönch, ein Alltagsmensch, der die Lehre nicht vernommen hat, der erkennt in bezug auf die Körperlichkeit, die dem Entstehen unterworfen ist, nicht der Wahrheit gemäß: ‚Dem Entstehen ist die Körperlichkeit unterworfen.' Und in bezug auf die Körperlichkeit, die dem Vergehen unterworfen ist, erkennt er nicht der Wahrheit gemäß: ‚Dem Vergehen ist die Körperlichkeit unterworfen.' Und in bezug auf die Körperlichkeit, die dem Entstehen und Vergehen unterworfen ist, erkennt er nicht der Wahrheit gemäß: ‚Dem Entstehen und Vergehen ist die Körperlichkeit unterworfen.'

Dasselbe, wie hier von der Körperlichkeit, folgt dann von Empfindungen, Vorstellungen, „Gestaltungen" und Erkennen; vgl. oben S. 97 A. 1.

‚Dies, o Mönch, wird Nichtwissen genannt, und hierdurch verfällt man dem Nichtwissen." –

Als er so geredet hatte, sprach der Mönch zum Erhabenen: „‚Wissen, wissen' so sagt man, Herr. Was ist nun, Herr, das Wissen, und wodurch hat man das Wissen erreicht?"

„Da ist, o Mönch, ein edler Jünger, der die Lehre vernommen hat. Der erkennt *wie oben; für das Nichterkennen tritt Erkennen ein.*

44.
DIE UNENDLICHKEIT DER SEELENWANDERUNG UND IHRER LEIDEN

„Aus dem Endlosen, ihr Mönche, kommt die Wanderung. Kein Anfang läßt sich absehen, von welchem an die Wesen, im Nichtwissen befangen, vom Durst [1] gefesselt, umherirren und wandern.

Es kommt ein Tag, ihr Mönche, wo der Große Ozean austrocknet und vertrocknet und nicht mehr ist. Nicht aber verkünde ich euch ein Ende, das die Leiden der im Nichtwissen befangenen,

[1] Man denke an den „Durst" in der zweiten der vier „edlen Wahrheiten"; oben S. 95.

vom Durst gefesselten, umherirrenden und wandernden Wesen finden werden.

Es kommt ein Tag, ihr Mönche, wo der Sineru, der König der Berge[1], verbrennt, untergeht und nicht mehr ist. Nicht aber ...

Es kommt ein Tag, ihr Mönche, wo die große Erde verbrennt, untergeht und nicht mehr ist. Nicht aber ...

Aus dem Endlosen, ihr Mönche, kommt die Wanderung. Kein Anfang läßt sich absehen, von welchem an die Wesen, im Nichtwissen befangen, vom Durst gefesselt, umherirren und wandern.

Wie meint ihr, ihr Mönche? Was ist mehr, das Wasser in den vier großen Ozeanen, oder die Tränen, die geflossen und von euch vergossen sind, wie ihr auf diesem weiten Wege umherirrtet und wandertet und jammertet und weintet, weil euch zuteil wurde, was ihr haßtet, und nicht zuteil wurde, was ihr liebtet? ...

Durch lange Zeiten, ihr Mönche, habt ihr der Mutter Tod erfahren, habt des Vaters Tod erfahren, des Bruders Tod, der Schwester Tod, des Sohnes Tod, der Tochter Tod, Verlust der Verwandten, Verlust der Güter. Und wie ihr Verlust der Güter erfuhrt, waren mehr die Tränen, die geflossen und von euch vergossen sind ... als das Wasser in den vier großen Ozeanen. Und woher das? In der Ewigkeit, ihr Mönche, hat die Wanderung ihren Beginn ...

So ist denn Ursache genug, ihr Mönche, sich von den Gestaltungen[2] abzuwenden, vom Begehren nach ihnen sich zu befreien, die Erlösung zu gewinnen."

45.

DIE LÄNGE DES WELTALTERS

... zur Seite dasitzend, sprach der Mönch zum Erhabenen also: „Wie lang, Herr, ist denn nun ein Weltalter?"

---

[1] Im Sanskrit Meru, der große Weltberg.

[2] Der Ausdruck „Gestaltungen" ist hier wie oft im allgemeinsten Sinne zu verstehen. Alles was ist, d. h. alles, was sich zuträgt, ist eine „Gestaltung", die sich gestaltet, um sich dann wieder aufzulösen. Vgl. meinen „Buddha", 7. Aufl., S. 288.

„Ein Weltalter ist lang, o Mönch! Es ist nicht leicht zu zählen; so und so viele Jahre sind es oder so und so viele Jahrhunderte oder so und so viele Jahrhunderte oder so und so viele Jahrhunderttausende."

„Kann man aber ein Gleichnis dafür geben, Herr?"

„Das kann man, o Mönch!" sprach der Erhabene. „Wenn da ein mächtiger Felsberg wäre, o Mönch, eine Meile lang, eine Meile breit und eine Meile hoch, ohne Spalt, ohne Höhlung, eine einzige feste Masse, und es käme immer nach einem Jahrhundert ein Mann und wischte immer ein einziges Mal mit einem Gewand aus feinem Stoff von Benares um ihn herum: eher würde, o Mönch, dieser mächtige Felsberg durch solchen Angriff vernichtet und aufgerieben werden, als daß das Weltalter abliefe.

So lang ist das Weltalter, o Mönch. Von so langen Weltaltern, o Mönch, hat sich durch viele, und durch viele Hunderte, und durch viele Tausende, und durch viele Hunderttausende die Wanderung der Wesen bewegt. Und warum das? In der Ewigkeit, o Mönch, hat die Wanderung ihren Beginn ... [1]"

46.
DIE VIELEN UND DIE WENIGEN

„Wie es, ihr Mönche, in diesem Lande Jambudīpa [2] nur wenig anmutige Gärten und anmutige Wälder und anmutiges Land und anmutige Lotusteiche gibt, aber viel mehr abschüssiges und zerrissenes Land, schwer überschreitbare Ströme, von Baumstümpfen und Dorngestrüpp bedeckten Boden, unwegsames Gebirge –

So gibt es auch, ihr Mönche, nur wenige landbewohnende Wesen und viel mehr die im Wasser wohnen –

So gibt es auch, ihr Mönche, nur wenige Wesen, die zu menschlichem Dasein geboren werden, und viel mehr, die zu nichtmenschlichem Dasein geboren werden –

So gibt es auch, ihr Mönche, nur wenige Wesen, die in den Län-

[1] Die Rede verläuft in den Wortlaut der Seite 186 mitgeteilten, bis zu deren Ende.

[2] Dem Kontinent, der die bekannte Welt umfaßt.

dern der Mitte[1] geboren werden, und viel mehr, die in den Ländern des Umkreises geboren werden, unter verständnislosen Barbaren –

So gibt es auch, ihr Mönche, nur wenige Wesen, die verständig sind, nicht töricht, nicht taub und stumm, fähig, den Sinn zu erkennen dessen, was wohl oder übel geredet ist, und viel mehr, die unverständig sind, töricht, taub und stumm, unfähig, den Sinn zu erkennen dessen, was wohl oder übel geredet ist –

So gibt es auch, ihr Mönche, nur wenige Wesen, die mit dem edlen Weisheitsauge begabt sind, und viel mehr, die in Unwissenheit versunken und verstört sind –

So gibt es auch, ihr Mönche, nur wenige Wesen, denen der Anblick des Vollendeten zuteil wird, und viel mehr, denen der Anblick des Vollendeten nicht zuteil wird –

So gibt es auch, ihr Mönche, nur wenige Wesen, denen es zuteil wird, die vom Vollendeten verkündete Lehre und Ordnung zu hören, und viel mehr, denen es nicht zuteil wird, die vom Vollendeten verkündete Lehre und Ordnung zu hören –

So gibt es auch, ihr Mönche, nur wenige Wesen, die die Lehre hören und bewahren, und viel mehr, die die Lehre hören, aber nicht bewahren –

So gibt es auch, ihr Mönche, nur wenige Wesen, die die Lehre bewahren und ihren Sinn erforschen, und viel mehr, die die Lehre bewahren, aber nicht ihren Sinn erforschen –

So gibt es auch, ihr Mönche, nur wenige Wesen, die den Sinn verstehen und die Lehre verstehen und nach der Lehre wandeln, und viel mehr, die wohl den Sinn verstehen und die Lehre verstehen, aber nicht nach der Lehre wandeln –

So gibt es auch, ihr Mönche, nur wenige Wesen, die von Erschütterndem erschüttert werden, und viel mehr, die von Erschütterndem nicht erschüttert werden –

So gibt es auch, ihr Mönche, nur wenige Wesen, die erschüttert ernstlich streben, und viel mehr, die zwar erschüttert, doch nicht ernstlich streben.

*

[1] In diesen allein erstehen Buddhas.

So gibt es auch, ihr Mönche, nur wenige Wesen, die den Geschmack des Besten, den Geschmack der Lehre, den Geschmack der Erlösung erlangen, und viel mehr, die den Geschmack des Besten, den Geschmack der Lehre, den Geschmack der Erlösung nicht erlangen.

Darum, ihr Mönche, müßt ihr euch üben, indem ihr also denkt: ‚Den Geschmack des Besten, den Geschmack der Lehre, den Geschmack der Erlösung wollen wir erlangen.' Also, ihr Jünger, müßt ihr euch üben."

47.

GIBT ES EIN JENSEITS?

Also habe ich gehört.

Zu einer Zeit wanderte der ehrwürdige Kumārakassapa im Lande der Kosalas[1] mit einer großen Mönchsschar, fünf Hunderten von Mönchen, und kam nach Setavyā, einer Stadt der Kosalas. Da verweilte der ehrwürdige Kumārakassapa zu Setavyā, im Siṃsapāhain, nördlich von Setavyā. Zu der Zeit nun war der Fürst Pāyāsi Herr über Setavyā, einen Ort voll von Menschen und Getier, reich an Weiden, Gehölz und Wasser, reich an Getreide, einen königlichen Besitz, der von Pasenadi dem Kosalakönige als königliche Gabe nach dem Recht der Gaben an Brahmanen[2] ihm verliehen war.

Zu dieser Zeit nun hegte der Fürst Pāyāsi einen verwerflichen Glauben folgender Gestalt: „Es gibt keine jenseitige Welt. Es gibt keine ungezeugten (himmlischen) Wesen. Es gibt nicht Lohn noch Frucht guter und böser Taten."

Nun hörten die Brahmanen und Bürger von Setavyā: „Der Asket Kumārakassapa, ein Jünger des Asketen Gotama, im Lande der Kosalas wandernd mit einer großen Mönchsschar, fünf Hunderte von Mönchen, ist nach Setavyā gekommen und verweilt zu Se-

---

[1] Ungefähr dem heutigen Bezirk Oudh.

[2] Der Empfänger war kein Brahmane. Aber die Eigenschaft einer Gabe an Brahmanen (nach dem Kommentar die Unwiderruflichkeit) wohnte dieser Verleihung bei.

tavyā, im Siṃsapāhain, nörlich von Setavyā. Diesem Herrn Kumārakassapa geht solch glänzender Ruf voraus: ‚Er ist gelehrt, kundig und weise, an Wissen reich, ein Meister in mannigfachen Reden, reich an schöner Eingebung, ehrwürdig und heilig. Gut ist es, den Anblick solch heiliger Männer zu genießen.' So zogen die Brahmanen und Bürger von Setavyā aus der Stadt hinaus, und in Scharen, scharenweise und haufenweise, gingen sie gen Norden und kamen zum Siṃsapāhain.

Zu der Zeit nun hatte sich der Fürst Pāyāsi zum Söller seines Palastes begeben, um Mittagsruhe zu halten. Da sah der Fürst Pāyāsi, wie die Brahmanen und Bürger von Setavyā aus der Stadt hinauszogen ... und zum Siṃsapāhain kamen. Wie er das sah, sprach er zu seinem Türhüter: „Was ziehen da, mein guter Türhüter, die Brahmanen und Bürger ...?"

„Da ist, Herr, der Asket Kumārakassapa ... *wie oben, bis:* ehrwürdig und heilig.' Diesen Herrn Kumārakassapa gehen sie sehen."

„So gehe, mein guter Türhüter, zu den Brahmanen und Bürgern von Setavyā und sprich zu den Brahmanen und Bürgern von Setavyā also: ‚Der Fürst Pāyāsi, meine Guten, läßt euch sagen: Wartet, denn der Fürst Pāyāsi will selbst kommen, den Asketen Kumārakassapa zu sehen.' Sonst überredet zuvor der Asket Kumārakassapa die dummen, törichten Brahmanen und Bürger von Setavyā: ‚Es gibt eine jenseitige Welt. Es gibt ungezeugte (himmlische) Wesen. Es gibt Lohn und Frucht guter und böser Taten.' Denn in Wahrheit, mein guter Türhüter, gibt es keine jenseitige Welt, gibt es keine ungezeugten Wesen, gibt es nicht Lohn noch Frucht guter und böser Taten."

Der Türhüter übermittelt den Brahmanen und Bürgern wörtlich den Auftrag.

Da ging der Fürst Pāyāsi, umgeben von den Brahmanen und Bürgern von Setavyā, nach dem Siṃsapāhain zum ehrwürdigen Kumārakassapa, begrüßte sich mit dem ehrwürdigen Kumārakassapa, wechselte mit ihm begrüßende, freundliche Rede und setzte sich zur Seite nieder. Auch von den Brahmanen und Bürgern von Setavyā setzten sich die einen nach ehrfruchtsvollem Gruß an den ehrwürdigen Kumārakassapa zur Seite nieder, andre begrüßten sich mit dem ehrwürdigen Kumārakassapa, wechselten mit ihm begrüßende, freundliche Rede und setzten sich zur Seite nieder, andre neigten ihre zusammengelegten Hände gegen den ehrwürdigen Kumārakassapa und setzten sich zur Seite nieder, andre nannten ihren Namen und Geschlechtsnamen und setzten sich zur Seite nieder, andre setzten sich schweigend zur Seite nieder.

Zur Seite dasitzend, sagte nun der Fürst Pāyāsi zum ehrwürdigen Kumārakassapa: „Ich, mein guter Kassapa, spreche also und habe diesen Glauben: ‚Es gibt keine jenseitige Welt. Es gibt keine ungezeugten (himmlischen) Wesen. Es gibt nicht Lohn noch Frucht guter und böser Taten'."

„Noch nie, mein Fürst, habe ich jemanden gesehen oder gehört, der also spricht oder diesen Glauben hat. Wie möchte wohl jemand also sprechen: ‚Es gibt keine ...'? So will ich denn, Fürst, dich hier selbst fragen. Wie es dir scheint, so mögst du mir antworten. Wie meinst du, Fürst, sind der Mond dort und die Sonne in dieser Welt oder in der jenseitigen? Sind sie Götter oder Menschen?"

„Der Mond dort und die Sonne sind in der jenseitigen Welt, nicht in dieser. Und sie sind Götter, nicht Menschen."

„So haben wir hier eine Erwägung, Fürst, auf Grund deren du zu der Überzeugung kommen mußt: ‚Es gibt eine jenseitige Welt ...'"

„Magst du gern so sprechen, mein guter Kassapa, ich bleibe doch bei meinem Glauben: ‚Es gibt keine ...'"

„Gibt es denn eine Erwägung, Fürst, auf Grund deren du annimmst: ‚Es gibt keine ...'?"

„Freilich Kassapa, gibt es eine Erwägung, auf Grund deren ich annehme ..."

„Und worin besteht die, Fürst?"

„Da sind, mein guter Kassapa, Freunde und Genossen von mir, Verwandte und Blutsfreunde, die morden, rauben, sündigen in ihren Lüsten, lügen, verleumden, führen grobe Reden, machen törichtes Geschwätz, sind gierig, voll böser Gedanken und Irrglauben. Die verfallen dann in Siechtum, Leiden, schwere Krankheit. Wenn ich dann merke, daß sie von ihrer Krankheit nicht genesen werden, gehe ich zu ihnen und sage: ‚Da sind, meine Guten, gewisse Asketen und Brahmanen, die also sprachen und diesen Glauben haben: Menschen, die morden, rauben ..., gehen, wenn ihr Leib zerbricht, jenseits des Todes den Unglücksweg, den bösen Gang, zur Verdammnis, zur Hölle. Ihr, meine Guten, habt nun gemordet, geraubt ... Wenn das Wort jener guten Asketen und Brahmanen wahr ist, werdet ihr, wenn euer Leib zerbricht, jenseits des Todes den Unglücksweg, den bösen Gang, zur Verdammnis gehen, in die Hölle kommen. Solltet ihr also, wenn euer Leib zerbricht ... in die Hölle kommen, so kommt doch zu mir und meldet mir: Es gibt eine jenseitige Welt. Es gibt ungezeugte Wesen. Es gibt Lohn und Frucht guter und böser Taten. Ihr, meine Guten, genießt bei mir Glauben und Vertrauen. Was ihr seht, wird mir gelten, als hätte ich es selbst gesehen.' Die sagen es mir zu: ,Gut, wir werden es tun.' Aber sie kommen nicht, mir das zu melden, und sie schicken auch keinen Boten. Auch das ist eine Erwägung, Kassapa, auf Grund deren ich annehme: Es gibt keine jenseitige Welt. Es gibt keine ungezeugten Wesen. Es gibt nicht Lohn noch Frucht guter und böser Taten."

„So will ich denn, Fürst, dich hier selbst fragen. Wie es dir scheint, so mögst du antworten. Wie meinst du, Fürst? Wenn deine Leute einen Räuber, einen schweren Verbrecher fassen und ihn dir vorführen: ,Das ist ein Räuber, Herr, ein schwerer Verbrecher. Verhänge über ihn Strafe nach deinem Ermessen' – dann würdest du sagen: ,So bindet diesen Mann mit einem starken Strick fest, die Arme auf dem Rücken, schert ihn kahl, führt ihn unter scharfem Trommelklang von einer Straße zur andern, von einer Wegkreuzung zur andern, geht zum Südtor hinaus und südlich von der Stadt auf dem Richtplatz schlagt ihm das Haupt ab.' Die sagen: ,Gut, das tun wir', binden den Mann mit einem starken Strick ... gehen zum Südtor hinaus und südlich von der Stadt auf dem Richtplatz lassen sie ihn sich setzen. Wenn da nun der Räuber zu den Scharfrichtern sagte: ,Wartet noch, meine guten Scharfrichter: in dem und dem Dorf oder Flecken habe ich Freunde und Genossen, Verwandte und Blutsfreunde – bis ich von denen Abschied genommen habe und wiederkomme' – würde er das wohl von ihnen erlangen, oder würden die Scharfrichter, ehe er noch zu Ende geschwätzt hat, ihm das Haupt abschlagen?"

„Wenn er zu den Scharfrichtern sagte, mein guter Kassapa ..., so würde er das von ihnen nicht erlangen, sondern sie würden, ehe er noch zu Ende geschwätzt hat, ihm das Haupt abschlagen."

„So würde also, Fürst, der Räuber, der ein Mensch ist, von den Scharfrichtern, die auch Menschen sind, nicht erlangen ... Wie sollten dann deine Freunde und Genossen, deine Verwandten und Blutsfreunde, die gemordet ..., wenn sie beim Zerbrechen ihres Leibes, jenseits des Todes den Unglücksweg, den bösen Weg, zur Verdammnis gegangen, in die Hölle gekommen sind, es erlangen, wenn sie zu den Höllenwächtern sagen: ‚Wartet noch, meine guten Höllenwächter, bis wir zum Fürsten Pāyāsi gegangen sind und ihm gemeldet haben: Es gibt eine jenseitige Welt ...'? So mußt du auch auf Grund dieser Erwägung, Fürst, zu der Überzeugung kommen: Es gibt eine jenseitige Welt ..."

„Magst du gern so sprechen, mein guter Kassapa ..." *wie S. 191.*

„Gibt es denn eine Erwägung, Fürst ..."

„Freilich, Kassapa, gibt es eine Erwägung ..."

„Und worin besteht die, Fürst?"

„Da sind, mein guter Kassapa, Freunde und Genossen von mir, Verwandte und Blutsfreunde, die enthalten sich des Mordens, des Raubens, des Sündigens in ihren Lüsten, des Lügens, des Verleumdens, der groben Reden, des törichten Geschwätzes; sie sind frei von Gier, frei von bösen Gedanken und haben den rechten Glauben. Die verfallen dann in Siechtum, Leiden, schwere Krankheit. Wenn ich dann merke, daß sie von ihrer Krankheit nicht genesen werden, gehe ich zu ihnen und sage: ‚Da sind, meine Guten, gewisse Asketen und Brahmanen, die also sprechen und diesen Glauben haben: Menschen, die sich des Mordens enthalten ... gehen, wenn ihr Leib zerbricht, jenseits des Todes den Heilsweg und kommen in den Himmel.' Ihr, meine Guten, habt euch nun des Mordens enthalten ... Wenn das Wort jener guten Asketen und Brahmanen wahr ist, werdet ihr, wenn euer Leib zerbricht, jenseits des Todes den Heilsweg gehen und in den Himmel kommen. Solltet ihr also, wenn euer Leib zerbricht ... in den Himmel kommen, so kommt doch zu mir und meldet mir ... *wie oben S. 192.*

Auch das ist eine Erwägung, Kassapa, auf Grund deren ich annehme: ‚Es gibt keine ...'"

„So will ich denn, Fürst, dir ein Gleichnis sagen. Durch ein Gleichnis erkennt manch ein Verständiger den Sinn dessen, was geredet wird. Wenn da ein Mann, Fürst, in eine Grube voll Unrat bis über den Kopf hineingeraten ist, und du den Leuten befiehlst: ‚Zieht den Mann aus der Grube mit Unrat heraus' – die sagen: ‚Gut, das wollen wir tun', und ziehn den Mann aus der Grube mit Unrat heraus. Dann sagst du zu ihnen: ‚Bürstet nun dem Mann den Urat mit Bambusbürsten gut ab von seinem Leib'. Sie sagen: ‚Gut, das wollen wir tun', und bürsten dem Mann den Unrat mit Bambusbürsten von seinem Leib gut ab. Dann sagst du zu ihnen: ‚Reibt nun diesem Mann den Leib dreimal gut mit gelbem Seifenpulver ein.' Und sie reiben dem Mann den Leib dreimal gut mit gelbem Seifenpulver ein. Dann sagst du zu ihnen: ‚Salbt nun den Mann mit Öl und wascht ihn dreimal mit feinem Toilettenpulver.' Und sie salben den Mann mit Öl und waschen ihn dreimal mit feinem Toilettenpulver. Dann sagst du zu ihnen: ‚Frisiert nun dem Mann Haar und Bart.' Und sie frisieren ihm Haar und Bart. Dann sagst du zu ihnen: ‚Bringt dem Mann einen kostbaren Kranz und kostbare Salbe und kostbare Kleider.' Und sie bringen dem Mann einen kostbaren Kranz und kostbare Salbe und kostbare Kleider. Dann sagst du zu ihnen: ‚Führt den Mann zu einem Palast und bereitet ihm Genüsse aller fünf Sinne. Und sie führen den Mann zu einem Palast und bereiten ihm Genüsse aller fünf Sinne.' Wie meinst du nun, Fürst, jener Mann, der schön gewaschen, schön gesalbt, an Haar und Bart frisiert, bekränzt und geschmückt, mit reinen Kleidern angetan ist, der auf dem Söller eines prächtigen Palastes weilt, der die Genüsse aller fünf Sinne zum Besitz und zu eigen hat und sich in ihnen wohlsein läßt – würde der wohl Lust haben, wieder in jene Grube voll Unrat hineinzugeraten?"

„Das würde er nicht, mein guter Kassapa."

„Und weshalb nicht?"

„Die Unratsgrube ist unrein, Kassapa – unrein und als unrein bekannt, übelriechend und als übelriechend bekannt, ekelhaft und als ekelhaft bekannt, widerwärtig und als widerwärtig bekannt."

„Ebenso, Fürst, sind nun den Göttern die Menschen unrein und als unrein bekannt ... widerwärtig und als widerwärtig bekannt. Auf hundert Meilen, Fürst, verjagt Menschengeruch die Götter. Wie sollten da deine Freunde und Genossen, Verwandten und Freunde, die sich des Mordes enthalten ... und die nach dem Zerbrechen ihres Leibes, jenseits des Todes den Heilsweg gegangen und in den Himmel gekommen sind, wiederkommen und dir melden: Es gibt ...? So mußt du auch auf Grund dieser Erwägung, Fürst, zu der Überzeugung kommen: Es gibt eine jenseitige Welt ..."

„Magst du gern so sprechen, mein guter Kassapa ..." *wie oben.*

„Gibt es denn eine Erwägung, Fürst ..."

„Freilich, Kassapa, gibt es eine Erwägung ..."

„Und worin besteht die, Fürst?"

„Da sind, mein guter Kassapa, Freunde und Genossen von mir ..."

Die Freunde der tugendhaften Art werden beschrieben. Sie sollen zu den Tāvatiṃsagöttern kommen, d. h. zu den Göttern des Himmels der „dreiunddreißig Götter". Aber sie bringen von dort nicht Nachricht. Das kommt daher, sagt Kassapa, weil bei jenen Göttern ein Tag so lang ist, wie hundert Jahre bei den Menschen. Wenn sie sich aufmachen, dem Menschen die erwartete Botschaft zu bringen, ist der längst tot. Aber, erwiderte Pāyāsi, was haben wir denn für Grund zu glauben, daß die Tāvatiṃsagötter überhaupt existieren und so lange Lebensdauer haben?

„Wie wenn da ein Blindgeborner wäre, Fürst, der sähe nicht Schwarz, nicht Weiß, nicht Blau, nicht Gelb, nicht Rot, nicht Braun, nicht Glattes, nicht Rauhes, nicht Sterne, nicht Mond noch Sonne – wenn der nun sagen wollte: ‚Es gibt nicht Schwarz, nicht Weiß; es gibt Niemanden, der Schwarz und Weiß sieht ... es gibt nicht Mond noch Sonne; es gibt Niemanden, der Mond und Sonne sieht. Ich kenne das nicht; ich sehe das nicht; darum ist es nicht': würde er, wenn er so spricht, Fürst, wohl die Wahrheit sprechen?"

„Das würde er nicht, mein guter Kassapa. Es gibt Schwarz und

Weiß; es gibt solche, die Schwarz und Weiß sehen ... es gibt Mond und Sonne; es gibt solche, die Mond und Sonne sehen. Wer so spricht: ‚Ich kenne das nicht; ich sehe das nicht; darum ist es nicht', der würde, mein guter Kassapa, nicht die Wahrheit sprechen."

„So kommst du mir, Fürst, ich möchte sagen, wie ein Blindgeborner vor, wenn du zu mir sprichst: ‚Wer sagt dir denn, Kassapa, daß es Tāvatiṃsagötter gibt oder daß die Tāvatiṃsagötter so langes Leben haben? Ich glaube es dir nicht, Kassapa, daß es Tāvatiṃsagötter gibt oder daß die Tāvatiṃsagötter so langes Leben haben.' Die jenseitige Welt aber, Fürst, kann nicht so, wie du es dir denkst, mit diesem fleischlichen Auge gesehen werden. Sondern die Asketen und Brahmanen, die in der Wildnis an waldentlegenen fernen Stätten ihren Sitz und ihr Lager haben, wohin kein Laut und kein Geräusch dringt und die dort unentwegt, in heißem Eifer, ihr Selbst dem Streben weihend verharren, die bereiten sich dort die Reinheit des göttlichen Auges: und mit dem göttlichen Auge, dem reinen, über Menschliches erhabenen sehen sie diese Welt und die jenseitige Welt und die ungezeugten Wesen. So kann die jenseitige Welt gesehen werden, Fürst, nicht aber so wie du es dir denkst, mit diesem fleichlischen Auge ..."

So werden immer weitere Erwägungen des Fürsten und die Widerlegungen seitens Kassapas einander gegenübergestellt. Es sei noch folgendes hervorgehoben. Der Fürst spricht:

„Da faßten, mein guter Kassapa, meine Leute einen Räuber, einen schweren Verbrecher und führen ihn mir vor: ‚Das ist ein Räuber, Herr, ein schwerer Verbrecher. Verhänge über ihn Strafe nach deinem Ermessen.' Dann sage ich zu ihnen: ‚So werft, meine Guten, diesen Mann lebendig in einen Kessel, verbindet dessen Öffnung, umwickelt ihn mit nassem Leder, bestreicht ihn dick mit nassem Ton, stellt ihn auf einen Ofen und zündet ein Feuer an.' Die sagen: ‚Gut, das tun wir', werfen den Mann lebendig in einen Kessel ... und zünden ein Feuer an. Wenn wir dann merken, daß der Mann tot ist, nehmen wir den Kessel herunter, binden ihn los, tun die Öffnung auf und beobachten in aller Ruhe, ob wir wohl des Mannes Seele entweichen sehen. Aber wir sehen seine Seele nicht entweichen ..."

Dem gegenüber fragt nun Kassapa:

„Entsinnst du dich wohl, Fürst, daß du, wenn du deine Mittagsruhe hieltest, Träume gehabt hast, von schönen Gärten oder schönen Hainen oder schönem Land oder schönen Lotusteichen?"

„In der Tat entsinne ich mich, Kassapa, daß ich, wenn ich meine Mittagsruhe hielt, Träume gehabt habe von schönen Gärten und schönen Hainen."

„Wachen dann nicht bei dir Wächterinnen: Bucklige, Zwerginnen, ...[1], junge Mädchen?"

„Freilich, mein guter Kassapa, wachen dann bei mir Wächterinnen ..."

„Sehen die nun deine Seele kommen oder gehen[2]?"

„Das sehen sie nicht, Kassapa."

„So können also, Fürst, diese Lebenden deine Seele, der du auch lebst, nicht kommen oder gehen sehn. Wie solltest du dann imstande sein, die Seele eines Gestorbenen kommen oder gehen zu sehen? ..."

Ein weiteres Argument des Fürsten.

„Da fassen, mein guter Kassapa, meine Leute einen Räuber, einen schweren Verbrecher ... *wie oben.* Dann sage ich zu ihnen: ‚So wägt, meine Guten, diesen Mann lebend mit einer Wage, erdrosselt ihn dann mit einer Bogensehne und wägt ihn wieder mit der Wage. Die sagen: ‚Gut, das wollen wir tun', wägen den Mann lebend mit einer Wage, erdrosseln ihn dann mit einer Bogensehne und wägen ihn wieder mit der Wage. So lange er nun lebt, ist er leichter, geschmeidiger und besser behandelbar. Wenn er aber tot ist, ist er schwerer, starrer und schlechter behandelbar. Auch das ist eine Erwägung ..."

Kassapa entgegnet wieder mit einem Gleichnis.

„Wenn ein Mann eine Eisenkugel, die einen Tag lang erhitzt, durchglüht, in feurigen, flammenden Zustand versetzt ist, mit

---

1 Ein dunkles Wort.

2 Der bekannte Glaube liegt zugrunde, daß an die Orte, von denen man träumt, die Seele des Träumenden sich hingegeben hat.

einer Wage wägte und ebendieselbe später, wenn sie kalt und ihre Glut erloschen ist, mit der Wage wägte: wann ist diese Eisenkugel leicher, geschmeidiger, besser behandelbar? Wenn sie durchglüht, in feurigen, flammenden Zustand versetzt ist, oder wenn sie kalt und ihre Glut erloschen ist?"

„Wenn diese Eisenkugel, mein guter Kassapa, vom Feuer durchdrungen, von Winden (Dämpfen) umgeben ist, durchglüht, in feurigen, flammenden Zustand versetzt, dann ist sie leichter, geschmeidiger, besser behandelbar. Wenn aber diese Eisenkugel nicht von Feuer durchdrungen, von Winden umgeben ist, wenn sie kalt und ihre Glut erloschen ist, dann ist sie schwerer, starrer und schlechter behandelbar."

„Ebenso, Fürst, ist auch dieser Körper, wenn Lebenskraft in ihm wohnt und Wärme in ihm wohnt und Erkenntnis in ihm wohnt, leichter, geschmeidiger, besser behandelbar. Wenn aber in diesem Körper keine Lebenskraft wohnt und keine Wärme in ihm wohnt und keine Erkenntnis in ihm wont, dann ist er schwerer, starrer und schlechter behandelbar ..."

Nun wieder der Fürst:

„Da fassen, mein guter Kassapa, meine Leute einen Räuber, einen schweren Verbrecher ... Dann sage ich zu ihnen: ‚So bringt diesen Mann zu Tode, meine Guten, ohne seine Haut und sein Fell, sein Fleisch, seine Sehnen, seine Knochen, sein Mark zu beschädigen.' Die sagen: ‚Gut, das wollen wir tun', und bringen den Mann zu Tode, ohne ... zu beschädigen. Wenn er nun halbtot ist, sage ich zu ihnen: ‚Legt diesen Mann auf seinen Rücken, ob wir wohl seine Seele entweichen sehen.' Dann legen sie den Mann auf den Rücken, aber seine Seele sehen wir nicht entweichen. Dann sage ich zu ihnen: ‚Legt diesen Mann krumm ... auf die Seite ... auf die andere Seite ... stellt ihn aufrecht hin ... stellt ihn mit dem Kopf abwärts hin ... schlagt ihn mit der Hand ... werft ihn mit Erdklößen ... schlagt ihn mit einem Stock ... mit einem Schwert ... schüttelt ihn hin und her ... schüttelt ihn durch ... schüttelt ihn aus, ob wir wohl seine Seele entweichen sehen.' Die schütteln den Mann hin und her, schütteln ihn durch, schütteln ihn aus; aber seine Seele sehen wir nicht entweichen. Sein Auge ist dasselbe wie früher, und ebenso sind es die sichtbaren Dinge, aber die Wahrnehmungen auf diesem Gebiet haben aufgehört. Sein Ohr ist dasselbe wie früher, und ebenso sind es die Töne ... Seine Nase ist dieselbe wie früher und ebenso sind es die Gerüche ... Seine Zunge ist dieselbe wie früher und ebenso sind es die schmerzbaren Dinge ... Sein Leib ist derselbe wie früher und ebenso sind es die berührbaren Dinge, aber die Wahrnehmungen auf diesem Gebiet haben aufgehört. Auch das ist eine Erwägung ..."

Antwort wieder mit einem Gleichnis.

„Es war einmal ein Muschelbläser. Der nahm seine Muschel und ging in ein Land an der Grenze. Da kam er zu einem Dorf. Dort stellte er sich mitten ins Dorf hin, blies dreimal auf seiner Muschel, warf die Muschel auf die Erde und setzte sich daneben. Da dachten die Leute in jenem Lande: ‚Woher kommt dieser Ton so reizend, so lieblich, so berauschend, so fesselnd, so sinnberükkend?' Sie strömten zusammen und sprachen zu dem Muschelbläser: ‚Sage uns, woher kommt dieser Ton ...?' ‚Das ist diese Muschel, meine Guten, von der dieser Ton kommt ...' Da legten sie die Muschel auf ihre Unterseite und sprachen: ‚Ertöne, liebe Muschel! Ertöne, liebe Muschel!' Aber die Muschel gab keinen Ton von sich. Da legten sie die Muschel krumm hin ... *folgen die entsprechenen Prozeduren wie oben bei dem Hingerichteten.* Aber die Muschel gab keinen Ton von sich. Da dachte der Muschelbläser: ‚Wie dumm sind doch diese Leute im Land an der Grenze! Wie können sie auf so verkehrte Art nach dem Ton der Muschel suchen!' Da ergriff er vor ihren Augen die Muschel, blies auf ihr dreimal und ging mit ihr davon. Da sagten sich jene Leute in dem Land an der Grenze: ‚Wenn bei solch einer Muschel, meine Guten, ein Mann dabei ist, und Anstrengung angewandt und ein Luftzug hervorgebacht wird, dann gibt diese Muschel einen Ton. Wenn aber bei solcher einer Muschel kein Mann dabei ist und keine Anstrengung angewandt und kein Luftzug hervorgebracht wird, dann gibt die Muschel keinen Ton? Ebenso, Fürst, steht es auch mit diesem Körper. Wenn Lebenskraft in ihm wohnt, dann geht und kommt er, er steht, sitzt, liegt; mit dem Auge sieht er das Sichtbare, mit dem Ohr hört er die Töne, mit der Nase riecht er die Gerüche, mit der Zunge schmeckt er den Geschmack, mit dem Leibe berührt er das Berührbare, mit dem Geist erkennt er die Gedanken. Wenn aber in diesem Körper keine Lebenskraft wohnt *wie oben, negativ* ..."

So gehen die Reden und Gegenreden weiter. Pāyāsi widerstrebt der besseren Überzeugung, da er nun einmal bekannt dafür ist, jene seine Meinung zu hegen. Endlich muß er nachgeben, erklärt sich als Laiengläubigen und kommt bei seinem Tode in den Himmel, freilich nur zu einer niederen Region der Himmelswelt, da er es beim Gabenspenden am rechten Eifer und der rechten Hingebung hat fehlen lassen.

48.
VON DEN HÖLLENSTRAFEN

„Drei Botschaften senden die Götter, ihr Mönche. Welche drei sind das?

Da wandelte jemand übel in Gedanken, Worten und Werken. Wegen solch' übeln Wandels in Gedanken, Worten und Werken geht er, wenn sein Leib zerbricht, jenseits des Todes den Unglückweg, den bösen Gang, zur Verdammnis, zur Hölle. Den ergreifen, ihr Mönche, die Höllenwächter hier und dort an den Armen und bringen ihn vor den König Yama[1]: ‚Herr, dies ist ein Mann, der Mutter und Vater nicht geehrt hat, der Asketen und Brahmanen nicht geehrt, den Ältesten seines Geschlechts keine Ehre erwiesen hat. Über den mögest du, Herr, Strafe verhängen!'

Dann befragt ihn und verhört ihn und redet mit ihm König Yama von der ersten Götterbotschaft: ‚Sage mir, Mann, hast du nicht gesehen, wie unter den Menschen die erste Götterbotschaft erschienen ist?'

Und er antwortet: ‚Das habe ich nicht gesehen, Herr!'

Dann spricht König Yama zu ihm: ‚Sage mir, Mann, hast du nicht unter den Menschen eine Frau oder einen Mann gesehen, achtzig oder neunzig oder hundert Jahre alt, Greis, gekrümmt wie

[1] Den Totengott und Totenrichter.

ein Gabeldach, gebückt, auf einen Stab gestützt, einherwandernd, schwach, der Jugendkraft bar, mit gebrochenen Zähnen, ergraut, kahl; er wackelt mit dem Kopf (?), ist runzlig und an allen Gliedern mit Flecken bedeckt?'

Und er antwortet: ,Das habe ich gesehen, Herr!'

Dann spricht König Yama zu ihm: ,Sage mir, Mann, da du doch verständig genug und alt genug warst, hast du da nicht zu dir gesagt: Auch ich bin dem Alter unterworfen und von des Alters Macht nicht frei. Wohlan denn, ich will Gutes tun in Gedanken, Worten und Werken –?'

Und er antwortet: ,Das hab' ich nicht vermocht, Herr. Das hab' ich im Leichtsinn versäumt.'

Dann spricht König Yama zu ihm: ,Höre, Mann, aus Leichtsinn hast du nichts Gutes getan in Gedanken, Worten und Werken. Wahrlich, Mann, man wird dir tun, wie einem Leichtsinnigen gebührt. Deine bösen Taten hat nicht deine Mutter gtan und hat nicht dein Vater getan, nicht dein Bruder und nicht deine Schwester, nicht deine Freunde und Hausgenossen und nicht deine Verwandten und Blutsfreunde, nicht Götter, nicht Asketen und Brahmanen. Du allein hast deine bösen Taten getan, und du allein sollst ihren Lohn ernten.'

Wenn König Yama ihn so, ihr Mönche, über die erste Götterbotschaft befragt und verhört und davon mit ihm geredet hat, befragt und verhört er ihn und redet mit ihm von der zweiten Götterbotschaft: ,Sage mir, Mann, hast du nicht gesehen, wie unter den Menschen die zweite Götterbotschaft erschienen ist?'

Und er antwortet: ,Das habe ich nicht gesehen, Herr!'

Dann spricht König Yama zu ihm: ,Sage mir, Mann, hast du nicht unter den Menschen eine Frau oder einen Mann gesehen krank, leidend, voll schweren Siechtums, daliegend in seinem eigenen Urin und Kot, von andern aufgerichtet, von andern niedergelegt?'

Und er antwortet: ,Das habe ich gesehen, Herr!'

Dann spricht König Yama zu ihm: ,Sage mir, Mann, da du doch verständig genug warst und alt genug warst, hast du da nicht zu dir gesagt: Auch ich bin der Krankheit unterworfen und von der

Krankheit Macht nicht frei. Wohlan denn, ich will Gutes tun in Gedanken, Worten und Werken –?'

Und er antwortet: ‚Das hab' ich nicht vermocht, Herr. Das hab' ich im Leichtsinn versäumt.' *Antwort Yamas wie oben.*

Entsprechende Fragen nach der dritten Götterschaft:

Dann spricht König Yama zu ihm: ‚Sage mir, Mann, hast du nicht unter den Menschen eine Frau oder einen Mann gesehen tot seit einem Tage, oder tot seit zwei Tagen, oder tot seit drei Tagen, geschwollen, voll blauer Flecken mit fauligem Ausfluß?'

Und er antwortet: ‚Das hab' ich gesehen, Herr!'

Dann spricht König Yama zu ihm *entsprechend wie oben.*

Wenn König Yama ihn so, ihr Mönche, über die dritte Götterbotschaft befragt und verhört und darüber mit ihm geredet hat, schweigt er still.

Dann nehmen die Höllenwächter, ihr Mönche, mit ihm vor, was man die fünffache Fesselung nennt. Sie treiben einen glühenden eisernen Pflock durch seine Hand, treiben einen glühenden eisernen Pflock durch seine andere Hand ... durch seinen Fuß ... durch seinen anderen Fuß ... mitten durch die Brust. Da leidet er qualvolle, bittere, scharfe, stechende Schmerzen, und er stirbt nicht, solange seine böse Tat nicht abgebüßt ist.

Dann legen die Höllenwächter, ihr Mönche, ihn hin und zerschlagen ihn mit Äxten. Da leidet er qualvolle ...

Dann stellen die Höllenwächter, ihr Mönche, ihn hin, die Füße aufwärts und den Kopf abwärts, und zerschlagen ihn mit spitzen Messern ... spannen ihn vor einen Wagen und zwingen ihn, auf glühendem, brennendem, feurigem Boden hin und her zu laufen ... zwingen ihn, auf einem großen Kohlenberg, glühend, brennend, feurig, auf- und abzusteigen ... ergreifen ihn, und die Füße aufwärts, den Kopf abwärts, werfen sie ihn in einen erhitzten Metallkessel, glühend, brennend, feurig. Da wird er gekocht, so daß Blasen aufsteigen. Und während er da gekocht wird und die Blasen aufsteigen, steigt er einmal in die Höhe, sinkt er einmal in die Tiefe, bewegt er sich einmal in die Quere. Da leidet er qualvolle, bittere, scharfe, stechende Schmerzen, und er stirbt nicht, solange seine böse Tat nicht abgebüßt ist.

Dann werfen ihn die Höllenwächter, ihr Mönche, in die ‚Große Hölle'. Diese ‚Große Hölle' aber, ihr Mönche, ist

Viereckig und mit vier Toren,
Teil gegen Teil wohl abgegrenzt –
Umschließend rings eiserner Wall,
Oben bedeckend Eisendach.

Der Eisenboden heiß brennend,
Von wilder Flammenglut durchloht,
Auf hundert Meilen sprüht ringsum
Immerdar seinen Feuerstrahl.

Es geschah einmal, ihr Mönche, daß König Yama also bei sich dachte: ‚Wer in der Welt Böses tut, dem werden solche vielfache Qualen angetan. Möchte ich doch als Mensch wiedergeboren werden, und möchte ein Vollendeter in der Welt erscheinen, ein heiliger, höchster Buddha. Diesem Erhabenen möchte ich meine Verehrung bringen; und möchte er, der Erhabene, mir die Lehre predigen, und ich die Predigt dieses Erhabenen verstehen!'

Wenn ich so rede, ihr Mönche, so habe ich das nicht von einem anderen Asketen oder Brahmanen gehört. Sondern was ich selbst erkannt, selbst gesehen, selbst erlebt habe, das sage ich euch[1]."

Die Menschen, die für nichts achten
Die Götterbotschaft leichten Sinns,
Müssen gar lange Qual leiden
Zu niedrer Daseinsform verdammt.

Doch die von Leichtsinn frei fassen,
Woran die Götterbotschaft mahnt,
Die Guten, die ihr Ohr öffnen
Der edlen Lehre williglich,

---

[1] Mit anderen Worten: Buddha ist selbst in einer früheren Existenz König Yama gewesen.

Sehn der Geburt, des Tods Wurzel
Im Ergreifen[1], dem schrecklichen;
Vom Ergreifen sie ablassen;
Für sie hört auf Geburt und Tod.

Zu Fried' und Seligkeit dringend,
Erloschen schon im Erdensein,
Aller Feindschaft und Furcht ledig
Sind sie entronnen allem Leid.'

49.
DIE WESENLOSIGKEIT DES WELTDASEINS

„Wie wenn, ihr Mönche, dieser Gangesstrom eine große Schaummasse mit sich führte; die sähe ein Mann mit scharfem Auge an, dächte darüber nach und prüfte sie gründlich – und wenn er sie ansieht, nachdenkt, und sie gründlich prüft, erscheint sie ihm leer und nichtig und ohne Kern, denn was für einen Kern, ihr Mönche, hätte wohl eine Schaummasse? –

Ebenso, ihr Mönche, steht es mit aller Körperlichkeit, die es nur immer geben mag, vergangener, künftiger, gegenwärtiger, in uns oder außerhalb, stark oder zart, gering oder hoch, in Ferne oder Nähe: die sieht der Mönch an, denkt über sie nach und prüft sie gründlich. Und wenn er sie ansieht, nachdenkt und sie gründlich prüft, erscheint sie ihm leer und nichtig und ohne Kern: Denn was für einen Kern, ihr Mönche, hätte wohl die Körperlichkeit?

Wie wenn, ihr Mönche, in der Herbstzeit der Himmel regnet und mächtiges Spritzen sich erhebt, und dann im Wasser eine Blase entsteht und wieder platzt; die sähe ein Mann mit scharfem Auge an ... *wie oben,* denn was für einen Kern, ihr Mönche, hätte wohl eine Wasserblase? –

Ebenso, ihr Mönche, steht es mit allen Empfindungen, die es nur immer geben mag ...

Wie wenn, ihr Mönche, im letzten Sommermonat zur Mittags-

[1] Man erinnere sich der Rolle, die das „Ergreifen" beispielsweise in der Kausalitätsformel (oben S. 83) spielt.

zeit eine Luftspiegelung sich zeigt; die sähe ein Mann mit scharfem Auge an ...

Ebenso, ihr Mönche, steht es mit allen Vorstellungen, die es nur immer geben mag ...

Ein ähnliches Gleichnis, der geläufigen Fünferreihe folgend, für deren viertes Glied, die „Gestaltungen".

Endlich fünftens:

Wie wenn, ihr Mönche, ein Zauberkünstler oder eines Zauberkünstlers Gehilfe an einer Hauptstraße einen Zaubertrug erscheinen ließe; den sähe ein Mann mit scharfem Auge an, dächte darüber nach und prüfte ihn gründlich – und wenn er ihn ansieht, nachdenkt und ihn gründlich prüft, erscheint er ihm leer und nichtig und ohne Kern: Denn was für einen Kern, ihr Mönche, hätte wohl Zaubertrug? –

Ebenso, ihr Mönche, steht es mit allem Erkennen, das es nur immer geben mag, vergangenem, künftigem, gegenwärtigem, in uns oder außerhalb, stark oder zart, gering oder hoch, in Ferne oder Nähe: das sieht der Mönch an, denkt darüber nach und prüft es gründlich. Und wenn er es ansieht, nachdenkt und es gründlich prüft, erscheint es ihm leer und nichtig und ohne Kern: denn was für einen Kern, ihr Mönche, hätte wohl das Erkennen?"

50.
DAS MEER DER VERGÄNGLICHKEIT

„‚Das Meer, das Meer', so spricht, ihr Mönche, ein Alltagsmensch, der die Lehre nicht vernommen hat. Dies aber, ihr Mönche, ist es nicht, was in der Ordnung des Edlen das Meer genannt wird. Dies, ihr Mönche, ist nur eine große Wassermasse, eine große Wasserflut.

Das Auge des Menschen, ihr Mönche, ist das Meer; die sichtbare Welt ist das Wüten dieses Meeres. Wer diese Meereswut der sichtbaren Welt überwunden hat, von dem heißt es, ihr Mönche: ‚Hinübergelangt ist er über das Meer des Auges mit seinen Wogen, seinen Strudeln, seinen Ungeheuern, seinen Meergeistern. Er ist drüben, hat das Ufer erreicht. Auf festem Boden steht er, ein Brahmane!'" *Dasselbe wird wiederholt vom Ohr mit seinen Objekten und den andern Sinnen.*

So sprach der Erhabene. Als so der Wohlwandelnde geredet hatte, sprach der Meister weiter also:

„Hat man dies Meer mit seinen Wasserschlünden,
Voll Wogen, Meergeistern und Ungeheuern
durchschifft, hat man Weisheit und Heiligkeit erlangt.
Das Land hat man, man hat des Weltalls Ziel erreicht."

51.
DIE VERGÄNGLICHKEIT DES DASEINS

Also hab' ich gehört.

Einstmals verweilte der Erhabene zu Sāvatthī, im Jetavana, dem Garten des Anāthapiṇḍika.

Und als die Nacht herangekommen war, kam zum Erhabenen eine Gottheit, die ergoß mit ihrer herrlichen Erscheinung Glanz über das ganze Jetavana. Und sie brachte dem Erhabenen ehrfurchtsvollen Gruß und trat zur Seite hin. Und zur Seite stehend, sprach die Gottheit vor dem Erhabenen diesen Spruch:

„Das Leben schwindet hin; kurz ist das Dasein.
Das Alter reißt uns weg. Nichts kann uns retten.
Des Todes drohende Gefahr erkennend
Soll gutes Werk man tun, das Freudenlohn bringt.

Das Leben schwindet hin; kurz ist das Dasein.
Das Alter reißt uns weg. Nichts kann uns retten.
Des Todes drohende Gefahr erkennend
Verlasse man die Weltlust, suche Frieden."

So sprach jene Gottheit. Der Meister gab ihr seinen Beifall. Da dachte die Gottheit: „Der Meister gibt mir seinen Beifall", und sie brachte dem Erhabenen ihren ehrfurchtsvollen Gruß, umwandelte ihn rechtshin und verschwand von selbiger Stätte.

52.
DER GEDANKE DER VERGÄNGLICHKEIT ALLES SEINS

„Der Gedanke an die Vergänglichkeit, ihr Mönche, wenn man ihn in sich fördert und ihm weiten Raum gibt, erfaßt alle Begier, die sich auf Lust richtet, alle Begier, die sich auf Gestalt richtet, alle Begier, die sich auf Werden richtet, alles Nichtwissen, allen Stolz des ‚Ich bin', und vernichtet alles das.

Wie in der Herbstzeit, ihr Mönche, ein Pflüger mit einem großen Pfluge pflügt und alles Wurzelgeflecht zerreißt, so erfaßt auch der Gedanke an die Vergänglichkeit, ihr Mönche, wenn man ihn in sich fördert ...

*

Wie, ihr Mönche, unter den Gerüchen aller Essenzen der Safran am höchsten gilt, so erfaßt auch ...

Wie, ihr Mönche, aller Glanz der Sterne nicht auch nur dem sechzehnten Teil des Mondglanzes gleichkommt, der Mondglanz von allem am höchsten gilt, so ...

Wie, ihr Mönche, in der Herbstzeit, wenn der Himmel klar und wolkenlos ist, die Sonne zum Himmel aufsteigend, alles Dunkel im Luftraum vernichtet und strahlt und wärmt und leuchtet, so ..."

53.
DIE VIER BERGE

... Wie sich nun der Kosalakönig Pasenadi zur Seite niedergesetzt hatte, fragte ihn der Erhabene: „Nun, großer König, wo kommst du her?" „Ich hatte jetzt mit den königlichen Geschäften zu tun, die den Königen obliegen, den Fürsten, deren Haupt gesalbt ist, die trunken sind von des Herrschens Trunkenheit, die von der Gier der Lust besessen sind, die ihrem Reich festen Bestand gesichert haben, die den weiten Erdkreis ersiegt haben und seiner walten."

„Wie meinst du nun, großer König? Da käme zu dir von Osten her ein glaubwürdiger, zuverlässiger Mann; der spräche zu dir: ‚Ich habe zu melden, großer König: ich komme aus dem Osten. Da habe ich gesehen, wie ein großer Berg gegen uns herankommt, wolkengleich, alles, was lebt, zermalmend. Tue du nun, großer König, was da zu tun ist.'

Und ebenso käme zu dir von Westen her ein zweiter glaubwürdiger, zuverlässiger Mann ... von Norden her ein dritter ... von Süden her ein vierter glaubwürdiger, zuverlässiger Mann *immer mit derselben Botschaft.*

Wenn sich gegen dich, großer König eine solche Riesengefahr erhebt, der furchtbarste Untergang von Menschen, wo es doch schwer ist, menschlicher Geburt teilhaft zu werden [1]: was wäre da zu tun?"

„Wenn sich, Herr, eine solche Riesengefahr erhebt, der furchtbarste Untergang von Menschen, wo es doch schwer ist, menschlicher Geburt teilhaft zu werden: was wäre da anders zu tun als in Gerechtigkeit zu wandeln, in Frieden zu wandeln, Tugend zu üben, gute Werke zu vollbringen?"

„So sage ich dir, großer König, und vermelde ich dir, großer König: gegen dich, großer König, ziehen Alter und Tod heran. Und wenn gegen dich, großer König, Alter und Tod heranziehen, was ist da zu tun?"

„Wenn gegen mich Alter und Tod heranziehen, Herr, was wäre da anders zu tun als in Gerechtigkeit zu wandeln, in Frieden zu wandeln, Tugend zu üben, große Werke zu vollbringen?

Und was es für Elefantenkriegsmacht gibt, Herr, bei den Königen, den Fürsten, deren Haupt gesalbt ist, die trunken sind von des Herrschens Trunkenheit, die von der Gier der Lust besessen sind, die ihrem Reich festen Bestand gesichert haben, die den weiten Erdkreis ersiegt haben und seiner walten: auch für solchen Krieg der Elefanten, Herr, ist keine Bahn, ist kein Raum, wenn Alter und Tod heranziehen.

Und was es für Rossekriegsmacht ... für Streitwagenkriegsmacht ... für Fußkämpferkriegsmacht gibt ... *wie oben.*

Es gibt wohl, Herr, in meinem Königshause Minister, gewandt im Rat: die verstehen es, Feinde, die uns nahen, durch klugen Rat

---

[1] Im Lauf der Seelenwanderung ist es im Vergleich zu anderen, unglücklicheren Losen ein seltenes Glück, als Mensch geboren zu werden.

untereinander zu veruneinigen. Aber auch für diesen Krieg des Rates, Herr, ist keine Bahn, ist kein Raum, wenn Alter und Tod heranziehen.

Es gibt wohl, Herr, in meinem Königshause gar vieles Gold, im Erdboden vergrabenes und offenbares, so daß wir Feinde, die uns nahen, mit Geld bestechen können. Aber auch für diesen Krieg des Geldes, Herr, ist keine Bahn, ist kein Raum, wenn Alter und Tod heranziehen.

Wenn also gegen mich Alter und Tod heranziehen, Herr, was wäre da anders zu tun als in Gerechtigkeit zu wandeln, in Frieden zu wandeln, Tugend zu üben, gute Werke zu vollbringen?"

„So ist es, großer König! So ist es, großer König! Wenn gegen dich Alter und Tod heranziehen, was wäre da anders zu tun als in Gerechtigkeit zu wandeln, in Frieden zu wandeln, Tugend zu üben, gute Werke zu vollbringen?"

So sprach der Erhabene. Als so der Wohlwandelnde geredet hatte, sprach der Meister also:

„Als ob zum Himmel aufragend
Mächt'ge Felsen und Bergeshöhn
Uns umschließend herankämen,
Alles Dasein zermalmend rings:

So naht Alter, der Tod nahet
Allem, was atmet und sich regt,
Brahmanen, Adelsherrn, Bürgern
Bis zu den Niedrigsten herab.

Ihr Andringen verschont keinen;
Alle zermalmt die Übermacht.
Nichts vermögen da Streitwagen,
Elefanten, Soldatenheer,
Und auch durch kluge Ratschläge,
Durch Geld bezwingt man nicht den Feind.

Darum der weise Mann klüglich,
Wohl bedenkend sein höchstes Heil
Auf Buddha, auf die Heilslehre,
Auf die Gemeinde gläubig baut.

Wer durch sein Tun dem Recht huldigt,
Durch sein Denken und durch sein Wort,
Hienieden Ehr' und Preis findet.
Droben genießt er Himmelslust."

54.
DAS LEBEN IST KURZ

Also habe ich gehört.

Einstmals verweilte der erhabene Buddha zu Rājagaha, im Veḷuvana, dem Kalandakanivāpa.

Da sprach der Erhabene zu den Mönchen: „Ihr Mönche!" „Herr und Meister", so erwiderten die Mönche dem Erhabenen.

Und der Erhabene sprach also:

„Ihr Mönche, dies Menschenleben ist kurz. Ins Jenseits geht man. Tugend muß man üben. In Heiligkeit muß man wandeln. Nichts Geborenes ist dem Tod entnommen. Wer lange lebt, ihr Mönche, der lebt hundert Jahre oder um ein Weniges länger."

Da ging Māra der Böse zum Erhabenen hin und sprach zum Erhabenen diesen Spruch:

„Das Menschenleben, lang ist es;
Drum sei sorglos der rechte Mann
Dem Säugling gleich, dem milchtrunkenen,
Denn nicht erreicht ihn ja der Tod."

Der Erhabene aber erkannte Māra den Bösen und sprach zu ihm diesen Spruch:

„Das Menschenleben, kurz ist es;
Voll Sorgen sei der rechte Mann,
Wie wenn Flammen sein Haupt faßten,
Denn nicht verschont ihn ja der Tod."

Da sah Māra der Böse: „Der Erhabene kennt mich; der Wohlwandelnde kennt mich." Und traurig und unmutig verschwand er von selbiger Stätte.

Derselbe Eingang wie oben.

Da ging Māra der Böse zum Erhabenen hin und sprach zum Erhabenen diesen Spruch:

„Tag' und Nächte nicht hinschwinden.
Unbegrenzt ist die Lebenszeit.
Des Menschen Dasein läuft vorwärts
Wie an der Deichsel läuft das Rad."

Buddhas Erwiderung

„Tag' und Nächte dahin schwinden.
Eng begrenzt ist die Lebenszeit.
Menschendasein versiegt balde,
Wie eines Bächleins Naß versiegt."

Schluß wie oben.

55.

DIE MACHT VON ALTER UND TOD

Zu Buddha kommt König Pasenadi und fragt ihn

„Gibt es, Herr, für das, was geboren ist, ein Dasein ohne Alter und Tod?"

„Es gibt kein Dasein, großer König, ohne Alter und Tod. Und auch die großen Herren vom Adel, die in allem Wohlstand leben, die reich sind an Besitz und Habe, die Gold und Silber in Menge besitzen, und Reichtümer und alles, dessen sie bedürfen, in Menge besitzen, und Schätze und Getreide in Menge besitzen: auch für sie, wie sie geboren sind, gibt es kein Dasein ohne Alter und Tod.

Und auch die großen Herren vom Brahmanenstande, und die großen Herren vom Bürgerstande, die in allem Wohlstand leben ... gibt es kein Dasein ohne Alter und Tod.

Und auch die Mönche, großer König, die heiligen, die alles Verderben abgetan haben, die den heiligen Wandel erfüllt, ihr Werk getan, ihre Last abgelegt, das Ziel des Heiles erreicht, die Fesseln des Werdens zerbrochen, in voller Erkenntnis die Erlösung gefunden haben: auch ihr Leib muß zerbrechen und sie müssen ihn von sich legen.

„Der Kön'ge prächt'ge Wagen, sie verfallen.
Verfallen läßt das Alter unsre Leiber.
Der Edlen Lehre wird nicht alt, verfällt nicht,
Und Edle künden sie mit edlen Helfern."

56.
BUDDHA UND DIE WELT

„Ich streite nicht mit der Welt, ihr Mönche. Sondern die Welt streitet mit mir. Wer die Wahrheit verkündet, ihr Mönche, streitet mit Niemandem in der Welt.

Wovon die Weisen in der Welt, ihr Mönche, halten, daß es nicht sei, davon sage auch ich: ‚Es ist nicht.' Und wovon, ihr Mönche, die Weisen in der Welt halten, daß es sei, davon sage auch ich: ‚Es ist.'

Und was ist es, ihr Mönche, wovon die Weisen in der Welt halten, daß es nicht sei, und wovon auch ich sage: ‚Es ist nicht?'

Von Körperlichkeit, ihr Mönche, die beständig, bleibend, ewig, der Veränderung nicht unterworfen wäre, halten die Weisen in der Welt, daß sie nicht sei, und auch ich sage von ihr: ‚Sie ist nicht.' *Dasselbe über Empfindungen, Vorstellungen, Gestaltungen, Erkennen; vgl. S. 97 A. 1.*

Dies ist es, ihr Mönche, wovon die Weisen in der Welt halten, daß es nicht sei, und wovon auch ich sage: ‚Es ist nicht.'

Und was ist es, ihr Mönche, wovon die Weisen in der Welt halten, daß es sei, und wovon auch ich sage: ‚Es ist?'

Von Körperlichkeit, ihr Mönche, die unbeständig, leidenvoll, der Veränderung unterworfen ist, halten die Weisen in der Welt, daß sie sei, und auch ich sage von ihr: ‚Sie ist.'

Dasselbe über Empfindungen, Vorstellungen usw.

Dies ist es, ihr Mönche, wovon die Weisen in der Welt halten, daß es sei, und wovon auch ich sage: ‚Es ist.'

Es gibt, ihr Mönche, in der Welt eine Weltwesenheit, die der Vollendete erkennt und durchschaut. Und indem er sie erkennt und durchschaut, lehrt er sie, zeigt er sie auf, tut er sie kund, stellt er sie hin, enthüllt er sie, erklärt er sie Stück für Stück, legt er sie auseinander.

Und was ist, ihr Mönche, in der Welt die Weltwesenheit, die der Vollendete erkennt ...?

Die Körperlichkeit, ihr Mönche, ist in der Welt eine Weltwesenheit, die der Vollendete erkennt ... Und wenn sie so, ihr Mönche, vom Vollendeten gelehrt, aufgezeigt, kundgetan, hingestellt, enthüllt, Stück für Stück erklärt, auseinander gelegt wird: wer sie dann nicht erkennt und erschaut, was kann ich, ihr Mönche, mit einem solchen Toren machen, einem Alltagsmenschen, einem Blinden, einem Augenlosen, der nicht erkennt und nicht schaut?

Dasselbe über Empfindungen, Vorstellungen usw.

Wie, ihr Mönche, eine Wasserrose oder eine blaue Lotusblume oder eine weiße Lotusblume, im Wasser geboren, im Wasser erwachsen, über das Wasser sich erhebt, vom Wasser unbenetzt: ebenso, ihr Mönche, steht der Vollendete da, in der Welt erwachsen, die Welt überwindend, von der Welt unbefleckt."

57.

VERGÄNGLICHKEIT DES GEISTIGEN WIE DES KÖRPERLICHEN

Also hab' ich gehört.

Einstmals verweilte der Erhabene zu Sāvatthī, im Jetavana, dem Garten des Anāthapiṇḍika.

Da sprach der Erhabene zu den Mönchen: „Ihr Mönche!"

„Herr und Meister!" erwiderten die Mönche dem Erhabenen.

Der Erhabene aber redete also:

„Auch ein Alltagsmensch, ihr Mönche, der die Lehre nicht vernommen hat, mag sich wohl von diesem Körper, der aus den vier Elementen gebildet ist, abwenden, von Begehren danach frei werden, sich von ihm lösen. Und warum das? Weil man bei diesem Körper, ihr Mönche, der aus den vier Elementen gebildet ist, Wachstum wahrnimmt und Verfall, In-sich-Aufnehmen und Von-sich-Fortgehen. Deshalb mag auch ein Alltagsmensch, der die Lehre nicht vernommen hat, sich davon abwenden, von Begehren danach frei werden, sich davon lösen.

Was aber, ihr Jünger, Geist genannt wird oder Denken oder Erkennen, davon sich abzuwenden, von Begehren danach frei zu werden, sich davon zu lösen ist ein Alltagsmensch, der die Lehre nicht vernommen hat, nicht imstande. Und warum nicht? Weil durch lange Zeit, ihr Mönche, der Alltagsmensch, der die Lehre nicht vernommen hat, es festgehalten, es sich zu eigen gemacht, es in sich bewegt hat: ‚Dies ist mein. Dies bin ich. Dies ist mein Selbst.' Deshalb ist ein Alltagsmensch, der die Lehre nicht vernommen hat, nicht imstande, sich davon abzuwenden, vom Begehren danach frei zu werden, sich davon zu lösen.

Es wäre aber immer noch besser, ihr Mönche, hielte ein Alltagsmensch, der die Lehre nicht vernommen hat, diesen aus den vier Elementen gebildeten Körper für das Selbst, als den Geist.

Und warum das?

Der aus den vier Elementen gebildete Körper, ihr Mönche, kann wohl ein Jahr lang als bestehend erscheinen oder zwei Jahre lang ...[1] oder hundert Jahre lang oder noch länger. Was aber, ihr Jünger, Geist genannt wird oder Denken oder Erkennen, das entsteht und vergeht immer wechselnd Tag und Nacht.

Wie ein Affe, ihr Mönche, der in einem Walde, einem Gehölz umherstreift, einen Ast ergreift und den fahren läßt und einen andern ergreift, so entsteht und vergeht, was Geist genannt wird oder Denken oder Erkennen, immer wechselnd Tag und Nacht.

Da bedenkt nun, ihr Mönche, ein kundiger, edler Hörer der

---

[1] Es folgen die übrigen Einerzahlen bis fünf; dann die Zehnerzahlen von zehn bis fünfzig.

Lehre allein das Entstehen der Wesenheiten aus Ursachen [1] recht und tief in seinem Geiste. Er denkt: ‚Wenn dies ist, so ist auch jenes; wenn dies entsteht, entsteht auch jenes. Wenn dies nicht ist, ist auch jenes nicht; wenn dies aufgehoben wird, wird auch jenes aufgehoben. Und es heißt also: Aus dem Nichtwissen entstehen die Gestaltungen ... [2] dies ist die Entstehung des ganzen Reiches des Leidens. Wird aber das Nichtwissen aufgehoben unter restloser Vernichtung des Begehrens, so werden die Gestaltungen aufgehoben ... Dieses ist die Aufhebung des ganzen Reiches des Leidens. Wer es also ansieht, ihr Mönche, ein kundiger, edler Hörer der Lehre wende sich ab von der Körperlichkeit *es folgen die stehenden Formeln für den Eintritt der Erlösung, vgl. S. 98 bis:* Keine Rückkehr gibt es mehr zu dieser Welt: also erkennt er."

58.

TRAUER UM VERGÄNGLICHES

Also habe ich gehört.

Einstmals verweilte der Erhabene zu Sāvatthī, im Jetavana, dem Park des Anāthapiṇḍika. Zu dieser Zeit nun war eines Laienjüngers einziges Söhnlein gestorben, das er liebte und das seine Freude war. Da kamen zur heißen Tageszeit [3] viele Laienjünger mit nassen Gewändern und nassem Haar zum Erhabenen, brachten ihm ehrfurchtsvollen Gruß und setzten sich zur Seite nieder. Wie sie so zur Seite dasaßen, sprach der Erhabene zu den Laienjüngern: „Warum, ihr Laienjünger, kommt ihr zur heißen Tageszeit mit nassen Gewändern und nassem Haar hierher?" Als er so geredet hatte, sprach jener Laienjünger zum Erhabenen also: „Mein einziges Söhnlein, Herr, ist gestorben, das ich liebte und das meine

---

[1] Über diese Doktrin vgl. oben S. 33. Stellen, wie die hier vorliegende, lassen deren fundamentale Bedeutung für die Weltauffassung des Buddhismus sehr deutlich hervortreten. Man fühlt den in den hier weiter folgenden Sätzen sich aussprechenden Zug zu rationeller Analyse alles Geschehens und die schon weit gediehene Fähigkeit, hierfür einen bestimmt ausgeprägten Ausdruck zu schaffen.

[2] Die Formel ist nach S. 83 zu ergänzen.

[3] Also zu einer Zeit, wo man sonst einander nicht zu besuchen pflegt.

Freude war. Darum kommen wir zur heißen Tageszeit hierher mit nassen Gewändern und nassem Haar."

Solches erkennend, tat der Erhabene zu dieser Zeit den Ausruf:

„Haftend an lieblicher Gestalten Reiz
Götterscharen, dazu der Menschen viele:
In Trauer, in Jammer verfallen sie,
Kommen in die Gewalt des Todesfürsten.

Doch die sich bei Tage und bei Nacht
Unentwegt abwenden von lieblicher Erscheinung:
Der Trauer Wurzel graben sie aus.
Schwer ist's, des Todes Lockung zu entrinnen."

59.
LIEBE BRINGT LEID

Also habe ich gehört.

Einstmals verweilte der Erhabene zu Sāvatthī, im Obstgarten, im Palast der Migāramātā.

Zu der Zeit nun war eine Enkelin der Visākhā Migāramāta[1] gestorben, die sie liebte und die ihre Freude war. Da kam Visākhā Migāramāta zur heißen Tageszeit mit nassem Gewand und nassem Haar zum Erhabenen, brachte ihm ehrfurchtsvollen Gruß und setzte sich zu seiner Seite nieder. Wie sie an seiner Seite saß, sprach der Erhabene zu Visākhā Migāramāta: „Warum, Visākhā, bist du zur heißen Tageszeit hierhergekommen mit nassem Gewand und nassem Haar?" „Meine Enkelin, Herr, ist gestorben, die ich liebte und die meine Freude war. Darum bin ich zur heißen Tageszeit hierhergekommen mit nassem Gewand und nassem Haar?" „Würdest du dir nun wünschen, Visākhā, so viele Söhne und Enkel zu haben, wie Menschen in Sāvatthī sind?" „Wie viele Menschen sterben nun wohl, Visākhā, täglich in Sāvatthī?" „In Sāvatthī, Herr, sterben täglich zehn Menschen, oder auch neun

---

[1] Die treffliche Matrone Visākhā, eine reiche Bürgersfrau in der Hauptstadt Sāvatthī, die Mutter vieler blühender Kinder, die Großmutter zahlloser Enkel. Alle Welt lädt bei Opfern und Schmäusen die Visākhā ein und läßt ihr zuerst von den Speisen reichen; ein Gast wie sie bringt Glück ins Haus" (mein „Buddha", 7. Aufl., S. 188).

Menschen, oder auch acht ... sieben ... sechs ... fünf ... vier ... drei ... zwei ... oder auch ein Mensch. In Sāvatthī, Herr, findet das Sterben der Menschen kein Ende." „Wie meinst du nun, Visākhā, würdest du dann irgendwann und irgendeinmal kein nasses Gewand und kein nasses Haar haben?" „Das würde ich nie, Herr. Genug also, Herr, so vieler Söhne und Enkel!" „Wer hundertfaches Liebes hat, Visākhā, für den gibt es hundertfaches Leid. Wer neunzigfaches Liebes hat, für den gibt es neunzigfaches Leid ...[1] Wer ein Liebes hat, für den gibt es ein Leid; wer kein Liebes hat, für den gibt es kein Leid. Frei von Schmerz, frei von Unreinheit, frei von Verzweiflung sind sie: so sage ich.

„Was es an Leiden gibt, an Schmerz und Klagen
In dieser Welt in zahllosen Gestalten,
Das kommt nur davon, daß wir Liebes haben.
Hast du nichts Liebes, nahn dir keine Leiden.

Dies sind die Freud'gen drum, die Leid erlösten,
Für die hienieden sich nichts Liebes findet.
Begehrst du nach der schmerzlos reinen Stätte,
Sieh zu denn, daß dir in der Welt nichts lieb sei."

60.
GEFANGENE

Zu der Zeit hatte der Kosalakönig Padenadi eine große Masse von Menschen fesseln lassen, die Einen mit Stricken. Andere mit Holzklötzen (?), noch Andere mit Ketten.

Viele Mönche aber, die sich am Morgen angekleidet und Almosenschale und Obergewand genommen hatten, kamen nach Sāvatthī herein, um Almosen zu sammeln. Als sie in Sāvatthī Almosen gesammelt hatten, nach dem Mahl, vom Almosengang zurückgekehrt, gingen sie zum Erhabenen, brachten ihm ehrfurchtsvollen Gruß und setzten sich zur Seite nieder. Und zur Seite dasitzend sprachen die Mönche zum Erhabenen: „Der Kosalakönig Pase-

---

[1] Absteigende Zahlen, zuerst die vollständige Reihe der Zehner, dann die der Einer. Zur Charakteristik dieses Predigtstils vgl. meinen „Buddha", 7. Aufl., S. 206.

nadi, Herr, hat eine große Masse von Menschen fesseln lassen, die Einen mit Stricken, Andere mit Holzklötzen (?), noch Andre mit Ketten."

Solches bedenkend, sprach der Erhabene zu der Zeit diese Sprüche:

„Die Fessel nennen stark nicht die Verständ'gen
Die man aus Eisen, Holz, Rohrgras bereitet.
Wenn man sich freut an Ringen und Juwelen,
Wenn man an Weib und Kinder seinen Sinn hängt:

Das nennen starke Fessel die Verständ'gen.
Sie zieht hinab, ist sanft, doch schwer zu lösen.
Die sie zerbrechen, wandeln als Befreite
In Gleichmut, Lust und Freuden von sich werfend."

61.
VERSCHIEDENER GESCHMACK

Buddha verweilt zu Sāvatthī

Zu der Zeit waren da fünf Könige, an ihrer Spitze Pasenadi, die waren mit den Genüssen aller fünf Sinne begabt, hatten sie zu eigen und lebten damit in Freuden. Unter ihnen nun erhob sich dieses Gespräch: „Was ist wohl der Genüsse höchster?" Da sagten die Einen [1]: „Die sichtbaren Dinge sind der Genüsse höchster." Andre sagten: „Töne sind der Genüsse höchster." Andre sagten: „Gerüche sind der Genüsse höchster." Andre sagten: „Geschmack ist der Genüsse höchster." Andre sagten: „Berührungen sind der Genüsse höchster."

Als nun die Könige einander nicht zu überzeugen vermochten, sprach der Kosalakönig Pasenadi zu ihnen: „Kommt, ihr hohen Herren. Wir wollen zum Erhabenen gehen und ihn hierüber befragen. Wie der Erhabene uns antwortet, daran wollen wir uns halten." „Ja, mein hoher Herr" – so stimmten die Könige dem Kosalakönig Pasenadi bei.

---

[1] Man erwartet: „der Eine", „ein Andrer". Vielleicht ist bei der Umsetzung des Textes aus dem Māgadhīdialekt ins Pāli (s. die Einleitung) ein Mißverständnis begegnet.

Und die fünf Könige, an ihrer Spitze Pasenadi, gingen zum Erhabenen, brachten ihm ihren ehrfurchtsvollen Gruß und setzten sich zur Seite nieder. Und zur Seite dasitzend sprach der Kosalakönig Pasenadi zum Erhabenen: „Herr, hier sind wir fünf Könige, die sind mit den Genüssen aller fünf Sinne begabt ... *entsprechend wie oben; die Meinungsverschiedenheit wird berichtet.* Was ist nun, Herr der Genüsse höchster?"

„Je nachdem einem Jedem das Eine oder das Andre das Angenehmste ist, großer König, nenne ich es den höchsten unter den Genüssen der fünf Sinne. Dem Einen sind irgendwelche sichtbaren Dinge angenehm; dem Andern sind diese sichtbaren Dinge unangenehm. An welchen sichtbaren Dingen nun Jemand Freude findet und Befriedigung seines Verlangens, über diese sichtbaren Dinge hinaus wünscht er sich nichts andres Sichtbares als schöner und herrlicher. Diese sichtbaren Dinge sind für ihn das Höchste und der Gipfel." *Dasselbe dann über die andern vier Sinne.*

Zu der Zeit nun saß dort unter den Versammelten der Laiengläubige Candanangalika. Da stand Candanangalika der Laiengläubige von seinem Sitz auf, entblößte seine eine Schulter vom Obergewand, streckte die zusammengelegten Hände gegen den Erhabenen vor und sprach zum Erhabenen: „Ein Spruch offenbart sich mir, Erhabener! Ein Spruch offenbart sich mir, Wohlwandelnder!"

„Laß ihn sich offenbaren und sprich, Candanangalika!" sagte der Erhabene.

Da sprach Candanangalika vor dem Antlitz des Erhabenen ein Preiswort, wie es dem Augenblick angemessen war:

„Wie roter Lotus um die Morgenstunde,
In vollem Blühen prangend Düfte aushaucht,
Sieh', also leuchtet der Angiraside[1]
Der Sonne gleich, die glüht im Reich der Lüfte."

Da spendeten die fünf Könige Candanangalika dem Laigengläubigen fünf Obergewänder. Und Candanangalika, der Laiengläubige spendete diese fünf Obergewänder dem Erhabenen.

---

[1] Gemeint ist Buddha, der als Gotama diesen Beinamen eines Brahmanengeschlechts führt.

62.
VON DEN NÖTEN DES WELTLEBENS

„Und was, ihr Mönche, ist das Elend der Lüste? Da erwirbt, ihr Mönche, ein edler Jüngling seinen Lebensunterhalt durch Ausübung einer Kunst: sei es durch Handrechnen, sei es durch Zählen, sei es durch anderes Rechnen, sei es duch Ackerbau, sei es durch Handel, sei es durch Viehzucht, sei es durch Waffenhandwerk, sei es durch königlichen Dienst, oder durch welche Kunst es auch immer sein mag. Der muß sich der Kälte aussetzen und muß sich der Hitze aussetzen; er leidet von Belästigung durch Bremsen und Mücken, Sturm, Sonnenglut und Gewürm; er wird von Hunger und Durst gequält. Dies, ihr Mönche, ist Elend der Lüste, eine Masse von Leiden in diesem sichtbaren Dasein, um der Lust willen, infolge der Lust, der Lust zuliebe, erlitten allein um der Lüste willen.

„Wenn nun ein solcher edler Jüngling, der so aufsteht und arbeitet und sich bemüht, die erstrebten Güter nicht erlangt, so wird er traurig und elend; er jammert, schlägt sich die Brust, weint und gerät außer sich: ‚Vergeblich war es, daß ich aufstand, vergeblich ach all mein Mühen!' Auch dies, ihr Mönche, ist Elend der Lüste ...

„Wenn aber ein solcher edler Jüngling, der so aufsteht und arbeitet und sich bemüht, die erstrebten Güter erlangt, so muß er diese Güter zu behüten, Schmerz und Verlust auf sich nehmen: ‚Daß nur nicht die Könige mir meine Güter rauben, und daß Diebe sie mir nicht rauben und Feuer sie nicht verbrennt und Wasser sie nicht wegschwemmt und verhaßte Erben sie nicht an sich ziehen!' Wenn er nun so seine Güter hütet und bewacht, rauben die Könige sie oder rauben Diebe sie oder Feuer verbrennt sie oder Wasser schwemmt sie weg oder verhaßte Erben ziehen sie an sich. Dann wird er traurig und elend; er jammert, schlägt sich die Brust, weint und gerät außer sich: Was ich einst hatte, das habe ich jetzt nicht mehr!' Auch dies, ihr Mönche, ist Elend der Lüste ...

„Und weiter, ihr Mönche, um der Lust willen, infolge der Lust, der Lust zuliebe, allein um der Lüste willen geschieht es, daß Könige mit Königen streiten, und Edle streiten mit Edlen, und Brahmanen streiten mit Brahmanen, und Bürger streiten mit Bürgern, und die Mutter streitet wider den Sohn, und der Sohn streitet wider die Mutter, und der Vater streitet wider den Sohn, und der Sohn streitet wider den Vater, und der Bruder streitet wider den Bruder, und der Bruder streitet wider die Schwester, und die Schwester streitet wider den Bruder, und der Genosse streitet wider den Genossen. So geraten sie in Zank und Zwietracht und Streit, und sie gehen aufeinander los mit ihren Fäusten, und sie gehen aufeinander los mit Erdklumpen, und sie gehen aufeinander los mit Stöcken, und sie gehen aufeinander los mit Waffen. Und so trifft sie der Tod oder todesgleiches Leiden. Auch dies, ihr Mönche, ist Elend der Lüste ...

„Und weiter, ihr Mönche, um der Lust willen, infolge der Lust, der Lust zuliebe, allein um der Lüste willen geschieht es, daß man zu Schwert und Schild greift, und man umgürtet sich mit Bogen und Köcher, und die Schlachtreihen werden auf beiden Seiten aufgestellt, und man stürzt sich in den Kampf: da fliegen die Pfeile und fliegen die Lanzen und blitzen die Schwerter. Und man trifft sich mit Pfeilen und trifft sich mit Lanzen und schlägt einander mit dem Schwert das Haupt ab. Und so wird man vom Tode betroffen oder von todesgleichem Leiden. Auch dies, ihr Mönche, ist Elend der Lüste ..."

63.

MOTTEN UND LICHT

Also habe ich gehört.

Einstmals verweilte der Erhabene zu Sāvatthī, im Jetavana, dem Garten des Anāthapiṇḍika. Und der Erhabene saß nachts, im Dunkel und Finsternis, im Freien, während Öllampen brannten. Da kamen nun viele Motten zu den Öllampen geflogen und flogen herum und fanden Verderben und fanden den Tod und fanden Verderben und Tod. Da sah der Erhabene, wie die vielen Motten zu den Öllampen geflogen kamen ... und Verderben und Tod fanden. Solches sehend, tat der Erhabene zu der Zeit den Ausruf:

„Sie dringen nicht zum Kern; umher sie schwirren,
Schaffen sich neue, immer neue Bindung.
Sie fliegen in die Flammen wie die Motten,
An ihrem Sehn, an ihrem Hören hängend."

64.
DIE KÖRPERLICHE ERSCHEINUNG DER WEISEN UND DER TOREN

Eingang, mit dem Auftreten einer Gottheit, wie in Nr. 51. Auch die abschließenden Worte sind von dort zu ergänzen.

... und zur Seite stehend, sprach die Gottheit zum Erhabenen diesen Spruch:

„Die Mönche, die im Wald weilen,
In heil'gem Wandel, friedereich,
Die ein Mahl nur am Tag nehmen.
Wovon erscheint so frisch ihr Leib?

„Dem Vergangnen nicht nachjammernd,
Nicht beschwatzend das Künftige
Die Gegenwart sie hinnehmen:
Davon erscheint ihr Leib so frisch.

„Über die Zukunft Schwatzreden,
Klagen über Vergangenes,
Das ist's was Toren austrocknet
Gleich abgeschnittnem grünem Schilf."

65.
WELT UND WELTLEIDEN

Verschiedene Versgruppen und Einzelverse.

In dunkler Höhlengruft verborgne Wesen,
Die Menschen, tief in wirren Wahn versunken –
Von Abgeschiedenheit wie sind sie ferne!
Nicht leicht ist's in der Welt die Weltlust meiden! ...

Ich sehe in der Welt die Kreaturen,
Die Durstgequälten, sich durchs Werden winden.
Sie jammern elend in des Todes Rachen.
Dem Durst nach Sein um Sein sie nicht entrinnen.

Schau hin auf die, die „mein" zum Dasein sagen,
Zuckend gleich Fischen, wenn der Fluß versiegt ist.
Drum wandle man, von allem „Mein" sich lösend.
Mit seinem Wunsch an keinem Dasein haftend.

*

Wie den Früchten, den vollreifen,
In Morgenfrühe droht der Fall,
Also droht immerdar allem,
Was da geboren ist, der Tod.

Was der Töpfer voll Kunst herstellt,
Die Gefäße aus Ton gemacht,
Sie müssen allzumal brechen.
Dem ist das Menschenleben gleich.

Wer jung ist und wer hoch aufwuchs,
Kluge und Törichte zumal,
Ihrer aller der Tod Herr wird;
Ihr Ziel und Ende ist der Tod.

Wenn alle so der Tod hinrafft,
Wenn sie hingehn in jene Welt,
Kann nicht Vater den Sohn schützen,
Verwandte den Verwandten nicht.

Vor den Augen der Blutsfreunde,
Bei ihrer bittern Klage Schall
Schleppt der Tod wie ein Stück Schlachtvieh
Den einen nach dem andern fort.

Also des Todes Macht heimsucht,
Des Alters Macht die ganze Welt.
Darum die Weisen nicht klagen.
Denn sie kennen den Lauf der Welt.

*

Mag hundert Jahre auch leben
Und länger noch ein Menschenkind,
Scheiden muß aus der Welt jeder,
Muß verlassen der Seinen Schar.

Des Heil'gen Wort man drum höre
Und hemme seiner Klage Lauf.
Von den Entschlafnen man denke:
Sie sind und bleiben uns entrückt.

Wie Wasserfluten auslöschen
Das Feuer, das ein Haus verzehrt,
So soll der Weise, Vielkund'ge,
Der kluge, der erfahrne Mann
Den Schmerz, der sich erhebt, bänd'gen,
Wie Baumwollflocken Wind verweht.

Alles Jammern und Wehklagen,
Allen Trübsinn, der in ihm wohnt,
Solchen Pfeil soll sich ausreißen,
Wer Freud' und Seligkeit begehrt.

Dann ist der Pfeil entfernt. Freiheit
Und Frieden ist dann eingekehrt.
Jeglichen Schmerz besiegt hat er,
Frei von Schmerzen, zur Ruh gelangt.

*

Wie am Ufer der Fisch zappelt,
Den man dem Wasserschoß entriß,
Zuckt und müht sich der Geist hilflos
Zu entrinnen aus Māras Reich.

*

Blumen sammelt der Mensch. Sorglos
Wendet sein Herz der Lust sich zu.
Wie schlafend Dorf nächtliche Flut,
Reißt ihn jählings der Tod hinweg.

Blumen sammelt der Mensch. Sorglos
Wendet sein Herz der Lust sich zu.

Den kein Genießen je sättigt,
Erfaßt des Allvernichters Hand.

*

Dem Wachenden die Nacht lang ist,
Dem müden Wandrer lang der Weg.
Lang sind des Daseins Irrpfade,
Dem, der nicht schaut der Wahrheit Licht.

*

„Söhne sind mein, Besitz mein ist" –
Sorge darum den Toren quält.
Ihm ist ja nicht sein Ich eigen:
Wie hätt' er Söhne und Besitz?

*

Missetat, die vollbracht wurde,
Wirkt nicht alsbald, wie Milch gerinnt.
Am Täter ihre Glut haftet
Aschebedecktem Feuer gleich.

*

Im Luftreich nicht, nicht in des Meeres Tiefen,
Nicht wenn du dringst in des Gebirges Klüfte,
Magst eine Stätt' auf Erden du erfinden,
Wo dich nicht trifft des bösen Taten Strafe.

Im Luftreich nicht, nicht in des Meeres Tiefen,
Nicht wenn du dringst in des Gebirges Klüfte,
Magst eine Stätt' auf Erden du erfinden,
Wo dich des Todes Macht nicht mag erfassen.

*

Wie mögt ihr freuen euch, wie lachen?
Die Flammen brennen immerdar.
Finstre Nacht schwer auf euch lastet.
Wollt ihr nicht trachten nach dem Licht?

*

Vergänglich ist jegliches Sein:
Wenn man wahrhaftig dies erkennt,

Vom Leid man sich hinwegwendet.
Der Weg ist's der zur Reinheit führt.

Voll Leiden ist jegliches Sein:
Wenn man wahrhaftig dies erkennt,
Vom Leid man sich hinwegwendet.
Der Weg ist's, der zur Reinheit führt.

Der Selbstheit alles Sein bar ist:
Wenn man wahrhaftig dies erkennt,
Von Leid man sich hinwegwendet.
Der Weg ist's, der zur Reinheit führt.

*

„Hier in der Regenzeit weil' ich,
Hier im Winter, im Sommer hier" –
Denken in ihrem Sinn Toren.
Was ihnen droht, sie sehen's nicht.

*

Wer sein Leben in Leichtsinn lebt,
Schlingpflanzenreich wächst sein Begehren an.
Wandernd durchirrt er diese und jene Welt,
Wie Früchte suchend im Wald der Affe springt.

*

Was soll des Haares Wulstkrone,
Was soll dir, Tor, das schwarze Fell[1]?
Dein Innres füllt wildes Gestrüpp.
Den äußern Schein du eitel pflegst.

*

Die ganze Welt verzehrt Feuer,
Die ganze Welt ist rauchumhüllt,
Die ganze Welt erfüllt Beben,
In Flammen steht die ganze Welt.

Von dem die Vielen fern bleiben,
Das unbewegte, stille Land,

---

[1] Abzeichen vedischer Asketen und Brahmanen.

Dahin Māra nicht Weg findet:
Das ist es, wo mein Herze weilt.

*

Was lebt und webt, es muß sterben.
Lebens Ende ist ja der Tod.

*

Verse des Ältesten Abhibhūta.

Vernehmt alle mein Wort, Freunde,
So viel ihr hier versammelt seid.
Die Lehre will ich euch künden:
Leidvoll ist der Geburten Los!

Wohl auf! Ans Werk! Die Welt lasset,
Weiht eure Kraft dem Buddhawort.
Das Heer des Todes werft nieder,
Wie strohern Haus der Elefant.

Wer ernstlich jeden Fehl meidend
Nach dieser Lehr' und Ordnung lebt,
Frei von Wiedergeburtsirrsal
Macht er ein Ende allem Leid.

66.
RAṬṬHAPĀLA

Raṭṭhapāla ist ein Jüngling aus edler Familie im Kurulande (Gegend von Delhi). Er hat Buddha predigen gehört, und das Verlangen nach dem Asketenleben ist in ihm erwacht. Buddha will ihn nicht als seinen Jünger annehmen, ohne daß er die Erlaubnis seiner Eltern beibringt.

„Ich will es schon machen, Herr, daß Vater und Mutter mir erlauben sollen, die Welt zu verlassen und mich der Heimatlosigkeit zuzuwenden."

Da stand Raṭṭhapāla, der edle Jüngling von seinem Sitz auf, brachte dem Erhabenen seinen ehrfurchtsvollen Gruß, umwandelte ihn rehtshin gewandt, ging darauf zu seinem Vater und seiner Mutter und sprach zu ihnen: „Vater, Mutter, wie ich die vom Erhabenen verkündete Lehre verstehe, ist es nicht leicht, wenn man im häuslichen Dasein verharrt, den gänzlich vollen, gänzlich reinen heiligen Wandel zu führen, der gleich einer geglätteten Muschel glänzt. Ich will mir Haar und Bart scheren lassen, gelbe Gewänder anlegen, die Welt verlassen und mich der Heimatlosigkeit zuwenden. Gebt mir die Erlaubnis, daß ich aus der Welt in die Heimatlosigkeit gehe!"

Als er so sprach, antwortete sein Vater und seine Mutter Raṭṭhapāla dem edlen Jüngling: „Du bist, mein Kind Raṭṭhapāla, unser einziger, lieber, teurer Sohn, in Freuden von uns gepflegt und aufgezogen. Du weißt von keinem Leid, mein Kind Raṭṭhapāla. Komm, mein Kind Raṭṭhapāla, iß und trinke und lebe fröhlich. An Essen, Trinken, fröhlichem Leben, am Genuß jeglicher Lust und am Tun guter Werke mögest du deine Freude finden. Die Welt zu verlassen und dich der Heimatlosigkeit zuzuwenden, erlauben wir dir nicht. Wider unsern Willen werden wir uns von dir trennen müssen, wenn der Tod kommt. Wie sollen wir, solange du lebst, dir erlauben, die Welt zu verlassen und dich der Heimatlosigkeit zuzuwenden?"

Trotz wiederholter Bitten
beharren die Eltern bei ihrer Weigerung:

Raṭṭhapāla aber, der edle Jüngling, als sein Vater und seine Mutter ihm nicht erlaubten, die Welt zu verlassen, warf sich an Ort und Stelle auf den nackten Erdboden hin und sprach: „Hier werde ich sterben oder die Welt verlassen!"

Seine Freunde legen sich ins Mittel und machen den Eltern Vorstellungen: tritt er ins geistliche Leben ein, gibt es immer noch ein Wiedersehen mit ihm; findet er im geistlichen Stande keine Befriedigung, so wird er ins Elternhaus zurückkehren. So geben sie ihre Erlaubnis, doch solle er sich ihnen wieder zeigen. Er wird Mönch und erlangt die Heiligkeit.

Da ging der ehrwürdige Raṭṭhapāla zum Erhabenen, brachte ihm seinen ehrfurchtsvollen Gruß und setzte sich zur Seite nieder. Und zur Seite dasitzend sprach der ehrwürdige Raṭṭhapāla zum Erhabenen: „Ich habe den Wunsch, Herr, mich meinem Vater und meiner Mutter zu zeigen, wenn der Erhabene es mir erlaubt."

Der Erhabene aber überschaute mit seinem Geist die Gedanken

im Geist Raṭṭhapālas. Und er erkannte: „Raṭṭhapāla, der edle Jüngling ist dessen nicht fähig, der geistlichen Übung zu entsagen und zum gewöhnlichen Leben zurückzukehren.“ So sprach der Erhabene zum ehrwürdigen Raṭṭhapāla: „Tue, Raṭṭhapāla, was du an der Zeit hältst.“

Da stand der ehrwürdige Raṭṭhapāla von seinem Sitz auf, brachte dem Erhabenen seinen ehrfurchtsvollen Gruß, umwandelte ihn rechtshin gewandt, ordnete sein Lager und seinen Sitz, nahm Almosenschale und Gewand und machte sich auf die Wanderung nach Thullakoṭṭhita[1]. Und von Ort zu Ort wandernd, kam er nach Thullakoṭṭhita. So verweilte da der ehrwürdige Raṭṭhapāla zu Thullakoṭṭhita im Wildpark des Kurukönigs.

Der ehrwürdige Raṭṭhapāla aber kleidete sich des Morgens an, nahm Almosenschale und Obergewand und ging nach Thullakoṭṭhita hinein, um Almosen zu sammeln. Wie er in Thullakoṭṭhita Almosen sammelnd der Reihe nach von Haus zu Haus ging, kam er auch zum Hause seines Vaters. Da saß der Vater des ehrwürdigen Raṭṭhapāla mitten in der Halle an der Türe und ließ sich eben frisieren. Und der Vater des ehrwürdigen Raṭṭhapāla sah, wie der ehrwürdige Raṭṭhapāla von fern herankam. Wie er ihn sah, sprach er: „Das ist auch einer von diesem kahlköpfigen Asketenpack; die haben unsern lieben, teuren einzigen Sohn zum geistlichen Leben verlockt!“ Der ehrwürdige Raṭṭhapāla aber erhielt in seines Vaters Hause keine Gabe und nicht einmal eine Weigerung. Es wurde einfach nur geschimpft; das war alles, was er erhielt.

Nun wollte eine Magd der Verwandten des ehrwürdigen Raṭṭhapāla gerade sauren Reisschleim vom vorigen Tage[2] ausschütten. Da sprach der ehrwürdige Raṭṭhapāla zu dieser Magd seiner Verwandten: „Wenn dies nur zum Fortschütten gut ist, meine Schwester, so gieße es mir hier in meine Schale.“

Die Magd aber der Verwandten des ehrwürdigen Raṭṭhapāla, wie sie den Reisschleim vom vorigen Tage in die Schale des ehrwürdigen Raṭṭhapāla goß, erkannte ihn an seinen Händen und Füßen und an seiner Stimme. Da ging die Magd der Verwandten des

---

[1] Dies ist sein Heimatsort.

[2] Der offenbar verdorben war.

ehrwürdigen Raṭṭhapāla zur Mutter des ehrwürdigen Raṭṭhapāla und sprach zu ihr: „Ich muß dir melden, Herrin: der edle junge Herr Raṭṭhapāla ist gekommen!"

„Wenn du die Wahrheit sprichst, Weib, so bist du nicht länger eine Magd!"

Und die Mutter des ehrwürdigen Raṭṭhapāla ging zu seinem Vater und sprach zu ihm: „Ich muß dir melden, mein Bürgersmann: Raṭṭhapāla, der edle Jüngling, ist gekommen!"

Der ehrwürdige Raṭṭhapāla aber aß gerade, an eine Mauer gelehnt, den Reisschleim vom vorigen Tage. Da ging der Vater des ehrwürdigen Raṭṭhapāla zu ihm hin und sprach zu ihm: „Kann das sein, Raṭṭhapāla mein Kind? Willst du Reisschleim vom gestrigen Tage essen? Willst du nicht in dein Haus kommen, mein Kind Raṭṭhapāla?"

„Wo haben wir ein Haus, Bürgersmann, die wir die Welt verlassen und uns der Heimatlosigkeit zugewandt haben? Wir sind heimatlos, Bürgersmann! Zu deinem Hause sind wir gekommen; da haben wir keine Gabe erhalten und nicht einmal eine Weigerung. Es wurde einfach nur geschimpft; das war alles, was wir erhielten!"

„Komm, Raṭṭhapāla mein Kind; laß uns nach Hause gehen!"

„Nicht also, Bürgersmann. Ich habe heute gegessen."

„So sage mir zu, mein Kind Raṭṭhapāla, morgen das Mahl bei mir einzunehmen."

Der ehrwürdige Raṭṭhapāla drückte durch Schweigen seine Zusage aus. Als aber der Vater des ehrwürdigen Raṭṭhapāla erkannte, daß er zusagte, ging er nach seinem Hause, ließ dort eine große Masse von güldenem Gold aufhäufen, Matten darüber decken und sprach zu den früheren Genossinnen[1] des ehrwürdigen Raṭṭhapāla: „Kommt her, ihr Frauen! Legt den Schmuck an, in dem ihr einst dem edlen Jüngling Raṭṭhapāla lieb und teuer gewesen seid!"

Als aber die Nacht vergangen war, ließ der Vater des ehrwürdigen Raṭṭhapāla in seinem Hause die vorzüglichsten Speisen, feste und flüssige, bereiten und meldete dem ehrwürdigen Raṭṭhapāla

---

[1] Seinen Gattinnen aus der Zeit seines Weltlebens.

die Zeit des Mahles: „Es ist Zeit, mein Kind Raṭṭhapāla; das Mahl ist bereit!"

Der ehrwürdige Raṭṭhapāla aber kleidete sich des Morgens an, nahm Almosenschale und Gewand, ging zum Hause seines Vaters und setzte sich wieder auf den Sitz, der ihm bereitet war.

Da ließ der Vater des ehrwürdigen Raṭṭhapāla jenen Haufen von güldenem Gold aufdecken und sprach zu ihm: „Hier, mein Kind Raṭṭhapāla, ist dein mütterliches Gut; dort ist dein väterliches, dort dein großväterliches Gut. Es geht doch an, mein Kind Raṭṭhapāla, sich seines Besitzes zu erfreuen und gute Werke zu tun. Komm, mein Kind Raṭṭhapāla, entsage der geistlichen Übung, kehre zum gewöhnlichen Leben zurück, erfreue dich deines Besitzes und tue gute Werke!"

„Wenn du meinem Worte folgen wolltest, Bürgersmann, so würdest du diesen ganzen Haufen von güldenem Gold auf Wagen laden und fortfahren lassen und würdest ihn mitten in den Gangesstrom werfen und mit dessen Fluten hinwegschwemmen. Und weshalb das? Weil dir daraus, Bürgersmann, Schmerz und Klagen erwachsen werden, Leid, Kümmernis und Verzweiflung."

Des ehrwürdigen Raṭṭhapāla frühere Genossinnen aber ergriffen die eine hier die andere dort seine Füße und sprachen zu ihm: „Was sind das für Nymphen, mein edles Männchen, um deren willen du diesen heiligen Wandel führst?"

„Wir führen unsern heiligen Wandel um keiner Nymphen willen, meine Schwester!"

Da dachten sie: „Raṭṭhapāla, der edle Jüngling, sagt zu uns ‚Schwester'", und ohnmächtig fielen sie hin.

Der ehrwürdige Raṭṭhapāla aber sprach zu seinem Vater: „Wollt ihr uns Speise geben, Bürgersmann, so gebt sie; quält uns nicht."

„Iß, mein Sohn Raṭṭhapāla, das Mahl ist bereit." Und des ehrwürdigen Raṭṭhapāla Vater bediente ihn eigenhändig mit den erlesensten festen und flüssigen Speisen, bis er gesättigt war.

Als aber der ehrwürdige Raṭṭhapāla gegessen und Schale und Hände gereinigt hatte, stellte er sich hin und sprach diese Sprüche:

„Dies farbenbunte Bild schauet,
Den Leib von Wunden ganz bedeckt,
Dem Ruh' und fester Halt mangelt,
Den schwachen, vieles Trachtens voll.

„Den farbenbunten Leib schauet,
Schönberingt, im Juwelenschmuck,
Wie er in Kleiderpracht glänzet –
Gebein ist es, mit Haut bespannt!

„Kostbar umweh'n den Mund Düfte,
Rote Schminke die Füße ziert:
Dem Toren mag's das Herz fesseln,
Nicht dem, der nach dem Drüben fragt.

„Des Weibes Haar, achtfach gelockt,
Des schwarzgemalten Auges Reiz:
Dem Toren mag's das Herz fesseln,
Nicht dem, der nach dem Drüben fragt.

„Von Schmuck bedeckt des Leibs Fäulnis,
Ein neuer Salbentopf gar bunt
Mag dem Toren das Herz fesseln,
Nicht dem, der nach dem Drüben fragt.

„Laß den Jäger sein Netz stellen!
Seinen Schlingen entkommt das Wild.
Wir genießen die Lockspeise –
Der Jäger schreit, doch wir entfliehn!"

Nachdem der ehrwürdige Raṭṭhapāla im Stehen diese Sprüche gesprochen hatte, ging er zum Wildpark des Kurukönigs und setzte sich dort am Fuß eines Baumes zur Mittagsrast nieder.

Der Kurukönig aber sprach zu seinem Wildwärter: „Mein guter Wildwärter, reinige mir den Wildpark, meinen Lustgarten. Wir wollen gehen den schönen Park sehen."

„Ja, Herr", so nahm der Wildwärter den Befehl des Kurukönigs entgegen.

Wie er nun den Wildpark reinigte, sah er den ehrwürdigen Raṭṭhapāla, der am Fuß eines Baumes saß und seine Mittagsrast hielt. Da ging er zum Kurukönig und sprach zu ihm: „Der Wildpark ist rein, Herr. Da ist aber der edle Jüngling mit Namen Raṭṭhapāla, der Sohn des ersten Mannes hier in Thullakoṭṭhita; du hast oft rühmend von ihm gesprochen. Der sitzt am Fuß eines Baumes und hält seine Mittagsruhe."

„Dann will ich, mein guter Wildwärter, heute auf den Lustgarten verzichten und vielmehr dem Herr Raṭṭhapāla meine Aufwartung machen."

Da gab der Kurukönig den Befehl, alle Speisen, die da bereitet waren, die festen und die flüssigen, hinwegzutun. Und er ließ alle seine schönen Wagen bereit machen, bestig einen schönen Wagen und fuhr mit allen en schönen Wagen hinaus aus Thullakoṭṭhita, mit großem königlichem Pomp, den ehrwürdigen Raṭṭhapāla zu besuchen. Soweit es für seinen Wagen gangbar war, benutzt er diesen. Dann stieg er ab, ließ seine Gefolgsleute die einen nach den andern sich entfernen und ging zu Fuß zum ehrwürdigen Raṭṭhapāla. Darauf begrüßte er sich mit dem ehrwürdigen Raṭṭhapāla, wechselte mit ihm begrüßende, freundliche Reden und stellte sich zur Seite hin. Zur Seite dastehend aber sprach der Kurukönig zum ehrwürdigen Raṭṭhapāla: „Wolle der Herr Raṭṭhapāla sich hier auf den Elefantensitz[1] (?) niedersetzen."

„Schon gut, großer König, setze du dich. Ich sitze hier auf meinem Sitz."

Da ließ sich der Kurukönig auf den Sitz nieder, der da bereitet war. Und dort sitzend, sprach der Kurukönig zum ehrwürdigen Raṭṭhapāla:

„Es gibt vier Arten des Verfalls, verehrter Raṭṭhapāla, von denen betroffen viele sich Haar und Bart scheren lassen, gelbe Gewänder anlegen und die Welt verlassend sich der Heimatlosigkeit zuwenden. Welche vier sind das? Der Verfall des Alters, der Verfall der Krankheit, der Verfall der Habe, der Verfall der Sippschaft.

„Und was ist, verehrter Raṭṭhapāla, der Verfall des Alters? Da ist, verehrter Raṭṭhapāla, Jemand alt, ein Greis, hochbetagt, der seinen Weg hinter sich hat, das Greisenalter erreicht hat. Der denkt bei sich: ‚Ich bin jetzt alt, ein Greis, hochbetagt, habe meinen Weg hinter mir, habe das Greisenalter erreicht. Es ist für mich nicht mehr leicht, neue Habe zu erwerben oder die schon erworbene Habe zu

---

[1] Der Aufbau wird wohl gemeint sein, auf dem man auf dem Rücken des Elefanten sitzt.

mehren. So will ich mir Haar und Bart scheren lassen, will gelbe Gewänder anlegen und die Welt verlassend mich der Heimatlosigkeit zuwenden.' Der läßt also, vom Verfall des Alters betroffen, sich Haar und Bart scheren, legt gelbe Gewänder an und wendet sich, die Welt verlassend, der Heimatlosigkeit zu. Das nennt man, verehrter Raṭṭhapāla, den Verfall des Alters. Der Herr Raṭṭhapāla aber ist jetzt ein Jüngling, frisch, jugendlich, mit schwarzem Haar, in schönster Jugendkraft in erster Jugendblüte. Vom Verfall des Alters ist also der Herr Raṭṭhapāla nicht betroffen. Was hat also der Herr Raṭṭhapāla gedacht oder gesehen oder gehört, daß er die Welt verlassen und sich der Heimatlosigkeit zugewandt hat?

„Und was ist, verehrter Raṭṭhapāla, der Verfall der Krankheit? Da ist, verehrter Raṭṭhapāla, Jemand siech, leidend, schwer krank. Der denkt bei sich: ‚Ich bin jetzt siech, leidend, schwer krank. Es ist für mich nicht mehr leicht ...' *entsprechend wie vorher.* Das nennt man, verehrter Raṭṭhapāla, den Verfall der Krankheit. Der Herr Raṭṭhapāla aber ist jetzt frei von Krankheit, frei von Beschwerden, erfreut sich einer gesunden Verdauung, weder zu träge noch zu stark. Vom Verfall der Krankheit ist also der Herr Raṭṭhapāla nicht betroffen. Was hat also ...?

„Und was ist, verehrter Raṭṭhapāla, der Verfall der Habe? Da ist, verehrter Raṭṭhapāla, Jemand reich, gesegnet mit Besitz und Habe. Seine Habe aber schwindet allmählich hin. Der denkt bei sich: ‚Ich war früher reich, gesegnet mit Besitz und Habe. Jetzt aber ist meine Habe allmählich hingeschwunden. Es ist für mich nicht mehr leicht ...' Das nennt man, verehrter Raṭṭhapāla, den Verfall der Habe. Der Herr Raṭṭhapāla ist aber der Sohn des ersten Mannes hier in Thullakoṭṭhita. Vom Verfall der Habe ist also der Herr Raṭṭhapāla nicht betroffen. Was hat also ...?

„Und was ist, verehrter Raṭṭhapāla, der Verfall der Sippschaft? Da hat, verehrter Raṭṭhapāla, Jemand viele Freunde und Hausgenossen, Angehörige und Blutsverwandte. Seine Sippschaft aber schwindet allmählich hin. Der denkt bei sich: ‚Ich hatte früher viele Freunde und Hausgenossen, Angehörige und Blutsverwandte. Jetzt aber ist meine Sippschaft allmählich hingeschwunden. Es ist für mich nicht mehr leicht ...' Das nennt man, verehrter Raṭṭhapāla, den Verfall der Sippschaft. Der Herr Raṭṭhapāla aber hat hier in Thullakoṭṭhita viele Freunde und Hausgenossen, Angehörige und Blutsverwandte. Vom Verfall der Sippschaft ist also der Herr Raṭṭhapāla nicht betroffen. Was hat also der Herr Raṭṭhapāla gedacht oder gesehen oder gehört, daß er die Welt verlassen und sich der Heimatlosigkeit zugewandt hat?

„Dies sind, verehrter Raṭṭhapāla, die vier Arten des Verfalls, von denen betroffen Viele sich Haar und Bart scheren lassen, gelbe Gewänder anlegen und die Welt verlassend sich der Heimatlosigkeit zuwenden. Von all dem ist der Herr Raṭṭhapāla nicht betroffen. Was hat also der Herr Raṭṭhapāla gedacht oder gesehen oder gehört, daß er die Welt verlassen und sich der Heimatlosigkeit zugewandt hat?

„Mein großer König! Er der erhabene, erkennende, schauende, heilige, höchste Buddha hat vier Lehren verkündet: die habe ich bedacht und gesehen und gehört und habe darum die Welt verlassen und mich der Heimatlosigkeit zugewandt. Welche vier Lehren sind das?

„‚Die Welt fährt hin, sie ist unbeständig': dies, großer König, ist die erste Lehre, die Er der erhabene, erkennende, schauende, heilige, höchste Buddha verkündet hat: die habe ich bedacht ...

„‚Die Welt bietet nicht Schutz noch Schirm': dies, großer König, ist die zweite Lehre ...

„‚In der Welt ist uns nichts eigen; man muß alles verlassen und hingehen': dies, großer König, ist die dritte Lehre ...

„‚Die Welt ist stets bedürftig, unersättlich, in des Begehrens Knechtschaft stehend:' dies, großer König, ist die vierte Lehre ...

„Dies, großer König, sind die vier Lehren, die Er der erhabene, erkennende, schauende, heilige, höchste Buddha verkündet hat: die habe ich bedacht und gesehen und gehört und habe darum die Welt verlassen und mich der Heimatlosigkeit zugewandt."

„‚Die Welt fährt hin, sie ist unbeständig', hat der Herr Raṭṭhapāla gesagt. Wie ist nun, verehrter Raṭṭhapāla, der Sinn dieses Wortes zu verstehen?"

„Wie meinst du, großer König? Als du vielleicht zwanzig oder fünfundzwanzig Jahre alt warst, warst du da nicht geschickt mit Elefanten umzugehen und mit Rossen umzugehen und mit Wagen umzugehen und mit Bögen umzugehen und mit Schwertern umzugehen, von starken Lenden, von starkem Arm, gewandt dein Werk zu tun, ein mächtiger Kämpfer?"

„Freilich, verehrter Raṭṭhapāla, als ich vielleicht zwanzig oder fünfundzwanzig Jahre alt war, war ich geschickt mit Elefanten umzugehen ... ein mächtiger Kämpfer. Es gab Augenblicke, verehrter Raṭṭhapāla, wo ich mir selbst wie ein Wunder in meiner Kraft vorkam; ich fand Niemand, der an Stärke mir irgend gleich war!"

„Wie meinst du nun, großer König? Bist du ebenso auch jetzt von starken Lenden, von starkem Arm, gewandt dein Werk zu tun, ein mächtiger Kämpfer?"

„Nein, das bin ich nicht, verehrter Raṭṭhapāla. Jetzt bin ich alt, ein Greis, hochbetagt; ich habe meinen Weg hinter mir, habe das Greisenalter erreicht. Achtzig Jahre bin ich alt. Und zuweilen geschieht es mir, verehrter Raṭṭhapāla, daß, wenn ich meinen Fuß hierhin setzen will, ich ihn vielmehr dorthin setze."

„Dies, großer König, hat Er der erhabene, erkennende, schauende, heilige, höchste Buddha im Auge gehabt, wie er gesprochen hat: ‚die Welt fährt hin, sie ist unbeständig' – was ich bedacht und gesehen und gehört habe, und habe darum die Welt verlassen und mich der Heimatlosigkeit zugewandt."

„Wunderbar, verehrter Raṭṭhapāla! Staunenswert, verehrter Raṭṭhapāla, wie wohlgesprochen dies von Ihm ist, dem erhabenen, erkennenden, schauenden, heiligen, höchsten Bdudha: ‚die Welt fährt hin, sie ist unbeständig.' Denn die Welt fährt ja hin, verehrter Raṭṭhapāla, und sie ist unbeständig. Aber man findet, verehrter Raṭṭhapāla, hier in meiner königlichen Residenz Massen von Elefanten und Rossen und Wagen und Fußkämpfern, die uns in Fällen der Not zum Schutz gereichen können. Der Herr Raṭṭhapāla aber hat gesagt: ‚Die Welt bietet nicht Schutz noch Schirm.' Wie ist nun, verehrter Raṭṭhapāla, der Sinn dieses Wortes zu verstehen?"

„Wie meinst du, großer König? Hast du nicht irgend ein chronisches Leiden?"

„Freilich, verehrter Raṭṭhapāla, leide ich an chronischem Rheumatismus. Zuweilen, verehrter Raṭṭhapāla, stehen meine Freunde und Hausgenossen, meine Angehörigen und Blutsverwandten um mich herum und sagen: ‚Jetzt wird der Kurukönig sterben! Jetzt wird der Kurukönig sterben!'"

„Wie meinst du nun, großer König? Hast du über deine Freunde und Hausgenossen, deine Angehörigen und Blutsverwandten Macht, daß du zu ihnen sprechen könntest: ‚Kommt doch her, meine Lieben, ihr Freunde und Hausgenossen, Angehörige und Blutsverwandten! Nehmt alle, so viel ihr seid, euren Teil an diesen Schmerzen auf euch, daß mir der Schmerz erleichtert werde?' Oder bleibt es dabei, daß du allein jenen Schmerz leiden mußt?"

„Ich habe dessen nicht Macht, verehrter Raṭṭhapāla, daß ich zu meinen Freunden und Hausgenossen, meinen Angehörigen und Blutsverwandten sprechen könnte ... Sondern es bleibt dabei, daß ich allein jenen Schmerz leiden muß."

„Dies, großer König, hat Er der erhabene, erkennende, schauende, heilige, höchste Buddha im Auge gehabt, wie er gesprochen hat: ‚Die Welt bietet nicht Schutz noch Schirm' – was ich bedacht und gesehen und gehört habe, und habe darum die Welt verlassen und mich der Heimatlosigkeit zugewandt."

„Wunderbar, verehrter Raṭṭhapāla! Staunenswert, verehrter Raṭṭhapāla, wie wohlgesprochen dies von Ihm ist, dem erhabenen, erkennenden, schauenden, heiligen, höchsten Buddha: ‚Die Welt bietet nicht Schutz noch Schirm.' Denn die Welt, verehrter Raṭṭhapāla, bietet ja keinen Schutz und Schirm. Aber man findet doch, verehrter Raṭṭhapāla, hier in meiner königlichen Residenz Massen von güldenem Gold im Erdboden vergraben und offenbar. Der Herr Raṭṭhapāla aber hat gesagt: ‚In der Welt ist uns nichts eigen; man muß alles verlassen und hingehen.' Wie ist nun, verehrter Raṭṭhapāla, der Sinn dieses Wortes zu verstehen?"

„Wie meinst du, großer König? Wie du jetzt mit den Genüssen aller fünf Sinne begabt bist und sie zu eigen hast und damit in Freuden lebst, wird es dir ebenso auch im Jenseits zuteil werden, mit eben diesen Genüssen aller fünf Sinne begabt zu sein und sie zu eigen zu haben und damit in Freuden zu leben? Oder werden Andre Herren deiner Habe sein, du aber wirst dahin gehen, wohin das Verdienst deiner Werke dich führt?"

„Wie ich jetzt, verehrter Raṭṭhapāla, mit den Genüssen aller fünf Sinne begabt bin und sie zu eigen habe und damit in Freuden lebe, wird es mir nicht ebenso auch im Jenseits zuteil werden ... Sondern Andre werden Herren meiner Habe sein, ich aber werde dorthin gehen, wohin das Verdienst meiner Werke mich führt."

„Dies, großer König, hat Er der erhabene, erkennende, schauende, heilige, höchste Buddha im Auge gehabt, wie er gesprochen hat: ‚In der Welt ist uns nichts eigen; man muß alles verlassen und hingehen' – was ich bedacht und gesehen und gehört habe, und habe darum die Welt verlassen und mich der Heimatlosigkeit zugewandt."

„Wunderbar, verehrter Raṭṭhapāla! Staunenswert, verehrter Raṭṭhapāla, wie wohlgesprochen dies von Ihm ist, dem erhabenen, erkennenden, schauenden, heiligen, höchsten Bdudha: ‚In der Welt ist uns nichts eigen; man muß alles verlassen und hingehen.' Denn in der Welt, verehrter Raṭṭhapāla, ist uns ja nichts eigen, und man muß ja alles verlassen und hingehen. Nun hat aber der Herr Raṭṭhapāla gesagt: ‚Die Welt ist stets bedürftig, unersättlich, in der Begehrens Knechtschaft stehend.' Wie ist nun, verehrter Raṭṭhapāla, der Sinn dieses Wortes zu verstehen?"

„Wie meinst du, großer König? Ist es nicht ein reiches Land, das du beherrschest, das der Kurus?"

„Freilich, verehrter Raṭṭhapāla; das Kuruland, das ich beherrsche, ist reich."

„Wie meinst du nun, großer König? Da käme zu dir von Osten her ein glaubwürdiger, zuverlässiger Mann; der spräche zu dir: ‚Ich habe zu melden, großer König: ich komme aus dem Osten. Da habe ich ein großes Land gesehen, blühend und reich, bevölkert und dicht bewohnt. Da gibt es Massen von Elefanten, von Rossen, von Wagen, von Fußvolk, große Vorräte von Elfenbein und Fellen, viel güldenes Gold, unverarbeitetes und verarbeitetes, Massen von Weibervolk. Und es ist möglich, dies Land mit Streitkräften von dieser Größe zu erobern. So erobere es denn, großer König!' Was würdest du in dem Fall tun?"

„Wir würden, verehrter Raṭṭhapāla, auch dies Land erobern und darüber herrschen."

„Wie meinst du nun, großer König? Da käme zu dir von Westen her ... von Norden her ... von Süden her ... von jenseits des Ozeans her ein glaubwürdiger, zuverlässiger Mann ... *wie oben.*"

„Dies, großer König, hat Er der erhabene, erkennende, schauende, heilige, höchste Buddha im Auge gehabt, wie er gesprochen hat: ‚Die Welt ist stets bedürftig, unersättlich, in des Begehrens Knechtschaft stehend' – was ich bedacht und gesehen und gehört habe, und habe darum die Welt verlassen und mich der Heimatlosigkeit zugewandt."

„Wunderbar, verehrter Raṭṭhapāla! Staunenswert, verehrter Raṭṭhapāla, wie wohlgesprochen dies von Ihm ist, dem erhabenen, erkennenden, schauenden, heiligen, höchsten Buddha: ‚Die Welt ist stets bedürftig, unersättlich, in des Begehrens Knechtschaft stehend.' Denn die Welt, verehrter Raṭṭhapāla, ist ja stets bedürftig und unersättlich und steht in des Begehrens Knechtschaft."

So sprach der ehrwürdige Raṭṭhapāla. Als er so geredet hatte, sprach er weiter also:

„Ich sehe in der Welt gar reiche Menschen;
Die Toren spenden nicht von ihrer Habe.
Begierig häufen Güter sie auf Güter,
Und immer weiter wachsen ihre Wünsche.

Hätte die Erd' ein König auch gewonnen,
Das ganze weite Land, das meerumschloss'ne:
Zu diesem Ufer würd' er unersättlich
Auch jenes Ufer noch hinzubegehren.

Der König und der andern Menschen viele,
Vom Durst verfolgt, dem Tode sie verfallen.
Bedürftig bleiben sie, bis sie hinweggehn.
Nicht gibt's Ersättigung der Lust hienieden.

Die Freunde weinen, raufen sich die Haare:
‚O Jammer, daß die Menschen sterben müssen!'
Man deckt mit Kleidern ihn, trägt ihn von dannen,
Bringt ihn zum Scheiterhaufen und verbrennt ihn.

Die Leiche, wie sie brennt, sticht man mit Spießen.
Ein Kleid nur nimmt er mit von aller Habe.
Nicht können vor dem Tode Schutz gewähren
Die Freunde, die Verwandten, die Genossen.

Die Erben reißen seine Schätze an sich;
Ins Jenseits geht er je nach seinen Taten.
Dem Sterbenden folgt nichts von seinen Gütern,
Nicht Weib und Kind, nicht Königtum und Schätze.

Nicht können Güter langes Leben bringen;
Nicht kann Besitz das Alter ferne halten.
Kurz ist das Leben, lehren uns die Weisen,
Hinfällig und dem Wechsel unterworfen.

Dieselben Dinge arm und reich berühren,
Berühren Tore und berühren Weise.
Der Tor liegt hilflos da in seiner Torheit;
Fest bleibt der Weise, was ihn auch berühre.

Darum ist besser als Besitztum Weisheit,
Durch die man hier sein Ziel und End' erreichet.
In mannigfachem Sein das Ziel verfehlend
Tut sünd'ge Tat man in des Sinns Verblendung.

Zu neuem Dasein, andrer Welt gelangt man,
Wandelt den Irrweg wechselnder Geburten,
Und blind vertrauend, wer an Einsicht arm ist,
Gelangt zu neuem Dasein, andern Welten.

Wie einem Räuber, den man faßt beim Einbruch,
Die eigne Tat Verderben bringt, dem Bösen:
So bringen Sterbenden in Jenseitswelten
Die eignen Taten Untergang, den Bösen.

Bunt ist die Lust und süß und herzerfreuend,
Fesselt den Sinn durch vielerlei Gestalten.
Ich hab' erkannt, daß Lüste Elend bringen:
Drum hab', o König, ich die Welt verlassen.

Des Baumes Früchte gleich die Menschen fallen;
Der Leib zerbricht den Jungen wie den Alten.
Auch dies erkennend ich der Welt entsagte.
Sichrer und besser ist der Mönche Dasein!"

67.

EDLES UND UNEDLES SUCHEN

Also hab' ich gehört.

Einstmals verweilte der Erhabene zu Sāvatthī, im Jetavana, dem Garten des Anāthapiṇḍika.

Der Erhabene aber kleidete sich am Morgen an, nahm Almosenschale und Obergewand und ging nach Sāvatthī hinein, um Almosen zu sammeln.

Da waren nun viele Mönche, die gingen zum ehrwürdigen Ānanda und sprachen zu ihm: „Lange Zeit, Freund Ānanda, haben wir aus dem Munde des Erhabenen keine Rede der Lehre gehört. O möchte es uns doch zuteil werden, Freund Ānanda, aus des Erhabenen Munde eine Rede der Lehre zu hören!"

„So geht denn, ihr Ehrwürdigen, zur Einsiedelei des Brahmanen Rammaka. Da möchte es euch vielleicht zuteil werden, aus des Erhabenen Munde eine Rede der Lehre zu hören."

„Ja, Freund", so stimmten seine Mönche dem ehrwürdigen Ānanda zu.

Der Erhabene aber, als er zu Sāvatthī seinen Almosengang getan hatte, nach dem Mahl, vom Almosengang zurückgekehrt, sprach zum ehrwürdigen Ānanda: „Komm, Ānanda, wir wollen zum Park Pubbārāma, dem Palast der Migāramātā gehen, um dort die Mittagsrast zu halten." „Ja, Herr", so nahm der ehrwürdige Ānanda den Befehl des Erhabenen entgegen. Und der Erhabene ging mit dem ehrwürdigen Ānanda zum Park Pubbārāma, dem Palast der Migāramātā, um dort Mittagsrast zu halten. Am Abend aber erhob sich der Erhabene aus der Zurückgezogenheit und sprach zum ehrwürdigen Ānanda: „Komm, Ānanda, wir wollen nach dem Pubbakoṭṭhaka (‚Östliche Bastion') gehen, uns die Glieder anzufeuchten." „Ja, Herr", so nahm der ehrwürdige Ānanda den Befehl des Erhabenen entgegen. Und der Erhabene ging mit dem ehrwürdigen Ānanda zum Pubbakoṭṭhaka, sich die Glieder anzufeuchten. Als er sich am Pubbakoṭṭhaka die Glieder angefeuchtet hatte, stieg er heraus und stand da mit einem Gewande angetan und trocknete sich die Glieder.

Da sprach der ehrwürdige Ānanda zum Erhabenen: „Herr,

nicht weit von hier ist die Einsiedelei des Brahmanen Rammaka. Die Einsiedelei des Brahmanen Rammaka ist angenehm. Die Einsiedelei des Brahmanen Rammaka ist lieblich. Möchte doch der Erhabene die Gnade haben[1], zur Einsiedelei des Brahmanen Rammaka zu gehen." Der Erhabene gab durch Stillschweigen seine Zustimmung zu erkennen und ging zur Einsiedelei des Brahmanen Rammaka.

Zu der Zeit nun saßen viele Mönche[2] in der Einsiedelei des Brahmanen Rammaka unter Gesprächen über die Lehre beieinander. Der Erhabene aber trat an den Vorbau der Tür hin und wartete das Ende ihrer Reden ab. Als nun der Erhabene bemerkte, daß ihre Reden am Ende waren, räusperte er sich und klopfte gegen den Türverschluß; die Mönche öffneten dem Erhabenen die Türe. Da trat der Erhabene in die Einsiedelei des Brahmanen Rammaka ein und setzte sich nieder auf den Sitz, der für ihn bereitet war. Wie er dort saß, sprach er zu den Mönchen also: „Unter was für Gesprächen, ihr Mönche, sitzt ihr hier beisammen, und was für ein Gespräch habt ihr da unterbrochen?" „Gespräche über die Lehre haben wir unterbrochen, die sich auf den Erhabenen bezogen haben, als der Erhabene gekommen ist!" „Schön, ihr Mönche! So schickt es sich für euch Söhne edler Geschlechter, die ihr im Glauben die Welt verlassen habt, um euch der Heimatlosigkeit zuzuwenden, daß ihr unter Gesprächen über die Lehre beieinander sitzt. Wenn ihr versammelt seid, ihr Mönche, so steht euch zweierlei an: Reden von der Lehre oder edles Schweigen.

„Zweierlei Suchen gibt es, ihr Mönche: edles Suchen und unedles Suchen.

„Und was ist unedles Suchen, ihr Mönche?

„Da sucht, ihr Mönche, Jemand, der selbst der Geburt untertan ist, nach dem, das gleichfalls der Geburt untertan ist. Jemand, der selbst dem Alter untertan ist, sucht nach dem, das gleichfalls dem Alter untertan ist. Jemand, der selbst der Krankheit ... dem Tod

[1] Ānanda denkt an die Mönche, die er dorthin bestellt hat, und für die das Kommen des Buddha zu jener Stelle eine Gnade bedeutet.

[2] Natürlich eben die vorher erwähnten.

... den Schmerzen ... der Verderbtheit untertan ist, sucht nach dem, das gleichfalls der Verderbtheit untertan ist.

„Und was, ihr Mönche, würdet ihr wohl der Geburt untertan nennen? Weib und Kind, ihr Mönche, sind der Geburt untertan; Knecht und Magd sind der Geburt untertan; Ziegen und Schafe sind der Geburt untertan; Hühner und Schweine sind der Geburt untertan; Elefanten, Rinder, Hengste und Stuten sind der Geburt untertan; Gold und Silber ist der Geburt untertan. Der Geburt untertan, ihr Mönche, sind alle diese Daseinselemente. Davon gefesselt, verblendet, besessen sucht man, selbst der Geburt untertan, nach dem, das gleichfalls der Geburt untertan ist.

„Und was, ihr Mönche, würdet ihr wohl dem Alter untertan nennen? Weib und Kind ... *entsprechend wie eben.*

„Und was, ihr Mönche, würdet ihr wohl der Krankheit untertan nennen? ... *Wie oben, doch unter Weglassung von Gold und Silber.*

„Und was, ihr Mönche, würdet ihr wohl dem Tod ... den Schmerzen ... der Verderbtheit untertan nennen? ... *Wie eben; Gold und Silber nur beim letzten Gliede.*

„Dies, ihr Mönche, ist unedles Suchen.

„Und was ist edles Suchen, ihr Mönche?

„Da erkennt, ihr Mönche, Jemand, der selbst der Geburt untertan ist, das Elend, das dem Gesetz der Geburt innewohnt, und er sucht nach dem von Geburt freien höchsten Gewinn und Wohlsein, dem Nirvana.

Jemand, der selbst dem Alter untertan ist ... der Krankheit ... dem Tode ... den Schmerzen ... der Verderbtheit untertan ist, erkennt das Elend, das dem Gesetz der Verderbtheit innewohnt, und sucht nach dem von Verderbtheit freien höchsten Gewinn und Wohlsein, dem Nirvana.

„Dies, ihr Mönche, ist edles Suchen."

Im folgenden erzählt dann Buddha, wie er selbst einst in solchem Suchen die höchste Erleuchtung erlangt hat; teilweise oben wiedergegeben.

68.
AUS DER REDE VOM LOHN DES ASKETENTUMS

Also hab' ich gehört.

Einstmals verweilte der Erhabene zu Rājagaha, im Mangohain Jīvakas, des Kinderarztes, mit einer großen Mönchsschar, mit zwölf und einem halben Hundert von Mönchen. Zu der Zeit nun, als der Fasttag, der Fünfzehnte (des Halbmonats) gekommen war, in der Lotus-Vollmondnacht am Ende des Jahresdrittels saß der König von Magadha, Ajātasattu, der Videhaprinzessin Sohn, von den königlichen Höflingen umgeben, auf dem Söller seines herrlichen Palastes. Da sprach an jenem Fasttage der König von Magadha Ajātasattu, der Videhaprinzessin Sohn, dies Wort: „Lieblich fürwahr ist die Mondnacht! Schön fürwahr ist die Mondnacht! Prachtvoll fürwahr ist die Mondnacht! Herzerfreund fürwahr ist die Mondnacht! Günstige Zeichen fürwahr trägt die Mondnacht an sich! Welchem Asketen oder Brahmanen wollen wir heute unsere Verehrung bringen, daß unser Herz dadurch erfreut werde?"

Als er so geredet hatte, sprach einer der königlichen Höflinge also zum König von Magadha Ajātasattu, der Videhaprinzessin Sohn: „Da ist, Herr, jener Pūraṇa Kassapa, der Leiter eines Ordens, der Leiter einer Gemeinde, Lehrer der Gemeinde, bekannt, berühmt, ein Sektengründer, hochangesehen bei vielen Leuten, alterfahren, lange aus dem Weltleben geschieden, der seinen Weg gemacht, das Alter erreicht hat. Diesem Pūraṇa Kassapa wolle der Herr seine Verehrung bringen: so mag wohl des Herrn Herz dadurch erfreut werden." Als er so sprach, schwieg der König von Magadha, Ajātasattu, der Videhaprinzessin Sohn.

Andere Höflinge empfehlen andere Lehrer. Die Namen der stehend als Buddhas Zeitgenossen genannten Asketenhäupter erscheinen der Reihe nach[1]. *Unter ihnen jener Nātaputta, in dem*

---

[1] Diese Stelle unseres Textes ist auch insfoern von Interesse, als kein Zweifel daran sein kann, daß hier der buddhistische Autor ein vedisches Vorbild genau nachahmt: einen der um die Person des weisen Yājnavalkya gelagerten Dialoge einer Upanishad. Im vedischen Text soll ganz wie hier zwischen dem König und dem Weisen eine Frage erörtert werden. Beidemal läßt der Weise, ehe er seine Antwort gibt, dem König berichten, was andre geantwortet ha-

der Stifter oder Neuordner der noch heute in Indien bestehenden Jainasekte wiedererkannt ist. Immer lehnt der König den Vorschlag durch sein Schweigen ab.

Zu der Zeit saß Jīvaka, der Kinderarzt, schweigend nicht fern vom König von Magadha Ajātasattu, dem Sohn der Videhaprinzessin. Da sprach der König von Magadha Ajātasattu, der Sohn der Videhaprinzessin, zu Jīvaka dem Kinderarzt: „Und du, Freund Jīvaka, weshalb schweigst du?" „Da ist, Herr, der Erhabene, der heilige, höchste Buddha. Der weilt in meinem Mangohain mit einer großen Mönchsschar, mit zwölf und einem halben Hundert von Mönchen. Von ihm, dem erhabenen Gotama, geht solcher herrliche Preis durch die Welt: er ist der Erhabene, der heilige, höchste Buddha, begabt mit Wissen und rechtem Tun, der Wohlwandelnde, der Welterkenner, der Höchste, der Ungebändigten Bändiger und Lenker, der Götter und Menschen Meister, der erhabene Buddha. Ihm, dem Erhabenen, wolle der Herr seine Verehrung bringen; so mag wohl des Herren Herz dadurch erfreut werden."

„So laß denn den Elefantenreitzug bereit machen, Freund Jīvaka!"

„Ja, Herr", so nahm Jīvaka, der Kinderarzt, den Befehl des Königs von Magadha Ajātasattu, des Sohnes der Videhaprinzessin, entgegen. Und er ließ weibliche Elefanten, fünfhundert an der Zahl, bereit machen und den Reitelefanten des Königs. Und er meldete dem Magadhakönig Ajātasattu, dem Sohn der Videhaprinzessin: „Dein Elefantenzug, Herr, ist in Bereitschaft gesetzt. Tue nun nach deinem Gefallen." Da ließ der Magadhakönig Ajātasattu, der Sohn der Videhaprinzessin, auf jeden der fünfhundert weiblichen Elefanten eine seiner Frauen steigen. Und er selbst bestieg seinen Reitelefanten. So zog er bei Fackelschein mit großer königlicher Pracht aus Rājagaha hinaus und zog dorthin, wo der Mangohain Jīvakas des Kinderarztes war.

Als aber der König von Magadha Ajātasattu, der Sohn der Videhaprinzessin, in die Nähe des Mangohaines gelangt war, überkam

---

ben. Beidemal sind diese andern, die der König zuvor befragt hat, sechs Lehrer.

ihn Furcht, und er wurde starr, und sein Haar sträubte sich. Und der König von Magadha Ajātassatu, der Sohn der Videhaprinzessin, sprach voll Furcht, starr, mit gesträubtem Haar zu Jīvaka dem Kinderarzt: „Verrätst du mich auch nicht, Freund Jīvaka? Betrügst du mich auch nicht, Freund Jīvaka? Überantwortest du mich auch nicht meinen Feinden, Freund Jīvaka? Wie ist es denn möglich, daß von einer so großen Mönchsschar, von zwölf und einem halben Hundert von Mönchen, kein Ton des Niesens oder des Hustens und keinerlei Geräusch zu hören ist?"

„Fürchte dich nicht, großer König. Ich verrate dich nicht, Herr! Ich betrüge dich nicht, Herr! Ich überantworte dich nicht deinen Feinden, Herr! Geh vorwärts, großer König! Geh vorwärts, großer König! Es ist dort, wo in der runden Halle die Lichter brennen."

Der König von Magadha aber, Ajātasattu, der Sohn der Videhaprinzessin, ritt, soweit für einen Elefanten Weg war, auf seinem Elefanten. Dann stieg er vom Elefanten ab und ging zu Fuß zum Eingang der runden Halle. Dorthin gelangt sprach er zu Jīvaka dem Kinderarzt: „Wo ist nun der Erhabene, Freund Jīvaka?"

„Der Erhabene, großer König, ist hier. Hier sitzt der Erhabene, großer König, am Mittelpfeiler, das Gesicht gen Aufgang gewandt, vor sich die Schar der Mönche.

Der König von Magadha aber, Ajātasattu, der Sohn der Videhaprinzessin, ging zum Erhabenen und trat zur Seite hin. Und zur Seite stehend blickte der König von Magadha Ajātasattu, der Sohn der Videhaprinzessin, über die Schar der Mönche hin, die in Schweigen, in tiefes Schweigen versunken war, gleich einem still daliegenden See. Und er tat den Ausruf: „Möchte in meinem Sohn Udāyibhadda dieser Friede wohnen, der jetzt in der Schar der Mönche wohnt!"[1] …

Der König von Magadha aber, Ajātasattu, der Sohn der Videhaprinzessin, brachte dem Erhabenen ehrfurchtsvollen Gruß, neigte

---

[1] Dieser Wunsch des Köngis gewinnt ein eigenes Ansehen dadurch, daß später Udāyibhadda, wie überliefert wird, durch Tötung seines Vaters zur Herrschaft gelangte. Dieser hatte übrigens gegen seinen eigenen Vater nicht anders gehandelt (vgl. S. 257 f.).

die zusammengelegten Hände gegen die Schar der Mönche und setzte sich zur Seite nieder. Zur Seite sitzend aber sprach der König von Magadha Ajātasattu, der Sohn der Videhaprinzessin, zum Erhabenen also: „Ich möchte, Herr, den Erhabenen über etwas befragen, wenn der Erhabene mir die Gunst erweisen will, meine Frage zu beantworten."

„Frage, großer König, was du mich fragen willst."

„Wie es bei diesen verschiedenen Berufen steht, Herr – da sind Reiter auf Elefanten und Rossen, die Wagenlenker, Bogenschützen, Fahnenträger, Truppenordner, Bringer von Proviant, die Kraftmänner, königliche Prinzen, Springkämpfer[1], Kämpfer, die wie die großen Elefanten feststehen, Helden, gepanzerte Kämpfer, die Sklaven von Geburt, Köche, Barbiere, Bader, Kochkünstler, Kranzflechter, Wäscher, Kunstweber, Korbmacher, Töpfer, Zähler, Siegelbeamte (?) und was andere solche verschiedenen Berufe sind: die leben auf dieser Erde vom sichtbaren Lohn ihres Berufs; damit bereiten sie sich selbst Freude und Gedeihen und bereiten Vater und Mutter Freude und Gedeihen und bereiten Weib und Kind Freude und Gedeihen, und bereiten Freunden und Genossen Freude und Gedeihen und spenden Asketen und Brahmanen Gaben, die aufwärts führen, zum Himmel führen, Lohn an Freuden bringen, Himmelslohn finden. Kann man nun, Herr, ebenso auf dieser Erde einen sichtbaren Lohn des Asketenlebens aufweisen?"

„Kannst du dich vielleicht erinnern, großer König, daß du diese Frage auch schon anderen Asketen und Brahmanen vorgelegt hast?"

„Ja, ich erinnere mich, Herr, daß ich diese Frage schon anderen Asketen und Brahmanen vorgelegt habe."

„Wie haben dir die nun geantwortet, großer König? Wenn du nichts dawider hast, sage es mir."

Der König berichtet nun, wie er der Reihe nach den oben (S. 244f.) erwähnten Asketenhäuptern seine Frage vorgelegt hat. Keiner gibt eine wirkliche Antwort, sondern alle tragen statt des-

---

[1] „Springkämpfer" werden als solche erklärt, die fragen: „Welches Feindes Haupt oder Waffe sollen wir holen?" Und wenn man ihnen den Feind bezeichnet hat, springen sie ins Kampfgewühl hinein und tun das Verlangte.

sen die Hauptsätze ihrer Lehre vor. Beispielsweise von Ajita Kesakambalī („Ajita mit dem härenen Gewand") erzählt der König:

„Als ich so gesprochen hatte, Herr, antwortete Ajita Keskambalī mir also: ‚Es gibt keine Gaben[1], großer König. Es gibt keine Opfer. Es gibt keine Darbringungen. Es gibt nicht Lohn noch Frucht guter und böser Taten. Es gibt nicht diese Welt und gibt nicht jene Welt. Es gibt nicht Mutter und gibt nicht Vater. Es gibt keine ungezeugten (himmlischen) Wesen. Es gibt in der Welt keine Asketen und Brahmanen, die den rechten Weg gegangen sind, die rechte Übung vollbracht haben, die diese Welt und jene Welt selbst erkennend, erschauend künden. Aus den vier Elementen besteht der Mensch. Stirbt er, so geht die Erde zur Erde und vereint sich mit ihr; das Wasser geht zum Wasser und vereint sich mit ihm; das Feuer geht zum Feuer und vereint sich mit ihm; die Luft geht zur Luft und vereint sich mit ihr; in den Ätherraum entweichen die Sinne. Den Toten tragen vier Männer, mit der Bahre als fünfter, davon und führen ihre Reden bis zur Verbrennungsstätte. Dann sind nur die bleichen Gebeine übrig, und in Asche enden alle Opfer, die jener gebracht hat. Daß man Gaben spenden soll, ist Torenlehre. Es ist sinnloses, trügerisches Geschwätz, wenn man gläubige Reden führt. Toren und Kluge, wenn ihr Leib zerbricht, werden zunicht und vergehen. Sie sind nicht mehr nach dem Tode.' So antwortete mir, Herr, Ajita Kesakambalī auf meine Frage nach dem sichtbaren Lohn des Asketenlebens mit der Lehre von der Vernichtung. Wie wenn man, Herr, nach einer Mango gefragt würde und Antwort über die Frucht des Brotbaums gäbe, oder nach der Frucht des Brotbaums gefragt würde und Antwort über die Mango gäbe, so antwortete mir, Herr, Ajita Kesakambalī auf meine Frage nach dem sichtbaren Lohn des Asketenlebens mit der Lehre von der Vernichtung. Da sprach ich, Herr, also zu mir: ‚Wie könnte wohl meinesgleichen es für schicklich halten, einen Asketen oder Brahmanen, der sich in meinem Reich aufhält, fortzuschicken?' So drückte ich, Herr, der Rede des Ajita Kesakambalī weder Beifall noch Mißfallen aus. Ohne ein Zeichen des Beifalls oder des Mißfallens, unzufrieden, doch ohne

---

[1] D. h. es ist nicht wahr, daß Gaben Lohn bringen.

ein Wort der Unzufriedenheit, seine Rede nicht annehmend und nicht zurückweisend, stand ich von meinem Sitz auf und ging ich von dannen ...

„So frage ich nun auch, Herr, den Erhabenen: wie es bei diesen verschiedenen Berufen steht *wie oben S. 247* ... Kann man, Herr, ebenso auf dieser Erde einen sichtbaren Lohn des Asketenlebens aufweisen?"

„Das kann man in der Tat, großer König. Laß mich hier dich selbst fragen, großer König, und antworte mir, wie es dir richtig scheint. Was meinst du, großer König? Da hast du einen Mann, der ist dein Sklave, dein Diener, der früh aufsteht vor dir und spät sich niederlegt nach dir, der willig tut, was von ihm verlangt wird, der sich dir angenehm macht, Freundliches redet, deine Wünsche in deinem Gesicht liest. Der spricht zu sich also: ‚Wunderbar! Erstaunlich! Wie doch gute Werke belohnt werden und ihre Frucht bringen! Dieser König von Magadha Ajātasattu, der Videhaprinzessin Sohn, ist ein Mensch. Und ich bin auch ein Mensch. Aber der König von Magadha Ajātasattu, der Videhaprinzessin Sohn, hat die Genüsse aller fünf Sinne zum Besitz und zu eigen und läßt sich in ihnen wohl sein – ein Gott, möchte man meinen. Ich aber bin sein Sklave, sein Diener ... der seine Wünsche in seinem Gesicht liest. Wohlauf! Die guten Werke, die er getan hat, die will ich auch tun! Ich will mein Haar und Bart scheren lassen, gelbe Gewänder anlegen, die Welt verlassen und mich der Heimatlosigkeit zuwenden!' Der läßt sich dann später Haar und Bart scheren, legt gelbe Gewänder an und geht von der Heimat in die Heimatlosigkeit. Und nachdem er so hinausgegangen ist, lebt er selbstbezwingend in seinem leiblichen Tun, selbstbezwingend in seinen Reden, selbstbezwingend in seinen Gedanken, zufrieden, wenn er sich nähren und seine Blöße decken kann, der Abgeschiedenheit sich freuend. Wenn über den nun die Leute dir melden: ‚Geruhe, Kenntnis zu nehmen, Herr: der Mann, der dein Sklave war, dein Diener ..., der hat sich das Haar und Bart scheren lassen ... der Abgeschiedenheit sich freuend.' Würdest du dann sagen: ‚Der Mann soll mir herkommen und soll wieder mein Sklave sein, mein Diener ...'?"

„Das würden wir nicht sagen, Herr. Vielmehr würden wir unsrerseits ihm unsern ehrfurchtsvollen Gruß bringen, würden vor ihm aufstehen, ihn zum Sitzen einladen, ihm anbieten, was er bedarf, ein Mönchsgewand, Speise, Lager und Sitz, Arzeneien, wenn er krank ist, und wir würden ihm, wie es recht ist, Schutz, Schirm und Obhut bieten."

„Was meinst du, großer König? Wenn es so steht, gibt es dann einen sichtbaren Lohn des Asketenlebens oder gibt es ihn nicht?"

„Gewiß, Herr! Da es so steht, gibt es einen sichtbaren Lohn des Asketenlebens."

Der König fragt nun weiter, ob es noch anderen solchen Lohn gibt. Freilich gibt es ihn – und es folgt eine stufenweise zu immer Höherem aufsteigende Schilderung der Vorzüge und Herrlichkeiten des Asketentums. Ein Buddha erscheint: seine Lehre und seine Ordnungen nimmt ein Strebender an. Er wandelt in Sittlichkeit, indem er Sünden meidet wie die Schädigung lebender Wesen, Diebstahl, Unkeuschheit, Lüge, Verleumdung, Üppigkeit aller Art usw. Er übt Wachsamkeit gegenüber allen Sinneseindrücken, Aufmerksamkeit auf seine Bewegungen und Verrichtungen; er befleißigt sich der Zufriedenheit. Über diese heißt es:

„Und wie, großer König, verhält es sich mit der Zufriedenheit eines Mönchs? Der Mönch, großer König, ist zufrieden mit dem Mönchsgewand, das seinen Körper umhegt, und mit der Almosenspeise, die seinen Leib am Leben erhält. Das nimmt er mit sich, wohin immer er geht. Wie ein beschwingter Vogel, großer König, wo immer er fliegt, im Fluge die Last seiner Flügel mit sich führt, so ist auch der Mönch, großer König, zufrieden mit dem Mönchsgewand, das seinen Körper umhegt, und mit der Almosenspeise, die seinen Leib am Leben erhält. Das nimmt er mit sich, wohin immer er geht. So großer König, verhält es sich mit der Zufriedenheit eines Mönchs."

Nun geht der Strebende in die Einsamkeit und fördert dort seine innere Läuterung. So wird er fähig, sich zu den vier Stufen der Versenkung zu erheben (vgl. in der Einleitung und oben S. 78f.), deren zu zahllosen Malen in der altbuddhistischen Literatur erscheinende Formeln auch hier, bei jeder der vier Stufen durch ein Gleichnis erläutert, gegeben werden:

„So sieht denn der Mönch, großer König, wie Schulden, wie

Krankheit, wie Gefängnis, wie Sklaverei, wie eine Reise durch die Wildnis, jene fünf Hemmungen[1] an, solange er sie nicht von sich abgetan hat. Und, großer König, wie Freisein von Schulden, wie Gesundheit, wie Befreiung von Banden, wie Unabhängigkeit, wie eine sichere Stätte, so sieht der Mönch, großer König, jene fünf Hemmungen an, wenn er sie von sich abgetan hat. Wenn er so die fünf Hemmungen als von sich abgetan erkennt, entsteht in ihm Lust. Im Lusterfüllten entsteht Befriedigung. Des Befriedigten Körper kommt zur Ruhe. Beruhigten Körpers, empfindet er Freude. Des Freudevollen Geist gelangt zur Sammlung.

„So von Lüsten sich abscheidend, von allen unreinen Wesenheiten sich abscheidend, tritt er ein in die mit Überlegung und Erwägung verbundene, aus Abgeschiedenheit geborene, von Befriedigung und Freude erfüllte *erste Versenkung* und verharrt in ihr. Mit der aus Abgeschiedenheit geborenen Befriedigung und Freude überströmt er diesen seinen Körper; er umströmt ihn, erfüllt ihn, durchdringt ihn von allen Seiten, so daß kein Teilchen seines ganzen Körpers undurchdrungen bleibt von der aus Abgeschiedenheit geborenen Befriedigung und Freude. Wie, großer König, ein geschickter Bader oder Badergeselle in ein Metallgefäß Badepulver streut und es mit Wasser immer wieder anfeuchtet und knetet, bis der Klumpen des Badepulvers von fettiger Flüssigkeit durchzogen und gesättigt, innen und außen von fettiger Flüssigkeit durchdrungen ist, ohne zu tropfen: ebenso, großer König, überströmt der Mönch diesen seinen Körper mit der aus Abgeschiedenheit geborenen Befriedigung und Freude: er umströmt ihn, erfüllt ihn, durchdringt ihn von allen Seiten, sodaß kein Teilchen seines ganzen Körpers undurchdrungen bleibt von der aus Abgeschiedenheit geborenen Befriedigung und Freude.

„Dieser sichtbare Lohn des Asketentums, großer König, ist noch schöner und herrlicher als aller frühere Lohn.

„Und weiter, großer König, tritt der Mönch nach dem Zurruhekommen von Überlegung und Erwägung in die durch inneren

---

[1] Sie waren im Vorangehenden aufgeführt: Begierde nach Weltlichem, Lust am Schadenstiften, Schlaffheit und Trägheit, Verängstigung und Unruhe, Zweifel.

Frieden und Einheitlichkeit des Geistes bezeichnete, von Überlegen und Erwägen freie, aus Sammlung geborene, von Befriedigung und Freude erfüllte *zweite Versenkung* ein und verharrt in ihr. Mit der aus Sammlung geborenen Befriedigung und Freude überströmt er diesen seinen Körper: er umströmt ihn, erfüllt ihn, durchdringt ihn von allen Seiten, so daß kein Teilchen seines ganzen Körpers undurchdrungen bleibt von der aus Sammlung geborenen Befriedigung und Freude. Wie wenn, großer König, ein Teich aus einer Quelle in seinem eigenen Innern sein Wasser empfängt, weder von Osten einen Zufluß hat, noch von Westen einen Zufluß hat, noch von Norden einen Zufluß hat, noch von Süden einen Zufluß hat, und auch der Himmel nicht von Zeit zu Zeit mit Macht seinen Regen in ihn ergießt – aber aus diesem Teich selbst entquillt der kühle Wasserstrom und überströmt den Teich mit kühlem Wasser; er umströmt ihn, erfüllt ihn, durchdringt ihn von allen Seiten, so daß kein Teilchen des ganzen Teichs undurchdrungen bleibt vom kühlen Wasser: ebenso, großer König, überströmt der Mönch diesen seinen Körper mit der aus Sammlung geborenen Befriedigung und Freude ...

„Dieser sichtbare Lohn des Asketentums, großer König, ist noch schöner und herrlicher als aller frühere Lohn.

„Und weiter, großer König, verharrt der Mönch nach dem Hinschwinden des Befriedigungsgefühles gleichmütig, in Wachsein und Bewußtheit, und empfindet in seinem Körper ein Gefühl der Freude, was die Edlen nennen: ‚der Gleichmütige, Wachsame, in Freude Weilende': so tritt er in die *dritte Versenkung* ein und verharrt in ihr. Mit jener des Befriedigungsgefühls entledigten Freude überströmt er diesen seinen Körper; er umströmt ihn, erfüllt ihn, durchdringt ihn von allen Seiten, so daß kein Teilchen seines ganzen Körpers undurchdrungen bleibt von jener des Befriedigungsgefühls entledigten Freude. Wie wenn, großer König, in einem Teich voll Wasserrosen, blauem Lotus, weißem Lotus manche Wasserrosen, blaue Lotusblumen, weiße Lotusblumen, im Wasser geboren, im Wasser erwachsen, aus dem Wasser nicht hervorragen und in der Tiefe blühen – die werden von der Spitze bis zur Wurzel vom kühlen Wasser überströmt, umströmt, erfüllt, von allen Seiten durchdrungen, so daß kein Teilchen der ganzen Wasserrosen, blauen Lotusblumen, weißen Lotusblumen undurchdrungen bleibt von dem kühlen Wasser: ebenso, großer König, überströmt der Mönch diesen seinen Körper mit jener des Befriedigungsgefühls entledigten Freude ...

„Dieser sichtbare Lohn des Asketentums, großer König, ist noch schöner und herrlicher als aller frühere Lohn.

„Und weiter, großer König, tritt der Mönch nach dem Verlassen von Freude und nach dem Verlasen von Schmerz, nach dem Untergang alles früheren Wohlgefühls und Leidensgefühls in die durch schmerzlose und freudlose Läuterung des Gleichmuts und Wachseins bezeichnete *vierte Läuterung* ein und verharrt in ihr. Mit geläutertem, reinheitsreichem Geist durchdringt er diesen seinen Körper und sitzt da, so daß kein Teilchen seines ganzen Körpers undurchdrungen bleibt vom geläuterten, reinheitsreichen Geist. Wie wenn, großer König, ein Mann dasitzt bis zum Haupt in ein reines Gewand gehüllt, und kein Teilchen seines ganzen Körpers unberührt bleibt von dem reinen Gewande: ebenso, großer König, durchdringt der Mönch mit geläutertem, reinheitsreichen Geist diesen seinen Körper ...

„Dieser sichtbare Lohn des Asketentums, großer König, ist noch schöner und herrlicher als aller frühere Lohn."

Wir übergehen die folgende Stufe dieses Aufstiegs – die Einsicht darin, wie an den Körper die Funktion des Erkennens gebunden ist – und wenden uns zur dann folgenden Stufe.

„Mit also gesammeltem Geist, mit geläutertem, reinheitsreichem, der von Flecken frei ist, aller Schäden entledigt, geschmeidig, der Arbeit sich fügend, feststehend und unentwegt richtet er seinen Geist darauf und wendet ihn darauf hin, einen geistigen Körper sich zu bereiten. So bereitet er aus diesem seinem Körper einen andern Körper: gestalthaft, geistig, mit allen Gliedern, großen und kleinen, keines Sinnesorgans bar. Wie wenn, großer König, ein Mann aus einer Blattscheide den Rohrhalm herauszieht und zu sich spricht: ‚Dies ist die Blattscheide, dies der Rohrhalm. Ein andres ist die Blattscheide, dies der Rohrhalm. Ein andres ist die Blattscheide, ein andres der Rohrhalm. Aus der Blattscheide aber ist der Rohrhalm herausgezogen' – oder wie wenn, großer König, ein Mann aus der Scheide das Schwert zieht und zu sich spricht: ‚Dies ist die Scheide, dies das Schwert. Ein andres ist die Scheide, ein andres das Schwert. Aus der Scheide aber ist das Schwert herausgezogen' – oder wie wenn, großer König, ein Mann eine Schlange aus dem Korb nimmt [1] und zu sich spricht: ‚Dies ist die Schlange, dies der Korb. Ein andres ist die Schlange, ein andres der Korb. Aus dem Korb aber ist die Schlange herausgenommen': so, großer König, mit also gesammeltem Geist ... *wie oben, bis:* keines Sinnesorgans bar.

„Dieser sichtbare Lohn des Asketentums, großer König, ist noch schöner und herrlicher als aller frühere Lohn.

„Mit also gesammeltem Geist, mit geläutertem, reinheitsreichem, der von Flecken frei ist, aller Schäden entledigt, geschmeidig, der Arbeit sich fügend, feststehend und unentwegt richtet er seinen Geist und wendet ihn hin auf die verschiedenen Wunderkräfte. Wunderkräfte mannigfaltiger Art betätigt er: aus *einer* Person verwandelt er sich in viele. Aus vielen Personen verwandelt er sich in eine. Er wird sichtbar und wird unsichtbar. Durch Wände, durch Wälle, durch Berge geht er ungehemmt wie durch den freien Raum. Aus der Erde taucht er auf und versinkt wieder darin wie im Wasser. Auf dem Wasser wandelt er, ohne zu versinken, wie auf der Erde. Mit gekreuzten Beinen sitzend, bewegt er sich durch den Luftraum wie ein beschwingter Vogel. Sonne und Mond, so wundermächtig und gewaltig sie sind, berührt und bestreicht er mit der Hand, bis zu Brahmas Welt dringt er mit seinem Körper [2]. Wie, großer König, ein geschickter Töpfer oder Töpfergeselle aus wohlzubereitetem Ton Gefäße in jeder Gestalt, wie es ihm beliebt, herstellt und formt – oder wie, großer König, ein geschickter Elfenbeinarbeiter oder Elfenbeinarbeitergeselle aus wohlzubereitetem Elfenbein Elfenbeingegenstände in jeder Gestalt, wie es ihm beliebt, herstellt und formt – oder wie, großer König, ein geschickter Goldschmied oder Goldschmiedgeselle aus wohlzubereitetem Gold goldene Gegenstände in jeder Gestalt, wie

---

[1] Im Korb hält der Schlangenbändiger die Schlange gefangen.

[2] Nach *Hermann Beckh*, Buddhismus, Band II, Berlin 1916, S. 74f., wären diese Wunder nicht grobmateriell zu verstehen, sondern als übersinnliche Yogaerlebnisse. Mir scheint das Gegenteil unzweifelhaft; ein Rest von höchst primitivem Wunderglauben hat sich hier erhalten.

es ihm beliebt, herstellt und formt: so, großer König, mit also gesammeltem Geist ... *wie oben, bis* zu Brahmas dringt er mit seinem Körper.

„Dieser sichtbare Lohn des Asketentums, großer König, ist noch schöner und herrlicher als aller frühere Lohn.

„Mit also gesammeltem Geist ... richtet er seinen Geist auf das Element des himmlischen Gehörs und wendet ihn darauf hin. Durch das Element des himmlischen Gehörs, das reine, über Menschliches erhabene, hört er beiderlei Töne, die göttlichen und menschlichen, die fernen und nahen. Wie wenn ein Mann, großer König, auf einer weiten Wanderung begriffen ist und Paukenschall hört und Trommelschall und den Klang von Muschelhörnern, den Schall von Tambourins und Ḍeṇḍimas[1] – der sagt bei sich: ‚Das ist Paukenschall; das ist Trommelschall; das ist der Klang von Muschelhörnern, der Schall von Tamburins und Ḍeṇḍimas': so, großer König, mit also gesammeltem Geist ... *wie oben, bis* die fernen und nahen.

„Dieser sichtbare Lohn des Asketentums, großer König, ist noch schöner und herrlicher als aller frühere Lohn.

„Mit also gesammeltem Geist ... richtet er seinen Geist und wendet ihn hin auf das Durchschauen geistiger Zustände. Mit seinem Geist dringt er ein in den Geist andrer Wesen, andrer Personen und erkennt ihn. Begierdeerfüllten Geist erkennt er als begierdeerfüllt. Begierdelosen Geist erkennt er als begierdelos. Haßerfüllten ... haßfreien ... verblendeten ... verblendungsfreien ... zusammengehaltenen ... zerstreuten ... ins Weite gerichteten ... aufs Enge beschränkten ... von Höherem erfüllten ... von nichts Höherem erfüllten ... gesammelten ... ungesammelten ... erlösten ... unerlösten Geist erkennt er als unerlöst. Wie ein Weib, großer König, oder ein Mann, zart und jung[2], der Schmuck liebt, in einem hellen, reinen Spiegel oder in einem Gefäß mit klarem Wasser das Aussehen seines Antlitzes betrachtet und wenn sich darauf ein Fleck zeigt, erkennt:, Da ist ein Fleck',

---

[1] Eine bestimmte Art von Trommeln.

[2] Meine Übersetzung entspricht hier nicht genau dem veröffentlichten Text, der mir mit Wahrscheinlichkeit eine leichte Änderung zu erfordern scheint.

oder wenn sich kein Fleck zeigt, erkennt: ‚Da ist kein Fleck': so, großer König, mit also gesammeltem Geist ... *wie oben, bis* erkennt er als unerlöst.

„Dieser sichtbare Lohn ...

„Mit also gesammeltem Geist ... richtet er seinen Geist und wendet ihn hin auf die Erinnerung und Erkenntnis seines früheren Daseins."

Es folgt Beschreibung dieser Erkenntnis wie oben S. 79.

„Wie ein Mann, großer König, aus seinem eignen Dorf in ein andres Dorf geht, und aus jenem Dorf wieder in ein andres Dorf geht, und aus jenem Dorf in sein eignes Dorf zurückkehrt – der sagt zu sich: ‚Da bin ich aus meinem eignen Dorf in jenes Dorf gegangen; dort habe ich so mich hingestellt und habe so mich niedergesetzt; so habe ich gesprochen und so habe ich geschwiegen. Und aus jenem Dorf bin ich wieder in jenes andre Dorf gegangen, und auch dort habe ich so mich hingestellt und habe so mich niedergesetzt; so habe ich gesprochen und so habe ich geschwiegen. Und aus jenem Dorf bin ich in mein eignes Dorf zurückgekehrt': so, großer König ...

„Dieser sichtbare Lohn ...

„Mit also gesammeltem Geist ... richtet er seinen Geist und wendet ihn hin auf die Kentnnis vom Abscheiden und Wiederkommen der Wesen.

Beschreibung dieser Kenntnis wie oben S. 79f.

„Wie wenn mitten auf einem Platz, großer König, wo die Straßen sich kreuzen, ein Palast steht, und dort steht ein scharfsichtiger Mann und sieht die Leute, die in ein Haus hineingehen und die herauskommen und die auf der Straße umhergehen und die mitten auf dem Platz sitzen – der sagt zu sich: ‚Diese Leute gehen in das Haus hinein, diese kommen heraus, diese gehen auf der Straße umher, diese sitzen mitten auf dem Platz': so, großer König ...

„Dieser sichtbare Lohn ...

„Mit also gesammeltem Geist ... richtet er seinen Geist und wendet ihn hin auf die Kenntnis des Untergangs der Verderbnisse[1].

---

[1] S. oben S. 80 A. 1.

Beschreibung dieser Kenntnis, einschließlich der Erkenntnis der vier „edlen Wahrheiten", wie oben S. 80f.

„Indem er also erkennt und also schaut, wird seine Seele erlöst vom Verderbnis der Lust, und seine Seele wird erlöst vom Verderbnis des Werdens, und seine Seele wird erlöst vom Verderbnis des Nichtwissens. Im Erlösten ersteht die Erkenntnis: Ich bin erlöst. Vernichtet ist die Geburt, vollendet der heilige Wandel, erfüllt die Pflicht; keine Rückkehr gibt es mehr zu dieser Welt: also erkennt er.

„Wie wenn in einer Bergenge, großer König, ein See liegt, hell, klar, frei von Trübung, und dort steht am Ufer ein scharfsichtiger Mann und sieht die Perlmuscheln und andere Muscheln und Sand und Kies und die Scharen der Fische, wie sich das alles bewegt und wie es stillsteht – der sagt zu sich: ‚Da ist dieser See, hell, klar, frei von Trübung, und da sind die Perlmuscheln und anderen Muscheln und Sand und Kies und die Scharen der Fische, alles sich bewegend und stillstehend': so, großer König ... *wie oben, bis:* keine Rückkehr gibt es mehr zu dieser Welt: also erkennt er.

Dieser sichtbare Lohn des Asketentums, großer König, ist noch schöner und herrlicher als aller frühere Lohn. Über allen diesen sichtbaren Belohnungen des Asketentums, großer König, gibt es keinen anderen, der schöner und herrlicher wäre."

Als er so geredet hatte, sprach der Magadhakönig Ajātasattu, der Videhaprinzessin Sohn, zum Erhabenen also: „Herrlich, Herr! Herrlich, Herr! Gleichwie man, o Herr, das Niedergebeugte aufrichtet, oder das Verborgene enthüllt, oder dem Verirrten den Weg zeigt, oder in der Finsternis eine Leuchte hinhält, damit, wer Augen hat, die Gestalten der Dinge sehe: also hat der Erhabene in mancherlei Weise die Lehre verkündet. Ich nehme, Herr, meine Zuflucht beim Erhabenen und bei der Lehre und bei der Gemeinde der Mönche. Als seinen Verehrer (Laienjünger) halte mich der Erhabene von heute, solange mein Leben währt, der ich meine Zuflucht bei ihm genommen habe. Schuld, Herr, ist über mich gekommen als über einen Toren, einen Verirrten, einen Übeltäter, daß ich meinen Vater, den rechtlichen, den Fürsten der Gerechtigkeit, um der Herrschaft willen ums Leben gebracht habe. So möge,

Herr, der Erhabene es von mir annehmen, daß ich meine Schuld als Schuld bekenne, um in Zukunft mich davor zu hüten."

„Freilich, großer König, ist Schuld über dich gekommen als über einen Toren, einen Verirrten, einen Übeltäter, daß du deinen Vater, den rechtlichen, den Fürsten der Gerechtigkeit, ums Leben gebracht hast. Da du aber, großer König, die Schuld als Schuld erkennst und sie, wie es recht ist, gutmachst, so nehmen wir das von dir an. Denn das ist Wachstum, großer König, in der Ordnung des Edlen, wenn Jemand seine Schuld als Schuld erkennt, sie, wie es recht ist, gutmacht, und in Zukunft sich davor hütet."

Als er so geredet hatte, sprach der Magadhakönig Ajātasattu, der Videhaprinzessin Sohn, zum Erhabenen also: „Wohlan, Herr, wir müssen jetzt gehen. Wir haben viele Geschäfte und viele Pflichten."

„Tue, großer König, was du jetzt an der Zeit hältst."

Da begrüßte der Magadhakönig Ajātasattu, der Videhaprinzessin Sohn, die Rede des Erhabenen mit Beifall und Freude, stand von seinem Sitz auf, brachte dem Erhabenen seinen ehrfurchtsvollen Gruß, umwandelte ihn rechtshin gewandt und ging von dannen.

Der Erhabene aber, nicht lange nachdem der Magadhakönig Ajātasattu, der Videhaprinzessin Sohn, von dannen gegangen war, redete zu den Mönchen also: „Versehrt ist dieser König, ihr Mönche; getroffen ist dieser König, ihr Mönche, (durch seine böse Tat). Hätte dieser König, ihr Mönche, nicht seinen Vater, den rechtlichen, den Fürsten der Gerechtigkeit, ums Leben gebracht, so wäre hier, wie er hier saß, ihm der Wahrheitsblick frei von Dunst und Unreinheit aufgegangen."

So sprach der Erhabene. Mit Freude begrüßten die Mönche des Erhabenen Rede.

69.
DAS GLEICHNIS VON DEN MANGOFRÜCHTEN

„Vier Arten von Mangofrüchten gibt es, ihr Mönche. Welche vier sind das?"

„Die unreife Frucht, die reif aussieht; die reife Frucht, die unreif aussieht; die unreife Frucht, die unreif aussieht; die reife Frucht, die reif aussieht.

„Diese vier Arten von Mangofrüchten, ihr Mönche, gibt es.

„So werden auch, ihr Mönche, die vier Arten von Menschen, den Mangofrüchten ähnlich, in der Welt gefunden. Welche vier sind das?

„Der unreife, der reif aussieht; der reife, der unreif aussieht; der unreife, der unreif aussieht; der reife, der reif aussieht.

„Und was für ein Mensch, ihr Mönche, ist der unreife, der reif aussieht? Da erweckt eines Menschen Kommen und Gehen Wohlgefallen, sein Hin- und Herblicken, das Einziehen und Ausstrekken seiner Glieder, seine Weise, Kleid, Almosenschale und Obergewand zu tragen. Aber er erkennt nicht in Wahrheit, was das Leiden ist. Und er erkennt nicht in Wahrheit, was die Entstehung des Leidens ist. Und er erkennt nicht in Wahrheit, was die Aufhebung des Leidens ist. Und er erkennt nicht in Wahrheit, was der Weg zur Aufhebung des Leidens ist. Ein solcher Mensch, ihr Mönche, ist unreif und sieht reif aus. Und einer unreifen Mangofrucht, die reif aussieht, nenne ich einen solchen Menschen ähnlich.

„Und was für ein Mensch, ihr Mönche, ist der reife, der unreif aussieht? Da erweckt eines Menschen Kommen und Gehen kein Wohlgefallen ... Aber er erkennt in Wahrheit, was das Leiden ist ... Ein solcher Mensch, ihr Mönche, ist reif und sieht unreif aus. Und einer reifen Mangofrucht, die unreif aussieht, nenne ich einen solchen Menschen ähnlich.

Entsprechend der Unreife, der unreif aussieht, und der Reife, der reif aussieht.

„Diese vier Arten von Menschen, ihr Mönche, den Mangofrüchten ähnlich, werden in der Welt gefunden."

70.
DIE BEIDEN RÄDER

Einstmals verweilte der Erhabene zu Benares, im Wildpark Isipatana. Da sprach der Erhabene zu den Mönchen: „Ihr Mönche!" „Herr und Meister!" erwiderten die Mönche dem Erhabenen. Und der Erhabene redete also:

„Es war einmal, ihr Mönche, ein König mit Namen Pacetana. Und König Pacetana, ihr Mönche, sprach zu seinem Wagenbauer: ‚Heute über sechs Monate, mein lieber Wagenbauer, werde ich eine Schlacht schlagen. Kannst du mir wohl, lieber Wagenbauer, ein Paar neue Räder machen?"

„‚Gewiß kann ich das, Herr' – sagte der Wagenbauer dem König Pacetana zu.

„Da brachte der Wagenbauer, ihr Mönche, in sechs Monaten weniger sechs Tagen das eine Rad zustande.

Und König Pacetana sprach zum Wagenbauer: ‚Heute über sechs Tage, mein lieber Wagenbauer, wird die Schlacht stattfinden. Ist das Paar neue Räder fertig?'

„‚In diesen sechs Monaten weniger sechs Tagen, Herr, habe ich das eine Rad angefertigt.'

„‚Wirst du mir denn, lieber Wagenbauer, in den sechs Tagen auch das zweite Rad anfertigen können?'

„‚Gewiß kann ich das, Herr' – sagte der Wagenbauer dem König Pacetana zu.

Da machte der Wagenbauer, ihr Mönche, in sechs Tagen auch das zweite Rad fertig, nahm das Paar neue Räder, ging damit zum König Pacetana und sprach zu ihm: ‚Hier ist das Paar neue Räder fertig, Herr.'

„‚Nun sage mir, lieber Wagenbauer: zwischen jenem Rade, das du in sechs Monaten weniger sechs Tagen angefertigt hast und diesem Rade, das du in sechs Tagen angefertigt hast: was ist da für ein Unterschied? Ich kann keinen Unterschied dazwischen erkennen.'

„‚Ein Unterschied, Herr, ist doch vorhanden. Wolle der Herr sich von dem Unterschied überzeugen!'

„Da ließ der Wagenbauer das Rad rollen, das er in sechs Tagen angefertigt hatte. Wie er das rollen ließ, lief es, soweit der erhaltene Antrieb reichte, und dann drehte es sich im Kreise herum und fiel zu Boden.

Dann ließ er das Rad rollen, das er in sechs Monaten weniger sechs Tagen angefertigt hatte. Wie er das rollen ließ, lief es, soweit der erhaltene Antrieb reichte, und dann blieb es stehen: man hätte denken können, es wäre an der Achse befestigt.

‚Was ist nun der Grund, mein lieber Wagenbauer, was ist die Ursache, daß jenes Rad, das in sechs Tagen angefertigt ist, wie du es rollen ließest, gelaufen ist, soweit der erhaltene Antrieb reichte, und sich dann im Kreise herumgedreht hat und zu Boden gefallen ist? Und was ist der Grund, mein lieber Wagenbauer, was ist die Ursache, daß dieses Rad, das in sechs Monaten weniger sechs Tagen angefertigt ist, wie du es rollen ließest, gelaufen ist, soweit der erhaltene Antrieb reichte, und dann stehen geblieben ist: man hätte denken können, es wäre an der Achse befestigt?'

‚Das Rad, Herr, das in sechs Tagen angefertigt ist, dessen Radkranz ist voll von Verkrümmungen, Fehlern, Unreinheiten. Und seine Speichen sind voll von Verkrümmungen, Fehlern, Unreinheiten. Und seine Nabe ist voll von Verkrümmungen, Fehlern, Unreinheiten. Und wegen dieser Verkrümmungen, Fehler und Unreinheiten des Radkranzes und der Speichen und der Nabe ist dies Rad, wie ich es rollen ließ, gelaufen, soweit der erhaltene Antrieb reichte, und hat sich dann im Kreise herumgedreht und ist zu Boden gefallen.

Das Rad aber, Herr, das in sechs Monaten weniger sechs Tagen angefertigt ist, dessen Radkranz ist frei von Verkrümmungen, Fehlern, Unreinheiten. Und seine Speichen ... Und seine Nabe ... und wegen dieser Freiheit des Radkranzes und der Speichen und der Nabe von Verkrümmungen, Fehlern, Unreinheiten ist dies Rad, wie ich es rollen ließ, gelaufen, soweit der erhaltene Antrieb reichte, und ist dann stehengeblieben: man hätte denken können, es wäre an der Achse befestigt.'

Ihr meint nun vielleicht, ihr Mönche, der Wagenbauer damals sei irgendein andrer gewesen. Das müßt ihr nicht glauben, ihr Mönche. Ich selbst war damals jener Wagenbauer. So war ich damals, ihr Mönche, kundig aller Verkrümmungen und Fehler und

Unreinheiten des Holzes. Jetzt aber, ihr Mönche, bin ich der heilige, höchste Buddha und bin kundig aller Verkrümmungen und Fehler und Unreinheiten des Leibes und der Rede und der Gedanken.

Wo nun immer, ihr Mönche, ein Mönch oder eine Nonne nicht frei geworden ist von den Verkrümmungen und Fehlern und Unreinheiten am Leibe und an der Rede und an den Gedanken: die fallen von dieser Lehre und Ordnung nieder und zu Boden wie das Rad, das in sechs Tagen fertig geworden ist.

Und wo nur immer, ihr Mönche, ein Mönch oder eine Nonne frei geworden ist von den Verkrümmungen ...: die bleiben feststehen in dieser Lehre und Ordnung wie das Rad, das in sechs Monaten weniger sechs Tagen fertig geworden ist.

Darum, ihr Mönche, müßt ihr euch üben, indem ihr denkt: ‚Wir wollen uns freimachen von allen Verkrümmungen und Fehlern und Unreinheiten an unserm Leibe und an unsrer Rede und an unsern Gedanken': also, ihr Mönche, müßt ihr euch üben."

71.

WORAN MAN ERKENNT, OB MAN AUF DEM WEGE ZUR ERLÖSUNG IST

Buddha gibt dem Ānanda an, woran ein Sotāpanna (ein „in die Bahn Gelangter", vgl. S. 156 A. 1) diesen seinen Zustand erkennen kann.

„Hier ist ein edler Jünger, Ānanda, von klarem Glauben an den *Buddha* erfüllt: Er der Erhabene ist der heilige, höchste Buddha, begabt mit Wissen und rechtem Tun, der Wohlwandelnde, der Welterkenner, der Höchste, der Ungebändigten Bändiger und Lenker, der Götter und Menschen Meister, der erhabene Buddha.

Und er ist von klarem Glauben an die *Lehre* erfüllt: wohlverkündigt ist vom Erhabenen die Lehre. Sie ist sichtbar erschienen; sie bedarf keiner Zeit; sie heißt ‚Komm und siehe'; sie führt zum Heil; im eignen Innern wird sie von einem jeden Weisen erkannt.

Und er ist von klarem Glauben an die *Gemeinde* erfüllt: in rechtem Wandel lebt die Jüngergemeinde des Erhabenen; in geradem Wandel lebt die Jüngergemeinde des Erhabenen; in ordnungsmäßigem Wandel lebt die Jüngergemeinde des Erhabenen; in richtigem Wandel lebt die Jüngergemeinde des Erhabenen, die vier Paare, die acht Ordnungen des Gläubigen [1]: das ist die Jüngergemeinde des Erhabenen, würdig der Opfer, würdig ehrender Aufnahmen, würdig der Gaben, würdig, daß man die Hände in Ehrfurcht vor ihr erhebt, die höchste Stätte in der Welt, daß man daselbst Gutes tue.

Und in den *Geboten der Tugend* wandelt er, welche die Heiligen lieben, die unversehrt, unverletzt, unvermischt, ungefärbt, frei, von den Weisen gepriesen und unverfälscht sind, die da zur Versenkung hinführen."

72.
DIE DREI STÄTTEN

„Drei Dinge gibt es, ihr Mönche, deren ein König, ein Fürst, dessen Haupt die Salbung empfangen hat, zeitlebens gedenkt.

Welche drei Dinge sind das?

Die Stätte, ihr Mönche, an der ein König, ein Fürst, dessen Haupt die Salbung empfangen hat, geboren ist: dies ist das Erste, ihr Mönche, dessen ein Fürst, ein König, dessen Haupt die Salbung empfangen hat, zeitlebens gedenkt.

Und weiter, ihr Mönche, die Stätte, an welcher eines Königs, eines Fürsten Haupt die Salbung empfangen hat: dies ist das Zweite, ihr Mönche, dessen ein Fürst, ein König, dessen Haupt die Salbung empfangen hat, zeitlebens gedenkt.

Und weiter, ihr Mönche, die Stätte, an welcher ein König, ein Fürst, dessen Haupt die Salbung empfangen hat, in der Schlacht gesiegt und auf der Höhe der Schlacht siegreich sich behauptet hat: dies ist das Dritte ...

Dies, ihr Mönche, sind die drei Dinge, deren ein König, ein Fürst, dessen Haupt die Salbung empfangen hat, zeitlebens gedenkt.

---

[1] Offenbar die verschiedenen Stufen der Heiligkeit.

So gibt es auch drei Dinge, ihr Mönche, deren ein Mönch zeitlebens gedenkt.

Welche drei Dinge sind das?

Die Stätte, ihr Mönche, an der ein Mönch sich Haar und Bart hat scheren lassen, die gelben Gewänder angelegt und die Welt verlassen hat, um sich der Heimatlosigkeit zuzuwenden: dies ist das Erste ...

Und weiter, ihr Mönche, die Stätte, an welcher ein Mönch in Wahrheit erkennt, was das Leiden ist, und in Wahrheit erkennt, was die Entstehung des Leidens ist, und in Wahrheit erkennt, was die Aufhebung des Leidens ist, und in Wahrheit erkennt, was der Weg zur Aufhebung des Leidens ist: dies ist das Zweite ...

Und weiter, ihr Mönche, die Stätte, an welcher ein Mönch nach dem Untergang alles Verderbnisses die verderbnisfreie Geisteserlösung und Wissenserlösung schon in dieser sichtbaren Welt selbst erkennend und schauend erreicht hat und darin verharrt: dies ist das Dritte ...

Dies, ihr Mönche, sind die drei Dinge, deren ein Mönch zeitlebens gedenkt."

73.
DER HIMMLISCHE BAUM

„Wenn, ihr Mönche, bei den Tāvatiṃsagöttern[1] der Pāricchattaka, der Koviḷāra[2] gelbe Blätter hat, dann freuen sich die Tāvatiṃsagötter: ‚Jetzt hat unser Pāricchattaka, unser Koviḷāra gelbe Blätter; über nicht lange wird er frische (?) Blätter haben!' Und wenn bei den Tāvatiṃsagöttern der Pāricchattaka, der Koviḷāra frische (?) Blätter hat, dann freuen sich die Tāvatiṃsagötter; ‚Jetzt hat unser Pāricchattaka, unser Koviḷāra seine frischen (?) Blätter; über nicht lange wird er die ersten Blütenknospen haben!'

So geht es weiter: es folgen – freilich steht der Sinn der einzelnen Ausdrücke nicht genau fest – die entwickelteren Knospen, dann

---

[1] S. oben S. 195.

[2] Ein Baum des himmlischen Paradieses. Das Gleichnis von diesem Baum hat zuerst *H. Beckh*, Buddhismus, Band II, München 1916, S. 61, hervorgezogen.

die sich öffnenden usf., immer begleitet von der Freude der Götter, bis endlich der Baum in voller Blüte steht.

Und wenn bei den Tāvatiṃsagöttern, ihr Mönche, der Pāricchattaka, der Koviḷāra in voller Blüte steht, dann freuen sich die Tāvatiṃsagötter, und am Fuß des Pārricchattaka, des Koviḷāra vergnügen sie sich durch vier Göttermonate, indem sie an den Genüssen aller fünf Sinne teilhaben und sie sich zu eigen machen. Und fünfzig Meilen rings um den in seiner vollen Blüte stehenden Pāricchattaka, den Kovilāra, ist alles voll von dem Lichtglanz, der von dem Baume ausgeht. Und über hundert Meilen verbreitet sich sein Duft mit dem Winde. So groß ist die Herrlichkeit des Pāricchattaka, des Koviḷāra.

Ebenso ist es nun auch, ihr Mönche, wenn ein edler Jünger den Entschluß faßt, die Welt zu verlassen, um sich der Heimatlosigkeit zuzuwenden: dann hat der edle Jünger seine gelben Blätter[1], als ein Pāricchattaka, ein Koviḷāra der Tāvatiṃsagötter.

Und wenn der edle Jünger, ihr Mönche, sich Haar und Bart hat scheren lassen, die gelben Gewänder angelegt und die Welt verlassen hat, um sich der Heimatlosigkeit zuzuwenden: dann hat der edle Jünger seine frischen (?) Blätter, als ein Pāricchattaka, ein Koviḷāra der Tāvatiṃsagötter."

Ebenso die folgenen Stadien: der Jünger geht durch die vier Versenkungen hindurch. Erlangt er endlich die Erlösung, so steht der Baum in voller Blüte, und die Götter bis hinauf zur Welt Brahmas feiern die Herrlichkeit des Erlösten.

74.

DIE GEBIRGSKUH

„Nehmt an, ihr Mönche, da sei eine Gebirgskuh, töricht, unerfahren, unkundig des Grundes und Bodens, ungeschickt darin, auf unebenem Gebirgsboden zu gehen. Die denkt bei sich: ‚Ich möchte wohl zu Stellen hingehen,zu denen ich noch nie gegangen bin, und möchte Kräuter fressen, die ich noch nie gefressen habe,

[1] Wohl insofern sein altes, weltliches Leben abwelkt.

und Trank trinken, den ich noch nie getrunken habe.' Und ohne daß sie den Vorderfuß fest aufgesetzt hat, hebt sie den Hinterfuß. So würde sie nie zu Stellen hinkommen, zu denen sie noch nicht gekommen ist, und würde keine Kräuter zu fressen bekommen, die sie noch nie gefressen hat, und keinen Trank zu trinken bekommen, den sie noch nie getrunken hat. Und zu dem Ort, wo sie bei sich gedacht hat: ‚Ich möchte wohl ...': dahin würde sie nicht wohlbehalten zurückkehren. Und warum nicht? Diese Gebirgskuh, ihr Mönche, ist eben töricht, unerfahren, des Grundes und Bodens unkundig, ungeschickt darin, auf unebenem Gebirgsboden zu gehen.

So auch, ihr Mönche, ist mancher Mönch töricht, unerfahren, unkundig des Grundes und Bodens, ungeschickt darin, von Lüsten sich abscheidend, von allen unreinen Wesenheiten sich abscheidend, in die mit Überlegung und Erwägung verbundenen, aus Abgeschiedenheit geborene, von Befriedigung und Freude erfüllte erste Versenkung einzugehen und in ihr zu verharren [1]. So beschäftigt er sich nicht mit dem, was diesem Zustand als charakteristisches Merkmal angehört; er verwirklicht es nicht; er bringt es nicht zum Anwachsen; er steht nicht sicher darin fest. Vielmehr denkt er: ‚Jetzt möchte ich nach dem Zurruhekommen von Überlegung und Erwägung in die durch inneren Frieden und Einheitlichkeit des Geistes bezeichnete, von Überlegen und Erwägen freie, aus Sammlung geborene, von Befriedigung und Freude erfüllte zweite Versenkung eingehen und in ihr verharren.' Der ist dann nicht imstande, nach dem Zurruhekommen von Überlegung und Erwägung in die ... zweite Versenkung einzugehen und in ihr zu verharren. Und nun denkt er: ‚Jetzt möchte ich, von Lüsten mich abscheidend ... in die erste Versenkung eingehen und in ihr verharren.' Und er ist nicht imstande ... in die erste Versenkung einzugehen und in ihr zu verharren. Von einem solchen Mönche heißt es, ihr Mönche, daß er beides verfehlt hat, beides ihm entgangen ist [2], wie jener Gebirgskuh, der törichten, unerfah-

---

[1] Die stehende Formel der „ersten Versenkung"; dann hinterher die der zweiten. Vgl. oben S. 78.

[2] *Beckh,* der in seinem schönen Buch „Buddhismus" (II, S. 40) zuerst auf dieses

renen, unkundig des Grundes und Bodens, ungeschickt darin, auf unebenem Gebirgsboden zu gehen."

Es folgt in entsprechenden Ausdrücken der entgegengesetzte Fall: Die kundige und geschickte Gebirgskuh und ihr verglichen der weise Mönch, dem es gelingt, durch die vier Versenkungen und andere Zustände der Konzentration hindurchzugehen, die verschiedenen Zweige übernatürlichen Wissens und schließlich die Erlösung zu erwerben.

75.
DIE DREI STÜCKE GEISTLICHEN LEBENS

So hat der Erhabene geredet; so hat der Heilige geredet: also habe ich gehört.

„Ein Mönch, der drei Eigenschaften hat, ihr Mönche, dringt hinüber über Māras Reich und leuchtet wie die Sonne. Welche drei sind das? Da ist ein Mönch, ihr Mönche, mit Tugend begabt, an der nichts fehlt, und er ist mit Versenkung begabt, an der nichts fehlt, und er ist mit Weisheit begabt, an der nichts fehlt. Ein Mönch, der diese drei Eigenschaften hat, ihr Mönche, dringt hinüber über Māras Reich und leuchtet wie die Sonne."

So hat der Erhabene gesprochen; davon heißt es:

„Tugend, Versenkung samt Weisheit:
Wer dies gar wohl zu üben weiß,
Dringt hinaus aus dem Reich Māras;
Hell erstrahlt er der Sonne gleich."

Auch dies hat der Erhabene gesagt: also habe ich gehört.

Gleichnis aufmerksam gemacht hat, versteht „beides" vom gewöhnlichen Weltleben und dem höheren geistigen Leben. Mir scheint deutlich, daß vielmehr die erste und die zweite Stufe der Versenkung gemeint ist.

76.
VOM MÖNCHSLEBEN

Die Dichtung, aus der die folgenden Strophen ausgewählt sind, läßt sich nicht ohne Wahrscheinlichkeit mit einem der Texte identifizieren, deren Studium eine Inschrift des Königs Asoka den Frommen empfiehlt.

Menschenverkehr erzeugt Sorge;
Daheim weilt man in Unreinheit.
Heimat, Verkehr von sich abtun:
Das ist's, worauf der Weise schaut.

Wer in sich Werden tilgt, kein neues Werden sät,
Wer Pflege nicht gewährt dem, was entstehen will,
Den Weisen nennt man ihn, den einsam Wandelnden.
Ein großer Seher, schaut er der Erlösung Reich.

Allsingend, allerkennend, allverstehend,
Allunbehaftet von Geschehn und Dasein,
Ein Allverlassender, ein Dursterlöster:
Er ist es, den man mag als Weisen rühmen.

Der einsam Wandelnde, sich nie vergessend,
Bei Lob und Tadel unbewegten Sinnes,
Dem Löwen gleich, vor keinem Laut erzitternd,
Dem Winde gleich, in keinem Netz gefangen,
Dem Lotus gleich, an dem kein Tropfen haftet,
Der andern Führer, nicht geführt von andern:
Er ist es, den man mag als Weisen rühmen.

Ungleich, an weit entfernten Stätten wohnen sie,
Der Haus und Weib hat, und der fromm von allem ließ.
Ein Weltkind, zügellos, schont fremdes Leben nicht,
Der Weise hütet aller Wesen Leben stets.

Gleichwie der Pfau, das blaugehalste Flügeltier,
Es nicht des Schwanes mächt'gem Fluge gleichtun mag,
So kommt ein Weltkind nicht dem Mönch, dem Bettler gleich,
Dem Weisen, der in Waldesstille Schauung übt.

77.
GLEICHGÜLTIGKEIT GEGEN WEIB UND KIND

Also habe ich gehört.

Einstmals verweilte der Erhabene zu Sāvatthī, im Jetavana, dem Garten des Anāthapiṇḍika.

Zu der Zeit nun war der ehrwürdige Saṃgāmaji („Sieger im Kampf") nach Sāvatthī gekommen, den Erhabenen zu sehen. Da hörte des ehrwürdigen Saṃgāmaji vormalige Genossin[1], daß der ehrwürdige Saṃgāmaji nach Sāvatthī gekommen war. Und sie nahm ihr Knäblein und ging zum Jetavana. Zu der Zeit nun hatte der ehrwürdige Saṃgāmaji sich am Fuß eines Baumes zur Mittagsruhe niedergesetzt. Da ging des ehrwürdigen Saṃgāmaji vormalige Genossin zum ehrwürdigen Saṃgāmaji hin und sprach zu ihm: „Ich habe einen kleinen Sohn, Asket; ernähre mich!" Als sie so sprach, verharrte der ehrwürdige Saṃgāmaji im Schweigen. Und zum zweitenmal ... und zum drittenmal sprach sie zu ihm ... und zum drittenmal verharrte der ehrwürdige Saṃgāmaji in Schweigen. Da warf des ehrwürdigen Saṃgāmaji vormalige Genossin das Knäblein vor dem ehrwürdigen Saṃgāmaji nieder und ging von dannen: „Dies ist dein Sohn, Asket; ernähre ihn!" Der ehrwürdige Saṃgāmaji aber blickte das Knäblein nicht an und redete nicht zu ihm. Wie aber des ehrwürdigen Saṃgāmaji vormalige Genossin eine kleine Strecke fortgegangen war, blickte sie zurück und sah, wie der ehrwürdige Saṃgāmaji das Knäblein weder anblickte noch zu ihm redete. Da dachte sie bei sich: „Nicht einmal an seinem Sohn liegt diesem Asketen etwas", und sie kehrte um, nahm das Knäblein und ging von dannen. Der Erhabene aber sah mit seinem himmlischen Auge, dem reinen, über Menschliches erhabenen, solche Ungebühr, die des ehrwürdigen Saṃgāmaji frühere Genossin beging. Solches sehend, tat der Erhabene zu der Zeit den Ausruf:

---

[1] Durch den Eintritt in das Mönchsleben wird die Ehe gelöst; die Gattin ist fortan des Mönchs „vormalige Genossin". Vgl. oben S. 230 mit A. 1 und meinen „Buddha", 7. Aufl., S. 402 A. 2.

„Ihr Kommen weckt ihm nicht Freude,
Ihr Fortgehn bringt ihm keinen Schmerz.
Brahmane mag er wohl heißen,
Saṃgāmaji von Fesseln frei [1]!"

78.
GLEICHMUT GEGENÜBER LOB UND TADEL

„Wenn andre, ihr Mönche, zu meiner Unehre reden oder zur Unehre der Lehre oder zur Unehre der Gemeinde, so darf euch darüber nicht Ärger und Verdruß und Unzufriedenheit des Geistes anwandeln. Wenn andre, ihr Mönche, zu meiner Unehre reden oder zur Unehre der Lehre oder zur Unehre der Gemeinde, und ihr wolltet darüber zornig oder niedergeschlagen sein, so wäre das nur euer eigner Schade. Wenn andre, ihr Mönche, zu meiner Unehre reden oder zur Unehre der Lehre oder zur Unehre der Gemeinde, und ihr darüber zonrig oder niedergeschlagen sein wolltet, könntet ihr dann wohl unterscheiden, wo die andern recht und wo sie falsch reden?"

„Nein, das könnten wir nicht, Herr!"

„Wenn andre, ihr Mönche, zu meiner Unehre reden oder zur Unehre der Lehre oder zur Unehre der Gemeinde, dann müßt ihr das klarstellen und, was falsch ist, als falsch ansprechen, solchergestalt: ‚Das ist falsch; das ist unwahr; so ist das bei uns nicht; so ist das bei uns nicht zu finden.'

Wenn aber andre, ihr Mönche, zu meiner Ehre reden oder zur Ehre der Lehre oder zur Ehre der Gemeinde, so darf euch darüber nicht Freude oder Befriedigung oder Aufgeblasenheit des Geistes anwandeln. Wenn andre, ihr Mönche, zu meiner Ehre reden oder zur Ehre der Lehre oder zur Ehre der Gemeinde, und ihr wolltet darüber froh oder befriedigt oder aufgeblasen sein, so wäre das nur euer eigner Schade. Wenn andre, ihr Mönche, zu meiner Ehre reden oder zur Ehre der Lehre oder zur Ehre der Gemeinde, so müßt ihr, was richtig ist, für richtig erkennen, solchergestalt: ‚Das

---

[1] Im Pālitext unübersetzbares Wortspiel: *saṃgā* (von „Fessel") *Saṃgāmajiṃ*.

ist richtig; das ist wahr; so ist das bei uns; so ist das bei uns zu finden.'

Nur gering, ihr Mönche, nur untergeordnet ist es, nur auf tugendhaftes Leben bezieht es sich, wenn ein Alltagsmensch zur Ehre des Vollendeten redet ..."

Es folgt Beschreibung der Tugenden des Alltagslebens, die man dem Buddha nachrühmt, die seine eigentliche Hoheit nicht berühren.

79.
VON DER FREUNDSCHAFTSÜBUNG [1]

So hat der Erhabene geredet; so hat der Heilige geredet: also habe ich gehört.

„Was es nur gibt, ihr Mönche, von Mitteln irdischen Tuns, um sich Verdienste zu erwerben, alles das kommt auch nicht zum sechzehnten Teil der Befreiung des Sinnes gleich, die in der Freundschaft geschieht. Die Befreiung des Sinnes, die in der Freundschaft geschieht, nimmt jenes in sich auf, und so strahlt und wärmt und leuchtet sie. Wie, ihr Mönche, aller Glanz der Sterne nicht auch nur dem sechzehnten Teil des Mondglanzes gleichkommt, und der Mondglanz jenen in sich aufnimmt und strahlt und wärmt und leuchtet: ebenso, ihr Mönche, kommt, was es nur von Mitteln irdischen Tuns gibt, um sich Verdienste zu erwerben, auch nicht zum sechzehnten Teil der Befreiung des Sinnes gleich, die in der Freundschaft geschieht. Die Befreiung des Sinnes, die in der Freundschaft geschieht, nimmt jenes in sich auf, und so strahlt und wärmt und leuchtet sie.

Wie, ihr Mönche, im letzten Monat der Regenzeit, in der Jahreszeit des Herbstes, wenn der Himmel klar und wolkenlos ist, die Sonne, zum Himmel aufsteigend, alles Dunkel im Luftraum ver-

[1] Es handelt sich hier nicht um Freundschaft in dem uns gewohnten Sinne, sondern um eine bestimmte geistliche Übung. Man setzte sich in einer genau vorgeschriebenen Körperhaltung hin und ließ das Gefühl der Freundschaft mit allen Wesen, von denen man sich erfüllt wußte, nacheinander über die verschiedenen Weltgegenden hinschweifen. Ich verweise auf meinen Aufsatz hierüber in meinem Buch „Aus dem alten Indien", Berlin 1910, S. 1ff.

nichtet und strahlt und wärmt und leuchtet: ebenso, ihr Mönche, kommt, was es nur an Mitteln irdischen Tuns gibt, um sich Verdienste zu erwerben, auch nicht zum sechzehnten Teil ...

Wie, ihr Mönche, in der Nacht, wenn die Morgenröte herannaht, der Morgenstern strahlt und wärmt und leuchtet: ebenso, ihr Mönche ..."

So hat der Erhabene gesprochen; davon heißt es:

„Wer Freundschaft walten läßt wachsam
Durch grenzenlose Fernen hin,
Ihm lockert sich der Schuld Fessel,
Der Erdenreste End' er schaut.

Wer auch nur eines Wesens haßentledigt
In Freundschaft denkt, hat recht und klug gehandelt.
Wen Mitgefühl erfüllt mit allen Wesen,
Hat guten Werkes reichen Lohn erworben ...

Wer nicht mordet, nicht läßt morden,
Nicht bedrückt noch bedrücken läßt
Gegen jedes Geschöpf freundlich:
Aller Feindschaft er ledig wird."

Auch dies hat der Erhabene gesagt: also habe ich gehört.

Im Zusammenhang hiermit seien noch folgende Verse angeführt:

Wie den eignen Sohn die Mutter
Schützt selbst mit dem eignen Leben,
So für alle Wesen pfleg' er
In sich grenzenloses Fühlen.

Freundschaft, die durch alle Welt reicht,
Grenzenloses Fühlen pfleg' er,
Aufwärts, abwärts, in die Quere,
Unbegrenzt, ohn' Haß und Feindschaft.

Wie man dem einz'gen Sohn liebreich
Nur Gutes tut zu jeder Frist,
Soll jedwedem Geschöpf Gutes
Allzeit man tun an jedem Ort.

80.
DIE STREITSÜCHTIGEN

„Führet nicht streitsüchtige Reden, ihr Mönche: ‚Du kennst diese Lehre und Ordnung nicht – ich kenne diese Lehre und Ordnung – wie wolltest du wohl diese Lehre und Ordnung kennen? – Du gehst den falschen Weg – ich gehe den rechten Weg – was zuvor gesagt werden muß, hast du hinterher gesagt, und was hinterher gesagt werden mußte, hast du zuvor gesagt – meine Reden stimmen, die deinen stimmen nicht – der Glaube, in dem du gewandelt hast, ist von mir über den Haufen geworfen – ich habe dich widerlegt – geh und sieh zu, wie du deiner Behauptung aufhelfen kannst – du bist unterlegen; wirre dich heraus, wenn du kannst!' Und weshalb soll man so nicht reden? Weil solche Reden nicht zweckdienlich ist, ihr Mönche, weil sie nicht zu den Grundlagen heiligen Wandels gehört, weil sie nicht zur Weltabkehr, nicht zur Leidenschaftslosigkeit, nicht zur Aufhebung, nicht zum Frieden, nicht zur Erkenntnis, nicht zur Erleuchtung, nicht zum Nirvana führt.

Wenn ihr redet, ihr Mönche, sollt ihr also reden: ‚Dies ist das Leiden.' Ihr sollt also reden: ‚Dies ist die Entstehung des Leidens.' Ihr sollt also reden: ‚Dies ist die Aufhebung des Leidens.' Ihr sollt also reden: ‚Dies ist der Weg zur Aufhebung des Leidens.' Und weshalb sollt ihr so reden? Weil solche Rede zweckdienlich ist ...

Darum, ihr Mönche, müßte ihre eure Kraft daransetzen zu erkennen: ‚Dies ist das Leiden' ... und ihr müßt eure Kraft daransetzen, zu erkennen: ‚Dies ist der Weg zur Aufhebung des Leidens.'"

81.
MIT WEM MAN VERKEHREN SOLL

„Drei Arten von Menschen, ihr Mönche, werden in der Welt gefunden. Welche drei Arten sind das?

Da ist, ihr Mönche, ein Mensch, den soll man nicht aufsuchen, nicht lieben, sich nicht zu ihm halten. Und da ist ein Mensch, ihr Mönche, den soll man aufsuchen, lieben, sich zu ihm halten. Und da ist ein Mensch, ihr Mönche, den soll man mit allen Aufmerksamkeiten und in aller Ehrerbietung aufsuchen, lieben, sich zu ihm halten.

Und wer ist der Mensch, ihr Mönche, den man nicht aufsuchen, nicht lieben, sich nicht zu ihm halten soll?

Da ist ein Mensch, ihr Mönche, der steht niedrig in Tugend, in Versenkung, in Weisheit. Einen solchen Menschen, ihr Mönche, soll man nicht aufsuchen, nicht lieben, sich nicht zu ihm halten außer aus Mitleid und Barmherzigkeit.

Und wer ist der Mensch, ihr Mönche, den man aufsuchen, lieben, sich zu ihm halten soll?

Da ist ein Mensch, ihr Mönche, der ist uns gleich in Tugend, in Versenkung, in Weisheit. Einen solchen Menschen, ihr Mönche, soll man aufsuchen, lieben, sich zu ihm halten. Und weshalb das? Mit denen, die uns gleichstehen an Tugend *dann*: an Versenkung, an Weisheit … können wir Gespräche über Tugend (Versenkung, Weisheit) pflegen; die werden uns förderlich sein, und wir werden uns dabei wohl fühlen. Deshalb soll man einen solchen aufsuchen, lieben, sich zu ihm halten.

Und wer ist der Mensch, ihr Mönche, den man mit allen Aufmerksamkeiten und in aller Ehrerbietung aufsuchen, lieben, sich zu ihm halten soll?

Da ist ein Mensch, ihr Mönche, der steht höher als wir selbst in Tugend, in Versenkung, in Weisheit. Einen solchen Menschen, ihr Mönche, soll man mit allen Aufmerksamkeiten und in aller Ehrfurcht aufsuchen, lieben, sich zu ihm halten. Und weshalb das? Weil man sich sagt, daß man auf diese Weise Mängel im eignen Tugendbesitz *dann*: Versenkungsbesitz, Weisheitsbesitz … ergänzen wird, oder seinen Tugendbesitz (Versenkungsbesitz,

Weisheitsbesitz), wenn er ohne Mängel ist, hier und da durch Weisheit verstärken wird. Deshalb soll man einen solchen Menschen mit allen Aufmerksamkeiten und in aller Ehrfurcht aufsuchen, lieben, sich zu ihm halten.

„Dies, ihr Mönche, sind die drei Arten von Menschen, die in der Welt gefunden werden."

„Der Mensch wird schlechter, der mit Schlechten umgeht.
Nicht tut's ihm Eintrag, geht er um mit Gleichen.
Neigt er sich Höh'ren zu, gar schnell er aufsteigt.
Zu Höh'ren, als er selbst, er drum sich halte."

82.
AUS DEM GEDICHT VOM NASHORN

Wider kein Wesen seinen Stab erhebend
Und keinem Leid bereitend oder Kränkung,
Wünsch' er sich Söhne nicht und nicht Genossen.
Dem Nashorn gleich in Einsamkeit er wandle.

Wer in Gesellschaft lebt, in dem sprießt Neigung.
Wo Neigung ist, daselbst muß Leid erwachsen.
Das Elend kennend, das entstammt der Neigung,
Dem Nashorn gleich in Einsamkeit er wandle.

Wer mitfühlt mit den Freunden und Genossen,
Verfehlt das wahre Ziel befangnen Sinnes.
Der Freundschaftsbündnisse Gefahr erkennend
Dem Nashorn gleich in Einsamkeit er wandle.

Wie Rehe frei durch Waldesweiten schweifen
Und überall nach Lust ihr Futter suchen,
So soll der Weise denken seiner Freiheit.
Dem Nashorn gleich in Einsamkeit er wandle.

Bei den Genossen gibt es Lust und Lachen;
Zu seinen Kindern hegt man heiße Liebe.
Doch wo man liebt, da muß man Trennung fürchten.
Dem Nashorn gleich in Einsamkeit er wandle.
Wer einen trefflichen Genossen findet,

Der ihn geleitet tugendreich und weise,
Der möge jegliche Gefahr bezwingend
Mit ihm zufrieden und bedachtsam wandeln.

Wer keinen trefflichen Genossen findet,
Der ihn geleitet tugendreich und weise:
Wie ein besiegtes Reich verläßt ein König,
Dem Nashorn gleich in Einsamkeit er wandle.

Die Lust ist bunt und süß und herzerfreuend,
Erregt den Sinn durch vielerlei Gestalten.
Das Elend, das der Lust entstammt, erkennend
Dem Nashorn gleich in Einsamkeit er wandle.

Kälte und Hitze, Hunger, Durstesqualen,
Kriechtiere, Wespen, Stürme, Sonnengluten,
Das ganze Heer der Plagen überwindend
Dem Nashorn gleich in Einsamkeit er wandle.

Vater und Mutter mög' er, Weib und Kinder
Unter Geld und Gut verlassen und Verwandte
Und Lust, wie immer sie gestaltet sein mag.
Dem Nashorn gleich in Einsamkeit er wandle.

Die Stille und Versenkung nicht verlassend,
Getreulich wandelnd nach der Lehre Vorschrift,
Das Elend, das dem Werden einwohnt, fühlend
Dem Nashorn gleich in Einsamkeit er wandle.

83.

AUS DEM GEDICHT VON DER SCHLANGENHAUT

Wer den Zorn bezwingt, der sich in ihm regt,
Wie Kräuter bänd'gen der Viper Gift,
Der Mönch dem Hüben und Drüben entrinnt,
Wie der alten Haut die Schlange entschlüpft.

Der ausgerottet hat alle Begier,
Wie den Lotus man pflückt in des Teiches Naß,
Der Mönch dem Hüben und Drüben entrinnt,
Wie der alten Haut die Schlange entschlüpft.

Der ausgerottet hat jeglichen Durst,
Austrocknend des Stromes raschen Lauf,
Der Mönch dem Hüben und Drüben entrinnt,
Wie der alten Haut die Schlange entschlüpft.

Der in sich zerstört hat allen Stolz,
Wie gebrechlichen Rohrdamm der starke Fluß,
Der Mönch dem Hüben und Drüben entrinnt,
Wie der alten Haut die Schlange entschlüpft.

Der im Werden nicht findet festen Kern,
Als suchte man Blumen am Feigenbaum,
Der Mönch dem Hüben und Drüben entrinnt,
Wie der alten Haut die Schlange entschlüpft.

Aus dessen Innern der Zorn entwich –
Der jegliche Daseinsform überwand,
Der Mönch dem Hüben und Drüben entrinnt,
Wie der alten Haut die Schlange entschlüpft.

Der zu weit nicht denkt und zurück nicht denkt,
Der als falsch hat Alles erkannt in der Welt,
Der Mönch dem Hüben und Drüben entrinnt,
Wie der alten Haut die Schlange entschlüpft.

84.
VOM GEISTLICHEN LEBEN UND STREBEN

Vermischte Versgruppen und Einzelverse.

Wenn man auch viel verständ'ge Worte redet
Und leichten Sinnes nicht danach mag handeln,
Dem Hirten gleich, der Andrer Herden zählet,
Hat man nicht teil am Leben heil'ger Weisheit.
Wenn man auch wenig kluge Worte redet,

Doch folgt in seinem Tun der Lehr' und Richtschnur,
Begier und Haß verlassend und Verblendung,
Voll rechten Wissens, mit erlöstem Sinne,
Nicht haftend an dem Hier und an dem Drüben:
Dann hat man teil am Leben heil'ger Weisheit.

*

Gute sieht man von fern leuchten
Himalayas Gebirge gleich.
Die Schlechten nicht gesehn werden,
Wie Pfeilgeschoß entsandt bei Nacht.

*

Wie sich Schildkröten in der Schale bergen,
So soll der Mönch all eitles Sinnen einziehn.
An nichts sich heftend, niemand verletzend
Tadle er andre nicht. Er weil' in Frieden.

*

Das Ich nur ist des Ich Schützer.
Wie sollt' ein Andrer Schützer sein?
Kannst du das eigne Ich bänd'gen,
Kostbarster Schutz gewonnen ist.

*

Mag bezwingen ein Held siegreich
Tausendmal tausend Feind' im Kampf:
Wer seinem eignen Ich obsiegt,
Ist aller Sieger herrlichster ...

Kein Gott droben und kein Halbgott,
Nicht Māra und nicht Brahma selbst:
Keiner kann je zunicht' machen
So starken Siegers Siegsgewinn.

*

Magst tausendfachen Spruch hören
Voll leerer Worte, arm an Sinn:
Da ist ein einz'ger Spruch besser,
Der Frieden bringt dem, der ihn hört.

Magst tausendfaches Lied hören
Voll leerer Worte, arm an Sinn:
Da ist ein einz'ges Lied besser,
Das Frieden bringt dem, der es hört.

*

Die Seel', in jedem Hauch schwankend,
Schwer zu hüten, zu fest'gen schwer,
Macht wie den Pfeil der Pfeilmacher
Recht und gerade des Weisen Kunst.

*

Den Leib erkenne als dem Schaume gleich,
Betracht' ihn wie Fata Morganas Trug.
Zerbrechend des Versuches Blumenpfeile
Geh hin, wo König Tod dich nicht erschau'n mag.

*

Kanalerbauer leiten Wasserfluten.
Pfeilschmiede machen Pfeile schlicht und grade.
Das Holz zu graden Balken haut der Zimmmerer.
Das widerspenst'ge Selbst bezwingt der Weise.

*

Darfst Böses nicht geringachten,
Als macht' es dir gar wenig aus.
Tropfen auf Tropfen fällt nieder
Und füllt endlich den Wasserkrug.
So füllt den Toren auch Böses,
In ihm sich sammelnd Stück für Stück.

Darfst Gutes nicht geringachten,
Als macht' es dir gar wenig aus.
Tropfen auf Tropfen fällt nieder
Und füllt endlich den Wasserkrug.
So füllt den Weisen auch Gutes,
In ihm sich sammelnd Stück für Stück.

*

Wer weise ist, soll schrittweise,
Stück für Stück, jeden Augenblick,

Wie das Silber der Schmied läutert,
Sein Ich rein'gen von jedem Fleck.

*

Wer voller Leichtsinn einst irrte
Und dann den leichten Sinn bezwang,
Dessen Glanz durch die Welt leuchtet,
Wie unumwölkt der Mond erstrahlt.

Wer durch sein gutes Tun zudeckt
Die böse Tat, die er getan,
Dessen Glanz durch die Welt leuchtet,
Wie unumwölkt der Mond erstrahlt.

*

An vielen Stellen sucht Zuflucht,
Auf Bergeshöhen und im Wald,
Bei heil'gem Baum, in Haintiefe
Die Menschenwelt, von Furcht gequält.

Solche Zuflucht bringt nicht Frieden,
Es ist die wahre Zuflucht nicht.
Wer bei ihr Rettung will finden,
Wird nicht befreit von allem Leid.

Wer beim Buddha, der Heilslehre
Und der Gemeinde Zuflucht nimmt,
Wer die vier edlen Wahrheiten
Mit voller Geisteskraft erschaut,

Das Leiden und des Leids Ursprung
Und des Leidens Bewältigung,
Den heil'gen Pfad von acht Gliedern,
Der zu des Leidens Ende führt:

Solche Zuflucht gewährt Frieden;
Dieses die höchste Zuflucht ist.
Wer bei ihr Rettung will finden,
Der wird befreit von allem Leid.

*

Nichts gilt Versenkung ohne Weisheit,
Weisheit ohne Versenkung nichts.

Ist dein Versenkung und Weisheit,
Bist vom Nirvana du nicht fern.

85.
WELTGLÜCK UND ERLÖSUNG

Also habe ich gehört.

Einstmals verweilte der Erhabene zu Sāvatthī, im Jetavana, dem Garten des Anāthapiṇḍika.

Zu der Zeit saßen viele Mönche nach dem Mahl, vom Almosengang zurückgekehrt, in der Empfangshalle beisammen. Da erhob sich unter ihnen dies Gespräch: „Wer, Freunde, von diesen beiden Königen hat größeren Reichtum, größere Habe, größere Schätze, größeres Reich, größeren Troß, größere Kraft, größere Majestät, größere Gewalt, der Magadhakönig Seniya Bimbisāra oder der Kosalakönig Pasenadi[1]?"

Dieses Gespräch war eben unter den Mönchen im Gange. Der Erhabene aber, als er zur Abendzeit sich aus der Zurückgezogenheit erhoben hatte, ging zur Empfangshalle und setzte sich dort auf dem Sitz nieder, der für ihn bereitet war. Wie er dort saß, sprach er zu den Mönchen also: „Unter was für Gesprächen, ihr Mönche, sitzt ihr hier beisammen, und was für ein Gespräch habt ihr da unterbrochen?"

„Wie wir nach dem Mahl, Herr, in der Empfangshalle versammelt saßen, erhob sich unter uns dies Gespräch: ‚Wer, Freunde, von diesen beiden Königen ...?' Dies Gespräch, Herr, haben wir unterbrochen, als der Erhabene gekommen ist."

„Das schickt sich, ihr Mönche, nicht für euch, Söhne edler Geschlechter, die ihr im Glauben die Welt verlassen habt, um euch der Heimatlosigkeit zuzuwenden, daß ihr solcherlei Reden führt. Wenn ihr versammelt seid, ihr Mönche, so steht euch zweierlei an: Reden von der Lehre oder edles Schweigen."

Solches bedenkend tat der Erhabene zu der Zeit den Ausruf:

---

[1] Die Beherrscher der beiden Länder, durch die sich die Wanderungen des Buddha und der alten Jüngergemeinde vorzugsweise bewegten, heute annähernd Bihar und Oudh.

„Alle Freuden der Weltlüste
Und die Freuden der Himmelswelt
Den kleinsten Teil[1] nicht aufwiegen
Der Freud' am Durstesuntergang."

Also habe ich gehört.

Einstmals verweilte der Erhabene zu Anupiyā im Mangohain.

Zu der Zeit pflegte der ehrwürdige Bhaddiya, der Sohn der Kātigodhā[2], wenn er im Walde weilte oder am Fuß eines Baumes weilte oder in einem leeren Gemach weilte, einmal über das andre den Ausruf zu tun: „O das Glück! O das Glück!"

Da hörten viele Mönche, wie der ehrwürdige Bhaddiya, der Sohn der Kāligodhā, wenn er im Walde weilte ... Wie sie das hörten, dachten sie: „Ohne Zweifel, Freunde, führt der ehrwürdige Bhaddiya, der Sohn der Kāligodhā, den heiligen Wandel mit Widerstreben, da er früher im Weltleben königliche Freuden genossen hat. Daran gedenkt er und hat darum, wenn er im Walde weilte oder am Fuß eines Baumes weilte oder in einem leeren Gemach weilte, einmal über das andre den Ausruf getan: „O das Glück! O das Glück!"

Man meldet die Sache dem Buddha. Dieser läßt den Bhaddiya kommen und fragt ihn nach dem Sinn seines Ausrufs. Er antwortet: „Früher, Herr, als ich in der Welt lebte und königliche Freuden genoß, war im Innern des Palastes für gute Bewachung gesorgt und außerhalb des Palastes war für gute Bewachung gesorgt. Und im Innern der Stadt ... und außerhalb der Stadt war für gute Bewachung gesorgt. Und im Innern des Landes ... und außerhalb des Landes war für gute Bewachung gesorgt. Und obwohl ich, Herr, so bewacht und beschützt war, lebte ich doch in Furcht und Angst und Argwohn und Zittern. Jetzt aber, Herr, wenn ich im Walde weile oder am Fuß eines Baumes weile oder in leerem Gemach weile, bin ich für mich allein, ohne Furcht und Angst und Argwohn und Zittern, und sorglos, frei von Aufregung[3] von fremden

---

[1] Wörtlich: den sechzehnten Teil.

[2] In seinem weltlichen Stande ein Fürst vom Sakyageschlecht.

[3] Wörtlich: „mit herabgesunkenem Haar", der Gegensatz des gesträubten Haares. Dabei ist genau genommen von der Behaarung des Körpers, nicht dem Haupthaar die Rede.

Gaben mich nähernd lasse ich mir zumute sein wie einem Reh. Hieran, Herr, dachte ich, wenn ich im Walde weilend oder am Fuß eines Baumes weilend oder in leerem Gemach weilend einmal über das andere den Ausruf tat: ‚O das Glück! O das Glück!'

Solches bedenkend tat der Erhabene zu der Zeit den Ausruf:

„Aus dessen Innern der Zorn entwich,
Der jegliche Daseinsform überwand,
Ohne Furcht, ohne Schmerz, voll Seligkeit:
Selbst Götterauge erschaut ihn nicht."

86.
DAS GLEICHNIS VON DER LAMPE

„Wie wenn, ihr Mönche, aus Öl und Docht erzeugt das Licht einer Öllampe brennte, und ein Mann von Zeit zu Zeit Öl aufgösse und den Docht besorgte: dann würde, ihr Jünger, die Öllampe, da ihre Flamme solche Nahrung hat und solchen Brennstoff erfaßt, andauernd, lange Zeit hindurch brennen.

„So wird auch, ihr Mönche, in dem, der sich dem, Reiz der Daseinsfesseln überläßt, der Durst gemehrt; aus dem Durst ersteht Ergreifen (der Existenz) ... *(vgl. S. 83):* dieses ist die Entstehung des ganzen Reiches des Leidens.

*

„Wie wenn, ihr Mönche, aus Öl und Docht erzeugt das Licht einer Öllampe brennte, und Niemand von Zeit zu Zeit Öl aufgösse und den Docht besorgte: dann würde, ihr Jünger, die Öllampe, da der alte Brennstoff verzehrt ist und kein neuer hinzugetan wird, aus Mangel an Nahrung verlöschen.

„So wird auch, ihr Mönche, in dem, der in der Erkenntnis von der Verderblichkeit der Daseinsfesseln verharrt, der Durst aufgehoben; durch Aufhebung des Durstes wird das Eingreifen (der Existenz) aufgehoben ... *(S. 83)*: dieses ist die Aufhebung des ganzen Reiches des Leidens."

87.
DER ERLÖSTE

Also habe ich gehört.

Einstmals weilte der Erhabene zu Sāvatthī, in Jetavana, dem Garten des Anāthapiṇḍika.

Zu der Zeit unterwies der ehrwürdige Sāriputta den ehrwürdigen Bhaddiya, den Zwerg, mit Reden über die Lehre von mancherlei Gestalt, ermahnte ihn, trieb ihn an und erfreute ihn. Und wie so der ehrwürdige Bhaddiya, der Zwerg, vom ehrwürdigen Sāriputta mit Reden über die Lehre ... erfreut wurde, wurde seine Seele, vom Ergreifen (des Daseins) ablassend, von aller Verderbnis erlöst. Da sah der Erhabene, wie der ehrwürdige Bhaddiya, der Zwerg, vom ehrwürdigen Sāriputta ... ablassend, von aller Verderbnis erlöst wurde. Solches erkennend tat der Erhabene zu der Zeit den Ausruf:

„Wer unten, oben, überall gelöst ist
Von jeder Fessel, wer nicht denkt der Ichheit:
Der also Freie hat durchschifft die Fluten,
Die undurchschifften, kehrt zum Sein nicht wieder."

Bhaddiya, der Zwerg, hält sich noch nicht am Ziel angelangt, und Sāriputta setzt seine Belehrung fort.

Solches erkennend tat der Erhabene zu der Zeit den Ausruf:

„Zerbrochen ist das Rad[1]. Die Wünsche schweigen.
Vertrocknet ist der Strom; er rinnt nicht länger.
Das Rad nicht fürder dreht sich, das gebrochen.
Gekommen ist für ihn des Leidens Ende."

88.
DER ERLÖSTE

Vermischte Versgruppen und Verse.

Wie mächt'gen Berges Felsmasse
Vom Sturme nicht erschüttert wird,
So wird weisen Gemüts Frieden
Von Lob, von Tadel nicht bewegt.

---

[1] Das Rad der Wiedergeburten.

Gleichwie der tiefe See ruhig
Mit reinen Wassern, spiegelklar,
Also der Wahrheit Wort hörend
Findet Ruhe des Weisen Herz.

*

Der Weise, dessen Sinne sind befriedet
Wie Rosse, die der Lenker hat gebändigt,
Der Sünde abtat, der vom Stolze abließ:
Die Götter selbst beneiden seine Hoheit.

*

Mag hundert Jahre man leben
Und nicht die ew'ge Stätte schau'n:
Besser ist's einen Tag leben,
Wenn man die ew'ge Stätte schaut.

Mag hundert Jahre man leben
Und nicht die höchste Wahrheit schau'n:
Besser ist's einen Tag leben,
Wenn man die höchste Wahrheit schaut.

*

Den Wiedergeburtsweg endlos
Habe vergeblich ich durchirrt,
Des Hauses Baumeister suchend;
Leidvoll ist der Geburten Los.

Hauserbauer! Entdeckt bist du!
Nicht wirst du wieder bau'n das Haus.
Deine Balken zerstört liegen,
Zerbrochen alle Zinnen sind.
Das Herz, entfloh'n dem Welttreiben
Hat alles Wollens End' erreicht.

*

Wie Wasserblasen man anschaut
Oder spiegelndes Bild der Luft:
Wer also auf die Welt hinblickt,
Nicht erschaut ihn der Todesfürst.

*

Den Sonnenpfad durchzieh'n Schwäne;
Lüfte durchfliegt der Heil'gen Kraft.
Die Weisen aus der Welt schwinden
Besiegend Māra und sein Heer.

*

Wir leben immerdar fröhlich,
Feindlos unter Verfeindeten.
Unter des Menschenvolkes Feindschaft
Weilen wir aller Feindschaft bar.

Wir leben immerdar fröhlich,
Unter Kranken von Krankheit frei.
Unter des Menschenvolks Krankheit
Weilen wir aller Krankheit bar.

Wir leben immerdar fröhlich,
Unter Rastlosen ruhereich.
Unter des Menschenvolks Unruh'
Weilen wir aller Unruh' bar.

Wir leben immerdar fröhlich,
Befreit von Habe und Besitz.
Gleich den Göttern der Lichtreiche
Von Freudenspeise leben wir.

*

Aller Freude entsprießt Leiden.
Aus Freude Furcht geboren wird.
Hast von dir abgetan Freude,
So gibt's für dich nicht Leid noch Furcht.

Aller Liebe entsprießt Leiden.
Aus Liebe Furcht geboren wird.
Hast von dir abgetan Liebe,
So gibt's für dich nicht Leid noch Furcht.

Aller Wonne entsprießt Leiden,
Aus Wonne Furcht geboren wird.
Hast von dir abgetan Wonne,
So gibt's für dich nicht Leid noch Furcht.

Allen Lüsten entspricht Leiden.
Aus Lüsten Furcht geboren wird.
Hast von dir abgetan Lüste,
So gibt's für dich nicht Leid noch Furcht.

Allem Dürsten entspricht Leiden.
Aus Dürsten Furcht geboren wird.
Hast von dir abgetan Dürsten,
So gibt's für dich nicht Leid noch Furcht.

*

Glorreich erwacht fürwahr wachen
Gotamas Jünger immerdar,
Die bei Tag und bei Nacht denken
Des Buddha ohne Unterlaß.

Glorreich erwacht fürwahr wachen
Gotamas Jünger immerdar,
Die bei Tag und bei Nacht denken
Der Lehre ohne Unterlaß.

Glorreich erwacht fürwahr wachen
Gotamas Jünger immerdar,
Die bei Tag und bei Nacht denken
Der Gemeinde ohn' Unterlaß.

Glorreich erwacht fürwahr wachen
Gotamas Jünger immerdar,
Die bei Tag und bei Nacht hüten
Ihr leiblich Tun ohn' Unterlaß.

Glorreich erwacht fürwahr wachen
Gotamas Jünger immerdar,
Die bei Tag und bei Nacht meiden
Einem Wesen ein Leid zu tun.

Glorreich erwacht fürwahr wachen
Gotamas Jünger immerdar,
Die bei Tag und bei Nacht weihen
Heil'ger Betrachtung ihren Sinn.

*

Der in leeres Gemach einging,
Der Mönch befriedeten Gemüts,
Übermenschliches Glück fühlt er,
Die Wahrheit schauend immerdar.

*

Dessen Weg nicht erspäh'n Götter,
Nicht Halbgötter noch Menschenvolk,
Brahmane mag er wohl heißen,
Der Sündenfreie, Heilige.

Für den vorne, für den hinten
Und in der Mitt' gibt es kein Sein,
Brahmane mag er wohl heißen,
Seinentnommen, von Haften frei.

*

Der Einsamkeit er nachtrachte,
Dies ist der Edlen höchstes Gut.
Doch nicht groß er sich drum dünke:
So ist Nirvana ihm nicht fern.

Der des Ird'schen entleert wandelt,
Den Weisen, Wunschentnommenen,
Der durchschifft hat den Strom, schauen
Voll Neid die Wunschumstrickten an.

*

„Er, in dem Lüste nicht wohnen" –
sprach der ehrwürdige Todeyya –
„Bei dem kein Durst erfunden wird,
Der von Zweifel sich frei machte:
Welche Erlösung gibt's für ihn?"

„Er, in dem Lüste nicht wohnen", o Todeyya –
sprach der Erhabene –
„Bei dem kein Durst erfunden wird,
Der vom Zweifel sich frei machte:
nichts andres ihm Erlösung ist."

*

Nur als Leerheit die Welt ansieh,
Mogharāja, sei wachsam stets.
Den Glauben an ein Selbst töte:
So überwindest du den Tod.
Wer also auf die Welt hinblickt,
Nicht erschaut ihn der Todesfürst.

89.

GLAUBE UND HINGANG DES BĀHIYA

Also habe ich gehört.

Einstmals weilte der Erhabene zu Sāvatthī, im Jetavana, dem Garten des Anāthapiṇḍika. Zu der Zeit nun wohnte Bāhiya Dārucīriya zu Suppāraka[1] am Ufer des Meeres. Er wurde mit Aufmerksamkeit behandelt, hochgehalten, geachtet, geehrt, wertgeschätzt, und empfing reichlich, was er bedurfte: Gewänder, Almosenspeise, Lager und Sitz, Arznei für Krankheitsfälle. Während nun Bāhiya Dārucīriya in der Einsamkeit und Zurückgezogenheit verweilte, erhob sich in seinem Geist der Gedanke: „Die in der Welt heilig sind oder den Pfad zur Heiligkeit betreten haben, zu denen gehöre auch ich." Eine Gottheit aber, die in früherem Dasein dem Bāhiya Dārucīriya blutsverwandt gewesen war, Mitleid mit ihm fühlend und auf sein Heil bedacht, erkannte in ihrem Geist den Gedanken, der sich im Geist des Bāhiya Dārucīriya erhoben hatte. Sie ging zu Bāhiya Dārucīriya hin und sprach zu ihm: „Du bist kein Heiliger, Bāhiya, und hast den Pfad zur Heiligkeit nicht betreten; auch übst du keinen Wandel, durch den du ein Heiliger werden oder den Pfad zur Heiligkeit betreten könntest." „Wer ist denn aber nun in der Welt samt dem Götterreich heilig oder hat den Pfad zur Heiligkeit betreten?" „Im nördlichen Lande, Bāhiya, liegt eine Stadt mit Namen Sāvatthī. Dort weilt jetzt der Erhabene, der heilige, höchste Buddha. Er, der Erhabene, Bāhiya, ist heilig und verkündet die Lehre, die zur Heiligkeit führt." Durch dieses Wort der Gottheit geriet Bāhiya Dārucīriya

[1] An der Westküste, südlich von der Halbinsel Kathiawad.

in Erregung und machte sich alsbald von Suppāraka auf, und indem er sich überall nur eine Nacht aufhielt, gelangte er dahin, wo der Erhabene zu Sāvatthī, im Jetavana, dem Garten des Anāthapiṇḍika, verweilte. Dort wandelte gerade eine Anzahl von Mönchen unter freiem Himmel auf und ab. Da ging Bāhiya Dārucīriya zu den Mönchen hin und sprach zu ihnen: „Wo weilt jetzt, ihr Herren, der Erhabene, der heilige, höchste Buddha? Uns verlangt danach den Erhabenen zu sehen, den heiligen, höchsten Buddha." „Der Erhabene, Bāhiya, ist zu den Häusern hineingegangen um Almosen zu sammeln." Da verließ Bāhiya Dārucīriya eilends das Jetavana, ging nach Sāvatthī hinein und sah den Erhabenen, wie er Almosen sammelte, gewinnend und wohlgefällig anzusehen mit gezügelten Sinnen und befriedetem Geist, zu höchster Selbstbezwingung und Frieden durchgedrungen, selbstbezwungen, wohlbehütet, mit befriedeten Sinnen, einem Elefanten gleich. Wie er ihn sah, ging er zu dem Erhabenen hin, fiel vor ihm nieder, das Haupt zu seinen Füßen neigend und sprach zum Erhabenen: „Möge mir, Herr, der Erhabene die Lehre verkünden! Möge der Wohlwandelnde mir die Lehre verkünden, daß es mir für gar lange Zeit zum Segen und zur Freude gereiche!" Als er so sprach, sagte der Erhabene zu Bāhiya Dārucīriya: „Jetzt ist dazu nicht die Zeit, Bāhiya. Wir sind hier zu den Häusern hereingegangen Almosen zu sammeln." Da sprach Bāhiya Dārucīriya zum zweitenmal zum Erhabenen: „Man kann nicht wissen, Herr, was dem Leben des Erhabenen zustoßen kann, oder was meinem Leben zustoßen kann. Möge mir, Herr ... zur Freude gereichen!" *Dieselbe Ablehnung; dritte Bitte wie die zweite.* „So mögest du denn, Bāhiya, dich in dieser Betrachtung üben: ‚Siehst du, so kann das nur Sehen sein. Hörst du, so kann das nur Hören sein. Denkst du, so kann das nur Denken sein. Erkennst du, so kann das nur Erkennen sein[1]. In dieser Betrachtung, Bāhiya, mußt du dich üben. Und wenn es beim Sehen, Bāhiya, für dich nur Sehen gibt, und beim Hören für dich nur Hören gibt, und beim Denken für dich nur

---

[1] Gemeint ist offenbar: im Sehen usw. liegt nichts vor als der einzelne Akt des Sehens usw., der schnell, ohne bleibende Bedeutung vorübergeht. Ein Ich, welches sieht usw., ist dabei nicht erfaßbar.

Denken gibt, und beim Erkennen für dich nur Erkennen gibt, dann bist du, Bāhiya, nicht hier; wenn du nicht hier bist, Bāhiya, dann bist du, Bāhiya, nicht hienieden, nicht drüben, nicht dazwischen. Das ist des Leidens Ende."

Durch diese kurze Unterweisung in der Lehre, die ihm der Erhabene erteilte, wurde alsbald die Seele des Bāhiya Dārucīriya, vom Ergreifen (des Daseins) ablassend, von aller Verderbnis erlöst. Der Erhabene aber, wie er dem Bāhiya Dārucīriya diese kurze Ermahnung erteilt hatte, ging er von dannen.

Nicht lange aber, nachdem der Erhabene von dannen gegangen war, fiel eine Kuh, die ein junges Kalb hatte, den Bāhiya Dārucīriya an und brachte ihn ums Leben.

Der Erhabene aber, als er in Sāvatthī seinen Almosengang vollbracht hatte, nach dem Mahl vom Almosengang zurückgekehrt, ging mit vielen Mönchen aus der Stadt hinaus und sah, wie Bāhiya Dārucīriya verschieden war. Als er ihn sah, sprach er zu den Mönchen: „Nehmt den Leib des Bāhiya Dārucīriya, ihr Mönche, legt ihn auf eine Bahre, tragt ihn fort, verbrennt ihn und errichtet ihm ein Denkmal[1]. Er war euer Genosse, ihr Mönche, der da verschieden ist."

„Ja, Herr" – so nahmen die Mönche den Befehl des Erhabenen entgegen, legten den Leib des Bāhiya Dārucīriya auf eine Bahre, trugen ihn fort, verbrannten ihn und errichteten ihm ein Denkmal. Dann gingen sie zum Erhabenen, brachten ihm ehrfurchtsvolle Begrüßung und setzten sich zur Seite nieder. Zur Seite dasitzend sprachen die Mönche des Erhabenen: „Wir haben, Herr, den Leib des Bāhiya Dārucīriya verbrannt und haben ihm ein Denkmal errichtet. Welchen Weg ist er nun gegangen, und was ist sein Geschick im Jenseits?" „Klug, ihr Mönche, war Bāhiya Dārucīriya. Der Lehre gemäß hat er sich der Übung gewidmet, und nicht ist er mir um der Lehre willen lästig gefallen. Ihr Mönche, Bāhiya Dārucīriya ist in das Nirvana eingegangen."

Solches erkennend tat der Erhabene zu der Zeit den Ausruf:

---

[1] Der Text braucht das Wort *thūpa* (Stupa). Es ist bekannt, welche mächtigen Dimensionen die so benannten Monumente vielfach gehabt haben. Hier handelt es sich selbstverständlich nur um ein kleines Erinnerungszeichen.

„Wo nicht Wasser und nicht Erde,
Feuer und Luft nicht findet Raum –
Dort sieht man keinen Stern leuchten,
Nicht strahlt die Sonn' in ihrem Glanz,
Seinen Schein nicht der Mond spendet,
Und doch herrscht dort nicht Finsternis:

Wenn weisheitsstill den Ort findet
Der Brahmane aus eigner Kraft.
Gestalt und Nichtgestalt legt er
Von sich, wird frei von Freud' und Leid."

90.

DER MÖNCH IN DER SCHLANGENHÖHLE

Einstmals verweilte der ehrwürdige Sāriputta und der ehrwürdige Upasena zu Rājagaha im Sītawalde in der Höhle des Schlangenfelsteiches. Und eine Giftschlange war auf den Körper des ehrwürdigen Upasena gestürzt. Da sprach der ehrwürdige Upasena zu den Mönchen: „Kommt, meine Freunde, legt diesen meinen Leib auf eine Bahre und tragt mich hinaus, ehe mein Leib hier zerstiebt wie eine Handvoll Spreu."

Auf dieses Wort sprach der ehrwürdige Sāriputta zum ehrwürdigen Upasena also: „Wir sehen ja doch am Leibe des ehrwürdigen Upasena keine Veränderung und kein Anderswerden seiner Organe."

Da sprach der ehrwürdige Upasena: „Kommt, meine Freunde, legt diesen meinen Leib auf eine Bahre und tragt mich hinaus, ehe mein Leib hier zerstiebt wie eine Handvoll Spreu. Wer so denken wollte, Freund Sāriputta: ‚Ich bin das Auge' oder ‚Mein ist das Auge' ... ‚Ich bin die Zunge', oder ‚Mein ist die Zunge' ... ‚Ich bin das Denken', oder ‚Mein ist das Denken', bei dem, Freund Sāriputta, möchte eine Veränderung an seinem Leibe eintreten und ein Anderswerden seiner Organe. Ich aber denke nicht so, Freund Sāriputta: ‚Ich bin das Auge' *usw.* Wie sollte da bei mir, Freund Sāriputta, eine Veränderung an meinem Leibe eintreten oder ein Anderswerden meiner Organe?"

„Lange ist gewißlich beim ehrwürdigen Upasena der Hang des

Stolzes auf das Ich und auf das Mein verschwunden. Darum denkt der ehrwürdige Upasena nicht: ‚Ich bin das Auge' *usw.*"

Die Mönche aber legten den Leib des ehrwürdigen Upasena auf eine Bahre und trugen ihn hinaus. Dort zerstiebte der Leib des ehrwürdigen Upasena wie eine Handvoll Spreu.

91.
DER TOD DES GODHIKA

Also habe ich gehört.

Einstmals verweilte der Erhabene zu Rājagaha im Veḷuvana, dem Kalandakanivāpa.

Zu der Zeit hielt sich der ehrwürdige Godhika am Abhang des Isigili („Seherberg"), an der Kāḷasitā (dem „Schwarzen Felsen") auf.

Der ehrwürdige Godhika aber, wie er unverwandt in heißem, ernstem Streben verharrte, rührte an die in innerer Sammlung bestehende Befreiung des Geistes. Dann aber ging der ehrwürdige Godhika der in innerer Sammlung bestehenden Befreiung des Geistes wieder verlustig.

Und zum zweitenmal ... zum drittenmal ... zum viertenmal ... zum fünftenmal ... zum sechstenmal rührte der ehrwürdige Godhika, wie er unverwandt in heißem, ernstem Streben verharrte, an die in innerer Sammlung bestehende Befreiung des Geistes. Dann aber ging zum sechstenmal der ehrwürdige Godhika der in innerer Sammlung bestehenden Befreiung des Geistes wieder verlustig.

Und zum siebtenmal rührte der ehrwürdige Godhika ... an die in innerer Sammlung bestehende Befreiung des Geistes. Da dachte der ehrwürdige Godhika: „Sechsmal bin ich der aus innerer Sammlung bestehenden Befreiung des Geistes verlustig gegangen. Ich will ein Messer nehmen und Hand an mich legen."

Da erkannte Māra der Böse in seinem Geist den Gedanken, der im Geist des ehrwürdigen Godhika aufgestiegen war, und er ging zum Erhabenen hin und sprach den Erhabenen mit diesem Spruch an:

„O großer Held, o Hochweiser,
Strahlend in Wundermacht und Ruhm,
Aller Feindschaft und Furcht ledig:
Zu Füßen, Seher, fall' ich dir.

„Dein Jünger, hoher Held, wünscht sich
Den Tod, Todüberwindender.
Den Tod will er, du Lichtträger,
Sich geben. Hindre solches Tun!

„Denn, du Erhabner, wie möchte
Ein Jünger, deiner Lehre treu,
Der noch dem heil'gen Ziel fern ist,
In den Tod, Hochberühmter, gehn?"

Zu der Zeit nun hatte der ehrwürdige Godhika Hand an sich gelegt.

Der Erhabene aber erkannte Māra den Bösen und sprach zu ihm den Spruch:

„Der Weisen Art ist dies, wisse:
Nicht wünschen sie das Leben weg.
Des Durstes Wurzel ausreißend
Godhika ew'ge Ruhe fand."

Der Erhabene aber sprach zu den Mönchen: „Kommt, ihr Mönche; wir wollen nach dem Abhang des Isigili, nach der Kāḷasilā gehen, wo Godhika der edle Jüngling, Hand an sich gelegt hat."

„Ja, Herr" – so nahmen die Mönche den Befehl des Erhabenen entgegen. Und der Erhabene ging mit vielen Mönchen nach dem Abhang des Isigili, nach der Kāḷasilā. Und der Erhabene sah aus der Ferne den ehrwürdigen Godhika auf einem Bett liegen, und seine Daseinselemente [1] hatten sich aufgelöst.

Zu der Zeit sah man da eine Rauchwolke, einen finstern Schatten: der bewegte sich nach Osten, bewegte sich nach Westen, bewegte sich nach Norden, bewegte sich nach Süden, bewegte sich nach oben, bewegte sich nach unten, bewegte sich nach den Zwischengegenden.

Der Erhabene aber sprach zu den Mönchen: „Seht ihr, ihr Mön-

[1] Die fünf Gruppen, Körperlichkeit usw.; s. S. 95 A. 1.

che, jene Rauchwolke, jenen finstern Schatten, der sich nach Osten bewegt, sich nach Westen bewegt ...?"

„Ja, Herr, wir sehen es."

„Das ist Māra, der Böse, ihr Mönche, der sucht nach dem Erkennen[1] Godhikas des edlen Jünglings: ‚Wo hat das Erkennen Godhikas des edlen Jünglings seine Stätte gefunden?' Nirgends aber hat sein Erkennen eine Stätte gefunden; Godhika der edle Jüngling ist in das Nirvana eingegangen."

Da nahm Māra der Böse seine weiße Laute von Beluvaholz, ging zum Erhabenen und sprach zu ihm diesen Spruch:

„Oben und in die Quer, unten,
In allen Himmelsgegenden
Suchend kann ich ihn nicht finden:
Wohin nahm Godhika den Weg?"

Buddha erwidert

„Der Weise, immerdar Feste,
Der Versenkte, versenkungstreu,
Voll Eifer Tag und Nacht strebend,
Der Lebenssehnsucht abgewandt.

„Hat bezwungen des Tods Heerschar,
Kehrt nicht zurück zu neuem Sein.
Des Durstes Wurzel ausreißend
Godhika ew'ge Ruhe fand."

Māras Sinn überkam Kummer;
Die Laute seinem Arm entsank,
Und hinweg hob sich mißmutig
Von jenem Ort der böse Geist.

---

[1] Wir würden sagen „nach der Seele". Der buddhistischen Denkweise entsprechend aber handelt es sich vielmehr um die eine der fünf Gruppen (s. vorige Anm.), die ihre Bewegungen des Werdens und Vergehens durchmachend den Schein der Persönlichkeit erwecken. Vgl. meinen „Buddha", 7. Aufl., S. 259 A. 1.

92.
VOM DASEIN DES ERLÖSTEN

Aus einem Gespräch des Buddha mit Vaccha, einem andersgläubigen wandernden Asketen. Dieser fragt:

„Ein Mönch, dessen Seele also erlöst ist, mein guter Gotama, zu welchem Sein gelangt er?"

„Daß er zu einem Sein gelangt, Vaccha, trifft nicht zu."

„So gelangt er also zu keinem Sein, Gotama?"

„Daß er zu keinem Sein gelangt, Vaccha, trifft nicht zu."

„So gelangt er also und gelangt nicht zu einem Sein, Gotama?"

„Daß er zu einem Sein gelangt und nicht gelangt, Vaccha, trifft nicht zu."

„So gelangt er weder, noch gelangt er nicht zu einem Sein, Gotama?"

„Daß er weder zu einem Sein gelangt, noch nicht dazu gelangt, Vaccha, trifft nicht zu."

„Auf meine Frage also, Gotama, zu welchem Sein ein Mönch gelangt, dessen Seele also erlöst ist, antwortest du mir: ‚Daß er zu einem Sein gelangt, Vaccha, trifft nicht zu.' *Ebenso werden die andern drei Fragen mit den Antworten wiederholt.* Hier ist nun mein Verständnis zu Ende, mein guter Gotama; hier gerate ich in Verwirrung. Und auch die Befriedigung, die durch die vorherige Unterredung mit dir, Gotama, in mir erweckt war, ist mir jetzt vergangen."

„Da mag wohl dein Verständnis zu Ende sein, Vaccha; da magst du wohl in Verwirrung geraten. Tief, Vaccha, ist diese Lehre, schwer zu schauen, schwer zu verstehen, friedevoll, herrlich, bloßem Nachdenken unerfaßbar, fein, nur dem Weisen erkennbar. Die ist für dich schwer zu begreifen, da du andres glaubst, andres für recht hältst, andres billigst, anderswohin deine Anspannung richtest, andrer Lehrmeinung anhängst. So laß mich dich hier selbst fragen, Vaccha, und antworte mir, wie es dir richtig scheint. Was meinst du, Vaccha? Wenn vor deinen Augen ein Feuer brennte, würdest du dann erkennen: ‚Vor meinen Augen brennt dies Feuer?'"

„Wenn vor meinen Augen ein Feuer brennte, mein guter Gotama, dann würde ich erkennen: ‚Vor meinen Augen brennt dies Feuer'?"

„Wenn man dich nun fragte, Vaccha: ‚Dies Feuer, das vor deinen Augen brennt, wodurch brennt es?' – was würdest du, Vaccha, auf diese Frage antworten?"

„Wenn man mich fragte, Gotama, so würde ich auf diese Frage antworten: ‚Dies Feuer, das vor meinen Augen brennt, es brennt durch Brennstoff von Gras und Holz.'"

„Wenn dann dies Feuer vor deinen Augen erlöschte, würdest du dann erkennen: ‚Dies Feuer ist vor meinen Augen erloschen'?"

„Wenn vor meinen Augen dies Feuer erlöschte, dann würde ich erkennen: ‚Vor meinen Augen ist dies Feuer erloschen.'"

„Wenn man dich dann aber fragte, Vaccha: ‚Das Feuer, das vor deinen Augen erloschen ist, nach welcher Himmelsrichtung ist es von hier gegangen, nach Osten oder Westen oder Norden oder Süden?' – was würdest du auf diese Frage antworten?"

„Ich würde antworten, daß eine solche Frage nicht die Sache trift, mein guter Gotama. Denn wenn das Feuer den Brennstoff, durch den es brannte, das Gras und Holz verzehrt hat und keine neue Nahrung erhält, so wird es erloschen erkannt."

„Ebenso nun auch, Vaccha, die Körperlichkeit, durch welche man die Vollendeten kennzeichnen möchte: Diese Körperlichkeit des Vollendeten ist dahinten geblieben, ihre Wurzeln sind zerstört, sie ist gleich einem Palmbaum ausgerottet, sie ist der Vernichtung überantwortet, so daß sie in Zukunft nicht neu entstehen kann. Von der Betrachtung unter dem Gesichtspunkt der Körperlichkeit, Vaccha, ist der Vollendete erlöst. Er ist tief, unendlich, unergründlich, wie der große Ozean. Daß er zu keinem Sein gelangt, trifft nicht zu. Daß er zu einem Sein gelangt und nicht gelangt, trifft nicht zu. Daß er weder zu einem Sein gelangt, noch nicht dazu gelangt, trifft nicht zu."

Dieselben Ausführungen, wie hier über die Körperlichkeit, werden dann über die andern vier Elemente des leiblich-geistigen Daseins wiederholt, die Empfindungen, Vorstellungen, „Gestaltungen" und das Erkennen.

Dem Vorangehenden steht der Dialog zwischen dem König Pasenadi und der Nonne Khemā nah.

Der König fragt:

„Ist, o Ehrwürdige, der Vollendete jenseits des Todes?"

„Der Erhabene, großer König, hat nicht offenbart, daß der Vollendete nicht jenseits des Todes ist."

„So ist, Ehrwürdige, der Vollendete jenseits des Todes nicht?"

„Auch dies, großer König, hat der Erhabene nicht offenbart, daß der Vollendete jenseits des Todes nicht ist."

„Ist vielleicht, Ehrwürdige, der Vollendete jenseits des Todes und ist auch nicht?"

„Der Erhabene, großer König, hat nicht offenbart, daß der Vollendete jenseits des Todes ist und auch nicht ist."

„So ist weder, Ehrwürdige, der Vollendete jenseits des Todes, noch ist er nicht?"

„Auch dies, großer König, hat der Erhabene nicht offenbart, daß der Vollendete jenseits des Todes weder ist, noch nicht ist."

„Auf meine Frage also, Ehrwürdige, ob der Vollendete jenseits des Todes ist, antwortest du mir: ‚Der Erhabene, großer König, hat nicht offenbart, daß der Vollendete jenseits des Todes ist.' *Ebenso Wiederholung der andern drei Fragen mit Antworten.* Was ist nun der Grund, Ehrwürdige, was ist die Ursache davon, daß der Erhabene dies nicht offenbart hat?"

„So laß mich dich hier selbst fragen, großer König, und antworte mir, wie es dir richtig scheint. Was meinst du, großer König? Hast du wohl einen Zähler oder einen Siegelbeamten (?) oder einen Rechner, der imstande wäre, den Sand im Ganges zu zählen, der sagen könnte: so viele Sandkörner oder so viele Hunderte oder Tausende oder Hunderttausende von Sandkörnern sind dort?"

„Den habe ich nicht, Ehrwürdige."

„Oder hast du einen Zähler oder einen Siegelbeamten (?) oder einen Rechner, der imstande wäre, das Wasser im großen Ozean zu messen, der sagen könnte: so viele Maß Wasser oder so viele Hunderte oder Tausende oder Hunderttausende von Maßen Wasser sind dort?"

„Den habe ich nicht, Ehrwürdige."

„Und warum nicht?"

„Der große Ozean, Ehrwürdige, ist tief, unermeßlich, unergründlich."

„Ebenso nun auch, großer König, die Körperlichkeit, durch welche man den Vollendeten kennzeichnen möchte ... *wie S. 297*. Er ist tief, unermeßlich, unergründlich wie der große Ozean.

Daß der Vollendete jenseits des Todes ist, trifft nicht zu. Daß der Vollendete jenseits des Todes nicht ist, trifft nicht zu. Daß der Vollendete jenseits des Todes ist und nicht ist, trifft nicht zu. Daß der Vollendete jenseits des Todes weder ist, noch nicht ist, trifft nicht zu."

Dieselben Sätze wie über die Körperlichkeit werden auch diesmal über die Empfindungen usw. wiederholt. Später stellt der König dem Buddha selbst die gleichen Fragen und erhält wörtlich dieselben Antworten. Er bewundert diese Übereinstimmung:

„Wunderbar, Herr! Staunenswert, Herr! Daß zwischen Meister und Jüngerin in Buchstaben und Geist solche Übereinstimmung besteht, solcher Einklang, kein Widerspruch auch nur in einem Tüttelchen(?)."

Zu der Zeit hatte ein Mönch mit Namen Yamaka den folgenden Irrglauben: „Ich verstehe die von dem Erhabenen verkündigte Lehre dahin, daß ein Mönch, der alle Verderbnis von sich abgetan hat, wenn sein Leib zerbricht, der Vernichtung anheimfällt, daß er vegeht, daß er nicht ist jenseits des Todes" ...

Der ehrwürdige Sāriputta aber erhob sich um den Abend von seiner Zurückgezogenheit, ging hin zum ehrwürdigen Yamaka ... und sprach zu ihm: „Ist es wahr, Freund Yamaka, daß du diesen Irrglauben hegst: ‚Ich verstehe ...'?"

„In der Tat verstehe ich die von dem Erhabenen verkündigte Lehre dahin, daß ein Mönch, der alle Verderbnis von sich abgetan hat, wenn sein Leib zerbricht, der Vernichtung anheimfällt, daß er vergeht, daß er nicht ist jenseits des Todes."

Sāriputta weist nun zuvörderst auf die Unbeständigkeit der Körperlichkeit und der übrigen Elemente des leiblich-geistigen Daseins hin, von denen man sich abzuwenden habe, um das Ziel der Erlösung zu erreichen.

Vgl. den oben S. 97 f. mitgeteilten Dialog. Dann wird fortgefahren:

„Was meinst du, Freund Yamaka, ist der Vollendete identisch mit der Körperlichkeit? Siehst du es also an?"

„Das tue ich nicht, Freund."

Nach der Körperlichkeit ebenso Empfindungen, Vorstellungen, „Gestaltungen", Erkennen.

„Was meinst du, Freund Yamaka, ist der Vollendete in der Körperlichkeit enthalten? Siehst du es also an?"

„Das tue ich nicht, Freund."

„Ist der Vollendete von der Körperlichkeit geschieden? Siehst du es also an?"

„Das tue ich nicht, Freund."

Ebenso der Reihe nach über die Empfindungen usw.

„Was meinst du, Freund Yamaka, sind Körperlichkeit, Empfindungen, Vorstellungen, Gestaltungen, Erkennen (in ihrer Vereinigung) der Vollendete? Siehst du es also an?"

„Das tue ich nicht, Freund."

„Was meinst du, Freund Yamaka, körperlos, empfindungslos, vorstellungslos, gestaltungslos und erkenntnislos – ist das der Vollendete? Siehst du es also an?"

„Das tue ich nicht, Freund."

„So ist also, Freund Yamaka, schon in dieser sichtbaren Welt der Vollendete in Wahrheit und Wesenheit für dich nicht zu erfassen. Hast du da ein Recht, die Lehrmeinung aufzustellen: ‚Ich verstehe die von dem Erhabenen verkündigte Lehre dahin, daß ein Mönch, der alle Verderbnis von sich abgetan hat, wenn sein Leib zerbricht, der Vernichtung anheimfällt, daß er vergeht, daß er nicht ist jenseits des Todes'?"

„Dies war zuvor, Freund Sāriputta, der Irrglaube, den ich Unwissender hegte. Jetzt aber, wo ich den ehrwürdigen Sāriputta die Lehre habe verkündigen hören, ist dieser Irrglaube von mir gewichen, und ich habe die wahre Lehre erfaßt."

„Wenn man dich nun, Freund Yamaka, also fragt: ‚Ein heiliger Mönch, der alle Verderbnis von sich abgetan hat, was wird aus ihm, wenn sein Leib zerbricht, jenseits des Todes?' – was würdest du, Freund Yamaka, auf diese Frage antworten?"

„Wenn man mich, Freund, also fragte ..., so würde ich auf diese Frage antworten: ‚Die Körperlichkeit, Freund, ist unbeständig. Was aber unbeständig ist, das ist Leiden. Was Leiden ist, das ist aufgehoben, das ist untergegangen. *Ebenso von Empfindungen usw.* So würde ich, Freund, auf diese Frage antworten.'"

„Schön! Schön, Freund Yamaka! So will ich dir denn, Freund Yamaka, ein Gleichnis sagen, daß deine Erkenntnis von ebendiesen Dingen noch mehr befestigt werde.

Da ist, Freund Yamaka, ein Bürger oder ein Bürgerssohn, dem es wohl ergeht, an Besitz und an Genüssen reich, wohl bewacht. Nun kommt irgend ein Mann, der übelwollend, unfreundlich gesinnt gegen ihn ist, ihm sein Glück und seinen Wohlstand nicht gönnt; der will ihn ums Leben bringen. Dieser denkt nun bei sich: ‚Diesem Bürger oder Bürgerssohn ergeht es wohl; er ist an Besitz und an Genüssen reich und ist wohl bewacht. Es ist keine leichte Sache, ihn mit Gewalt ums Leben zu bringen. Ich will mich bei ihm einschleichen und ihn so ums Leben bringen.' Und er geht zu jenem Bürger oder Bürgerssohn hin und spricht zu ihm: ‚Laß mich dir dienen, Herr!' Der Bürger aber oder Bürgerssohn nimmt seine Dienste an. Und er wird sein Diener, steht früh auf vor ihm und legt sich spät nieder nach ihm, tut willig, was von ihm verlangt wird, macht sich ihm angenehm, redet Freundliches. So macht ihn jener Bürger oder Bürgerssohn zu seinem Freund, zu seinem lieben Genossen und begegnet ihm mit Vertrauen. Wenn jener Mann nun sieht, Freund, daß der Bürger oder Bürgerssohn Vertrauen zu ihm gefaßt hat, dann bringt er ihn, wenn er ihn in heimlicher Einsamkeit findet, mit einem scharfen Schwert ums Leben.

Was meinst du nun, Freund Yamaka? Wenn jener Mann auch zu jenem Bürger oder Bürgerssohn hingeht und zu ihm spricht: ‚Laß mich dir dienen, Herr', ist er nicht ein Mörder, nur daß jener den Mörder nicht als einen solchen erkannt hat?

Wenn er auch sein Diener wird, früh vor ihm aufsteht ... ist er nicht ein Mörder ...?

Wenn er ihn in heimlicher Einsamkeit findet und ihm mit einem scharfen Schwert ums Leben bringt, ist er nicht ein Mörder, nur daß jener den Mörder nicht als einen solchen erkannt hat?"

„Das ist er, Freund."

„So nun auch, Freund, der ununterrichtete Alltagsmensch, der keine Edlen geschaut hat, der Lehre der Edlen unkundig, in der Lehre der Edlen nicht unterwiesen, der keine Guten geschaut hat, der Lehre der Guten unkundig, in der Lehre der Guten nicht unterwiesen: er sieht die Körperlichkeit als das Selbst an, oder das Selbst als mit Körperlichkeit behaftet, oder im Selbst die Körperlichkeit, oder in der Körperlichkeit das Selbst. *Immer im folgenden Wiederholung des von der Körperlichkeit Gesagten in bezug auf Empfindungen, Vorstellungen, Gestaltungen, Erkennen.*

Die unbeständige Körperlichkeit erkennt er nicht der Wahrheit gemäß als unbeständig.

Die leidvolle Körperlichkeit ... die nichtselbsthafte Körperlichkeit ... die gestaltete Körperlichkeit[1] ... die mörderische Körperlichkeit erkennt er nicht der Wahrheit gemäß als mörderisch.

So wendet er sich der Körperlichkeit zu, ergreift sie, waltet ihrer, indem er denkt: ‚Sie ist mein Selbst.'

Und ihm gereichen diese fünferlei Objekte des Ergreifens[2], denen er sich zuwendet und die er ergreift, gar lange zum Schaden und zum Leiden.

Ein wohlunterrichteter Jünger des Edlen aber, der Edle geschaut hat, der Lehre der Edlen kundig ..."

Wiederholung des vorher Gesagten mit Umkehrung aus dem Negativen ins Positive. Der Abschnitt schließt:

„Und ihm gereicht es, wenn er sich diesen fünferlei Objekten des Ergreifens nicht zuwendet und sie nicht ergreift, gar lange zum Segen und zur Freude.

So wird es, Freund Sāriputta, ehrwürdigen Brüdern zuteil, die solche Genossen ihres heiligen Wandels haben, wie du bist, erbarmungsreich, auf das Beste bedacht, geschickt zu ermahnen und zu lehren. Und wie ich diese Unterweisung des ehrwürdigen Sāriputta hörte, ist meine Seele, vom Ergreifen (des Daseins) ablassend, von aller Verderbnis erlöst worden."

So sprach der ehrwürdige Sāriputta. Mit Freude begrüßte der ehrwürdige Yamaka des ehrwürdigen Sāriputta Rede.

---

[1] „Gestaltet" d. h. im Strom des Werdens und Vergehens zur Erscheinung gelangt: wobei der Gedanke an die unvermeidliche Aufhebung aller Gestaltung mitklingt.

[2] S. oben S. 95 A. 1.

93.
GEGENSTÜCKE

Visākha, ein Laiengläubiger, befragt die weise Nonne Dhammadinnā.

„Was ist nun, Herrin, das Gegenstück der freudigen Empfindung?"

„Der freudigen Empfindung Gegenstück, Freund Visākha, ist die schmerzliche Empfindung."

„Und was ist, Herrin, das Gegenstück der schmerzlichen Empfindung?"

„Der schmerzlichen Empfindung Gegenstück, Freund Visākha, ist die freudige Empfindung."

„Und was ist, Herrin, das Gegenstück der weder schmerzlichen noch freudigen Empfindung?"

„Der weder schmerzlichen noch freudigen Empfindung Gegenstück, Freund Visākha, ist das Nichtwissen."

„Und was ist, Herrin, das Gegenstück des Nichtwissens?"

„Des Nichtwissens Gegenstück, Freund Visākha, ist das Wissen."

„Und was ist, Herrin, das Gegenstück des Wissens?"

„Das Gegenstück des Wissens, Freund Visākha, ist die Erlösung."

„Und was ist, Herrin, das Gegenstück der Erlösung?"

„Der Erlösung Gegenstück, Freund Visākha, ist das Nirvana."

„Und was ist, Herrin, das Gegenstück des Nirvana?"

„Du gehst zu weit, Freund Visākha, mit deiner Frage. Du hast nicht die Grenze des Fragens innezuhalten gewußt. Denn im Nirvana, Freund Visākha, findet der heilige Wandel festen Grund; das Nirvana ist sein Endziel, das Nirvana sein Abschluß.

Wenn du aber willst, Freund Visākha, magst du zum Erhabenen gehen und ihn hierüber befragen; wie der Erhabene es dir offenbart, so magst du es halten."

Er tut dies, und Buddha bestätigt die Antwort, die Dhammadinnā jenem gegeben hat; er selbst würde genau ebenso antworten.

94.
VOM NIRVANA

Ein andersgläubiger Asket fragt

„‚Nirvana, Nirvana', so sagt man, Freund Sāriputta. Was ist nun das Nirvana, Freund?"

„Der Begier Ende, des Hasses Ende, der Verblendung Ende: das, mein Freund, nennt man das Nirvana."

„‚Heiligkeit, Heiligkeit', so sagt man, Freund Sāriputta. Was ist nun Heiligkeit, Freund?"

„Der Begier Ende, des Hasses Ende, der Verblendung Ende: Das, mein Freund, nennt man Heiligkeit."

Also habe ich gehört.

Einstmals verweilte der Erhabene zu Sāvatthī, im Jetavana, dem Garten des Anāthapiṇḍika. Zu der Zeit nun unterwies der Erhabene die Mönche, ermahnte sie, trieb sie an und erfreute sie durch Reden der Lehre, die sich auf das Nirvana bezogen. Die Mönche aber, ihren Glauben und ihre Gedanken darauf richtend, alles im Geist überlegend, aufmerksam zuhörend vernehmen die Lehre. Solches erkennend tat der Erhabene zu der Zeit den Ausruf:

„Es gibt, ihr Mönche, eine Stätte, wo nicht Erde ist, nicht Wasser, nicht Feuer, nicht Luft, nicht die Stufe der Raumunendlichkeit [1], nicht die Stufe der Erkenntnisunendlichkeit, nicht die Stufe der Nichtirgendetwasheit, nicht die Stufe von weder Vorstellen noch Nichtvorstellen, nicht diese Welt noch jene Welt, beide Mond und Sonne. Das nenne ich, ihr Mönche, nicht Kommen noch Gehen noch Stehen noch Sterben noch Geburt. Ohne Grundlage, ohne Fortgang ohne Halt ist es. Das ist des Leidens Ende."

Derselbe Eingang

... tat der Erhabene zu der Zeit den Ausruf:

„Schwer sieht man ein des Selbst Nichtsein [2],

---

[1] Zu diesen und den dann folgenden Ausdrücken vgl. oben S. 156.

[2] Eine Grundüberzeugung des Buddhismus: Körperlichkeit und die übrigen Elemente des leiblich-geistigen Daseins sind nicht das Selbst.

Denn nicht sieht man die Wahrheit leicht.
Es durchschauen den Durst Weise[1].
Kein Etwas kennt der Sehende."

Derselbe Eingang

... tat der Erhabene zu der Zeit den Ausruf:

„Es gibt, ihr Mönche, ein Ungeborenes, Ungewordenes, nicht Gemachtes, nicht Gestaltetes. Gäbe es nicht, ihr Mönche, dies Ungeborene, Ungewordene, nicht Gemachte, nicht Gestaltete, würde für das Geborene, Gewordene, Gemachte, Gestaltete kein Ausweg zu erfinden sein. Da es aber, ihr Mönche, ein Ungeborenes, Ungewordenes, nicht Gemachtes, nicht Gestaltetes gibt, so ist für das Geborene, Gemachte, Gestaltete ein Ausweg zu erfinden."

Derselbe Eingang

... tat der Erhabene zu der Zeit den Ausruf:

„Für das, was an anderm haftet, gibt es Wanken. Für nicht Haftendes gibt es kein Wanken. Wo kein Wanken ist, ist Ruhe. Wo Ruhe ist, ist keine Lust. Wo keine Lust ist, ist kein Kommen und Gehen. Wo kein Kommen und Gehen ist, ist kein Sterben und keine Geburt. Wo kein Sterben und keine Geburt ist, ist kein Hienieden, kein Drüben, kein Dazwischen. Das ist des Leidens Ende."

Der Jüngling Kappa fragt den Buddha

„In des furchtbaren Meers Mitte
(so sprach der ehrwürdige Kappa),
Wo finden in der Wogen Wut
Die Alter – Tod – Verfallenen
Eine Insel? Das künde mir.

---

[1] Der Weise durchschaut, daß das Werden, Vergehen, Leiden, das den Weltprozeß ausmacht, auf dem Durst beruht, und er erkennt, wie des Durstes Aufhebung sich vollzieht.

Die Insel mir, o Herr, zeige:
'Sie ist's, halt andres nicht dafür!'"

„In des furchtbaren Meers Mitte
(o Kappa, sprach der Erhabene),

Da finden in der Wogen Wut
Die Alter – Tod – Verfallenen
Eine Insel! Die künd' ich dir.

Wo's kein Etwas, kein Festhalten
Gibt, die Insel, die einzige:
Sie heißt mit Namen Nirvana,
Die Alter – Tod – entnommene.

Die Wachsamen, die dies wissen,
Die hienieden Erloschenen,
Folgen nicht dem Gebot Māras,
Sie wandeln nicht auf Māras Pfad."

Aus derselben Gesprächsreihe; Buddha spricht; dann Frage des Jünglings Upasīva; dann Antwort des Buddha.

„Gleichwie das Licht, vom Windeswahn getroffen
(o Upasīva, sprach der Erhabene).

Zur Ruhe eingeht und dem Blick entschwindet,
So geht der Weise, Nam' und Leib ablegend,
Zur Ruhe ein, entschwindend jedem Blicke."

„Ist, wer zur Ruhe ging, dem Sein entnommen?
Gehört ihm ew'ges Sein, frei von Gebrechen?
Das wolle du mir, Weiser, offenbaren,
Denn kund ist dir in Wahrheit diese Ordnung."

„Den, der zur Ruhe ging, kein Maß ermißt ihn
(o Upasīva, sprach der Erhabene),

Von ihm zu sprechen gibt es keine Worte.
Zunichte ward, was das Denken könnt' erfassen:
So ward zunicht auch jeder Pfad der Rede."

DRITTER TEIL

GEMEINDELEBEN UND GEMEINDEORDNUNG DIE LAIEN

95.
DAS MEER UND DIE LEHRE UND GEMEINDE DER GLÄUBIGEN

Der Erhabene aber redete zu den Mönchen also:

„Acht wunderbare, staunenswerte Eigenschaften, ihr Mönche, hat das große Meer, um deren willen die Asuras [1], so oft sie sie betrachten, gern im großen Meer weilen. Welche acht sind das?

„Das große Meer, ihr Mönche, senkt sich allmählich, fällt allmählich ab, geht allmählich in die Tiefe, stürzt nicht plötzlich zur Tiefe ab. Daß das große Meer, ihr Mönche, sich allmählich senkt, allmählich abfällt, allmählich in die Tiefe geht, nicht plötzlich zur Tiefe abstürzt: das, ihr Mönche, ist die erste wunderbare, staunenswerte Eigenschaft des großen Meeres, um deren willen die Asuras, so oft sie sie betrachten, gern im großen Meer weilen.

„Und weiter, ihr Mönche, bleibt das große Meer fest an seinem Ort; es überschreitet seine Grenze nicht. Daß das große Meer ... *Ausführung wie oben.*

„Und weiter, ihr Mönche, verträgt das große Meer nichts Totes, keine Leiche. Wenn im großen Meer ein Totes, eine Leiche ist, das führt das Meer schnell zum Ufer und wirft es ans Land. Daß das große Meer ...

„Und weiter, ihr Mönche, was die großen Ströme sind – als da sind die Gangā, die Yamunā, die Aciravatī, die Sarabhū, die Mahī –, wenn die zum großen Meere gelangen, verlieren sie ihren alten Namen und Geschlecht und heißen nur noch ‚das große Meer' ...

„Und weiter, ihr Mönche, alle Flußläufe in der Welt, die zum großen Meere führen, und alles Wasser, das aus dem Luftreich herabkommt: durch all das wird das große Meer nicht weniger und nicht mehr ...

„Und weiter, ihr Mönche, hat das große Meer nur einen Geschmack, den Geschmack des Salzes ...

„Und weiter, ihr Mönche, ist das große Meer voll von vielen Kleinodien, von Kleinodien mancherlei Art. Da finden sich diese

---

[1] Die Götterfeinde der alten Mythologie; man kann etwa sagen die Titanen. Sie werden hier als im Meer verweilend vorgestellt.

Kleinodien: Perle, Edelstein, Beryll, Muschel, Gestein, Koralle, Silber, Gold, Achat, Masāragallastein ...

„Und weiter, ihr Mönche, beherbergt das große Meer gewaltige Wesen. Da sind diese Wesen: der Timi, der Timiṃgala, der Timitimiṃgala [1], Asuras, Schlangenwesen, Gandharven [2]. Es gibt im großen Meere Wesen von hundert Meilen Länge und von zweihundert Meilen Länge und von dreihundert Meilen Länge und von vierhundert Meilen Länge und von fünfhundert Meilen Länge ...

„Dies, ihr Mönche, sind die acht wunderbaren, staunenswerten Eigenschaften des großen Meeres, um deren willen die Asuras, so oft sie sie betrachten, gern im großen Meer weilen.

„Ebenso auch, ihr Mönche, hat diese Lehre und diese Ordnung acht wunderbare, staunenswerte Eigenschaften, um deren willen die Mönche, so oft sie sie betrachten, gern in dieser Lehre und Ordnung weilen. Welche acht sind das?

„Wie das große Meer, ihr Mönche, sich allmählich senkt, allmählich abfällt, allmählich in die Tiefe geht, nicht plötzlich zur Tiefe abstürzt, so gibt es auch, ihr Mönche, in dieser Lehre und Ordnung nur allmähliche Übung, allmähliche Arbeit, allmähliches Fortschreiten, nicht plötzliches Durchdringen zur Erkenntnis. Daß es, ihr Mönche, in dieser Lehre und Ordnung nur allmähliche Übung ... *Ausführung wie vorher.*

„Wie das große Meer, ihr Mönche, fest an seinem Ort bleibt und seine Grenze nicht überschreitet, so überschreiten auch, ihr Mönche, meine Jünger, selbst wenn es ihr Leben gilt, keine Satzung, die ich den Jüngern gesetzt habe ...

Wie das große Meer, ihr Mönche, nichts Totes, keine Leiche verträgt, und wenn im großen Meer ein Totes, eine Leiche ist, es das schnell zum Ufer führt und ans Land wirft, so hält auch die Gemeinde, ihr Mönche, keine Gemeinschaft mit einem Menschen, der tugendlos und von übler Art ist, unrein von zweideuti-

---

[1] Seeungeheuer von mindestens teilweise fabelhaftem Charakter. Timiṃgala heißt wörtlich: „(sogar) den Timi verschlingend."

[2] Über die Asuras, s. S. 308 A. 1, die Gandharven sind halbgöttliche Wesen, die oft als Musiker der Götterwelt vorgestellt werden, vgl. S. 131.

gem Wandel, von verstecktem Tun, kein wahrer Asket, für einen Asketen sich nur ausgebend, kein in Heiligkeit Wandelnder, für einen in Heiligkeit Wandelnden sich nur ausgebend, innerlich verfault, von Lüsten erfüllt, ein Abschaum der Menschheit. Findet sich ein solcher, versammelt sich die Gemeinde schnell und stößt ihn aus. Und mag er auch inmitten der Mönchsgemeinde dasitzen, ist er doch fern von der Gemeinde, und die Gemeinde von ihm ...

„Wie die großen Ströme, ihr Mönche – als da sind die Gangā, die Yamunā, die Aciravatī, die Sarabhū, die Mahī –, wenn sie zum großen Meer gelangen, ihren alten Namen und Geschlecht verlieren und nur noch ‚das große Meer' heißen, so steht es auch, ihr Mönche, mit diesen vier Kasten, den Adligen, den Brahmanen, den Vaiśyas, den Śudras: wenn sie nach der vom Vollendeten verkündeten Lehre und Ordnung der Welt entsagen, um in die Heimatlosigkeit zu gehen, so verlieren sie ihren alten Namen und Geschlecht und heißen nur noch ‚Asketen, die dem Sakyasohn anhangen' ...

„Wie, ihr Mönche, durch alle Flußläufe in der Welt, die zum großen Meere führen, und durch alles Wasser, das aus dem Luftreich herabkommt, das große Meer nicht weniger und nicht mehr wird, so wird auch, ihr Mönche, wenn noch so viele Mönche zum Verlöschen im Element des restlosen Nirvana gelangen, dadurch das Nirvanaelement doch nicht weniger und nicht mehr ...

„Wie das große Meer, ihr Mönche, nur einen Geschmack hat, den Geschmack des Salzes, so hat auch, ihr Mönche, diese Lehre und diese Ordnung nur einen Geschmack, den Geschmack der Erlösung ...

„Wie das große Meer, ihr Mönche, von vielen Kleinodien voll ist, von Kleinodien mancherlei Art – da finden sich diese Kleinodien: Perle, Edelstein, Beryll, Muschel, Gestein, Koralle, Silber, Gold, Achat, Masāragallastein –, so ist auch, ihr Mönche, diese Lehre und diese Ordnung voll von vielen Kleinodien, von Kleinodien mancherlei Art – da finden sich diese Kleinodien: die vierfache Wachsamkeit, das vierfache rechte Streben, die vier Teile der Wundermacht, die fünf Organe, die fünf Kräfte, die sieben Glieder der Erleuchtung, der edle achtgliedrige Pfad ...

„Wie das große Meer, ihr Mönche, gewaltige Wesen beherbergt – da sind diese Wesen: der Timi ... – es gibt im großen Meere Wesen von hundert Meilen Länge ... – so beherbergt auch, ihr Mönche, diese Lehre und diese Ordnung große Wesen – da sind diese Wesen [1]: der in den Strom Gelangte und der auf dem Wege ist, die Frucht des in den Strom Gelangten zu erwerben, der Einmal-Wiederkehrende und der auf dem Wege ist, die Frucht der Einmal-Wiederkehr zu erwerben, der Nichtwiederkehrende und der auf dem Wege ist, die Frucht der Nichtwiederkehr zu erwerben, der Heilige und der auf dem Wege zur Heiligkeit ist ...

„Dies, ihr Mönche, sind die acht wunderbaren, staunenswerten Eigenschaften dieser Lehre und dieser Ordnung, um deren willen die Mönche, so oft sie sie betrachten, gern in dieser Lehre und Ordnung weilen."

Solches bedenkend tat der Erhabene zu der Zeit den Ausruf:

„Bedecktes durchregnet des Regens Guß;
Das Unbedeckte durchregnet er nicht.
Drum decke man das Bedeckte auf:
So durchregnet der Guß es nicht [2]."

96.
DIE EINTRÄCHTIGEN

Zu der Zeit verweilte der ehrwürdige Anuruddha und der ehrwürdige Nandiya und der ehrwürdige Kimbila im Park von Pāena-

[1] Die Stufen der Annäherung an die Heiligkeit bzw. ihre Erreichung; vgl. meinen „Buddha", 7. Aufl., S. 367 A. 2. Zu jeder Stufe ist das Stadium des Unterwegsseins zu ihr als eigne Stufe gefügt.

[2] Ein schwieriger Vers. Er scheint mir zu besagen, daß im geschlossenen Raum der Regen, der schließlich auch dort eindringt, verheerender wirkt, die Feuchtigkeit dort anders festhaftet, als im Freien, wo es schnell trocknet. So haftet die geheime Sünde am Täter, während Enthüllung seiner Schuld die Möglichkeit der Befreiung gibt. Der philologische Leser sei auf andre Deutungen des Verses hingewiesen, denen gegenüber diese mir den Vorzug zu verdienen scheint: Vinaya Texts, transl. by T. W. Rhys Davids and H. Oldenberg, Bd. III (Sacred Books of the East XX, Oxford 1885, S. 305; H. *Kern*, Verhandelingen der K. Akademie van Wetenschappen, Letterkunde, N. R. XVI, 4, S. 92 (1916); K. *Seidenstücker*, Das Udāna, Augsburg 1920, S. 103.

vaṃsa. Da sah der Parkwächter den Erhabenen aus der Ferne herankommen und sprach zu ihm: „Betritt diesen Park nicht, Asket! Hier halten sich drei vornehme junge Herren auf, die in allem ihre Bequemlichkeit zu haben gewohnt sind (?); falle denen nicht lästig!" Da hörte der ehrwürdige Anuruddha, wie der Parkwächter mit dem Erhabenen redete, und sprach zum Parkwächter also: „Mein lieber Parkwächter, wehre dem Erhabenen nicht! Unser Meister ist gekommen, der Erhabene!"

Und der ehrwürdige Anuruddha ging zum ehrwürdigen Nandiya und dem ehrwürdigen Kimbila und sprach zu ihnen: „Kommt, ihr Ehrwürdigen! Kommt, ihr Ehrwürdigen! Unser Meister ist gekommen, der Erhabene!"

Da ging der ehrwürdige Anuruddha und der ehrwürdige Nadiya und der ehrwürdige Kimbila dem Erhabenen entgegen, und der Eine nahm dem Erhabenen Almosenschale und Gewand ab, der Zweite bereitete ihm einen Sitz, der Dritte brachte ihm Fußwasser, Fußbank, Fußschemel. Der Erhabene setzte sich auf den Sitz, der ihm bereitet war, nieder; dort sitzend, wusch er seine Füße. Jene Ehrwürdigen aber brachten dem Erhabenen ehrfurchtsvollen Gruß und setzten sich an seine Seite. Und zum ehrwürdigen Anuruddha, wie er an seiner Seite saß, sprach der Erhabene: „Geht es euch wohl, ihr Anuruddhas[1]? Findet ihr zu leben? Bringt das Sammeln von Almosen euch keine Ermüdung?" „Es geht uns wohl, Erhabener! Wir finden zu leben! Das Sammeln von Almosen bringt uns keine Ermüdung!" „Lebt ihr hier auch, ihr Anuruddhas, in Frieden und Eintracht und ohne Streit, wie Milch und Wasser[2], mit freundlichem Auge auf einander hinschauend?"

„Freilich, Herr, leben wir hier in Frieden und Eintracht ..." „Wie macht ihr es denn, ihr Anuruddhas, in Frieden und Eintracht zu leben ...?" „Ich denke bei mir, Herr: Das ist ein Glück für mich, ein schönes Glück, daß ich mit solchen Genossen des heiligen Wandels hier vereint bin! So übe ich, Herr, gegen diese Ehrwürdigen Freundlichkeit offenbar und im Verborgenen, in Ge-

---

[1] Nach uraltem Sprachgebrauch für mehrere zusammengehörige Glieder die Mehrzahl des ersten.

[2] Als Bild der vollkommensten Vereinigung.

danken, Worten und Werken. Ich denke bei mir: ich will meinem eignen Sinn entsagen und will allein nach dem Sinn dieser Ehrwürdigen leben! So entsage ich denn, Herr, meinem eignen Sin und lebe allein nach dem Sinn dieser Ehrwürdigen. Getrennt, Herr, sind unsre Leiber, unser Sinn aber, kann ich sagen, ist eins."

Und auch der ehrwürdige Nandiya ... und auch der ehrwürdige Kimbila sprach zum Erhabenen: „Auch ich denke bei mir: das ist ein Glück für mich ... *genau wie oben.* So machen wir es, Herr, in Frieden und Eintracht und ohne Streit zu leben, wie Milch und Wasser, mit freundlichen Augen aufeinander hinschauend."

97.
VOM MÖNCHSLEBEN

Versgruppen und Einzelverse.

Es macht sich auf der Wachsame,
Findet nicht Ruh' in Haus und Hof.
Wie Schwanenschar vom Teich fortfliegt,
Zieht heimatmeidend er hinweg.

*

Wer schon jung dieser Welt absagt,
Als Mönch wandelt nach Buddhas Wort,
Wach, wenn alle der Schlaf bändigt:
Nicht kam vergebens er zur Welt.

*

„In den Lüsten nur Leid schauend,
Frieden in der Entsagung nur,
Will vorwärts ich zum Ziel streben;
Das ist's, woran mein Herz sich freut."

*

Den Bauch nicht füllend, knapp speisend,
Wunschlos von eitlem Trachten frei.
Des Wünschens Hunger abtuend,
Ohne Wunsch, ein Befriedeter:

So erbettelt er Almosen
Und geht hinaus zum Waldbezirk,

Erwählet eines Baums Wurzeln;
Dort der Weise sich niedersetzt!

Der Versenkung sich hingebend,
Verweilt er gern im Waldbezirk
Im Sinnen an des Baums Wurzel,
Freude schaffend dem eignen Selbst.

Dann lenkt er, wenn die Nacht schwindet,
Wieder zum Dorfe seinen Gang:
Wenn man ihn einlädt, gleichmütig,
Und wenn im Dorf er Gab' empfängt.

Nicht soll der Mönch im Dorf weilend
Hastig eilen von Haus zu Haus,
Soll Speise sammeln stillschweigend;
Nicht rede er verworrnes Wort.

„Ich erhielt etwas: recht ist mir's
Nichts erhielt ich: auch so ist's recht" –
So oder so kehrt gleichmütig
Zum Fuß des Baumes er zurück.

Nicht stumm, dem Stummen gleich scheinend,
Geht er, die Schale in der Hand.
Kärglicher Gabe nicht unfroh
Denkt er vom Geber nicht gering.

*

Der Biene gleich, die nicht schädigt
Der Blüten Farbenpracht und Duft –
Den Saft holt sie und fliegt weiter –
So durchwandle der Mönch das Dorf.

*

Der Vater der frommen Rohiṇī tadelt sie wegen ihrer Liebe zu den Mönchen

„Arbeit verschmähen sie, der Trägheit huldigend.
Ihr Leben fristen sie durch fremde Gaben.
Begehrlich sind sie, lieben Süßigkeiten.
Wie kommt's, daß dir so teuer sind die Mönche?"

Rohiṇī antwortet

„Eifrig tun Arbeit sie, von Trägheit ferne,
Und was sie tun, ist der Werke höchstes:
Begehren, Hassen hinter sich zu lassen.
Drum sind die Mönche meinem Herzen teuer.

„Der reinheitsreichen Perle in der Muschel
Gleicht ihres Innern, ihres Äußern Reinheit.
Von lichten Tugenden sind sie erfüllet.
Drum sind die Mönche meinem Herzen teuer.

„An Wissen reich, der Lehre sind sie kundig.
Die Edlen leben, wie die Lehre vorschreibt.
Das Heil, die Lehre künden ihre Reden.
Drum sind die Mönche meinem Herzen teuer.

„An Wissen reich, der Lehre sind sie kundig.
Die Edlen leben, wie die Lehre vorschreibt.
Gesammelt ist ihr Geist, voll wahren Denkens.
Drum sind die Mönche meinem Herzen teuer.

„Durch weite Fernen pilgern sie, die Wachen.
Weis' ist ihr Wort. Von Hochmut sind sie ferne.
Des Leidens Ende haben sie gefunden.
Drum sind die Mönche meinem Herzen teuer.

„Wenn aus dem Dorf sie ihre Straße ziehen,
So wenden sie auf nichts den Blick zurück.
Allunbekümmert wandeln sie einher.
Drum sind die Mönche meinem Herzen teuer.

„Verschiedner Heimat und verschiednem Stamm
Sind sie, die Weltentsagenden, entsprossen,
Und alle sind in Liebe doch vereint.
Drum sind die Mönche meinem Herzen teuer."

Der Vater ist durch Rohiṇīs Reden gewonnen

„Zu Heil und Segen unserm ganzen Haus
Bist du geboren, beste Rohiṇī,

Die du an Buddha, an die Lehre glaubst
Und die Gemeinde ehrst mit heißem Eifer.

„Die rechte Stätte, du hast sie erkannt,
Wo man mag guter Werke Lohn erwerben.
So sollen denn die Mönche auch bei uns
Der Fülle frommer Gaben teilhaft werden.
Auf diesem festen Grunde ruft mein Opfer,
Und reich wird uns sein Segen nicht entfalten."

*

Bettelnd von Haus zu Haus zieht er,
Wohl behütend der Sinne Tor.
Dem Festbewußten, Achtsamen
Füllt sich die Speiseschale schnell.

*

Die Augen senk' er, schwärm' umher nicht unstet;
Versenkung mög' er üben, vieles Wachen,
In innrer Sammlung weilend und in Gleichmut,
Verdrossenheit und Klügelei vernichtend.

*

„Was werd' ich essen? Und wo werd' ich essen?
Man schlief so schlecht die Nacht! Wo schlaf' ich heute?"
Solche Gedanken und solch eitles Klagen
Möge, wer hauslos wandernd strebt, vermeiden.

*

Nicht zu eigen dem Schlaf soll man
Geben die sternbekränzte Nacht.
Wachender Arbeit Zeit ist sie,
Die Nacht, dem der die Wahrheit schaut.

*

Auf, hebt vom Lager euch! Setzt euch!
Was ist euch nütze langer Schlaf?
Können wohl Sieche Schlaf finden,
Pfeilgetroffene, von Schmerz gequält? ...

Die in Himmels- und Erdwelten
Gefesselt hält Verlangende:

Der haftenden Begier obsiegt!
Versäumt nicht den Augenblick!
Denn wer die Zeit versäumt, leidet
Anheimfallend der Höllenqual.

*

An Strömen könnt ihr dies merken,
An jedem Bach und Felsenquell.
Der kleine Bach fließt laut murmelnd;
In Schweigen ruht der Ozean.

*

Vers des Ältesten Nigrodha

„Vor Furchtbaren nicht fürcht' ich mich.
Vom Tod die Erlösung mein Meister kennt.
Wo keine Stätte findet die Furcht,
Da wandeln die Mönche ihren Weg."

*

Wem Genossen des Wegs mangeln,
Ihm gleiche oder edlere,
Soll festen Schritts allein wandern.
Ein Tor kann nicht Genosse sein.

*

Wie schlecht erfaßte Grasspitze
Die Hand durch ihren Stich verletzt,
So das Leben des Weltflücht'gen,
Lebt man es schlecht, zur Hölle führt.

*

Ein Ältster wird man nicht dadurch,
Daß graues Haar das Haupt bedeckt.
An Jahren alt ist doch Mancher
Nicht besser als ein greiser Tor.

Wem Wahrheit innewohnt, Tugend,
Wer Keinem schadet, ernst bezähmt,
Von allen Flecken rein, weise:
Ein solcher „Ältster" heißen darf.

*

Vers des Ältesten Vimala

Des Regens Guß die Erd' überschwemmt;
Es stürmt; Blitze durchzucken die Luft.
Das eitle Sinnen zur Ruhe kommt.
In Versenkung sammelt sich still mein Geist.

*

Wenn um Mitternacht im einsamen Wald
Der Regen rauscht, aufschreit das Getier,
Und in stiller Bergesgrotte der Mönch
Der Versenkung pflegt: kein Glück wie dies!

*

Verse des Ältesten Ekavihāriya

„Wenn vorn und hinten rings kein Wesen ist zu schaun,
Wie lieblich weilt man dann im tiefen Wald allein.

Wohlan, allein geh' ich zum Wald, den Buddha preist,
Des Mönches Aufenthalt, des einsam strebenden,

Zum Walde, den durchtobt der Elefanten Brunst,
Zum Walde geh' ich ein, der Lust Versenkten schafft.

Im blüh'nden Sītawald, in Bergesgrotten kühl
Will baden ich den Leib und wallen einsam still,

Allein, genossenlos, im weiten, schönen Wald –
Wann ist erreicht mein Ziel, das Dasein abgetan?"

98.
DIE ORDINATION [1]

Zu der Zeit sah man ordinierte Mönche, die mit schwarzem Aussatz, skrophulösen Geschwülsten, weißem Aussatz, Auszehrung und Epilepsie behaftet waren. Man meldete das dem Erhabenen. „Ich ordne an, ihr Mönche, daß man die Ordination vollzieht,

---

[1] Hier ist auch auf Nr. 14 zu verweisen, wo die Erteilung der niederen Weihe bei der Aufnahme eines Novizen behandelt wird.

nach den Hindernissen der Ordination fragt. Und also, ihr Mönche, soll man fragen:

‚Bist du mit einer der folgenden Krankheiten behaftet: schwarzem Aussatz, Skrophelgeschwülsten, weißem Aussatz, Auszehrung, Epilepsie?

Bist du ein Mensch?[1]

Bist du ein Mann?

Bist du dein eigner Herr?

Hast du keine Schulden?

Stehst du nicht in königlichen Diensten?

Hast du die Erlaubnis von Vater und Mutter?

Bist du volle zwanzig Jahre alt?

Sind Almosenschale und Gewänder vollständig vorhanden?

Wie heißt du?

Wie heißt dein Lehrer?'" –

Zu der Zeit fragten die Mönche die nach der Ordination Verlangenden über die Hindernisse ohne sie vorher instruiert zu haben. Die zu Ordinierenden waren verdutzt, gerieten in Verwirrung und konnten nicht antworten. Man meldete das dem Erhabenen. „Ich ordne an, ihr Mönche, sie zuerst zu instruieren und dann erst nach den Hindernissen zu fragen."

Man instruierte sie an Ort und Stelle inmitten der Gemeinde: die zu Ordinierenden waren nach wie vor verdutzt, gerieten in Verwirrung und konnten nicht antworten. Man meldete das dem Erhabenen. „Ich ordne an, ihr Mönche, abseits zu instruieren und dann inmitten der Gemeinde nach den Hindernissen zu fragen. Und also, ihr Mönche, soll man instruieren: zuerst läßt man ihn sich einen Lehrer nehmen; hat man ihn einen Lehrer nehmen lassen, zeigt man ihm Almosenschale und Gewänder: ‚Dies ist deine Almosenschale, dies dein Kleid, dies dein Obergewand, dies dein Untergewand. Geh und stelle dich an jener Stelle hin.'"

Törichte und Ungeschickte instruierten. Die zu Ordinierenden, nachdem sie instruiert waren, waren wieder verdutzt, gerieten in Verwirrung und konnten nicht antworten. Man meldete

---

[1] Auch Schlangenwesen konnten in menschlicher Gestalt erscheinen. Sie sollten ausgeschlossen werden.

das dem Erhabenen. „Ein Törichter und Ungeschickter, ihr Mönche, darf nicht instruieren. Instruiert er, ist er einer Übertretung schuldig. Ich ordne an, daß ein geschickter und dessen fähiger Mönch instruiert."

Sie instruierten, ohne dafür ernannt zu sein. Man meldete das dem Erhabenen. „Man soll nicht instruieren, ohne dafür ernannt zu sein. Wer so instruiert, ist einer Übertretung schuldig. Ich ordne an, ihr Mönche, daß ein dafür Ernannter instruiert. Und in folgender Weise, ihr Mönche, ist er zu ernennen. Entweder ernennt man sich selbst, oder Einer ernennt den Andern. Und wie ernennt man sich selbst? Ein geschickter und fähiger Mönch soll vor der Gemeinde erklären: ‚Es höre mich, ihr Herren, die Gemeinde. Der N. N. begehrt als Schüler des ehrwürdigen N. N. die Ordination. Wenn es der Gemeinde zeitgemäß scheint, will ich den N. N. instruieren.' So ernennt man sich selbst. Und wie ernennt Einer den Andern? Ein geschickter und fähiger Mönch soll vor der Gemeinde erklären: ‚Es höre mich, ihr Herren, die Gemeinde. Der N. N. begehrt als Schüler des ehrwürdigen N. N. die Ordination. Wenn es der Gemeinde zeitgemäß scheint, soll N. N. den N. N. instruieren.' So ernennt Einer den Andern.

Der ernannte Mönch nun soll zu dem zu Ordinierenden hingehen und folgendermaßen zu ihm sprechen: ‚Hörst du mich, N. N.? Dies ist der Augenblick, wo du sagen mußt, wie es sich wahrhaft und wirklich verhält. Wenn ich vor der Gemeinde nach dem Sachverhalt frage, mußt du von dem, was ist, antworten: ‚Es ist!', und von dem, was nicht ist, mußt du antworten: ‚Es ist nicht!' Sei nicht verdutzt, gerate nicht in Verwirrung! Ich werde dich folgendermaßen fragen: ‚Bist du mit einer der folgenden Krankheiten behaftet ...' *folgt die Reihe der Fragen wie oben."*

Sie kamen einzeln zur Gemeinde[1]. „Man soll nicht einzeln kommen. Der Instruierende soll zuerst kommen und soll vor der Gemeinde erklären: ‚Es höre mich, ihr Herren, die Gemeinde. Der N. N. begehrt als Schüler des ehrwürdigen N. N. die Ordination. Er ist von mir instruiert. Wenn es der Gemeinde zeitgemäß scheint, soll N. N. herkommen.' Man sagt zu ihm: ‚Komm her!'

[1] Der Instruierende und der Instruierte kamen einzeln, wie es sich eben traf.

Dann befiehlt man ihm, die eine Schulter vom Obergewand zu entblößen, die Füße der Mönche zu verehren, niederzukauern und die zusammengelegten Hände zu erheben[1]. Dann soll er die Bitte um die Ordination aussprechen: ‚Ich bitte die Gemeinde, ihr Herren, um die Ordination. Möge die Gemeinde, ihr Herren, mich der Welt entheben aus Erbarmen gegen mich. Und zum zweitenmal ... Und zum drittenmal bitte ich die Gemeinde, ihr Herren, um die Ordination. Möge die Gemeinde, ihr Herren, mich der Welt entheben aus Erbarmen gegen mich.'

Dann soll ein geschickter und fähiger Mönch vor der Gemeinde erklären: Es höre mich, ihr Herren, die Gemeinde. Der N. N. begehrt als Schüler des ehrwürdigen N. N. die Ordination. Wenn es der Gemeinde recht ist, will ich den N. N. über die Hindernisse fragen. Hörst du mich, N. N.? Dies ist der Augenblick, wo du sagen mußt, wie es sich wahrhaft und wirklich verhält. Ich frage dich nach dem Sachverhalt. Von dem, was ist, mußt du antworten: ‚Es ist!', und von dem, was nicht ist, mußt du antworten: ‚Es ist nicht!' Bist du mit einer der folgenden Krankheiten behaftet ...?'

Dann soll ein geschickter und fähiger Mönch vor der Gemeinde erklären: ‚Es höre mich, ihr Herren, die Gemeinde. Der N. N. begehrt als Schüler des ehrwürdigen N. N. die Ordination. Er ist frei von den Hindernissen, Almosenschale und Gewänder sind vollständig vorhanden. Der N. N. bittet die Gemeinde um die Ordination mit dem N. N. als Lehrer. Wenn es der Gemeinde zeitgemäß scheint, möge die Gemeinde dem N. N. die Ordination erteilen mit dem N. N. als Lehrer. Dies ist die Erklärung des Antrages.

‚Es höre mich, ihr Herren, die Gemeinde: *(zunächst wie eben, aber statt: „Wenn es der Gemeinde zeitgemäß scheint". usw. wird fortgefahren:)* „Die Gemeinde erteilt dem N. N., die Ordination mit dem N. N. als Lehrer. Wer unter den Ehrwürdigen der Ordination des N. N. mit dem N. N. als Lehrer zustimmt, der möge schweigen; wer nicht zustimmt, möge reden. Und zum zweiten-

---

[1] Man vergleich die oben S. 107 mitgeteilten Bestimmungen für die niedere Ordination. Einzelnes von dem dort Vorgeschriebenen, wie das Scheren von Haar und Bart, fällt hier fort, da es eben schon vorher vollzogen ist.

mal sage ich ... Und zum drittenmal sage ich: ‚Es höre mich ... der möge reden'. Die Gemeinde hat dem N. N. mit dem N. N. als Lehrer die Ordination erteilt. Die Gemeinde stimmt zu, darum schweigt sie. So stelle ich es fest'[1].

„Dann soll man den Schatten messen[2], ihm sagen, welcher Punkt des Jahreszeitenlaufs und welcher Teil des Tageslaufs es ist, ihm die Formel (?) sagen[3] und ihm das vierfache ‚Beruhen' erklären, nämlich ...

‚Auf dem Genuß von Speisebissen beruht das weltentsagende Dasein. Dessen mußt du dich dein Leben lang befleißigen. Außergewöhnliche Vergünstigungen sind Mahle der Gemeinde gegeben, Mahle bestimmten Personen gegeben, Einladungen, Speisungen auf Marken, regelmäßige Speisungen im Halbmonat, am Fasttag, am Ersten des Halbmonats.

‚Auf dem Tragen von Gewändern, die aus aufgelesenen Lumpen verfertigt sind, beruht das weltentsagende Dasein. Dessen mußt du dich dein Leben lang befleißigen. Außergewöhnliche Vergünstigungen sind Leinwand, Baumwolle, Seide, Wollenstoffe, Hanfstoffe[4].

Auf dem Wohnen am Fuß der Bäume beruht das weltentsagende Dasein. Dessen mußt du dich dein Leben lang befleißigen. Außergewöhnliche Vergünstigungen sind Mönchszellen, Aḍḍhayogas[5], Gebäude mit Stockwerken, Gebäude mit daraufgesetzten Gemächern, Höhlenbauten.

Auf faulendem Urin als Arzenei beruht das weltentsagende Dasein. Dessen mußt du dich dein Leben lang befleißigen. Außerge-

---

[1] Dies ist das gewöhnliche Schema für Beschlußfassungen der Gemeinde: zuerst Ankündigung des Antrags, dann dreimaliges (bei geringeren Angelegenheiten einmaliges) Aussprechen des zu fassenden Beschlusses, wobei dann, wer nicht zustimmte, seinen Widerspruch zu erklären hatte.

[2] Zur genauen Feststellung der Zeit.

[3] Nach dem Kommentar: man soll ihm die einzelnen vorher erwähnten Daten zusammengenommen wiederholen, so daß er die Frage nach seinem von der Ordination an gerechneten geistlichen Alter richtig beantworten kann.

[4] Für „Hanfstoffe" hat der Text zwei Worte, verschiedene Arten von Hanf bezeichnend.

[5] Nach dem Kommentar: „goldfarbige bengalische Häuser." Auch im Übrigen folge ich hier dem Kommentar.

wöhnliche Vergünstigungen sind Ghee (zerlassene Butter), frische Butter, Sesamöl, Honig, Zuckersirup.'"

Zu der Zeit ließen die Mönche einen Mönch, den sie ordiniert hatten, allein und gingen davon. Wie der allein seines Weges ging, begegnete er seiner früheren Genossin [1]. Sie sprach zu ihm: „Hast du nun die Welt verlassen?" „Ja, ich habe die Welt verlassen." „Für die Weltentsagenden ist Liebesgenuß schwer erlangbar. Komm, genieße mit mir die Liebe!" Er genoß mit ihr die Liebe und kam spät zurück. Die Mönche sagten zu ihm: „Warum kommst du so spät, Freund?" Da erzählte jener Mönch den Mönchen, was geschehen war. Die Mönche meldeten es dem Erhabenen. „Ich ordne an, ihr Mönche, dem Ordinierten einen Begleiter mitzugeben und ihm die vier Verbote mitzuteilen:

,Ein ordinierter Mönch darf nicht geschlechtlichen Verkehr pflegen bis herab zu solchem mit einem Tier. Ein Mönch, der geschlechtlichen Verkehr pflegt, ist kein Asket mehr, kein Jünger des Sakyasohnes. Gleichwie ein Mensch, dem das Haupt abgeschlagen ist, mit dem Rumpf nicht weiter leben kann, so ist auch ein Mönch, der geschlechtlichen Verkehr pflegt, kein Asket mehr, kein Jünger des Sakyasohnes. Das mußt du dein Leben lang meiden.

,Ein ordinierter Mönch darf nicht, was man ihm nicht gibt, in diebischer Absicht nehmen bis herab zu einem Grashalm. Ein Mönch, der einen Pāda [2] oder eines Pāda Wert oder mehr als einen Pāda in diebischer Absicht ungegeben nimmt, ist kein Asket mehr, kein Jünger des Sakyasohnes. Gleichwie ein dürres Blatt, das sich vom Stengel gelöst hat, nicht wieder grünen kann, so ist auch ein Mönch, der einen Pāda oder eines Pāda Wert oder mehr als einen Pāda in diebischer Absicht ungegeben nimmt, kein Asket mehr, kein Jünger des Sakyasohnes. Das mußt du dein Leben lang meiden.

,Ein ordinierter Mönch darf nicht wissentlich ein Wesen des Lebens berauben bis herab zu einem Wurm oder einer Ameise. Ein Mönch der wissentlich ein menschliches Wesen des Lebens

---

[1] Seiner Gattin im weltlichen Leben.
[2] Eine kleine Münze oder ein niedriges Metallgewicht.

beraubt bis herab zur Vernichtung einer Leibesfrucht, ist kein Asket mehr, kein Jünger des Sakyasohnes. Gleichwie ein großer Stein, den man in zwei Teile zerschlagen hat, nicht zu einem gemacht werden kann, so ist auch ein Mönch ...

‚Ein ordinierter Mönch darf sich keiner übermenschlichen Vollkommenheit rühmen bis herab zu sagen: „Gern verweile ich in leerem Gemach!" Ein Mönch, der sich in böser Absicht und aus Begehrlichkeit einer übermenschlichen Vollkommenheit fälschlich und unwahr rühmt, sei es ein Zustand der Versenkung oder der Befreiung oder der Konzentration oder der Erhebung oder des Pfades der Erlösung oder einer Frucht dieses Pfades, der ist kein Asket mehr, kein Jünger des Sakyasohnes. Gleichwie ein Palmbaum, dessen Krone man zerstört hat, nicht wieder wachsen kann, so ist auch ein Mönch ...'"

99.

DIE BEICHTFEIER

Als nun der Erhabene sich in Verborgenheit und Einsamkeit zurückgezogen hatte, erhob sich in seinem Geist dieser Gedanke: „Ich will anordnen, daß die Mönche die Vorschriften, die ich ihnen erteilt habe, als Beichtformel[1] vortragen. Das soll ihre Feier des Festtages[2] sein." Am Abend aber, als der Erhabene sich aus der Einsamkeit erhoben hatte, hielt er aus dieser Veranlassung und bei dieser Gelegenheit eine Lehrrede und sprach dann zu den Mönchen also:

„Als ich mich, ihr Mönche, in Verborgenheit und Einsamkeit zurückgezogen hatte, hat sich in meinem Geist dieser Gedanke erhoben: ‚Ich will anordnen ...' Ich ordne an, ihr Mönche, daß ihr die Beichtformel vortragt.

---

[1] Das sogenannte Pātimokkha. Siehe darüber die Einleitung und unten S. 325 ff.

[2] Es handelt sich um kein wirkliches Fasten, sondern um eine Feier, die auf die Fastenzeit der alten vedischen Kultur, Neumond und Vollmond, fiel. Vgl. die eingehende Beschreibung dieser Feier in meinem „Buddha", 7. Aufl., S. 417 f.

„Und also, ihr Mönche, sollt ihr sie vortragen. Ein geschickter und fähiger Mönch soll vor der Gemeinde erklären: ‚Es höre mich, ihr Herren, die Gemeinde. Heut ist Fasttag, der Fünfzehnte (des Halbmonats). Wenn es der Gemeinde zeitgemäß scheint, möge die Gemeinde die Feier des Fasttags halten, die Beichtformel vortragen lassen. Was muß die Gemeinde zuvor tun? Sprecht die Erklärung der Reinheit aus[1], ihr Ehrwürdigen. Ich werde die Beichtformel vortragen.' Die Anwesenden antworten: ‚Wir alle, so viel wir hier sind, hören und bedenken sie wohl.' Der Vortragende fährt fort: ‚Wer ein Vergehen begangen hat, möge es bekennen. Wo kein Vergehen ist, möge man schweigen. Aus eurem Schweigen werde ich entnehmen, daß ihr Ehrwürdigen rein seid. Wie ein einzelner Mensch, den man fragt, antwortet, so ist es bei einer solchen Versammlung, wenn die Frage dreimal gestellt ist. Ein Mönch, der auf dreimalige Frage ein Vergehen, das er begangen hat und dessen er sich erinnert, nicht bekennt, ist einer wissentlichen Lüge schuldig. Wissentliche Lüge aber ist von dem Erhabenen für ein Hindernis geistlichen Lebens erklärt worden. Deshalb soll ein Mönch, der etwas begangen hat, sich dessen erinnert und danach trachtet, davon rein zu werden, sein Vergehen bekennen. Denn was er bekennt, dessen wird er erleichtert werden."

Die Beichtformel (Pātimokkha) ist unter den auf die Gemeindeordnung bezüglichen Texten der älteste und gehört überhaupt zu den alleráltesten Denkmälern der buddhistischen Literatur (vgl. oben die Einleitung). Die Vergehen, von denen man annahm, daß ein Mönch sie begehen könne, wurden einzeln aufgezählt; voran die vier schwersten, entsprechend den bei der Ordination dem neu Aufgenommenen mitzuteilenden vier großen Verboten (oben S. 323f.); die Verletzung einer dieser Ordnungen bedingte Ausstoßung aus der Gemeinde. Dann weiter nach absteigender Schwere. Alle diese Satzungen galten als von Buddha verkündet. Ich gebe die Auswahl einiger Paragraphen:

---

[1] Wenn ein Mönch wegen Krankheit nicht erscheinen konnte, übersandte er durch einen andern die Erklärung seiner Reinheit von den in der Beichtformel aufgeführten Verschuldungen.

„Welcher Mönch mit niedrigem Sinn, mit verderbten Gedanken ein Weib körperlich berührt, indem er ihre Hand faßt oder ihr Haar faßt oder den einen oder den andern Teil ihres Körpers berührt, wird von zeitweiser Degradation betroffen.

„Ein Mönch, der Botschaften ausrichtet von einem Mann an ein Weib oder von einem Weib an einen Mann in Sachen einer Ehe oder einer Liebschaft, bis herab zum Verkehr mit einer Hure, wird von zeitweiser Degradation betroffen.

„Wenn ein Mönch in Zorn und Bosheit, ohne sich von der Sache überzeugt zu haben, einen andern Mönch mit grundloser Beschuldigung einer Pārājikasünde [1] verfolgt, in dem Gedanken, ihn von diesem heiligen Wandel abwendig zu machen, und dann zu späterer Zeit, mag man ihn darüber zur Rede stellen oder nicht zur Rede stellen, die Beschuldigung sich als unbegründet herausstellt und der Mönch seine Bosheit zugibt, so wird er von zeitweiser Degradation betroffen.

„Wenn ein Mönch auf die Spaltung der einträchtigen Gemeinde hinarbeitet oder eine Angelegenheit, die zur Spaltung führen kann, in die Hand nimmt und bei ihr beharrt, so sollen die Mönche zu diesem Mönch also sprechen: ‚Arbeite nicht, Ehrwürdiger, auf die Spaltung der einträchtigen Gemeinde hin, oder nimm nicht eine Angelegenheit, die zur Spaltung führen kann, in die Hand und beharre nicht dabei. Bewahre dir, Ehrwürdiger, Eintracht mit der Gemeinde, denn einträchtig, eines Sinnes, frei von Streit in gemeinsamer Verkündigung (der Beichtordnung) führt die Gemeinde ein schönes Leben.‘ Wenn der Mönch trotz solcher Rede der Mönche doch dabei beharrt, so soll er von den Mönchen dreimal aufgefordert werden, davon abzulassen. Wenn er auf dreimalige Aufforderung davon abläßt, ist es gut. Wenn er nicht davon abläßt, wird er von zeitweiser Degradation betroffen.

„Ein Mönch lebt in der Nähe eines Dorfes oder Fleckens als ein Verderber der Laienfamilien, von üblem Wandel. Seinen üblen Wandel sieht man und hört davon, und man sieht die von ihm verdorbenen Laienfamilien und hört von ihnen. Zu diesem Mönch sollen die Mönche also sprechen: ‚Der Ehrwürdige ist ein

---

[1] Eine der vier schwersten Sünden (S. 323)

Verderber der Laienfamilien, von üblem Wandel. Des Ehrwürdigen üblen Wandel sieht man und hört davon, und man sieht die von ihm verdorbenen Laienfamilien und hört von ihnen. Möge der Ehrwürdige diese Wohnstätte verlassen; lange genug hast du hier geweilt!' Wenn der Mönch nach solchen Worten der Mönche also zu den Mönchen spricht: ‚In Begier handeln die Mönche, und aus Haß handeln die Mönche, und in Verblendung handeln die Mönche, und aus Furcht handeln die Mönche! Um eines solchen Vergehens willen vertreiben sie den Einen, den Andern aber vertreiben sie nicht': so sollen die Mönche jenem Mönch also antworten: ‚Sprich nicht so, Ehrwürdiger! Die Mönche handeln nicht in Begier; die Mönche handeln nicht aus Haß; die Mönche handeln nicht in Verblendung, die Mönche handeln nicht aus Furcht! Aber der Ehrwürdige ist ein Verderber der Laienfamilien ... und hört von ihnen. Möge der Ehrwürdige diese Wohnstätte verlassen; lange genug hast du hier geweilt!' Wenn der Mönch trotz solcher Rede der Mönche doch dabei beharrt, so soll er von den Mönchen dreimal aufgefordert werden, davon abzulassen. Wenn er auf dreimalige Aufforderung davon abläßt, ist es gut. Wenn er nicht davon abläßt, wird er von zeitweiser Degradation betroffen.

„Ein Mönch, der einen ihm nicht verwandten Hausherrn oder eine Hausfrau um ein Gewand bittet außer zu rechter Zeit, muß sich dessen entäußern und ist der Buße schuldig. Rechte Zeit aber ist diese: ihm ist das Gewand geraubt oder sein Gewand ist vernichtet. Das ist in diesem Fall rechte Zeit.

„Ein Mönch, der Gold oder Silber annimmt oder es für sich annehmen läßt oder zuläßt, daß es als Depositum für ihn verwahrt wird, muß sich dessen entäußern und ist der Buße schuldig.

„Was die zum Genuß der kranken Mönche bestimmten Arzneien sind, nämlich Ghee, frische Butter, Sesamöl, Honig und Zuckersirup [1]: wer von denen empfangen hat, mag sie genießen, indem er sie höchstens sieben Tage verwahrt. Wer dies überschreitet, muß sich dessen entäußern und ist der Buße schuldig.

„Ein Mönch, welcher wissentlich eine der Gemeinde zuge-

---

[1] Vgl. oben S. 322f.

wandte Wohltat sich selbst zuwenden läßt, muß sich ihrer entäußern und ist der Buße schuldig.

„Durch wissentliche Lüge wird man der Buße schuldig.

„Durch Schmähreden wird man der Buße schuldig.

„Durch Verleumdung eines Mönchs wird man der Buße schuldig.

„Ein Mönch, der den Erdboden gräbt oder graben läßt, ist der Buße schuldig[1].

„Ein Mönch, der in einem der Gemeinde gehörigen Klosterhause wissentlich einem vorher dorthin gekommenen Mönch den Platz beengend sein Lager aufschlägt, indem er bei sich denkt: ‚Wem es zu eng wird, kann fortgehen' – in eben dieser und in keiner andern Absicht, ist der Buße schuldig.

„Ein Mönch, der in Zorn und Unfreundlichkeit einen andern Mönch aus einem der Gemeinde gehörigen Klosterhause hinauswirft oder hinauswerfen läßt, ist der Buße schuldig.

„Ein Mönch, der in Zorn und Unfreundlichkeit einen andern Mönch aus einem der Gemeinde gehörigen Klosterhause hinauswirft oder hinauswerfen läßt, ist der Buße schuldig.

„Ein Mönch, der sich mit einer Nonne, nach getroffener Verabredung auf eine gemeinsame Wanderung macht, bis hinab zum Weg nach dem Dorf, außer zu rechter Zeit, ist der Buße schuldig. Rechte Zeit aber ist diese: es ist ein Weg, den man nur mit einer Karawane zurückzulegen hat; es ist ein als unsicher bekannter, gefährlicher Weg. Das ist in diesem Fall rechte Zeit.

„Ein Mönch, der zur Unzeit[2] feste oder flüssige Speise verzehrt oder genießt, ist der Buße schuldig.

„Was da Speisen von auserwählter Beschaffenheit sind, nämlich Ghee, frische Butter, Sesamöl, Honig, Zuckersirup, Fisch, Fleisch, Milch, saure Milch: ein Mönch, der solche Speisen von auserwählter Beschaffenheit für sich selbst erbittet und sie genießt, sofern er nicht krank ist, ist der Buße schuldig.

„Ein Mönch, der öfter als halbmonatlich badet außer zu rechter

---

[1] Weil lebende Wesen dadurch gefährdet werden konnten, die allgemeine Meinung der Erde selbst Leben zuschrieb.

[2] Wenn die Sonne die Mittagshöhe überschritten hat.

Zeit, ist der Buße schuldig. Rechte Zeit aber ist diese: die letzten anderthalb Monate des Sommers und der erste Monat der Regenzeit, diese zweiundeinhalb Monate sind die heiße Zeit und die Fieberzeit; ferner Zeit der Krankheit, Zeit auszuführender Arbeiten, Reisezeit, Zeit von Sturm und Regen. Das ist in diesem Falle rechte Zeit.

„Ein Mönch, der wissentlich eine ordnungsmäßig erledigte Angelegenheit zu neuer Verhandlung wieder in Bewegung bringt, ist der Buße schuldig.

„Ein Mönch, der sich wissentlich mit einer Räuberkarawane nach getroffener Verabredung auf gemeinsame Wanderung macht, bis hinab zum Weg nach dem Dorf, ist der Buße schuldig.

Wenn ein Mönch, dem die Mönche in irgend einer Sache ordnungsmäßige Vorstellungen machen, erwidert: ‚Ich werde so lange nicht nach dieser Vorschrift leben, ihr Freunde, bis ich einen andern kundigen Mönch, einen Kenner der Gemeindeordnungen gefragt habe', ist er der Buße schuldig. Ein Mönch, ihr Mönche, der die geistlichen Übungen betreibt, soll erkennen, soll fragen, soll bei sich abwägen: das ist die rechte Ordnung.

„Ein Mönch, der beim Vortrag der Beichtordnung also spricht: ‚Was soll der Vortrag dieser Vorschriften, die so klein und kleiner als klein sind! Die können ja nur zu Gewissensbedenken und Überdruß und Quälerei führen', ist wegen Verunglimpfung der Vorschriften der Buße schuldig.

„Ein Mönch, der in Zorn und Unfreundlichkeit einem andern Mönche einen Schlag gibt, ist der Buße schuldig.

100.

DIE REGENZEIT

Zu dieser Zeit verweilte der erhabene Buddha zu Rājagaha, im Veluvana, dem Kalandakanivāpa[1]. Zu dieser Zeit nun hatte der Erhabene den Mönchen noch nicht das ruhige Verweilen während der Regenzeit vorgeschrieben. Die Mönche wanderten ohne Unter-

[1] Vgl. oben S. 179

schied im Winter und im Sommer und in der Regenzeit. Darüber waren die Leute unwillig, murrten und entrüsteten sich: „Wie können die Asketen, die dem Sakyasohn anhangen, im Winter und Sommer und in der Regenzeit wandern? Sie zertreten das grüne Gras, beschädigen lebende Wesen, die nur ein Sinnesorgan haben (Pflanzen), und bringen vielen kleinen Geschöpfen den Untergang. Jene Andersgläubigen, denen schlechte Lehre gepredigt ist, ziehen sich während der Regenzeit zurück und verweilen in Ruhe, und die Vögel bauen sich auf den Bäumen ihre Nester und ziehen sich während der Regenzeit zurück und verweilen in Ruhe: die Asketen aber, die dem Sakyasohn anhangen, wollen im Winter und Sommer und in der Regenzeit wandern und das grüne Gras zertreten und die lebenden Wesen, die nur ein Sinnesorgan haben, beschädigen und vielen kleinen Geschöpfen den Untergang bringen?"

Da hörten die Mönche, wie die Leute unwillig waren, murrten und sich entrüsteten. Und die Mönche meldeten es dem Erhabenen. Der Erhabene aber, nachdem er aus dieser Veranlassung und bei dieser Gelegenheit eine Lehrrede gehalten, sprach zu den Mönchen: ‚Ich schreibe euch vor, ihr Mönche, für die Regenzeit in Zurückgezogenheit einzutreten.'"

101.

FROMME STIFTUNGEN

... Zur (des Buddha) Seite sitzend aber sprach Visākhā Migāramātā[1] zum Erhabenen also: „Herr, ich begehre acht Wünsche an den Erhabenen zu tun." „Die Vollendeten, Visākhā, sind darüber erhaben, Wünsche zu gewähren[2]." „Es ist zulässig und untadelhaft, was ich begehre, Herr." „So sprich, Visākhā!"

„Ich wünsche, Herr, mein Leben lang der Gemeinde Regengewänder zu reichen, den anwandernden Mönchen Nahrung zu reichen, den weiterwandernden Mönchen Nahrung zu reichen, den kranken Mönchen Nahrung zu reichen, den Mönchen, die Kran-

---

[1] Vgl. über diese berühmte Wohltäterin oben S. 216 A. 1.
[2] Vgl. S. 111 A. 1.

kenpflege treiben, Nahrung zureichen, den Kranken Arznei zu reichen, fortlaufende Spenden von Reisbrühe zu reichen, der Nonnengemeinde Badegewänder zu reichen."

„Welche Absicht, Visākhā, hast du im Auge, daß du an den Vollendeten diese acht Wünsche richtest?"

„Ich gab meiner Dienerin den Befehl, Herr: ‚Geh doch in den Mönchsgarten und melde den Mönchen die Mahlzeit an: ‚Es ist Zeit, ihr Herren, das Mahl ist bereit.' Da ging die Dienerin, Herr, in den Mönchsgarten und sah die Mönche, wie sie ihre Gewänder abgelegt hatten und sich den Leib beregnen ließen. Als sie das sah, dachte sie: ‚In dem Garten sind keine Mönche. Da sind nur Ājīvakas (nackte Asketen), die sich den Leib beregnen lassen.' Und sie kehrte zu mir um und sagte zu mir: ‚In dem Garten, Herrin, sind keine Mönche. Da sind nur Ājīvakas, die sich den Leib beregnen lassen.' Unrein, Herr, ist Nacktheit und widerwärtig. Dies habe ich im Auge, Herr, wenn ich der Gemeinde mein Leben lang Regengewänder zu reichen wünsche.

„Und weiter, Herr, ein Mönch, der auf der Wanderung hier ankommt, kennt die Straßen nicht, weiß nicht, wo er Speise findet, und müde zieht er einher, Almosen zu sammeln. Wenn der die Nahrung genossen hat, die ich den anwandernden Mönchen reichen will, wird er kundig der Straßen, kundig der Stätten, wo er Speise findet, ohne Ermüdung Almosen sammeln gehen. Dies habe ich im Auge, Herr, wenn ich der Gemeinde mein Leben lang Nahrung für die anwandernden Mönche zu reichen wünsche.

„Und weiter, Herr, ein weiterwandernder Mönch wird, wenn er sich selbst Nahrung zu suchen hat, hinter seiner Karawane zurückbleiben, oder wo er zu übernachten gedenkt, da wird er verspätet ankommen, und müde wird er seine Straße ziehen. Wenn der die Nahrung genossen hat, die ich den weiterwandernden Mönchen reichen will, wird er nicht hinter seiner Karawane zurückbleiben; wo er zu übernachten gedenkt, wird er zur rechten Zeit ankommen, und ohne Ermüdung wird er seine Straße ziehen. Dies habe ich im Auge, Herr, wenn ich der Gemeinde mein Leben lang Nahrung für die weiterwandernden Mönche zu reichen wünsche.

„Und weiter, Herr, wenn ein kranker Mönch die ihm zuträgliche Nahrung nicht erhält, wird seine Krankheit zunehmen, oder der Tod wird eintreten. Wenn der die Nahrung genossen hat, die ich dem Kranken reichen will, wird seine Krankheit nicht zunehmen, und der Tod wird nicht eintreten. Dies habe ich im Auge, Herr, wenn ich der Gemeinde mein Leben lang Nahrung für die kranken Mönche zu reichen wünsche.

„Und weiter, Herr, ein Mönch, der die Kranken pflegt, wird, wenn er sich selbst die Nahrung suchen muß, dem Kranken Nahrung erst bringen, wenn die Sonne die Höhe überschritten hat, und wird Unterbrechung seiner Ernährung bewirken [1]. Wenn der die Nahrung genossen hat, die ich den Krankenpflegern reichen will, wird er dem Kranken zur rechten Zeit Nahrung bringen und keine Unterbrechung seiner Ernährung bewirken. Dies habe ich im Auge, Herr, wenn ich der Gemeinde mein Leben lang Nahrung für die Krankenpfleger zu reichen wünsche.

„Und weiter, Herr, wenn ein kranker Mönch die ihm zuträglichen Arzneien nicht erhält, wird seine Krankheit zunehmen, oder der Tod wird eintreten. Wenn der die Arzneien zu sich nimmt, die ich dem Kranken reichen will, wird seine Krankheit nicht zunehmen, und der Tod wird nicht eintreten. Dies habe ich im Auge, Herr, wenn ich der Gemeinde mein Leben lang Arznei für die Kranken reichen will.

„Und weiter, Herr, hat der Erhabene, als er zu Andhakavinda weilte, den Genuß von Reisbrühe in Anbetracht der zehn Vorzüge, die er an dieser erkannte, gestattet. Im Hinblick auf diese Vorzüge, Herr, wünsche ich mein Leben lang der Gemeinde fortlaufende Spenden von Reisbrühe zu reichen.

„Es hat sich begeben, Herr, daß die Nonnen im Fluß Aciravatī [2] an demselben Badeplatz mit Huren zusammen nackt badeten. Da redeten, Herr, die Huren spöttisch zu den Nonnen: ‚Was soll es denn, edle Herrinnen, daß ihr jung, wie ihr seid, solch ein heiliges Leben führt? Soll man sich denn nicht der Lüste freuen? Wenn ihr alt seid, könnt ihr immer noch in Heiligkeit wandeln: so erreicht

---

[1] Da man am Nachmittag nicht mehr essen durfte.

[2] An dem Sāvatthī lag. Die heutige Rapti.

ihr das eine und das andere Ziel[1].' Als die Nonnen, Herr, diese Spottreden der Huren hörten, wurden sie verstimmt. Unrein, Herr, ist Nacktheit bei einem Weibe, ekelerregend und widerwärtig. Dies habe ich im Auge, Herr, wenn ich der Nonnengemeinde mein Leben lang Regengewänder zu reichen wünsche."

„Und nach welchem Preise, Visākhā, trachtest du, wenn du an den Vollendeten diese acht Wünsche richtest?"

„Da werden, Herr, die Mönche, die in allen Himmelsgegenden die Regenzeit verlebt haben, nach Sāvatthī kommen, den Erhabenen zu sehen. Und sie werden zum Erhabenen gehen und werden fragen: „Der und der Mönch, Herr, ist aus dem Leben geschieden. Welchen Weg ist der im Jenseits gegangen?' Dann wird der Erhabene offenbaren, daß jener die Frucht des in die Bahn Gelangten oder die Frucht des Einmalwiederkehrenden oder die Frucht des Nichtwiederkehrenden oder die Frucht der Heiligkeit[2] erreicht hat. Dann werde ich zu jenen Mönchen gehen und werde fragen: ‚Ist jener edle Herr einst je nach Sāvatthī gekommen, ihr Herren?' Wenn sie mir dann antworten: ‚Allerdings ist jener Mönch nach Sāvatthī gekommen', so werde ich dann dessen gewiß sein: ohne Zweifel hat jener Edle hier ein Regengewand benutzt oder die Nahrung der anwandernden Mönche genossen oder die Nahrung der weiterwandernden oder der Kranken oder der Krankenpfleger oder die Arznei der Kranken oder die fortlaufenden Spenden von Reisbrühe. Wenn ich daran denke, wird sich in mir angenehme Empfindung erheben; aus dieser angenehmen Empfindung wird Befriedigung entstehen; wenn mein Sinn voll Befriedigung ist, wird mein Körper von Ruhe erfüllt werden; mit ruheerfülltem Körper werde ich Freude empfinden; wenn ich Freude empfinde, wird mein Inneres sich sammeln; so wird sich mir Übung meiner Organe, Übung meiner Kräfte, Übung in den (sieben) Gliedern der Erleuchtung ergeben. Nach diesem Preise, Herr, trachte ich, wenn ich an den Vollendeten diese acht Wünsche richte."

„Schön, schön, Visākhā! Es ist schön, Visākhā, daß du nach die-

---

[1] Irdische Lust und jenseitiges Heil.

[2] Vgl. über diese vier Stufen der angenäherten oder vollkommenen Heiligkeit oben S. 310f.

sem Preise trachtest und an den Vollendeten diese acht Wünsche richtest! Ich gewähre dir, Visākhā, die acht Wünsche."

Da lobte der Erhabene die Visākhā Migāramātā mit diesem Spruche:

„Die Speis' und Trank spendet voll edler Freudigkeit,
Des Heiligen Jüngerin, reich an Tugenden,
Die sonder Neid Gaben um Himmelslohn gibt,
Die Schmerzen stillt, Freude zu bringen stets bedacht,

Erlangt himmlischen Lebens Los,
Den lichten Pfad wandelnd, den sündentnommenen.
Von Schmerzen frei, fröhlich genießt gar lange sie
Der Guttat Lohn droben im sel'gen Himmelreich."

Mit diesem Spruch lobte der Erhabene die Visākhā Migāramātā, stand von seinem Sitz auf und ging von dannen.

Der Erhabene aber, nachdem er aus dieser Veranlassung und bei dieser Gelegenheit eine Lehrrede gehalten, sprach zu den Mönchen: „Ich gestatte, ihr Mönche, Regengewänder, Nahrungsspende für die anwandernden Mönche, Nahrungsspende für die weiterwandernden Mönche, Nahrungsspende für die Kranken, Nahrungsspende für die Krankenpfleger, Arzneispende für die Kranken, fortlaufende Spenden von Reisbrühe, Regengewänder für die Nonnengemeinde."

102.
DER BESITZ VON GOLD UND SILBER DEN MÖNCHEN VERBOTEN

Zu der Zeit verweilte der erhabene Buddha zu Rājagaha, im Veḷuvana, dem Kalandakanivāpa.

Zu der Zeit nun war der ehrwürdige Upananda, ein Sohn des Sakyageschlechts, regelmäßiger Besucher eines Hauses in Rājagaha und erhielt dort stehend sein Mahl. Was man in jenem Hause von Speise hatte, von fester oder von flüssiger, davon wurde für den ehrwürdigen Upananda, den Sohn des Sakyageschlechts, ein Teil aufgehoben.

Zu der Zeit nun hatte man in jenem Hause einmal abends Fleisch; davon hatte man für den ehrwürdigen Upananda, den

Sohn des Sakyageschlechts, seinen Anteil aufgehoben. Des Nachts aber, gegen die Zeit der Morgenröte, stand ein Kind jenes Hauses auf und fing an zu weinen: „Gebt mir Fleisch!" Da sagte der Mann zu seiner Gattin: „Gib dem Kind doch den Anteil des geistlichen Herrn. Wir können ja anderes Fleisch einkaufen und dem geistlichen Herrn geben!"

Der ehrwürdige Upananda aber, der Sohn des Sakyageschlechts, kleidete sich am Morgen an, nahm Almosenschale und Obergewand, ging zu jenem Hause und setzte sich dort auf den Sitz nieder, der da bereitet war. Und der Mann ging zum ehrwürdigen Upananda, dem Sohn des Sakyageschlechts, brachte ihm seinen ehrfurchtsvollen Gruß und setzte sich zur Seite nieder. Und zur Seite dasitzend sprach der Mann zum ehrwürdigen Upananda, dem Sohn des Sakyageschlechts: „Gestern abend, Herr, hatten wir Fleisch; davon war für den Herrn ein Teil aufgehoben. Aber des Nachts, gegen die Zeit der Morgenröte, stand das Kind auf und fing an zu weinen: ‚Gebt mir Fleisch!' Da haben wir den Anteil des Herrn dem Kind gegeben. Hier aber ist ein Kahāpaṇa [1], Herr. Was sollen wir Euch dafür kaufen?"

„Ist der Kahāpaṇa für mich bestimmt, Freund?"

„Ja, Herr, er ist für Euch bestimmt."

„So gib den Kahāpaṇa mir, Freund!"

Da gab der Mann dem ehrwürdigen Upananda, dem Sohn des Sakyageschlechts, den Kahāpaṇa. Und er war unwillig, murrte und entrüstete sich: „Wie wir Geld annehmen, ganz ebenso nehmen auch diese Asketen, die dem Sakyasohn anhangen, Geld an!"

Da hörten die Mönche, wie jener Mann unwillig war, murrte und sich entrüstete ... Und die Mönche meldeten es dem Erhabenen. „Ist es wahr, Upananda, daß du Geld angenommen hast?" „Es ist wahr, Erhabener." Der erhabene Buddha tadelte ihn: „Wie kannst du törichter Mensch Geld annehmen! Das kann nicht dazu wirken, daß die Unbekehrten bekehrt werden ... Und also, ihr Mönche, sollt ihr meine Vorschrift vortragen:

„Ein Mönch, der Gold oder Silber annimmt oder es für sich annehmen läßt oder zuläßt, daß es als Depositum für ihn verwahrt

---

[1] Eine kleine Münze.

wird, muß sich dessen entäußern und ist der Buße schuldig" *vgl. in der Beichtformel, oben S. 327.*

103.
DIE GRÜNDUNG DES NONNENORDENS

Zu der Zeit weilte der erhabene Buddha im Lande der Sakyas, zu Kapilavalthu, im Nigrodhagarten[1]. Mahāpajāpatī Gotamī[2] aber ging zum Erhabenen hin, brachte dem Erhabenen ihren ehrfurchtsvollen Gruß und trat zur Seite hin. Und zur Seite dastehend sprach Mahāpajāpatī Gotamī zum Erhabenen also: „Ich bitte dich, Herr, laß es den Weibern gewährt sein, nach der vom Vollendeten verkündeten Lehre und Ordnung die Welt zu verlassen und sich der Heimatlosigkeit zuzuwenden!" „Nicht also, Gotamī! Richte deinen Wunsch nicht darauf, daß Weiber nach der vom Vollendeten verkündeten Lehre und Ordnung die Welt verlassen und sich der Heimatlosigkeit zuwenden!" Zum zweitenmal ... zum drittenmal ... *dieselbe Bitte und dieselbe Abweisung.* Da sah Mahāpajāpatī Gotamī, daß der Erhabene es den Weibern nicht gewährte, nach der vom Vollendeten verkündeten Lehre und Ordnung die Welt zu verlassen und sich der Heimatlosigkeit zuzuwenden; und betrübt, bekümmert, Tränen in den Augen, weinend brachte sie dem Erhabenen ihren ehrfurchtsvollen Gruß, umwandelte ihn rechtshin und ging von dannen.

Der Erhabene aber verweilte in Kapilavatthu solange es ihm gefiel und machte sich dann auf den Weg nach Vesālī. Von Ort zu Ort wandernd, kam er nach Vesālī. Da verweilte der Erhabene zu Vesālī, im Mahāvanā („dem großen Hain"), in der Kūṭāgārasālā („dem Zimmer des Hauses mit dem Dachpavillon"). Mahāpajāpatī Gotamī aber ließ sich das Haar scheren, legte gelbe Gewänder an[3] und machte sich mit vielen Sakyafrauen auf den Weg nach Vesālī. Von Ort zu Ort wandernd, kam sie nach Vesālī, zum Mahāvana,

---

[1] Vgl. oben S. 106.

[2] Die Schwester der früh verstorbenen Mutter des Buddha, Pflegerin des Kindes.

[3] Sie erschien also im Aufzug der buddhistischen Mönche.

der Kūṭāgārasālā. Da stellte sich Mahāpajāpatī Gotamī mit geschwollenen Füßen, mit staubbedecktem Körper, betrübt, bekümmert, Tränen in den Augen, weinend draußen am Vorbau der Türe hin. Da sah der ehrwürdige Ānanda, wie Mahāpajāpatī Gotamī mit geschwollenen Füßen ... am Vorbau der Türe stand. Als er sie sah, sprach er zu ihr: „Warum, Gotamī, stehst du mit geschwollenen Füßen? ..." „Weil der Erhabene, Herr Ānanda, den Weibern nicht gewährt ..." „So warte hier eine Weile, Gotamī, daß ich den Erhabenen bitte, den Weibern zu gewähren ..."

Da ging der ehrwürdige Ānanda zum Erhabenen ... und sprach zum Erhabenen also: „Dort steht Mahāpajāpatī Gotamī, Herr, mit geschwollenen Füßen ... draußen am Vorbau der Türe, weil der Erhabene den Weibern nicht gewährt ... Ich bitte dich, Herr, laß es den Weibern gewährt sein ..." *Dreimalige Bitte und dreimalige Abweisung wie oben.*

Da sagte der ehrwürdige Ānanda zu sich: „Der Erhabene gewährt den Weibern nicht ... So will ich auf andre Weise den Erhabenen darum bitten, den Weibern zu gewähren ..." Und der ehrwürdige Ānanda sprach zum Erhabenen also: „Ist ein Weib, Herr, wohl imstande, wenn es nach der vom Vollendeten verkündeten Lehre und Ordnung die Welt verlassen und sich der Heimatlosigkeit zugewandt hat, die Frucht des ‚in die Bahn Gelangten' oder des Einmalwiederkehrenden oder des Nichtwiederkehrenden oder die Heiligkeit[1] zu erwerben?" „Allerdings, Ānanda, ist ein Weib imstande ..." „Wenn nun, Herr, ein Weib imstande ist ..., so hat ja doch, Herr, diese Mahāpajāpatī Gotamī sich hochverdient gemacht – sie, des Erhabenen Mutterschwester, hat für ihn gesorgt und ihn gepflegt, ihn mit Milch genährt, hat den Erhabenen nach dem Hingang seiner Mutter an ihrer Brust trinken lassen: ich bitte dich, Herr, laß den Weibern gewährt sein ..."

„Wenn, Ānanda, Mahāpajāpatī Gotamī die acht schweren Ordnungen annehmen will, so soll dies ihre Ordination als Nonne sein.

[1] Die vier Stufen der Annäherung an die Heiligkeit bzw. ihrer Erreichung. Vgl. oben S. 333.

„Eine Nonne, wenn sie auch seit hundert Jahren ordiniert ist, muß vor jedem Mönch, wenn er auch erst an diesem Tage ordiniert ist, die ehrfurchtsvolle Begrüßung vollziehen, vor ihm aufstehen, die Hände zusammenlegen, ihn nach Gebühr ehren. Diese Ordnung soll sie achten, hoch halten, heilig halten, ehren und ihr Leben lang nicht übertreten.

„Eine Nonne darf in keinem Distrikt, in dem nicht Mönche weilen, die Regenzeit zubringen. Auch diese Ordnung ...

„Halbmonatlich haben die Nonnen sich an die Mönchsgemeinde um zweier Dinge willen zu wenden: wegen Anweisung über die Beichtfeier und wegen ihres Hingehens zur Predigt (des heiligen Worts)[1]. Auch diese Ordnung ...

„Nach beendeter Regenzeit haben die Nonnen an die beiderseitige Gemeinde[2] die dreifache Einladung[3] zu richten: (sie der Schuld zu zeihen) wenn man etwas gesehen hat oder gehört hat oder Verdacht gegen sie hat. Auch diese Ordnung ...

„Eine Nonne, die ein schweres Vergehen begangen hat, muß sich der beiderseitigen Gemeinde gegenüber einer halbmonatlichen Bußdisziplin unterwerfen. Auch diese Ordnung ...

„Die Ordination ist von der beiderseitigen Gemeinde erst nachzusuchen, wenn die Kandidatin während einer zweijährigen Vorbereitungszeit in den sechs Ordnungen[4] gelebt hat. Auch diese Ordnung ...

„Auf keine Weise darf eine Nonne einen Mönch schmähen oder schelten. Auch diese Ordnung ...

„Von heute an ist den Nonnen der Pfad der Rede den Mönchen gegenüber verschlossen[5]. Nicht aber ist den Mönchen der Pfad

---

[1] Die Nonnen begaben sich halbmonatlich zu einem dafür bestellten Mönch, der ihnen Lehre und Ermahnung zu erteilen hatte.

[2] Die Mönchs- und Nonnengemeinde.

[3] Die Mönche bzw. Nonnen, die die Regenzeit gemeinsam verbracht hatten, richteten aneinander die „Einladung", sie einer Schuld zu zeihen, wenn man ein Vergehen gesehen oder davon gehört oder Verdacht darauf hatte.

[4] Enthaltung von Tötung lebender Wesen, von Diebstahl, Unkeuschheit, Lüge, geistigen Getränken und Genuß eines Mahls zur Unzeit.

[5] Daß die Nonne zum Mönch überhaupt nicht reden darf, ist nicht gemeint. Aber sie darf ihm nicht ein Vergehen vorhalten u. dgl.

der Rede den Nonnen gegenüber verschlossen. Auch diese Ordnung ...

„Wenn Ānanda, Mahāpajāpatī Gotamī diese acht schweren Ordnungen annehmen will, so soll dies ihre Ordination als Nonne sein."

Auf Ānandas Frage erklärt Mahāpajāpatī Gotamī sich mit Freuden dazu bereit:

„Wie, Herr Ānanda, ein Weib oder ein Mann, zart und jung, der Schmuck liebt, mit gewaschenem Haupt, einen Lotuskranz oder Jasminkranz oder einen Kranz von Atimuktablüten nimmt, ihn mit beiden Händen faßt und ihn sich hoch aufs Haupt setzt, so nehme ich, Herr Ānanda, diese acht schweren Ordnungen an, um sie mein Leben lang nicht zu übertreten."

Da ging der ehrwürdige Ānanda zum Erhabenen ... und sprach zum Erhabenen also: „Mahāpajāpatī Gotamī, Herr, hat die acht schweren Ordnungen angenommen. Des Erhabenen Mutterschwester hat die Ordination empfangen."

„Wäre es den Weibern, Ānanda, nicht gewährt, nach der vom Vollendeten verkündeten Lehre und Ordnung die Welt zu verlassen und sich der Heimatlosigkeit zuzuwenden, würde dieser heilige Wandel lange bestehen bleiben; tausend Jahr würde die wahre Lehre bestehen. Da aber, Ānanda, ein Weib ... die Welt verlassen und sich der Heimatlosigkeit zugewandt hat, wird dieser heilige Wandel, Ānanda, nicht lange bestehen bleiben; nur fünfhundert Jahre wird die wahre Lehre bestehen.

„Wie den Häusern, Ānanda, in denen viele Weiber sind und wenige Männer, leicht Schaden geschehen kann durch Räuber und Einbrecher, so bleibt auch, wenn es in einer Lehre und Ordnung den Weibern gewährt wird ... solcher heilige Wandel nicht lange bestehen.

„Wie wenn ein schön gedeihendes Reisfeld, Ānanda, von der Krankheit befallen wird, die man Mehltau nennt – dann besteht dieses Reisfeld nicht lange: so bleibt auch ...

„Wie eine schön gedeihende Zuckerpflanzung, Ānanda, von der Krankheit befallen wird, die man die rote Krankheit nennt – dann besteht ...

„Wie ein Mann, Ānanda, bei einem großen See, um Gefahren

vorzubeugen, einen Damm baut, so daß das Wasser nicht darüber hinausfließen kann, so habe ich, Ānanda, um vorzubeugen, den Nonnen die acht schweren Ordnungen gesetzt, die sie ihr Leben lang nicht überschreiten dürfen."

Derselbe Vorgang, der oben S. 179f. als zwischen Māra und der Nonne Vajirā spielend berichtet ist, vollzieht sich auch zwischen Māra und der Nonne Somā. Nur die Dialogverse sind andere:

Māra

Was die Weisen allein fassen,
Das Ziel, das schwer erreichbar ist,
Der Weiber Zweifingerverstand[1]
Hat das zu fassen nicht die Kraft.

Somā

Was kann's schaden, daß ich Weib bin,
Wenn nur mein Geist sich recht versenkt,
Wenn des Wissens Besitz mein ist
Und kund mir ist der Wahrheit Wort?

Ohnmächtig ward der Lust Lockung.
Die Finsternis zerrissen ist.
So sollst du wissen denn, Böser:
Besiegt bist du, o Todesfürst!

Māra verschwindet unmutig.

---

[1] Die Frauen fassen die Reiskörner mit zwei Fingern, um zu fühlen, ob sie gar gekocht sind.

104.

AUS DEN BETRACHTUNGEN UND ERINNERUNGEN EINZELNER ÄLTESTER (MÖNCHE UND NONNEN)[1]

Der Älteste Mānava

Als ich den Greis erblickt, des Kranken Leiden sah,
Als ich den Toten sah, der schied aus diesem Sein,
Da ließ ich von der Welt, zog heimatlos hinaus,
Stieß von mir alle Lust, die einst mein Herz erfreut.

*

Der Älteste Valliya

In der Hütte mit fünf Türen
Treibt sein Wesen ein Affentier.
Von Tür zu Tür herum schleicht es,
Rüttelt und schüttelt hier und dort.

Halt mit dem Laufen ein, Affe!
Hier geht es nicht wie früher her.
Überwunden hat dich Weisheit;
Nicht lang mehr wirst du regen dich.

*

Ein andrer Ältester Valliya

Was dem Starken zu tun obliegt
Und dem Erleuchtungsdurstigen,
Ohn' Unterlaß und Fehl tat ich's:
Siehe, wie meine Kraft sich regt.

So wolle mir den Weg zeigen,
der fortführt aus des Todes Reich,
Daß heilig schweigend ich wandle,
Wie der Ganges zum Meere strömt.

*

[1] Vgl. über diese Texte die Einleitung.

Der Älteste Saṃkicca

Nicht mit Freuden den Tod grüß' ich;
Freudig grüß' ich das Leben nicht.
Still erwart' ich der Zeit Kommen,
Wie seinen Lohn erharrt der Knecht.

Nicht mit Freuden den Tod grüß' ich;
Freudig grüß' ich das Leben nicht.
Still erwart' ich der Zeit Kommen
In Bewußtsein und Wachsamkeit.

*

Der Älteste Cūḷaka

Die Pfauen schreien, die kammgeschmückten, die buntbeschwingten,
Die blaugehalsten, die schöngesicht'gen, gar lieblich rufend.
Es prangt im Schmucke der frischen Gräser die weite Erde.
Die Wasser fließen, und Wolkendunkel umhüllt das Luftreich.
Die Zeit ist kommen, die Weise einlädt zu sel'gem Sinnen.
Wie ist's so herrlich, die Welt verlassen und Buddha folgen!
Der strahlend hellen, der fein verborgnen, der schwer zu schau'nden,
Der höchsten Stätte, der unbewegten: ihr mögst du nahen.

*

Der Älteste Sopāka

Er soll als siebenjähriges Kind Mönch und Heiliger geworden sein.

Ich sah ihn, wie in des Gebäudes Schatten
Er sich erging, der Herrlichste der Männer.
Und ich schritt auf ihn zu und voller Ehrfurcht
Begrüßt' ich huld'gend ihn, der Menschen Höchsten.

Entblößend vom Gewand die eine Schulter
Und fromm die Hände faltend seinen Schritten
Wandelt' ich nach, dem Reinen, Sündentnommnen,
Dem Hocherhabnen über allen Wesen.

Da fing er an mir Fragen vorzulegen,
Er, der gar tief des Fragens Kunst erkannt hat.
Und kühnlich, ohne Furcht und ohne Zagen
Gab ich den Fragen, die er stellte, Antwort.

Als seinem Forschen so genügt ich hatte,
Spendete Beifall mir der Hocherhabne
Und über seiner Jünger Schar entsandt' er
Den Blick, und also redet' er zu ihnen:

Heil bringt's dem Magadhas, dem Angavolke,
Daß unter ihnen dieser mag empfangen
Die Speise, deren er bedarf, Gewänder,
Und Sitz und Lager, wie es Mönchen zukommt,
Und ehrfurchtsvollen Gruß und alle Huld'gung.
Zum Heil gereicht es ihnen: also sprach er.

Und drauf zu mir gewandt: Von heut an magst du,
Sopāka, stets mir nahen, mich zu schauen.
Durch dies mein Wort sollst du zum Mönch geweiht sein.

Ein Knabe war ich von nur sieben Jahren,
Als solche Weihe mir der Herr erteilte.
Dies ist mein letzter Leib. Nicht kehr' ich wieder!
O wie so herrlich ist der Wahrheit Lehre!

*

Der Älteste Cūḷapanthaka

Bekannt durch seine geringe Begabung, infolgedessen Held mancher teilweise humoristisch angehauchter Erzählungen.

Nur langsam schritt ich in Erkenntnis fort;
Geringe Achtung ward mir bei den Leuten.
Der Bruder aus dem Orden mich verjagte:
„Geh weg! Nach Hause, Dummkopf, magst du kehren!"

Also vertrieben aus der Mönche Mitte
Stand an der Türe ich des Klostergartens
Und schmerzerfüllt gedachte ich der Lehre,
Drin zu verharren war mein heißes Sehnen.

Da nahte mir Er selbst: der Meister kam,
Und sanft berührte seine Hand mein Haupt.
Er faßte meinen Arm und führte gnädig
In der Gemeinde Garten mich zurück.

Da gab der Meister mir, sich mein erbarmend,
Ein reines Tuch, mit dem man Füße trocknet:
„Setz dich zur Seite nieder und versenke
In dieses Tuches Reinheit all dein Denken[1]."

Gehorsam folgt' ich dem Gebot des Meisters,
Mit meiner ganzen Seele treu der Lehre.
Und der Versenkung Glück, mir ward's zuteil,
Den Strebenden zum höchsten Ziele führend.

Jetzt kenn' ich meine früheren Geburten;
Himmlischen Auges Reinheit hab' erlangt ich;
Des Wissens Dreiheit, sie ist mein geworden:
Buddhas Gebot, Erfüllung hat's gefunden ...

*

Der Älteste Mahāpanthaka
Bruder des Vorangehenden.

Als ich zum erstenmal schaute
Den aller Furcht Entnommenen,
Tiefe Bewegung mich faßte,
Wie ich der Männer Höchsten sah.

Wahrlich das Nahn der Glücksgöttin
Abwehren würde mit Gewalt
Wer solchen Meister anträfe
Und ließe sich dies Heil entgehen.

So warf ich Hab und Gut von mir
Und trennte mich von Weib und Kind,
Ließ Haar und Bart mir abscheren
Und weltentsagend zog ich aus.

---

[1] Ein Kommentar malt die Szene aus: Der Knabe sieht auf die Sonne hin und reibt das Stück Zeug, indem er sagt: „Reinigung! Reinigung" – bis das Zeug schmutzig ist. Das erweckt ihm den Gedanken an die Vergänglichkeit aller Gestaltungen, und übernatürliche Einsicht entsteht in ihm.

Nach des Ordens Gesetz lebend,
Meine Sinne bezwingend stark,
Buddha, den Herrn gar hoch ehrend
Strebt' ich in unentwegtem Ernst.

Da den festen Entschluß faßt' ich,
Gab unverbrüchlich mir mein Wort:
Nicht setz' ich mich, eh der Begier
Pfeil aus dem Herzen ist entfernt.

Und wie ich strebend so weilte,
Sehet, was meiner Kraft gelang:
Des Wissens Dreiheit mein wurde;
Buddhas Gebot, es war erfüllt.

Früh'rer Geburten Weg kenn' ich,
Göttliches Auge ich erwarb.
Heilig, der Gaben wert[1] bin ich,
Von jedem Erdenrest befreit.

Und als die Nacht sich aufhellte,
Der Sonnenaufgang nahe war,
Vom Daseinsdurst befreit setzt' ich
Siegreich mich nieder beingekreuzt.

*

Der Älteste Telakāni

In heißem Streben ach durch lange Zeit
Sucht' ich und sann ich, wo ich Wahrheit fände.
Des Herzens Frieden ward mir nicht zuteil,
Mocht' ich Asketen und Brahmanen fragen:

Wer hat in dieser Welt erreicht das Ufer,
Den festen Boden todbefreiten Seins?
An welches Meisters Lehre soll ich halten,
Die mir vom höchsten Heil mag Kunde geben?

Ich glich dem Fische, der den Köder schluckend
Den Angelhaken tief sich eingebohrt hat.

---

[1] Gabe, einem solchen Heiligen gespendet, bringt dem Geber reichsten Lohn.

Gebunden war ich, wie in Indras Fesseln,
Der König der Dämonen lag gefangen.

Ich rüttle an der Fessel. Sie zu brechen
Vermag ich nicht, vom Leid mich zu befreien.
Wo find ich in der Welt der Fessel Löser?
Wer ist es, der mir mag Erleuchtung künden?

In der Asketen, der Brahmanen Menge
Wer kann mir zeigen, wie man bricht die Fessel?
An welches Meisters Lehre soll ich halten,
Die Alters Not und Todesnot hinwegtreibt? ...

Die Ströme fließen ohne Rast und Ruh';
Die schlimme Pflanze wächst, die mich umrankt.
O, wer mag hemmen jener Ströme Lauf?
Wer schneidet scharfen Schnittes ab die Pflanze? ...

Als ich in solche Ängste war versunken,
Im Uferlosen nach dem Ufer suchend,
Weisheitsbewaffnet nahte mir der Retter,
Der Meister, dem der Seher Scharen huld'gen.

Den Rettungssteg, den reinen, wohlgefügten,
Der aus der Wahrheit festem Holz gemacht ist,
Bot er mir dar, wie mit der Flut ich kämpfte.
„Fürchte dich nicht", sprach er zu dem Bedrängten.

Aufsteigend zu den Zinnen wachen Denkens
Blickt' ich herab auf der Geschöpfe Not,
Die an den Wahn des Ich und Mein sich klammern,
Der auch mein Denken einst umgaukelt hatte.

Doch nun erblickte ich der Rettung Pfad;
Das Schiff bestieg ich, das zum Ufer führt,
Und los mich machend von der Selbstheit Trug
Fand ich die Furt, zum Heil den besten Weg ...

Die mich so lange Zeit gefangenhielt,
Die mir anhaftete seit Ewigkeiten,
Die Fessel löste Buddha von mir ab;
Vom Gift, an dem ich krankte, bracht' er Heilung.

*

Der Älteste Nāgasamāla

In prächt'gem Kleid und Schmuck prangend,
Bekränzt, umweht von Sandelduft
Zum Klage der Musik tanzte
Auf breiter Straß' ein schönes Weib.

Wie ich da durch die Stadt hinschritt
Nahrung erbettelnd, sah ich sie
In prächt'gem Kleid und Schmuck prangend,
Eine Schlinge vom Tod gelegt.

In meinem Geiste da hob sich
Eindringender Gedanken Ernst;
Ich durchschaute der Lust Elend;
Lustabkehr wurde wach in mir.

Erlösung meinem Geist nahte.
O seht der Lehre Herrlichkeit!
Des Wissens Dreiheit mein wurde;
Buddhas Gebot, es war erfüllt.

*

Der Älteste Paccaya

Mönch war ich erst seit fünf Tagen,
Ein Schüler und ein Neuling noch:
Da, wie ich in die Zell' eintrat,
In meinem Geist ich mich entschloß:

Nicht will ich essen, nicht trinken,
Nicht verlass' ich die Zelle mein,
Nicht leg' ich mich, ehe der Begier
Pfeil aus dem Herzen ist entfernt.

Und wie ich strebend so weilte,
Sehet, was meiner Kraft gelang:
Des Wissens Dreiheit mein wurde;
Buddhas Gebot, es war erfüllt.

*

Der Älteste Upāli

Er galt als vornehmster Kenner der Gemeindeordnungen.

Wer entsagend der Welt gläubig
Als Neuling trägt das Mönchsgewand,
Soll edle Freunde aufsuchen
Von meinem Leben, eifrig ernst.

Wer entsagend der Welt gläubig
Als Neuling trägt das Mönchsgewand,
In der Gemeinde Kreis weilend
Des Ordens Regel lernen soll.

Wer entsagend der Welt gläubig
Als Neuling trägt das Mönchsgewand,
Was recht, was unrecht ist, wissend
Mag wandeln seinen Weg allein.

*

Der Älteste Senaka

Hohes Glück mir zuteil wurde
In Gayā, beim dem Gayāfest[1]:
Buddha, der Herr, sich mir zeigte,
Die heil'ge Lehre predigend.

Der Führer, alles Volks Erster,
Strahlend, Lehrer der Jüngerschar,
Ohnegleichen der Allsieger
In der Himmels- und Erdenwelt.

Elefantengleich, hell glänzend,
Der mächt'ge Held, von Sünden rein,
Keine Sünde in sich bergend,
Der Meister, frei von aller Furcht.

Der ich durch lange Zeit unrein
In falschen Glaubens Banden lag,
Jede Fessel der Hochheil'ge
Mir, Senaka, gelöset hat.

*

[1] Ein jährliches Fest mit Waschungen im Fluß.

Der Älteste Gayākassapa

Einer von drei Brüdern Kassapa, die mit vielen Jüngern bei Gayā nach brahmanischem Ritus asketischem Streben obgelegen hatten.

Morgens, zur Mittagszeit, abends,
Dreimal taucht' ich an jedem Tag
Hinunter in des Stromes Wasser
Zu Gaya bei dem Gayāfest [1].

Vergangener Geburt Sünden,
Mit denen ich beladen bin,
Wird das Wasser mir fortschwemmen:
Solch eitler Wahn erfüllte mich.

Da vernahm ich das Wort herrlich,
Die Predigt tief und inhaltsreich,
Und ihren Sinn, den wahrhaften
Betrachtet' ich mit rechtem Ernst.

So wusch ich ab jegliche Schuld,
Ich wurde fleckenlos und frei.
Buddhas leiblicher Sohn bin ich,
Des Reinen Erbe, selber rein.

In den Strom mit den acht Armen [2]
Taucht' ich und wusch die Schuld mir ab.
Des Wissens Dreiheit mein wurde;
Buddhas Gebot, es war erfüllt.

Der Älteste Tālapuṭa

Der Überlieferung nach ein Schauspieler, der Mönch wird. Erster Teil des Gedichts: seine Gedanken vor der Weltentsagung. Zweiter Teil: seine inneren Kämpfe als Mönch.

Wann werd' in des Gebirges Felsenkluft
Ich weilen einsam und genossenlos,

---

[1] S. 348 A. 1.

[2] Der achtgliedrige Pfad der Erlösung; vgl. oben S. 95.

Erschauend alles Seins Vergänglichkeit?
Wann wird mir endlich solches Glück zuteil?

Wann werd' als Weiser ich gehüllt in Fetzen,
Im gelben Kleid, ohn Habe, ohne Trachten,
Begier und Haß austilgend und Verblendung,
Das Herz voll Freude in der Wildnis hausen?

Wann werd' ich diesen Leib als unbeständig,
Als Nest der Krankheit, als von Tod und alter
Bedräut erkennend, furchtentnommen, einsam
Im Walde weilen? Wann wird das zuteil mir?

Das Schlinggewächs des Durstes, das der Welt
Gar üppig wuchernd Furcht und Leiden bringt,
Wann werd' ich's mit der Weisheit scharfem Schwert
Abhauen? Wann wird das zuteil mir werden?

Wann werde ich der Weisheit Schwert ergreifend,
Das feurige, der Seher starke Waffe,
Auf dem Triumphsitz thronend Māra schlagen
Samt seinem Heer? Wann wird's zuteil mir werden?

Wann werd' ich die vier Wahrheiten, die edlen,
Die schwer zu schau'n sind, die der große Weise
Erkannt, wachsamen Geists, gesammelt fassen
Und sie verstehen? Wann wird das zuteil mir?

Wann werd' ich, selbst zu kühler Ruh' gelangend,
Gestalt und Ton, Geruch, Geschmack, Berührung,
Gedanken – alles als verzehrt erkennen
Von Flammen[1]? Wann wird das zuteil mir werden?

Wann wird mein Sinn, wenn Schmähung mir begegnet
Verharren unbewegt in festem Gleichmut,
Und Lob, das man mir spendet, keine Freude
Mir bringen? Wann wird das zuteil mir werden?

---

[1] Man erinnere sich der Predigt Buddhas, oben S. 100f.

Wann werden, wenn ich auf der Seher Pfade
Wandle im Wald, die mächt'gen Regengüsse
Mich und mein Kleid mit ihren frischen Fluten
Gewaltig überströmen? Wann geschieht mir's?

Wann werd' im Wald ich, in der Bergeshöhle
Hörend den Pfau, den schönen Haarbuschträger,
Aufstehn von meiner Ruh', um nachzusinnen
Dem Ewigen? Wann wird mir solches werden?

Wann kampfgeübtem Elefanten gleichend
Werd' ich die Freud' an aller Lust zermalmen,
Versenkungstief den Hang zu holdem Schein
In mir ertöten? Wann wird das zuteil mir?

Wann werd' ich wie der Arme, der verfolgt
Vom Gläubiger verborgnen Schatz entdeckt,
Beglückt sein, weil sich mir die Lehr' erschließt
Des großen Weisen? Wann wird's mir zuteil?

Hast lange Jahre mich gedrängt ohn' Unterlaß:
Das Treiben dieser Welt, was mag es frommen dir?
Nun zog ich weltentsagend in die Einsamkeit,
Und jetzt was ist's? Läßt du im Ringen nach, mein Herz?

Du sprichst mir zu, mein Herz: die bergumkränzte Stadt
Umwohnen Vögelscharen, buntgefiederte.
Mit Indras mächt'gem Donnerton mischt sich ihr Sang.
Sie werden dich erfreu'n, wenn du im Walde sinnst!

Im Haus die Meinen und der Freunde liebe Schar,
Der Erde Lust und Liebesglück und Spiel und Scherz:
Das ließ ich alles, legte an das Möchsgewand.
Und doch, mein Herz, bist du mit mir zufrieden nicht?

Der Höchste menschlichen Geschlechts, der große Arzt,
Der Männer Bändiger und Lenker, wahr er sprach:
„Unstet beweglich ist das Herz, dem Affen gleich."
Nicht mag es zügeln, wer der Leidenschaft gehorcht.

Zum Walde geh, den Pfau'n- und Reiherruf durchschallt,
Wo Tiger, Leoparden dir Genossen sind.
Denk deines Leibes nicht! Verfehle nicht die Zeit! –
Hast du nicht selbst, mein Herze, mich also einst ermahnt?

„In allem, was du hast und bist, nur Leiden sieh.
Woraus dies Leid entsteht, das lasse hinter dir,
Manche hienieden schon ein Ende allem Leid":
Hast du nicht selbst, mein Herz, mich also einst ermahnt?

Wer ist, der Frucht begehrend einen Baum gepflanzt
Und an der Wurzel ihn zu fällen hebt die Axt?
Dem Treiben solches Toren gleicht, mein Herz, dein Tun.
Willst du mich fesseln an den Unbestand der Welt?

Gestaltloses Ding, du einsam Herz, fernwanderndes,
Was jetzo du von mir begehrst, ich tu' es nicht.
Die Lust bringt Leiden, Bitternis bringt sie und Angst.
Verweh'n, Erlöschen: dem nur will ich trachten nach.

Frei wie das Reh schweift durch den schönen, bunten Wald,
Komm zu dem Berge, den der Wolken Krone kränzt.
Dort in Gebirgesfrieden sollst du weilen still.
Wahrlich, dort werd' ich dich bezwingen, du mein Herz!

*

Die Älteste Ubbirī

Sie hat ihre Tochter Jīvā verloren. Die erste Strophe spricht Buddha zu ihr.

„‚Jīvā! Teure!' jammerst im Walde du.
So komm doch zu dir! Fasse dich, Ubbirī!
Der Weiber sind Tausende vier und achtzig,
Jīvā alle mit Namen genannt,
Die an dieser Stätte verbrannt man hat.
– Um welche Jīvā jammerst du?"

Der Meister mir den Pfeil auszog,
Der fein und tief mein Herz zerriß.
Um meiner Tochter Hinscheiden
Den Schmerz hat er mir fortgescheucht,

Und aller Wundenqual ledig
Ich sehnsuchtsfrei, erloschen bin.
Beim Buddha, bei der Lehr' heilig,
Bei der Gemeind' ich Zuflucht fand.

*

Die Älteste Mettikā

Leidend bin ich, die Kraft schwand mir,
Die Jugendfrische ging dahin.
Auf meinen Stab gestützt schleich' ich.
So stieg zur Bergeshöh' ich auf.

Dort legt' ich das Gewand von mir,
Kehrte um meinen Speisetopf,
Auf dem Fels ich mich hinsetzte:
Da ward Erlösung mir zuteil;
Des Wissens Dreiheit mein wurde;
Buddhas Gebot, es war erfüllt.

*

Die Älteste Vimalā, einst Hetäre

Berauscht von meiner Schönheit und Gestalt,
Von meiner Reize Macht und meinem Ruhm,
Im übermüt'gen Stolz der Jugendblüte,
Blickt' ich herab auf alle andern Frauen.

Mit bunter Pracht umgab ich meinen Leib,
Daß seine Sprach' er zu den Toren spräche.
So stand ich an des Hurenhauses Tür
Dem Jäger gleich, der seine Schlinge breitet.

Der Menge zeigt' ich meines Schmuckes Glanz;
Die Reize, die die Scham verbirgt, enthüllt ich.
So mannigfacher Künste Zauber übend
Hatte zum besten ich die Torenscharen.

Jetzt geh' Almosen sammelnd ich umher
Mit kahlem Haupt, gehüllt ins Nonnenkleid.
An Baumeswurzeln setze ich mich nieder,
Jenseits des Denkens der Versenkung teilhaft.

Zu End' ist alles angespannte Trachten,
Mag Himmlisches, mag Irdisches sein Ziel sein.
Jede Verderbnis hab' ich abgetan.
Kühl ward das heiße Herz. Ich weil' im Frieden.

105.
DIE PFLICHTEN VON MÖNCHEN UND LAIEN

Der Text ist, von den ersten Sätzen abgesehen, metrisch. Mit Rücksicht auf den Charakter seines Inhalts ist doch in der Übersetzung ausnahmsweise auf metrische Form verzichtet worden.

Also habe ich gehört.

Einstmals verweilte der Erhabene zu Sāvatthī, im Jetavana, dem Garten des Anāthapiṇḍika. Da kam Dhammika, der Laiengläubige, zusammen mit fünf Hunderten von Laiengläubigen zum Erhabenen, brachte ihm seinen ehrfurchtsvollen Gruß und setzte sich zur Seite nieder. Und zur Seite sitzend, sprach Dhammika, der Laiengläubige, zum Erhabenen diese Sprüche:

„Ich frage dich, weisheitsreicher Gotama: wie lebt ein Jünger richtig – einer der vom Hause in die Heimatlosigkeit geht, oder die Laienjünger, die im Hause leben.

„Denn du kennst Weg und Ziel der Welt samt den Göttern. Keiner weiß gleich dir auch das Feinste zu erschauen. Dich nennt man ja den herrlichen Buddha.

„Alle Erkenntnis klar bemeisternd, verkündigst du die Lehre, der Wesen dich erbarmend. Du hast die Hülle aufgetan, allhin Schauender. Fleckenlos erglänzt du im Weltall.

„Zu dir ist der König der Schlangen gekommen, Evāvaṇa mit Namen, weil er gehört hatte, daß du der Jina („Sieger") bist. Er hat mit dir geredet und sein Ziel erreicht. „Schön", hat er erfreut gesprochen, als er dich gehört.

„Auch König Kuvera Vessavaṇa[1] kam zu dir, dich nach der Lehre zu befragen. Auch seine Fragen hast du beantwortet, Weiser. Auch er war erfreut, als er dich gehört.

„Alle jene Irrgläubigen, die redegewandten, Ājīvakas oder auch Nigaṇṭhas[2]: sie überholen dich nicht mit ihrer Weisheit, so wenig wie der, der stillsteht, einen schnell Gehenden.

„Alle jene Brahmanen, die redegewandten, und was es von alten Brahmanen gibt: dir gegenüber fahren sie sich alle fest mit ihren Lehren, und so auch alle andern, die sich redegewaltig dünken.

„Denn diese Lehre ist fein und freudenreich, die von dir, Erhabener, schön verkündigt wird. Dich allein begehren alle zu hören. Du antworte unsern Fragen, herrlichster Buddha.

„Alle Mönche und auch die Laienjünger, die hier versammelt sitzen, dich zu hören: sie mögen die Lehre hören, die der Fleckenlose erkannt hat, wie die Götter das schöne Wort Vāsavas (Indras) vernehmen."

---

[1] Einer der vier göttlichen Welthüter, Gott der Reichtümer.

[2] Über die Ājīvakas vgl. S. 331; die Nigaṇṭhas sind die jetzigen Jainas.

„Hört mich, ihr Mönche; ich verkündige euch die Lehre, die die Sünden entfernt; haltet sie alle fest: den Wandel, der sich für Weltentsagende ziemt. In ihm lebe, wer zum Heil hinschaut, der Gedankenreiche.

„Nie soll der Mönch zur Unzeit[1] ausgehen. Zur rechten Zeit soll er ins Dorf gehen nach Almosen. Dem, der zur Unzeit geht, heftet Haften sich an. Darum gehen die Buddhas nie zu unrechter Zeit.

„Sichtbares und Töne, Geschmack und Geruch, Berührungen, die die Wesen berauschen: die Lust an all dem lasse er fahren, und zu rechter Zeit gehe er hin zum Frühmahl.

„Wenn der Mönch Nahrungsspenden zur rechten Zeit empfangen hat, kehre er allein um und setze sich in Verborgenheit nieder. Er denke an das, was sein eigenes Selbst angeht, und lasse die Gedanken nicht nach außen schweifen, sein ganzes Wesen im Zaume haltend.

„Wenn er mit einem Jünger spricht oder mit irgendeinem Andern oder mit einem Mönch, soll er von der erhabenen Lehre reden, nicht Verleumdung oder üble Nachrede wider Andre.

„Denn Manche lieben es Streitreden zu führen; die loben wir nicht, die Kurzsichtigen. Von hier und von dort heftet Haften sich ihnen an, denn sie lassen ihre Gedanken in die Ferne schweifen.

„Der Speise und der Wohnung, des Lagers und Sitzes, des Wassers, das des Kleides Unreinheit entfernt, walte mit Überlegung der Jünger des Hochweisen, nachdem er die Lehre, die der Wohlwandelnde predigt, vernommen hat.

„Darum von Speise und von Lager und Sitz, von Wasser, das des Kleides Unreinheit entfernt: von all dem bleibt der Mönch unberührt, wie der Wassertropfen nicht am Lotusblatt haftet.

„Nun will ich euch die Ordnungen derer verkünden, die im häuslichen Leben verbleiben, wie ein Jünger richtig wandelt.

[1] Wenn die Mittagsstunde vorüber ist.

Denn wen sein Hauswesen umgibt, für den ist die volle Pflicht der Mönche unerfüllbar.

„Er töte kein lebendes Wesen und lasse nicht töten, und wenn Andere töten wollen, lasse er es nicht zu. Den Stab, mit dem man schlägt, lege er nieder gegen alle Wesen, gegen alles, was feststeht und was sich bewegt in der Welt.

„Weiter hüte sich der Jünger vor fremdem Gute, was es auch sei und wo es auch sei, daß er es wahrnimmt. Er lasse Niemanden es nehmen; wo Einer es nimmt, lasse er es nicht zu. Vor allem fremdem Gut hüte er sich.

„Vor Unkeuschheit nehme er sich in acht, wie ein Verständiger vor brennender Kohlenglut. Vermag er die Keuschheit nicht zu wahren, so berühre er doch keines Andern Weib.

„Wenn er im Gerichtshof oder in der Versammlung weilt, soll nie Einer gegen den Andern Lügen reden oder reden lassen oder gestatten, daß Andere lügen. Jede Unwahrheit soll er meiden.

„Berauschenden Trank genieße er nicht: zu dieser Ordnung bekenne sich, wer im Hause lebt. Und er lasse nicht trinken, und gestatte nicht, daß man trinkt. In Geistesverwirrung endet das, so soll er wissen.

„Denn im Rausch tun die Toren Böses und machen, daß auch andere Berauschte Böses tun. Diese Stätte der Sünde meide er, die den Geist verwirrt und Betörung bringt, geliebt von den Toren.

„Kein lebendes Wesen töte er; er nehme nicht fremdes Gut; er rede nicht die Unwahrheit; er trinke keinen Rauschtrank; der Unkeuschheit entsage er, der geschlechtlichen Lust; und nachts, zur unrechten Zeit genieße er keine Speise.

„Er trage keinen Kranz und entsage Wohlgerüchen; auf dem Bett oder auf dem Erdboden liege er auf ausgebreiteter Decke[1]: dies nennt man die achtfache Fastenfeier, wie sie Buddha verkündet hat, er, der zu des Leidens Ende durchgedrungen ist.

„Dann feiere er die halbmonatliche Festzeit am vierzehnten oder fünfzehnten und am achten Tage des Halbmonats und die

---

[1] Nicht auf weichem, üppigem Lager.

Extrafestzeiten fröhlichen Sinnes, in allen acht Teilen [1] in schöner Vollendung.

„Dann soll am Morgen, nachdem er die Festfeier begangen, der Verständige fröhlichen Herzens und freudig der Mönchsgemeinde Speise und Trank austeilen, wie sich's gebührt.

„Vater und Mutter soll er erhalten, wie die Pflicht gebietet. Rechtlichen Handel möge er treiben. Wer solch häusliches Leben führt, frei von Leichtsinn, geht zu den Göttern ein, die man die Selbststrahlenden heißt."

106.
MÖNCHE UND LAIEN: IHR GEGENSEITIGES VERHÄLTNIS

„Großen Nutzen, ihr Mönche, bringen euch die Brahmanen und Bürger, die euch zur Seite stehen mit dem, was ihr bedürft: Mönchsgewänder, Speise, Lager und Sitz, Arzeneien, wenn ihr krank seid. Und wiederum bringt ihr, ihr Mönche, den Brahmanen und Bürgern großen Nutzen, wenn ihr ihnen die Lehre predigt, die am Anfang herrlich, in der Mitte herrlich, am Ende herrlich ist, im Geist und nach dem Buchstaben, ihnen den vollen und ganzen reinen heiligen Wandel verkündigt. So beruht, ihr Mönche, beider Teile heiliger Wandel gegenseitig aufeinander, daß man über die Fluten hinüberkommen, allem Leiden ein Ende machen möge.

„Weltbewohner und Weltflücht'ge,
Diese mit jenen fest vereint,
Führen zum Ziel die Heilslehre,
Höchsten Strebens und Friedens Werk.

„Von Weltleuten die Weltflücht'gen
Empfangen Wohnstatt und Gewand,
Was des Lebens Bedarf fordert,
Was Not hinwegtreibt und Gefahr.

„Doch im Namen des Hochheil'gen
Bringt den Glauben der Mönche Schar

[1] Mit den acht soeben angegebenen Observanzen.

Den Haushältern, den hausfrohen;
Edle Vertiefung üben sie.

„Hier auf Erden gerecht wandelnd
Beschreiten sie des Heiles Pfad.
Drauf in der Himmelswelt selig
Alle Freuden genießen sie."

107.
DIE LAIENFRAU, WIE SIE SEIN SOLL

Einstmals verweilte der Erhabene im Lande der Bhaggas, zu Suṃsumāragira, im Bhesakaḷāwalde, dem Tierpark.

Zu der Zeit war der Bürger Nakulavater krank, leidend, von schwerer Krankheit heimgesucht. Da sprach seine Hausfrau, die Nakulamutter, zu Nakulavater, dem Bürger:

„Geh nicht in Sorgen hin, mein Bürgersmann. Traurig, mein Bürgersmann, ist eines Sorgengequälten Hingang, und der Erhabene hat es getadelt, wenn man hingeht von Sorgen gequält. Solltest du vielleicht also denken, mein Bürgersmann: ‚Meine Hausfrau, die Nakulamutter, wird nach meinem Hinscheiden nicht imstande sein, die Kinder zu ernähren und das Hauswesen aufrechtzuerhalten?' So mußt du nicht denken, mein Bürgersmann. Ich bin geschickt darin, Baumwolle zu spinnen und Wolle zu kämmen. Ich vermag sehr wohl nach deinem Hinscheiden die Kinder zu ernähren und das Hauswesen aufrechtzuerhalten. Darum, mein Bürgersmann, geh nicht in Sorgen hin. Traurig, mein Bürgersmann, ist eines Sorgengequälten Hingang, und der Erhabene hat es getadelt, wenn man hingeht von Sorgen gequält.

„Oder solltest du also denken, mein Bürgersmann: ‚Meine Hausfrau, die Nakulamutter, wird nach meinem Hinscheiden in ein andres Haus gehen [1]?' So mußt du nicht denken, mein Bürgersmann. Du weißt ja so gut wie ich, daß wir beide durch sechzehn

[1] Gemeint wird sein, daß sie sich wiederverheiraten wird. Witwenehe gilt zwar als durchaus verwerflich, ist aber tatsächlich nicht ausgeschlossen.

Jahre in unsrer Ehe Keuschheit geübt haben. Darum, mein Bürgersmann, geh nicht in Sorgen hin ...

„Oder solltest du also denken, mein Bürgersmann: ‚Meine Hausfrau, die Nakulamutter, wird nach meinem Hinscheiden sich nicht darum kümmern, den Erhabenen zu sehen und die Gemeinde der Mönche zu sehen?‘ So mußt du nicht denken, mein Bürgersmann. Nach deinem Hingang, mein Bürgersmann, werde ich nur noch eifriger darin sein, daß ich nach dem Anblick des Erhabenen und der Jüngergemeinde strebe. Darum, mein Bürgersmann, geh nicht in Sorgen hin ...

„Oder solltest du also denken, mein Bürgersmann: ‚Meine Hausfrau, die Nakulamutter, wird nach meinem Hinscheiden nicht genau darin sein, alle Ordnungen der Tugend zu erfüllen?‘ So mußt du nicht denken, mein Bürgersmann. Zur Zahl der Jüngerinnen des Erhabenen, die in häuslichem Leben, im weißen Gewand, alle Ordnungen der Tugend erfüllen, gehöre auch ich. Und wen irgendwo ein Zweifel oder eine Ungewißheit überkommt: Er der erhabene, heilige, höchste Buddha weilt ja im Lande der Bhaggas, zu Suṃsumāragira, im Bhesakaḷāwalde, dem Tierpark. An Ihn den Erhabenen kann man sich wenden und ihn fragen. Darum, mein Bürgersmann, geh nicht in Sorgen hin ...

„Oder solltest du also denken, mein Bürgersmann: ‚Meine Hausfrau, die Nakulamutter, wird in ihrem Herzen keinen Frieden finden?‘ So mußt du nicht denken, mein Bürgersmann. Zur Zahl der Jüngerinnen des Erhabenen, die im häuslichen Leben, im weißen Gewand[1] den inneren Frieden gefunden haben, gehöre auch ich. Und wen irgendwo ein Zweifel oder eine Ungewißheit überkommt: Er der erhabene, heilige, höchste Buddha weilt ja im Lande der Bhaggas, zu Suṃsumāragira, im Bhesakaḷāwalde, dem Tierpark. An Ihn den Erhabenen kann man sich wenden und ihn fragen. Darum, mein Bürgersmann, geh nicht in Sorgen hin ...

„Oder solltest du also denken, mein Bürgersmann: ‚Meine Hausfrau, die Nakulamutter, hat in dieser Lehre und in dieser Ordnung nicht festen Grund und Boden unter sich, sie hat nicht vollen Verlaß darauf, hat nicht allen Zweifel überwunden, ist

[1] D. h. als Laienfrauen.

nicht dem Schwanken entnommen, nicht der vollen Kundigkeit teilhaft und von jedem Andern unabhängig in bezug auf die Lehre des Meisters?' So mußt du nicht denken, mein Bürgersmann. Zur Zahl der Jüngerinnen des Erhabenen, die in häuslichem Leben, im weißen Gewand festen Grund und Boden unter sich haben in dieser Lehre und in dieser Ordnung, die vollen Verlaß darauf haben, allen Zweifel überwunden haben, dem Schwanken entnommen sind, der vollen Kundigkeit teilhaft und von jedem Andern unabhängig sind in bezug auf die Lehre des Meisters, gehöre auch ich. Und wen irgendwo ein Zweifel oder eine Ungewißheit überkommt: Er der erhabene, heilige, höchste Buddha weilt ja im Lande der Bhaggas, zu Suṃsumāragira, im Bhesakaḷāwalde, dem Tierpark. An Ihn den Erhabenen kann man sich wenden und ihn fragen. Darum, mein Bürgersmann, geh nicht in Sorgen hin. Traurig, mein Bürgersmann, ist eines Sorgengequälten Hingang, und der Erhabene hat es getadelt, wenn man hingeht von Sorgen gequält."

Als nun dem Bürger Nakulavater seine Hausfrau, die Nakulamutter, solchen Zuspruch gespendet hatte, ließ alsbald seine Krankheit nach; der Bürger Nakulavater stand auf von seiner Krankheit, und so war die Krankheit des Bürgers Nakulavater überwunden.

Und wie er von seiner Krankheit aufgestanden war, nicht lange Zeit nachdem er aufgestanden war, ging der Bürger Nakulavater auf seinen Stab gestützt zum Erhabenen, brachte ihm seinen ehrfurchtsvollen Gruß und setzte sich an seiner Seite nieder. Wie er an seiner Seite saß, sprach der Erhabene zum Bürger Nakulavater also:

„Ein Glück für dich, mein Bürgersmann, ein hohes Glück für dich, mein Bürgersmann, daß du die Bürgersfrau Nakulamutter hast, die mitzufühlen weiß und auf das beste bedacht ist, die Zuspruch und Belehrung zu spenden versteht. Zur Zahl meiner Jüngerinnen, die in häuslichem Leben, im weißen Gewand alle Ordnungen der Tugend erfüllen, gehört auch die Bürgersfrau Nakulamutter. Und zur Zahl meiner Jüngerinnen, die in häuslichem Leben, im weißen Gewand den inneren Frieden gefunden haben, gehört auch die Bürgersfrau Nakulamutter. Und zur Zahl meiner

Jüngerinnen, die in häuslichem Leben, im weißen Gewand festen Grund und Boden unter sich haben in dieser Lehre und in dieser Ordnung, die vollen Verlaß darauf haben, allen Zweifel überwunden haben, dem Schwanken entnommen sind, der vollen Kundigkeit teilhaft und von jedem Andern unabhängig sind in bezug auf die Lehre des Meisters, gehört auch die Bürgersfrau Nakulamutter. Ein Glück für dich, mein Bürgersmann, ein hohes Glück für dich, mein Bürgersmann, daß du die Bürgersfrau Nakulamutter hast, die mitzufühlen weiß und auf das beste bedacht ist, die Zuspruch und Belehrung zu spenden versteht."

108.
DIE ENTSTEHUNG DER KASTEN

Buddha schildert, wie bei den großen regelmäßigen Weltumwälzungen nach dem Untergang der alten Welt eine neue Welt entsteht. Über die Erde spannt sich eine rahmgleiche Haut, die man ißt. Sie geht verloren; statt ihrer entstehen nacheinander andere Nahrungsmittel, schließlich wilder Reis.

„Wie nun die Wesen diesen wildwachsenden Reis genossen und mit dieser Speise, dieser Nahrung lange, durch mächtige Zeiträume lebten, so entwickelte sich im Körper der Wesen mehr und mehr stechende Schärfe, und ihre Erscheinung wandelte sich zur Unschönheit. Beim Weib zeigte sich das Zeichen der Weiblichkeit, beim Manne das der Männlichkeit. Und das Weib blickte allzusehr auf den Mann hin, und der Mann auf das Weib. Wie sie so allzusehr aufeinander hinblickten, entstand in ihnen Begierde, und Hitze erhob sich in ihrem Körper. Und von dieser Hitze getrieben, genossen sie miteinander die Liebe. Zu dieser Zeit nun, wenn die Wesen sahen, wie jemand dem Liebesgenuß oblag, warfen sie danach mit Staub, und andere warfen mit Asche, und andere warfen mit Kuhmist, und sie sprachen: „Fort mit dir, du schmutziges Ding! Fort mit dir, du schmutziges Ding! Wie kann denn ein Wesen mit einem andern so etwas machen!" Darum werfen noch jetzt in manchen Ländern die Leute, wenn die Braut aus dem Elternhaus geführt wird, mit Staub oder mit Asche oder mit Kuhmist. Da folgen sie nach dem Buchstaben dem alten Gebrauch der Vorzeit, den Sinn davon aber kennen sie nicht.

„Zu jener Zeit nun galt der Liebesgenuß für unerlaubt, während er jetzt für erlaubt gilt. Und zu jener Zeit durften die Wesen, die dem Liebesgenuß oblagen, einen Monat lang oder zwei Monate lang nicht das Dorf oder den Flecken betreten. Und weil so die Wesen damals bei solchem schlechten Tun gar große Vorsicht üben mußten, fingen sie an sich Häuser zu bauen, um jenes schlechte Tun darin zu verbergen.

„Da war nun einmal ein Wesen von träger Art, das dachte: ‚Warum plage ich mich denn damit, mir abends für das Abendessen Reis zu holen und morgens für das Frühstück? Ich will mir lieber nur einmal Reis holen für Abendessen und Frühstück zugleich.' Da holte sich jenes Wesen nur einmal Reis für Abendessen und Frühstück zugleich. Da kam ein anderes Wesen zu diesem Wesen und sagte zu ihm: ‚Komm, mein Wesen, wir wollen gehen und Reis holen!' ‚Das ist nicht nötig, mein Wesen; ich habe mir den Reis auf einmal für Abendessen und Frühstück geholt.' Da tat jenes andere Wesen so, wie es das von diesem Wesen gesehen hatte, und holte sich Reis auf einmal für zwei Tage: ‚So habe ich es gut gemacht!'

Auf diese Weise erfindet man es, sich Vorräte für immer längere Zeit anzulegen. Da hört aber der Reis auf, wie er früher getan, sofort nachzuwachsen, wo er abgeschnitten ist. Die kahlen Stoppelfelder stehen da. Man klagt bitterlich und faßt zur Abhilfe den Entschluß:

„‚Wir wollen die Reisfelder unter uns teilen und Grenzen festsetzen.' Da teilten die Wesen die Reisfelder unter sich und setzten Grenzen fest.

„Da aber war ein Wesen von begehrlicher Art, das hütete seinen eigenen Anteil, aber nahm einen fremden Anteil, ohne daß man ihn ihm gab, und zehrte ihn auf. Man faßte dieses Wesen und sprach zu ihm: „Du handelst böse, Wesen, daß du deinen eigenen Anteil hütest, aber einen fremden Anteil nimmst, ohne daß man ihn dir gibt, und ihn aufzehrst. Das darfst du nicht wiedertun, Wesen!" „Gut, ich will es nicht wiedertun', versprach dieses Wesen den anderen Wesen. Und zum zweitenmal ... und zum drittenmal nahm dies Wesen, während es seinen eigenen Anteil hütete, einen fremden Anteil, ohne daß man ihn ihm gab, und zehrte ihn auf ... „Das darfst du nicht wiedertun, Wesen!" Und die Einen schlugen ihn mit den Händen, Andere warfen ihn mit Erdklumpen, Andere schlugen ihn mit Stöcken. Seit der Zeit gibt es Diebstahl und gibt es Schelte und gibt es Lüge und gibt es Strafe.

„Da kamen die Wesen zusammen und klagten: ‚Böse Dinge wahrlich sind unter den Wesen erschienen, wenn es Diebstahl gibt und Schelte gibt und Lüge gibt und Strafe gibt. Wir wollen ein Wesen erwählen, das soll jedem, der Unzufriedenheit merkt, Unzufriedenheit zeigen, jeden, der Schelte verdient, schelten, jeden, der ausgetrieben zu werden verdient, austreiben. Wir aber wollen ihm einen Anteil vom Reis geben.' Da gingen die Wesen zu dem Wesen, das unter ihnen das schönste und ansehnlichste und angenehmste und mächtigste war, und sprachen zu ihm: „Komm, Wesen! Du sollst jedem, der Unzufriedenheit weckt, Unzufriedenheit zeigen, jeden, der Schelte verdient, schelten, jeden, der ausgetrieben zu werden verdient, austreiben. Dafür wollen wir dir einen Anteil vom Reis geben.' ‚Gut, ihr Wesen' – so nahm jenes Wesen den Auftrag der anderen Wesen an und zeigte jedem Unzufriedenheit, der Unzufriedenheit erregte, schalt jeden, der Schelte verdiente, trieb jeden aus, der ausgetrieben zu werden verdiente. Die anderen Wesen aber gaben ihm einen Anteil vom Reis.

Mit Wortspielen wird die Benennung jenes Wesens als König, als Kṣatriya erklärt. So ist der Stand der Kṣatriyas entstanden –

„unter eben jenen Wesen, nicht unter anderen; sie waren einander gleich, nicht ungleich; nach dem Recht, nicht nach Unrecht. Denn das Recht war das Höchste unter jenen Wesen, in der sichtbaren Welt wie im Jenseits.

„Da dachten nun einige Wesen: ‚Böse Dinge wahrlich sind unter den Wesen erschienen, wenn es Diebstahl gibt und Schelte gibt und Lüge gibt und Strafe gibt und Austreibung gibt. Wir wollen diese bösen, schlimmen Dinge beseitigen.' Und sie beseitigten jene bösen, schlimmen Dinge. Weil sie die bösen, schlimmen Dinge beseitigten, darum wurden sie Brahmanen genannt[1]. So ist als ihre erste Benennung[2] das Wort ‚Brahmane' entstanden.

„Die bauten sich nun im Walde Blätterhütten und gaben in denen sich der Versenkung hin. Bei ihnen sah man keine Kohlen und keinen Rauch, und die Mörserkeule ruhte (?). Abends gingen sie für das Abendessen, morgens für das Frühstück zu den Dörfern und Flecken und Königsstädten hinein, um sich Speise zu verschaffen. Und wenn sie Speise empfangen hatten, gaben sie sich wieder im Walde, in ihren Blätterhütten der Versenkung hin. Wie das die Leute sahen, sagten sie: ‚Diese Wesen bauen sich im Walde Blätterhütten und geben sich in denen der Versenkung hin. Bei ihnen sieht man keine Kohlen ... in ihren Blätterhütten der Versenkung hin.' Und so wurden sie, weil sie sich der Versenkung hingaben *(jhāyanti)*, Versenkte *(jhāyaka)* genannt. So ist als ihre zweite Benennung das Wort ‚Versenkte' entstanden.

„Da waren nun einige dieser Wesen nicht imstande, im Walde, in ihren Blätterhütten die Versenkung zu erreichen. Die gingen zu den Dörfern oder den Flecken und beschäftigten sich dort damit, Bücher zu verfassen[3]. Wie die Leute das sahen, sagten sie: ‚Diese Wesen können im Walde, in ihren Blätterhütten die Versenkung nicht erreichen. Darum sind sie zu den Dörfern oder den Flecken gekommen und beschäftigen sich hier damit, Bücher zu verfassen.' Weil sie sich nicht der Versenkung hingaben, wurden sie Schriftgelehrte *(ajjhāyaka, was hier gedeutet wird als hieße es „Nicht-versenkt", a-jhayaka)* genannt. So ist als ihre dritte Benennung das Wort ‚Schriftgelehrte' entstanden. Das wurde damals gering geschätzt, während es jetzt für das Höchste gilt ...

„Da betrieben nun von jenen Wesen manche, nachdem sie des Liebesgenusses gewohnt geworden waren, Geschäfte verschiede-

---

[1] beseitigen: *bāhenti.* „Brahmane" heißt im Māgadhīdialekt, der der Pāliredaktion des Textes zugrunde liegt, *bāmhaṇa.* Natürlich keine in Wahrheit zutreffende Etymologie.

[2] Im folgenden (s. u.) werden weitere Benennungen aufgeführt.

[3] Man denke dabei nicht an Geschriebenes. Es sind Texte gemeint, die im Gedächtnis aufbewahrt und mündlich weitergelehrt wurden.

ner Art. Und es hieß von ihnen: ‚Sie sind des Liebesgenusses gewohnt geworden und betreiben Geschäfte verschiedener *(vissu)* Art.' Darum wurden sie Vaiśyas *(vessa)* genannt. Dies ist die Entstehung des Vaiśyastandes, nach seiner alten, aus der Vorzeit stammenden Benennung ...

„Da waren nun von jenen Wesen welche übrig, die lebten als Jäger. ‚Jägerleben, gemeines Leben' *(luddācāra khuddācārā)* sagte man: so nannte man sie Śūdras *(sudda).* Dies ist die Entstehung des Śūdrastandes, nach seiner alten, aus der Vorzeit stammenden Benennung ...

„Und es kam eine Zeit, da war mancher Kṣatriya mit den Ordnungen seines Standes unzufrieden und verließ die Welt, um sich der Heimatlosigkeit zuzuwenden, und sprach: ‚Ich will ein Asket werden.' Und auch mancher Brahmane ... und auch mancher Vaiśya ... und auch mancher Śūdra ... So ist aus diesen vier Ständen der Asketenstand hervorgegangen, unter eben jenen Wesen, nicht unter andern; sie waren einander gleich, nicht ungleich; nach dem Recht, nicht nach Unrecht. Denn das Recht war das Höchste unter jenen Wesen, in der sichtbaren Welt wie im Jenseits."

Die Absicht, in der diese Konstruktionen über die Entstehung der Kasten vorgetragen werden, ist natürlich die, dem Anspruch der Brahmanen auf einen ihrem Wesen nach ihnen zukommenden Vorrang entgegenzutreten.

109.

KRITIK DES BRAHMANENTUMS

Buddha wandert im Kosalalande (Oudh). Ein vornehmer Brahmane dort hört von ihm und schickt seinen im Veda wohlbewanderten Schüler Ambaṭṭha ab, zu prüfen, ob das Gerücht von Buddhas Herrlichkeit die Wahrheit meldet. Es entspinnt sich zwischen Ambaṭṭha und Buddha eine Unterhaltung. „Der junge Ambaṭṭha wechselte bald spazierengehend, bald stehend mancherlei höfliche Reden mit dem Erhabenen, während dieser immer auf seinem Sitze saß." Mit brahmanischen Lehrern würde Ambaṭṭha, wie er nicht verschweigt, sich so zu unterhalten nicht wagen. „Der junge Ambaṭṭha", bemerkt Buddha „ist unerzogen. Denn auf seine Erziehung sich etwas einbilden ist nichts andres als Unerzogenheit." Es wird von den Prärogativen des Brahmanentums gesprochen.

„Wie meinst du nun, Ambaṭṭha? Stelle dir vor, der Kosalakönig Pasenadi auf dem Nacken seines Elefanten sitzend oder auf seinem Roß sitzend oder auf dem Polster seines Wagens stehend hielte mit seinen Gewaltigen oder Fürsten irgendeine Beratung. Dann ginge er von jener Stätte fort und stellte sich seitab. Nun käme ein Sūdra oder eines Śūdra Sklave, träte an eben jene Stätte hin und hielte jene selben Reden – ‚geradeso hat der Kosalakönig Pasenadi gesprochen.' Würden das nun wohl Königsworte sein, die er spräche? Oder würde das ein königlicher Rat sein, den er hielte? Und würde er dadurch zum König werden oder groß wie ein König?"

„Das würde er nicht, mein guter Gotama."

„Ebenso nun auch hier, Ambaṭṭha. Jene alten Seher der Brahmanen, die Verfasser der Vedasprüche, die Verkünder der Vedasprüche, deren alten Spruchtext, wie sie ihn gesungen, gesprochen, gesammelt haben, jetzt die Brahmanen nachsinnen und nachreden, das Geredete nachreden, das Gelehrte weiterlehren – jene Alten wie Aṭṭhaka, Vāmaka, Vāmadeva, Vessāmitta, Yamataggi, Angirasa, Bhāradvāja, Vāseṭṭha, Kassapa, Bhagu [1] –: wenn du samt deinem Lehrer deren Sprüche hersagst, wirst du dadurch zum Seher werden oder den Pfad, der zur Seherschaft führt, betreten? Das ist ausgeschlossen!

„Und wie meinst du weiter, Ambaṭṭha? Hast du wohl gehört, was die alten, greisen Brahmanen, die Lehrer und die Lehrer der Lehrer sagen? Jene alten Seher der Brahmanen, die Verfasser der Vedasprüche... Kassapa, Bhagu: waren die so schön gewaschen, schön gesalbt, an Haar und Bart frisiert, bekränzt und geschmückt, mit reinen Kleidern angetan, hatten sie die Genüsse al-

---

[1] Eine etwas freie und ungenaue Wiedergabe der Namen jener brahmanischen Geschlechtshäupter, auf welche die Tradition die Hymnen des Rigveda zurückführt. Die Namen sind hier natürlich in Päligestalt; Vessāmitta, Vāseṭṭha sind im Veda Viśāmitra, Vasiṣṭha.

ler fünf Sinne zum Besitz und zu eigen und ließen sich in ihnen wohlsein, wie du jetzt samt deinem Lehrer?"

„So waren sie nicht, mein guter Gotama."

„Aßen sie wohl solches Reismus vom besten Reis, aus dem die schwarzen Körner entfernt waren, mit vielerlei Brühe und Curry, wie du jetzt samt deinem Lehrer?"

„Das taten sie nicht, mein guter Gotama."

„Umgaben sie sich wohl mit Weibern, deren Taille, vom Gürtel geschnürt, sich zusammenbog (?), wie du jetzt samt deinem Lehrer?"

„Das taten sie nicht, mein guter Gotama."

„Zogen sie wohl einher auf Wagen, mit Stuten bespannt, deren Schweif schön geflochten war, mit langen Stachelstöcken ihre Tiere antreibend, wie du jetzt samt deinem Lehrer?"

„Das taten sie nicht, mein guter Gotama."

„Wohnten sie wohl in Städten, mit festfundamentierten Umwallungen, mit Gräben und starkverriegelten Toren, und ließen sich von Männern bewachen, umgürtet mit langen Schwertern, so wie du jetzt samt deinem Lehrer?"

„Das taten sie nicht, mein guter Gotama."

„So bist du also, Ambaṭṭha, samt deinem Lehrer, kein Seher und hast auch nicht den Pfad betreten, der zur Seherschaft führt!" ...

Aus einem Gespräch des Buddha mit einem jungen Brahmanen vom Geschlecht der Vāseṭṭha, die sich auf den berühmten vedischen Seher Vasiṣṭha zurückführen.

„Wie steht es nun, Vāseṭṭha? Gibt es unter den dreivedenkundigen Brahmanen [1] auch nur einen einzigen, der Brahma von Angesicht gesehen hat?"

„Den gibt es nicht, mein Gotama."

„Und wie steht es, Vāseṭṭha? Haben die dreivedenkundigen

[1] Die alte heilige Literatur Indiens umfaßt in erster Linie drei Veden. Darüber ob noch ein vierter zu zählen sei, gingen die Ansichten auseinander.

Brahmanen auch nur einen einzigen Lehrer, der Brahma von Angesicht gesehen hat?"

„Den haben sie nicht, mein Gotama."

„Und wie steht es, Vāseṭṭha? Gibt es bei den dreivedenkundigen Brahmanen auch nur einen einzigen Lehrerslehrer, der Brahma von Angesicht gesehen hat?"

„Den gibt es nicht, mein Gotama."

„Und wie steht es, Vāseṭṭha? Gibt es bei den dreivedenkundigen Brahmanen auch nur einen einzigen früheren Lehrer bis aufwärts zur siebenten Generation von Lehrern, der Brahma von Angesicht gesehen hat?"

„Den gibt es nicht, mein Gotama."

„Und wie steht es weiter, Vāseṭṭha? Jene alten Seher der dreivedenkundigen Brahmanen, die Verfasser der Vedasprüche ... *wie oben S. 367, mit der dortigen Namenreihe:* haben wenigstens die gesagt: ‚Das wissen wir, das sehen wir, wo Brahma ist, und wie man zu Brahma kommt, und an welchem Ort Brahma sich befindet?'"

„Das haben sie nicht gesagt, mein Gotama."

„So gibt es mithin, Vāseṭṭha, unter den dreivedenkundigen Brahmanen auch nicht einen einzigen *(folgt Wiederholung aller eben gemachten Feststellungen).* Und doch sprechen die dreivedekundigen Brahmanen also: ‚Den wir nicht kennen, den wir nicht sehen, zur Vereinigung mit dem weisen wir den Weg und sagen auch: Dies ist der rechte Weg, dies ist der gerade Pfad, der zum Ziel führende, welcher den, der danach wandelt, zur Vereinigung mit Brahma führt!' Wie meinst du nun, Vāseṭṭha? Da es sich so verhält, erweist sich dann das, was die dreivedenkundigen Brahmanen sagen, nicht als leeres Gerede?"

„Gewiß, mein Gotama! Was die dreivedenkundigen Brahmanen sagen, erweist sich in der Tat als leeres Gerede!"

„In Wahrheit, Vāseṭṭha, daß die dreivedenkundigen Brahmanen zur Vereinigung mit dem, den sie nicht kennen, den sie nicht sehen, den Weg weisen sollten, und sollten sagen können: ‚Dies ist der rechte Weg, dies ist der gerade Pfad ...': das ist ausgeschlossen. Es ist, Vāseṭṭha, wie eine Reihe von Blinden, wo einer den anderen festhält: wer vorn ist, sieht nichts; und wer in der Mitte ist, sieht nichts, und wer hinten ist, sieht nichts: einer solchen Reihe von Blinden, Vāseṭṭha, gleicht das Gerede der dreivedenkundigen Brahmanen: wer vorn ist, sieht nichts; und wer in der Mitte ist, sieht nichts; und wer hinten ist, sieht nichts. So erweist sich dies Gerede der dreivedenkundigen Brahmanen als lächerlich, als bloße Worte, als öde und leer.

„Es ist, Vāseṭṭha, wie wenn ein Mann sagen wollte: ‚Die Schönste in diesem Lande, die begehre ich, die liebe ich!' – und man spräche zu ihm: ‚Nun sage, mein lieber Mann, die Schönste im Lande, die du begehrst und die du liebst – weißt du von dieser Schönsten, ob sie vom Kṣatriyageschlecht oder vom Brahmanengeschlecht oder vom Vaiśageschlecht oder vom Śūdrageschlecht ist?' – und er gestände ein, das nicht zu wissen. Und weiter spräche man zu ihm: ‚Sage, mein lieber Mann, die Schönste im Land, die du begehrst und die du liebst – weißt du von dieser Schönsten, welches ihr Name und welches ihre Familie ist, ob sie groß oder klein ist, ob sie schwarz oder braun ist oder gelbe Hautfarbe hat, und ob sie in dem und dem Dorf oder Flecken oder in der und der Stadt wohnt?' und wieder gestände er ein, das nicht zu wissen. Dann würde man zu ihm sprechen: ‚So sage, mein lieber Mann, ein Weib also, das du nicht kennst und nicht gesehen hast, das begehrst du und liebst du?' – und dazu sagte er Ja. Wie meinst du nun, Vāseṭṭha? Da es sich so verhält, erweist sich dann das, was die dreivedenkundigen Brahmanen sagen, nicht als leeres Gerede?"

„Gewiß mein Gotama! Was die dreivedenkundigen Brahmanen sagen, erweist sich in der Tat als leeres Gerede!"

„Es ist, Vāseṭṭha, wie wenn dieser Fluß Aciravatī[1] bis an den Rand voll Wasser wäre, so daß die Krähen (vom Ufer her) daraus trinken können, und es käme ein Mann, der nach dem andern Ufer zu kommen verlange, nach dem andern Ufer strebte, nach dem andern Ufer unterwegs ist, nach dem andern Ufer zu gelangen wünschte. Der stellte sich an diesem Ufer hin und riefe das andere Ufer: ‚Komm herüber, andres Ufer! Komm herüber, an-

---

[1] Vgl. oben S. 332 A. 2.

dres Ufer!' Wie meinst du, Vāseṭṭha? Würde wohl auf das Rufen dieses Mannes und auf sein Bitten und auf sein Begehren und auf sein Zureden das andre Ufer des Aciravatīflusses zu diesem Ufer herüberkommen?"

„Das würde es nicht, Gotama."

„Ebenso nun auch, Vāseṭṭha, die dreivedenkundigen Brahmanen, die da leben alles dessen sich entäußernd, was zum Brahmanen macht, und alles das annehmend, was zum Nichtbrahmanen macht – sie sagen: ‚Den Indra rufen wir! Den Soma rufen wir! Den Varuṇa rufen wir! Den Jsāna (Śiva) rufen wir! Den Prajāpati rufen wir! Den Brahma rufen wir! Den Maharddhi rufen wir! Den Yama rufen wir [1]!' Daß diese dreivedenkundigen Brahmanen, die da leben alles dessen sich entäußernd, was zum Brahmanen macht, und alles das annehmend, was zum Nichtbrahmanen macht, um ihres Rufens willen und um ihres Bittens willen und um ihres Begehrens willen und um ihres Zuredens willen, wenn ihr Leib zerbricht, jenseits des Todes zur Vereinigung mit Brahma gelangen sollten, das ist ausgeschlossen."

„Wie meinst du nun, Vāseṭṭha? Hast du wohl gehört, was die alten, greisen Brahmanen, die Lehrer und die Lehrer der Lehrer sagen? Ist Brahma von Besitz und dergleichen umgeben oder ist er es nicht?"

„Er ist nicht davon umgeben, mein Gotama."

„Ist er gehässigen oder freundlichen Gemütes?"

„Freundlichen Gemütes, mein Gotama."

„Ist er von boshafter oder gutartiger Gesinnung?"

„Von gutartiger Gesinnung, mein Gotama."

„Ist er reines Herzens oder unreines Herzens?"

„Reines Herzens, mein Gotama."

„Hat er sich in der Gewalt oder hat er sich nicht in der Gewalt?"

„Er hat sich in der Gewalt, mein Gotama."

„Wie meinst du nun, Vāseṭṭha, sind die dreivedenkundigen

---

[1] Eine Liste vedischer bzw. brahmanischer Gottheiten, in der nur der vorletzte Name (Mahiddhi = sanskrit Maharddhi) Schwierigkeiten macht.

Brahmanen von Besitz und dergleichen umgeben oder sind sie es nicht?"

„Sie sind davon umgeben, mein Gotama."

„Sind sie gehässigen oder freundlichen Gemütes?"

„Gehässigen Gemütes, mein Gotama."

„Sind sie von boshafter oder gutartiger Gesinnung?"

„Von boshafter Gesinnung, mein Gotama."

„Sind sie reines Herzens oder unreines Herzens?"

„Unreines Herzens, mein Gotama."

„Haben sie sich in der Gewalt oder haben sie sich nicht in der Gewalt?"

„Sie haben sich nicht in der Gewalt, mein Gotama."

„So ergibt sich also, Vāseṭṭha, daß die dreivedenkundigen Brahmanen von Besitz und dergleichen umgeben sind, und daß Brahma nicht davon umgeben ist. Können dann die davon umgebenen dreivedenkundigen Brahmanen mit dem nicht davon umgebenen Brahma wohl zusammenstimmen und zusammenpassen?"

„Das können sie nicht, mein Gotama."

„Schön, Vāseṭṭha! Daß dann die dreivedenkundigen Brahmanen, die von Besitz und dergleichen umgeben sind, wenn ihr Leib zerbricht, jenseits des Todes zur Vereinigung mit Brahma gelangen sollten, der von alldem nicht umgeben ist, das ist ausgeschlossen."

Dieselbe Argumentation wird dann durch die übrigen Gegensatzpaare durchgeführt.

„Wenn also, Vāseṭṭha, die dreivedenkundigen Brahmanen an diesen Punkt gelangt sind[1] (?), so sinken sie zusammen; zusammensinkend verfallen sie in Verzagen; sie geraten, möchte man sagen, aufs Trockene. Darum heißt dies die Wüste der Dreivedenkunde für die dreivedenkundigen Brahmanen; es heißt die Wildnis der Dreivedenkunde; es heißt das Elend der Dreivedenkunde."

[1] Wenn nach ihrem Scheinglück sie an dem Punkt stehen, wo ihr wahres Wesen sich geltend macht?

110.
WASCHUNGEN REINIGEN NICHT VON SÜNDE

Also habe ich gehört.

Einstmals weilte der Erhabene zu Gayā, auf dem Gayāsīsa[1]. Zu der Zeit nun waren zu Gayā viele Jaṭilas („Haarflechtenträger", vedisch-brahmanische Asketen), die in den kalten Winternächten, um die Achten[2], in der Zeit der Schneefälle im Wasser auftauchten, untertauchten, Auf- und Untertauchungen vornahmen, sich besprengten, das Feueropfer vollzogen, indem sie meinten, dadurch werde man rein. Der Erhabene aber sah, wie diese vielen Jaṭilas in den kalten Winternächten ... Solches sehend tat der Erhabene zu der Zeit den Ausruf:

„Nicht durch Wasser der Mensch rein wird –
Im Wasser baden Leute viel.
Der, dem Wahrheit und Recht einwohnt,
Er ist Brahmane; er ist rein."

*

Aus den Versen der Nonne Puṇṇikā

„Wer mag dir das gesagt haben,
Unkundig dem Unkundigen,
Daß man mit Wasser sich waschend
Der bösen Tat entledigt wird?

„Da muß zum Himmel ja eingehn
Der Schildkröten und Frösche Volk,
Krokodile und Seeschlangen
Und was sich sonst im Wasser regt ...

„Können Flüsse hinwegführen
Die böse Tat, die du getan,
Führen sie auch hinweg Guttat
Und bringen dich um ihren Lohn.

„Die Schuld, die du dir abwaschen
In Wasserflut, Brahmane, willst,

---

[1] Vgl. oben S. 100.
[2] Oben S. 74 A. 1.

Die meid und setze unnützlich
Deinen Leib nicht der Kälte aus."

111.
SELBSTLIEBE UND SCHONUNG DER ANDERN

Also habe ich gehört.

Einstmals verweilte der Erhabene zu Sāvatthī, im Jetavana, dem Garten des Anāthapiṇḍika.

Zu der Zeit nun hielt sich der Kosalakönig Pasenadi mit der Königin Mallikā auf dem Söller seines herrlichen Palastes auf. Der Kosalakönig Pasenadi aber sprach zur Königin Mallikā: „Ist dir, Mallikā, wohl irgend ein Andrer lieber als dein eignes Selbst?" „Kein Andrer, großer König, ist mir lieber als mein eignes Selbst. Und ist dir, großer König, irgend ein Andrer lieber als dein eignes Selbst?" „Auch mir, Mallikā, ist kein Andrer lieber als mein eignes Selbst."

Der Kosalakönig Pasenadi aber stieg von seinem Palast herab und ging zum Erhabenen.

Er erzählt dem Buddha sein Gespräch mit der Königin.

Solches bedenkend, tat der Erhabene zu der Zeit den Ausruf:

„Mit seinem Geist hat er Nord, Süd, Ost, West durchforscht,
Nichts Lieberes hat er gefunden als sein Selbst.
So liegt sein eigen Selbst ein jeder Andre auch.
Tu Andern drum kein Leid, der du dich selber liebst!"

112.
VON SITTLICHKEIT UND RECHTEM BENEHMEN IM GESELLSCHAFTLICHEN UND FAMILIENLEBEN

Also habe ich gehört.

Einstmals verweilte der Erhabene zu Rājagaha im Veḷuvana („Bambuspark"), im Kalandakanivāpa („Futterplatz der Eichhörnchen").

Zu der Zeit war Singālaka („Schakal"), ein Bürgerssohn, früh aufgestanden, aus Rājagaha hinausgewandert und brachte mit nassen Gewändern und nassem Haar, die Hände zusammenlegend, jeder einzelnen Himmelsgegend seine Verehrung dar: der östlichen Gegend, der südlichen Gegend, der westlichen Gegend, der nördlichen Gegend [1], der unteren Gegend, der oberen Gegend.

Der Erhabene aber kleidete sich des Morgens an, nahm Almosenschale und Obergewand und ging nach Rājagaha hinein, Almosen zu sammeln. Da sah der Erhabene den Bürgerssohn Singālaka, der früh aufgestanden ... *wie oben.* Als er so den Bürgerssohn Singālaka sah, sprach er zu ihm:

„Warum, lieber Bürgerssohn, bist du früh aufgestanden ...?"

„Mein Vater hat bei seinem Tode zu mir gesagt: ‚Kind, bringe den Himmelsgegenden deine Verehrung dar!' Dies Wort meines Vaters, Herr, halte ich hoch und wert, achte und ehre ich: darum bin ich früh aufgestanden ..."

„Dies ist aber nicht die Weise, lieber Bürgerssohn, wie man in der Ordnung des Edlen (d. h. des Buddha) den sechs Himmelsgegenden seine Verehrung zu bringen hat."

„Wie hat man denn, Herr, in der Ordnung des Edlen den sechs Himmelsgegenden seine Verehrung zu bringen? Wohlan, Herr, möge der Erhabene mir darüber Lehre erteilen, wie man in der Ordnung des Edlen der sechs Himmelsgegenden seine Verehrung bringen soll."

„So höre zu, lieber Bürgerssohn, und beherzige es wohl. Ich will es dir sagen."

„Ja, Herr" – so sagte der Bürgerssohn Singālaka dem Erhabenen zu. Der Erhabene aber redete also:

„Wenn ein edler Jünger, mein lieber Bürgerssohn, die vier Sünden, die sein Tun beflecken, von sich abgetan hat, wenn er in vier Beziehungen sich von böser Tat frei hält, wenn er die sechs abwärts führenden Bahnen der Genüsse nicht betritt: so ist er damit vierzehn Übeln entronnen; er breitet Schutz über die sechs Himmelsgegenden; er schreitet zur Ersiegung beider Welten vor; diese Welt hat er gewonnen und jene Welt; er geht, wenn sein Leib zer-

---

[1] Also der Reihe nach dem Lauf der Sonne von Morgen bis Mitternacht entsprechend.

bricht, jenseits des Todes den Heilsweg und kommt in den Himmel[1].

„Welche vier Sünden nun, die sein Tun beflecken, hat er von sich abgetan? Die Tötung lebender Wesen, mein Bürgerssohn, ist eine Sünde, die sein Tun befleckt. Fremdes Eigentum nehmen ... ausschweifendes Leben ... Lüge ist eine Sünde, die sein Tun befleckt. Diese vier Sünden, die sein Tun beflecken, hat er von sich abgetan."

So sprach der Erhabene. Als so der Wohlwandelnde geredet hatte, sprach der Meister weiter also:

„Töten, fremden Besitz nehmen
Und reden lügnerisches Wort,
Mit Weibern Andrer Lust pflegen:
Solches loben die Weisen nicht."

„Und in welchen vier Beziehungen hält er sich von böser Tat frei? Den Abweg der Begier wandelnd, begeht er böse Tat. Den Abweg des Hasses ... den Abweg der Verblendung ... den Abweg der Furcht wandelnd, begeht er böse Tat. Indem aber, mein Bürgerssohn, ein edler Jünger nicht den Abweg der Begierde ... des Hasses ... der Verblendung ... der Furcht wandelt, hält er sich in diesen vier Beziehungen von böser Tat frei."

So sprach der Erhabene. Als so der Wohlwandelnde geredet hatte, sprach der Meister weiter also:

„Wer aus Begier, Haß, Furcht, Wirrsinn
Die rechte Ordnung übertritt,
Mehr und mehr dessen Ehr' abnimmt,
Wie bei schwindendem Licht der Mond."

„Wer nicht aus Gier, Haß, Furcht, Wirrsinn
Die rechte Ordnung übertritt,
Mehr und mehr dessen Ehr' zunimmt,
Wie bei wachsendem Licht der Mond."

---

[1] Man sieht hier die alte indische, auch im Buddhismus höchst lebendige Neigung zum Zählen der Dinge und Begriffe. So führt bekanntlich ein wichtigstes philosophisches System Indiens den Namen Sānkhya, d. h. die von der Zahl beherrschte Lehre.

„Und welche sechs abwärts führenden Bahnen der Genüsse vermeidet er zu betreten? Sich gehen lassen im Genuß berauschender Getränke, von Branntwein und Arrak: das ist, mein Bürgerssohn, eine abwärts führende Bahn der Genüsse. Sich zu später Stunde auf den Gassen herumtreiben ... Festversammlungen besuchen ... sich gehen lassen im Spiel ... schlechten Freundschaften sich hingeben ... der Trägheit sich hingeben: das ist eine abwärts führende Bahn der Genüsse.

„Sechsfacher Schaden erwächst, mein Bürgerssohn, dem der sich im Genuß berauschender Getränke, von Branntwein und Arrak gehen läßt: unmittelbar sichtbare Schädigung des Besitzes; Zunahme von Zank und Streit; ein Herd von Krankheiten bildet sich; es erhebt sich übler Ruf; man entblößt sich ungeziemend; der Verstand schwächt sich – das ist das sechste. Dieser sechsfache Schaden ...

„Sechsfacher Schaden erwächst, mein Bürgerssohn, dem der sich zu später Stunde auf den Gassen herumtreibt: die eigene Person bleibt ohne Schutz und Schirm; sein Weib und Kind bleibt ohne Schutz und Schirm; sein Vermögen bleibt ohne Schutz und Schirm; bei übeln Anlässen kommt er in Verdacht; unwahres Gerede gegen ihn findet Gehör; von vielem Schmerzbringenden ist er umgeben. Dieser sechsfache Schaden ...

„Sechsfacher Schaden erwächst, mein Bürgerssohn, aus dem Besuch von Festversammlungen. Da heißt es: Wo gibt es Tanz? Wo gibt es Gesang? Wo gibt es Musik? Wo werden Geschichten erzählt? Wo wird mit den Händen der Takt geklatscht (?)? Wo wird dic Trommel gerührt? Dieser sechsfache Schaden ...

„Sechsfacher Schaden erwächst, mein Bürgerssohn, dem der sich im Spiel gehen läßt: wer gewinnt, erweckt sich Feinde; wer verliert, hat Kummer; unmittelbar sichtbare Schädigung des Besitzes entsteht; in den Versammlungen, *oder* vor Gericht, gilt seine Rede nichts; von Freunden und Hausgenossen wird er verachtet; für Ehe und Hochzeit wird er nicht geschätzt; ein Mann, der Spieler ist, vermag sein Weib nicht zu ernähren. Dieser sechsfache Schaden [1] ...

---

[1] Der Verfasser hat sich hier (und ähnlich noch einmal im folgenden) verzählt; nicht sechs, sondern sieben Punkte werden angeführt.

„Sechsfacher Schaden erwächst, mein Bürgerssohn, dem der sich schlechten Freundschaften hingibt: die Spieler, die Säufer, die Durstigen, die Schufte, die Schwindler, die Gewalttäter, die sind seine Freunde und Genossen. Dieser sechsfache Schaden ...

„Sechsfacher Schaden erwächst, mein Bürgerssohn, dem der sich der Trägheit hingibt. ‚Es ist zu kalt', sagt er und tut seine Arbeit nicht. ‚Es ist zu heiß' ... ‚Es ist zu spät' ... ‚Es ist zu früh' ... ‚Ich bin zu hungrig' ... ‚Ich bin zu satt', sagt er und tut seine Arbeit nicht. Indem er seinen Pflichten gegenüber so viele Vorwände macht, kann er noch unerworbenen Reichtum nicht erwerben, und sein schon erworbener Reichtum geht zugrunde. Dieser sechsfache Schaden ..."

„Diese vier Arten, mein Bürgerssohn, von Freunden und lieben Genossen soll man kennen. Einen Wohltäter soll man als Freund und lieben Genossen erkennen. Den der Freude und Leid mit einem teilt...den der Heilsames zu einem spricht ... den Mitfühlenden soll man als Freund und lieben Genossen erkennen.

„An vier Dingen, mein Bürgerssohn, soll man den Wohltäter als Freund und lieben Genossen erkennen. Den Leichtsinnigen schützt er; das Vermögen des Leichtsinnigen schützt er; dem Furchtsamen ist er eine Zuflucht; wenn es Mühe und Arbeit gibt, tut er ihm doppelt so viel zugute. An diesen vier Dingen ...

„An vier Dingen, mein Bürgerssohn, soll man den, der Freude und Leid mit einem teilt, als Freund und lieben Genossen erkennen. Geheimnisse teilt er ihm mit; (des Freundes) eigne Geheimnisse behütet er; in Not verläßt er ihn nicht; selbst sein Leben setzt er für ihn aufs Spiel. An diesen vier Dingen ...

„An vier Dingen, mein Bürgerssohn, soll man den, der Heilsames zu einem spricht, als Freund und lieben Genossen erkennen. Er hält den Freund von Bösem zurück; er hält ihn zum Guten an; Ungehörtes macht er ihn hören [1]; er zeigt ihm den Weg zum Himmel. An diesen vier Dingen ...

„An vier Dingen, mein Bürgerssohn, soll man den Mitfühlen-

[1] Es sind wohl nicht beliebige Mitteilungen gemeint, sondern Lehre, die der Inder ja durch Hören aufnimmt.

den als Freund und lieben Genossen erkennen. An seinem Übelergehen freut er sich nicht; an seinem Wohlergehen freut er sich; wer schlecht von ihm spricht, dem wehrt er; wer gut von ihm spricht, den lobt er. An diesen vier Dingen ..."

So sprach der Erhabene. Als so der Wohlwandelnde geredet hatte, sprach der Meister weiter also:

„Der sich beweist als Wohltäter,
Der Freundschaft hält in Freud' und Leid,
Der heilbringendes Wort redet,
Der erfüllt ist von Mitgefühl:

„Die vier als viererlei Freunde
Soll man kennen mit klugem Sinn
Und mit Eifer sie werthalten
Wie die Mutter den eignen Sohn.

„Wer klug ist, sittenrein wandelt,
Erglänzt flammendem Feuer gleich.
Sammelt er wohlbedacht Habe
Allzeit mit bienenhaftem Tun [1],
So nimmt zu die Besitzfülle,
Wie der Ameisen Bau sich hebt.

„Also Reichtümer anhäufend
Des Hauses Herr, der treffliche,
Vierfach seinen Besitz teile,
Knüpfend manch festes Freundschaftsband.

„Ein Teil mög' ihm Genuß spenden;
Mit zweien treib' er sein Geschäft;
Für die Zukunft als Notpfennig
Soll er sparen den letzten Teil."

„Und wie breitet, mein Bürgerssohn, ein edler Jünger Schutz über die sechs Himmelsgegenden? Als die sechs Himmelsgegenden, mein Bürgerssohn, muß man dies verstehen: unter der östlichen Himmelsgegend verstehe man Mutter und Vater; unter der südli-

[1] Es ist wohl nicht an Bienenfleiß gedacht, sondern daran, daß die Biene der Blüte den Honig zu entnehmen weiß, ohne sie zu schädigen.

chen Himmelsgegend verstehe man die Lehrer; unter der westlichen Himmelsgegend verstehe man Weib und Kind; unter der nördlichen Himmelsgegend verstehe man Freunde und Hausgenossen; unter der unteren Himmelsgegend (dem Nadir) verstehe man Sklaven- und Dienergesinde; unter der oberen Himmelsgegend (dem Zenit) verstehe man Asketen und Brahmanen.

„Auf fünferlei Weise, mein Bürgerssohn, soll ein Sohn dem Osten, Mutter und Vater, seine Verehrung bringen. ‚Sie haben für mich gesorgt; so will ich für sie sorgen. Ihre Arbeit will ich tun. Das Geschlecht will ich fortsetzen. Ihre Erbschaft will ich antreten. Nach ihrem Tod und Hinscheiden will ich ihnen die Totenspende darbringen.' Wenn ein Sohn so auf fünferlei Weise dem Osten, Mutter und Vater, seine Verehrung bringt, so tun auch sie dem Sohn Gutes auf fünferlei Weise: sie halten ihn vom Bösen zurück; sie halten ihn zum Guten an; sie lassen ihn eine Kunst lernen; sie verheiraten ihn mit einer passenden Gattin; sie übergeben ihm zur rechten Zeit das Erbe. Wenn ein Sohn so auf fünferlei Weise ... so tun auch sie so dem Sohn Gutes auf fünferlei Weise. So ist für ihn über die östliche Himmelsgegend Schutz gebreitet; sie ist für ihn sicher und frei von Gefahr.

„Auf fünferlei Weise, mein Bürgerssohn, soll ein Schüler dem Süden, den Lehrern, seine Verehrung bringen: durch frühes Aufstehen, durch ehrfurchtsvollen Gruß, durch Gehorsam, durch Dienstleistungen, durch eifriges Erlernen der Kunst. Wenn ein Schüler so auf fünferlei Weise dem Süden, den Lehrern, seine Verehrung bringt, so tun auch sie den Schülern Gutes auf fünferlei Weise: gute Unterweisung lassen sie ihm angedeihen; daß er gut auffaßt, tragen sie Sorge; den ganzen Lernstoff der Kunst teilen sie ihm mit; ihren Freunden und Hausgenossen machen sie ihn bekannt; nach allen Himmelsgegenden vollziehen sie die Schutzriten für ihn. Wenn ein Schüler so ...

„Auf fünferlei Weise, mein Bürgerssohn, soll ein Gatte dem Westen, der Gattin, seine Verehrung bringen: indem er sie ehrt; indem er sie nicht verunehrt; indem er Übertretungen[1] meidet; indem er seine Herrschaft milde ausübt; indem er sie mit

[1] Es scheinen insbesondere solche geschlechtlicher Art gemeint zu sein.

Schmuck ausstattet. *Andererseits die Gattin:* Sie sorgt gut für die häuslichen Arbeiten; sie hat das Gesinde gut in der Hand; sie meidet (eheliche) Übertretungen; sie behütet das Besitztum; sie ist geschickt und eifrig in aller Arbeit. Wenn ein Gatte so ...

„Auf fünferlei Weise, mein Bürgerssohn, soll der Sprosse edlen Geschlechts dem Norden, den Freunden und Hausgenossen, seine Verehrung bringen: durch Gaben, durch freundliche Rede, durch nützliches Tun, indem er sie wie sich selbst betrachtet, indem er ihnen sein Wort hält. *Andererseits die Freunde und Hausgenossen:* Den Leichtsinnigen schützen sie; das Vermögen des Leichtsinnigen schützen sie; dem Furchtsamen sind sie eine Zuflucht; in Not verlassen sie ihn nicht; auch seine späte Nachkommenschaft noch ehren sie. Wenn ein Sprosse edlen Geschlechts so ...

„Auf fünferlei Weise, mein Bürgerssohn, soll der Herr der unteren Himmelsgegend, den Sklaven und Dienern, seine Verehrung bringen: indem er ihnen nach ihren Kräften Arbeit zuweist; indem er ihnen Lohn und Kost gewährt; indem er in Krankheit für sie sorgt; indem er ihnen mitteilt, was er von ungewöhnlich wertvollen Essenzen besitzt (?), indem er zur rechten Zeit Milde walten läßt. *Andererseits die Diener:* Sie stehen auf vor ihm: sie legen sich nieder nach ihm; sie nehmen nur was ihnen gegeben wird; sie tun gut ihre Arbeit; sorgen für ihres Herrn Ehre und Ansehen. Wenn ein Herr so ...

„Auf fünferlei Weise, mein Bürgerssohn, soll der Sprosse edlen Geschlechts der oberen Himmelsgegend, den Asketen und Brahmanen, seine Verehrung bringen: durch Freundlichkeit in Werken, durch Freundlichkeit in Worten, durch Freundlichkeit in Gedanken, seine Türe ihnen nicht verschließend, die Dinge, deren sie bedürfen, ihnen spendend. *Andererseits die Asketen und Brahmanen:* Sie halten ihn vom Bösen zurück; sie halten ihn zum Guten an; liebevollen Sinnes fühlen sie mit ihm; Ungehörtes machen sie ihn hören[1]; sein Wissen um das Gehörte läutern sie; sie zeigen ihm den Weg zum Himmel. Wenn ein Sprosse edlen Geschlechts so..."

---

[1] Vgl. oben S. 378 A. 1.

Singālaka nimmt des Buddha Belehrung mit Freuden an und erklärt sich mit den stehenden Formeln als Laiengläubigen.

Auf die Auffassung der Sittengebote werfen auch einige Sätze Licht, in denen davon die Rede ist, was die öffentliche Meinung dem Buddha nachrühmt (vgl. auch meinen „Buddha", 7. Aufl., S. 334):

„Töten lebender Wesen meidet der Asket Gotama; des Tötens lebender Wesen enthält er sich; er hat den Stock von sich getan; er scheut sich (andern wehzutun); von Mitleid, von mitfühlender Sorge um aller Lebewesen Bestes ist er erfüllt ...

„Fremden Besitz zu nehmen meidet der Asket Gotama; des Nehmens von fremdem Besitz enthält er sich; er nimmt nur was man ihm gibt, wartet ab ob man ihm gibt; von Diebsgelüsten frei, rein ist seine Seele ...

„Unkeuschheit meidet der Asket Gotama; er lebt in Keuschheit, zurückhaltend, entsagend der Fleischeslust, wie die rohe Welt sie übt ...

„Lügnerische Rede meidet der Asket Gotama; lügnerischer Rede enthält er sich. Er redet die Wahrheit, hält an der Abrede, ist gewiß, vertrauenswert, hält den Leuten sein Wort ...

„Verleumderische Rede meidet der Asket Gotama; verleumderischer Rede enthält er sich. Was er hier gehört hat, sagt er nicht dort wieder um den Einen Zwietracht zu bringen; was er dort gehört hat, sagt er nicht hier wieder um den Andern Zwietracht zu bringen. So ist er der Entzweiten Vereiner, der Vereinten Förderer in ihrer Einigkeit, an Eintracht sich ergötzend, der Eintracht sich freuend, an Eintracht seine Lust findend, des eintrachtschaffenden Wortes Sprecher ...

„Harte Rede meidet der Asket Gotama; harter Rede enthält er sich. Unschuldige Rede, angenehm zu hören, liebreich, zu Herzen gehend, höflich, Vielen lieb, Vielen angenehm: solcher Rede Redner ist er ...

„Geschwätz meidet der Asket Gotama; des Geschwätzes enthält er sich. Er redet zur rechten Zeit; wie es ist, so redet er; wie es Nutzen bringt, redet er; von der Lehre redet er; von der Ordnung redet er; Worte spricht er, in denen Schätze ruhen (?), zur rechten Zeit, wohl begründet, wohl umgrenzt, an Gehalt reich ..."

113.
RECHTES UND UNRECHTES TUN

Einzelne Versgruppen und Verse

Jegliche böse Tat meiden,
Sich hinwenden zur rechten Tat,
Zur Reinheit seinen Sinn läutern:
Aller Buddhas Gebot ist dies.

*

Wer aus der Ferne heimkehrend
Wohlbehalten im Haus erscheint
Nach langer Zeit, den grüßt freudig
Der Freunde und Verwandten Schar.

So den Menschen, der recht handelt,
Empfangen in der Himmelswelt
Seine eigenen Guttaten
Wie Verwandte den lieben Freund.

*

„Geschlagen und geschmäht bitter,
Gepeinigt hat er mich, beraubt":
Die das in ihrem Sinn hatten,
Finden der Feindschaft Ende nicht.

„Geschlagen und geschmäht bitter,
Gepeinigt hat er mich, beraubt":
Die darauf nicht den Sinn richten,
Finden der Feindschaft Ende bald.

Denn nicht durch Feindschaft wird Feindschaft
Zu End' auf Erden je geführt.
Durch Nichtfeindschaft zur Ruh' kommt sie:
Dies ist das ewige Gesetz.

*

Ein altes, tiefes Wort ist es;
Nicht stammt es erst von heute her:
Man tadelt den, der stumm dasitzt,
Man tadelt den, der Vieles spricht,
Auch den, der mäßig spricht, schilt man:
Dem Tadel kann man nicht entgehn.

VIERTER TEIL

FABELN UND ANDERE ERZÄHLUNGEN (JĀTAKAS)

JĀTAKAS

Erzählungen aus früheren Geburten des Buddha

Für die nachfolgenden Jātakas sei auf die Einleitung verwiesen und insonderheit an die dort gemachte Bemerkung erinnert, daß hier nur die in die Prosa eingelegten Verse alter, kanonischer Text sind; die Prosa dagegen ist Werk eines Kommentators, der wohl um das 5. Jahrhundert n. Chr. in Ceylon arbeitete. Den Haupterzählungen gehen jedesmal einleitende Erzählungen voran: Begebenheiten aus der Gegenwart des Buddha, die ihm den Anlaß zur Erzählung der entsprechenden vergangenen Begebenheiten geboten haben. Die Vergangenheitsgeschichten sind im Ganzen das weitaus Wichtigere. In vielen Fällen haben sie unzweifelhaft schon bestanden, ehe sich der Buddhismus ihrer bemächtigte und sie in den Rahmen seines Jātakaschemas hineinspannte. Doch insofern diese Erzählungen Bestandteile der buddhistischen Literatur sind, bilden auch die Gegenwartsgeschichten ein wesentliches Element des Ganzen.

Ich habe in einem Fall (Nr. 133), zur Veranschaulichung des Verhältnisses, die Gegenwartsgeschichte mit übersetzt; sonst habe ich sie fortgelassen.

Der Stilunterschied zwischen der Prosa dieser Erzählungen und der altertümlich feierlichen der kanonischen Texte wird auch in der Übersetzung dem Leser in die Augen fallen.

114.
DIE SCHILDKRÖTE UND DIE GÄNSE: VON DER REDSELIGKEIT

Einst als in Benares Brahmadatta König war[1], war der Bodhisatta in einer Familie von Hofleuten wiedergeboren. Als er erwachsen war, wurde er Ratgeber des Königs in Geschäften und sein Lehrer in geistlichen Dingen. Der König aber litt an Geschwätzigkeit; wenn er redete, konnte kein anderer zu Worte kommen. Was es

[1] Dies der immer wiederkehrende Ausdruck für die fabelhafte Vorzeit, in der die Geschichte spielt.

für ein Mittel gäbe, ihn von dieser Geschwätzigkeit zu heilen, darüber dachte der Bodhisatta viel nach.

Nun war zu der Zeit eine Schildkröte, die wohnte in einem Teich im Himalaya. Zwei junge Gänse, die nach Futter suchten, lernten sie kennen und schlossen mit ihr Freundschaft. Als sie nun große Freunde miteinander geworden waren, sagten die beiden eines Tages zur Schildkröte: „Freund Schildkröte, wir wohnen im Himalaya, auf dem Berge Cittakūṭa, in der Goldhöhle. Da ist es sehr schön. Dahin solltest du mit uns kommen!" „Wir wollen dich nehmen und hinbringen. Aber du mußt den Mund halten und darfst zu Niemanden auch nur ein einziges Wort sprechen!" „Das will ich schon so machen! Nehmt mich nur und bringt mich hin!" Die antworteten: „Das wollen wir tun", nahmen einen Stab und ließen die Schildkröte hineinbeißen. Und sie selbst bissen in die beiden Enden des Stabes, und so flogen sie in die Luft auf. Die Kinder im Dorf sahen, wie die Gänse mit der Schildkröte geflogen kamen, und riefen: „Da kommen zwei Gänse, die tragen eine Schildkröte an einem Stock!" „Wenn mich meine Freunde tragen, was geht das euch gemeine Bande an?" – so wollte die Schildkröte sagen: da ließ sie den Stab, in den sie gebissen hatte, los. Unterdessen waren die Gänse mit ihrem schnellen Flug schon bis zur Stadt Benares gekommen und flogen gerade über den Palast des Königs hin. In einen offenen Hof dieses Palastes stürzte die Schildkröte hinab und zerbrach in zwei Stücke. Das gab einen großen Lärm: „In den Hof ist eine Schildkröte aus der Luft gefallen und in zwei Stücke gebrochen!" Der König samt seinen Hofleuten ging mit dem Bodhisatta an jenen Ort, besah sich die Schildkröte und fragte den Bodhisatta: „Weiser, wie ist das gekommen, daß die hier heruntergefallen ist?" Da dachte der Bodhisatta: „Schon lange warte ich darauf, daß ich dem König eine Ermahnung beibringen kann, und suche nach einem Weg dazu. Diese Schildkröte hat gewiß mit Gänsen Freundschaft geschlossen; die werden ihr versprochen haben, sie in den Himalaya zu führen, haben sie auf den Stab beißen lassen und sind mit ihr in die Luft geflogen. Da hat sie dann gewiß von irgendwem irgendein Wort gehört, hat ihren Mund nicht im Zaum halten können und hat antworten wollen: so wird sie den Stab losgelassen und aus der Luft ihren Todessturz getan haben." Und er sagte zum König: „Ja, großer König, so geht es denen, die allzugern sprechen und kein Ende des Redens finden können" – und er sprach diese beiden Verse:

„Mit dem Tod hat die Schildkröte
Gebüßt für ihre Redelust.
Den Stab sie wohl gefaßt hatte –
Sie redete: das war ihr Tod.

„Beherz'ge dies, du Mächtigster der Männer.
Sprich nur geschicktes Wort und nur mit Maßen.
Du siehst, es fand durch viel Reden
Die Schildkröte den Untergang."

Da erkannte der König, daß er ihn selbst meinte, und sagte: „Wenn du so sprichst, denkst du an mich, Weiser!" Der Bodhisatta aber antwortete. „Großer König, magst du es nun sein oder irgendein anderer, wer ohne Maß redet, dem widerfährt solches Unheil", so erklärte er ihm den Sinn des Vorgangs. Von da an ließ der König seine Redseligkeit fahren.

115.
WIDER DIE REDSELIGKEIT

Einst, als in Benares Brahmadatta König war, war der Bodhisatta dort Hofmann. Damals war der Hofpriester des Königs ein großer Vielredner von schlimmer Geschwätzigkeit; hatte er zu reden angefangen, kam kein andrer zu Wort. Der König dachte: wo finde ich einen Menschen, der dieser Rederei ein Ende macht? Und er suchte fortan nach jemandem, der das vermöchte. Zu der Zeit nun war zu Benares ein Krüppel, der war ein Meister in der Kunst mit Steinchen zu werfen. Die Dorfjungen pflegten ihn auf ein Wägelchen zu setzen und zu ziehen – am Stadttor von Benares stand ein großer Feigenbaum [1] mit mächtigem Laubwerk: dorthin brachten sie ihn, stellten sich um ihn herum, gaben ihm kleine Münzen und dergleichen und sagten: „Wirf uns einen Elefanten,

---

[1] Es handelt sich um den indischen Feigenbaum mit den herabhängenden, zu neuen Stämmen werdenden Luftwurzeln.

wirf uns ein Pferd!" Dann warf er die kleinen Geschosse, bis er im Laub des Feigenbaums diese verschiedenen Figuren zustande gebracht hatte. Alle Blätter des Baums waren zerrissen und durchlöchert. Wie nun der König sich nach seinem Park begab, kam er an diese Stelle. Aus Furcht fortgejagt zu werden, waren die Jungen alle davongelaufen; nur der Krüppel war dort liegen geblieben. Als der König zum Feigenbaum kam, bemerkte er, wie er in seinem Wagen saß, daß der Schatten des Baumes infolge der Beschädigungen der Blätter ganz zerrissen aussah. Er blickte in die Höhe, sah alle die beschädigten Blätter und fragte: „Wer hat das getan?" „Ein Krüppel, Herr." Da dachte der König: „Der kann mir dazu verhelfen, den Redefluß des Brahmanen abzuschneiden", und fragte. „Wo ist der Krüppel?" Man suchte ihn, fand ihn zwischen den Baumwurzeln liegend und sagte: „Da ist er, Herr." Der König ließ ihn zu sich rufen, befahl seinem Gefolge beiseite zu treten und fragte ihn: „Da habe ich solch einen geschwätzigen Brahmanen. Würdest du den wohl zum Schweigen bringen können?" „Wenn man mir ein Maß voll Ziegenmist gibt, will ich das wohl machen, Herr." Der König nahm den Krüppel mit sich in sein Haus, ließ ihn hinter einem Vorhang sitzen, in den Vorhang ein Loch machen und dem Loch gegenüber den Sitz für den Brahmanen bereiten. Weiter ließ er ein Maß voll trockene Kügelchen Ziegenmist dem Krüppel hinstellen, ließ den Brahmanen, wie er um die Stunde des Empfanges gekommen war, auf jenem Sitz Platz nehmen und begann ein Gespräch. Der Brahmane fing alsbald so mit dem König zu sprechen an, daß kein andrer zu Worte kommen konnte. Da ließ der Krüppel jenem durch das Loch des Vorhangs ein Mistkügelchen nach dem andern tief in den Mund fliegen, wie wenn Fliegen da hineinflögen. Der Brahmane verschluckte sie, wie sie ankamen, so glatt, wie wenn man Öl in eine Röhre gießt. So wurde der ganze Vorrat aufgebraucht. Das Maß Mistkügelchen, wie sie in seinen Bauch gelangt waren, schwoll an, und sie wurden so viel wie ein halber Scheffel. Der König, wie er sah, daß sie zu Ende waren, sagte: „Meister, infolge Eurer großen Redseligkeit habt ihr nicht bemerkt, daß Ihr ein ganzes Maß Ziegenmist verschluckt habt. Mehr als das könnt Ihr nicht verdauen. Geht, trinkt Fenchwasser, daß ihr euch erbrecht und nicht krank werdet!" Fortan war der Brahmane, als wäre sein Mund verschlossen, und auch wenn alle redeten, hüllte er sich in Schweigen. Da sagte der König: „Dieser hat meinen Ohren Freude geschaffen", und verlieh dem Krüppel vier Dörfer nach den vier Himmelsgegenden hin, die einen Ertrag von hunderttausend brachten. Der Bodhisatta aber ging zum König und sprach: „Herr, eine Kunst muß auf Erden lernen, wer klug ist. Der Krüppel hat es allein durch die Kunst des Kieselwerfens zu solchem Glück gebracht." Und er sprach den Vers:

„Eine Kunst zu verstehn gut ist,
Welche Kunst es auch immer sei.
Sieh, wie der lahme Wurfkünstler
Als Preis der Dörfer vier gewann!"

116.
DER LÖWE UND DER SPECHT

Einst als in Benares Brahmadatta König war, war der Bodhisatta im Himalaya als Specht wiedergeboren. Da geschah es, daß einem Löwen, wie er ein Stück Fleisch fraß, ein Knochen im Halse stekken blieb. Sein Hals schwoll an; er konnte nicht auf Beute ausgehen und litt heftige Schmerzen. Da sah ihn der Vogel, wie er umherflog, sich sein Futter zu suchen, setzte sich auf einen Zweig und fragte ihn: „Was fehlt dir, Freund?" Da sagte der Löwe ihm, was geschehen war. „Ich könnte dir wohl den Knochen herausbefördern, Freund. Aber ich wage mich nicht in deinen Rachen; du möchtest mich fressen!" „Habe keine Furcht, Freund; ich werde dich nicht fressen. Rette nur mein Leben!" Jener erwiderte: „Gut, ich will es tun", und hieß den Löwen sich auf die Seite legen. Aber er dachte: „Wer kann wissen, was der tun wird", steckte ihm ein Stäbchen so zwischen Unterlippe und Oberlippe, daß er den Rachen nicht schließen konnte, ging in seinen Rachen hinein und stieß mit dem Schnabel gegen das Ende des Knochens, so daß der Knochen herausfiel. Als er den Knochen beseitigt hatte, stieß er, wie er aus dem Rachen des Löwen hervorkam, das Stäbchen mit seinem Schnabel heraus, machte sich davon und setzte sich wieder auf seinen Zweig. So war der Löwe von seinen Leiden befreit.

Eines Tages aber hatte er einen Waldbüffel getötet und war dabei, ihn zu verzehren. Da dachte der Vogel: „Ich will ihn doch auf die Probe stellen", setzte sich über ihm auf einen Zweig und sprach, mit ihm redend, den ersten Vers[1]:

„Soweit, Herr, meine Kraft reichte,
War ich auf deinen Dienst bedacht.
Sei ehrfurchtsvoll gefragt: gibst du,
König der Tiere, nichts zum Lohn?"

Wie er das hörte, sprach der Löwe den zweiten Vers:

„Der du mir wildem Bluttrinker,
Dem Täter grausen Mordeswerks
Zwischen die Zähne dich wagtest:
Daß du noch lebst, ist reicher Lohn!"

Wie der Vogel das hörte, sprach er die beiden andern Verse:

„Dem undankbaren Nichtstäter,
Der das Empfangene nicht vergilt,
Des Herz der Dankbarkeit bar ist,
Dem zu dienen bringt keine Frucht.

„Wer nach empfangener Dienstleistung
Der Freundschaft Pflichten nicht erfüllt,
Den sollst nicht schmäh'n und nicht schelten,
Doch sollst du sachte von ihm gehn."

So sprach der Vogel und flog von dannen.

117.
DER ESEL IN DER LÖWENHAUT

Einst als in Benares Brahmadatta König war, wurde der Bodhisatta in einer Familie von Ackerbauern wiedergeboren, und wie er herangewachsen war, lebte er davon, daß er Landarbeit tat. Damals war da ein Kaufmann, der zog umher und trieb seinen Handel, und ein Esel mußte ihm die Waren tragen. Wenn der hierhin oder

---

[1] Man erinnere sich, daß die Verse der Erzählung als altüberlieferter, fester Bestand vorlagen und die Erzählung selbst, nur dem Inhalt, aber nicht der Form nach alt, hier von dem Kommentator gewissermaßen als Erklärung des Verstextes gegeben wird.

dorthin kam, nahm er dem Esel die Waren vom Rücken, kleidete ihn in ein Löwenfell und ließ ihn auf die Reis- und Gerstenfelder los. Sahen ihn die Feldhüter, so dachten sie, es wäre ein Löwe und wagten sich nicht an ihn heran. Eines Tages nun hatte der Kaufmann an einem Dorftor Station gemacht, sich sein Frühstück kochen lassen, dem Esel das Löwenfell angetan und ihn auf ein Gerstenfeld laufen lassen. Die Feldhüter, die ihn für einen Löwen hielten und sich nicht an ihn wagten, gingen nach Hause und meldeten das. Da griffen alle Dorfleute zu den Waffen, bliesen die Muscheln, schlugen die Trommeln, gingen zu jenem Felde hin und vollführten ein großes Geschrei. Der Esel ließ in Todesangst sein Y-a hören. Wie da der Bodhisatta das Eselsgeschrei erkannte, sprach er den ersten Vers[1]:

„Das ist ja keines Leu'n Brüllen,
Tigers und Panthers Brüllen nicht.
Ins Löwenfell gehüllt schreit dort
Ein ganz gemeines Eseltier."

Und auch die Dorfleute merkten, daß es ein Esel war, schlugen ihm die Knochen entzwei, nahmen ihm die Löwenhaut ab und gingen nach Hause. Der Kaufmann aber kam und sah, wie schlimm es seinem Esel ergangen war. Da sprach er den zweiten Vers:

„In Ruhe lange Zeit könnte
Gekleidet in des Löwen Fell
Der Esel grünes Korn fressen.
Er schreit – da ist es mit ihm aus."

Wie er noch dabei war so zu sprechen, verendete der Esel. Der Kaufmann ließ ihn liegen und ging von dannen.

[1] Vgl. oben S. 391 A. 1.

118.
DER VORSICHTIGE AFFE

In alten Zeiten war dies Gehölz[1] ein wilder Wald. Und in diesem Lotusteich hier wohnte ein Nix; der fraß alle auf, die zum Teich hinabstiegen. Damals nun war der Bodhisatta ein Affenkönig, so groß wie das Junge einer roten Gazelle. Umgeben von achtzigtausend Affen wohnte er in jenem Walde und herrschte über seine Herde. Er ermahnte aber die Affenschar und sprach zu ihnen: „Meine Lieben, in diesem Walde gibt es Giftbäume und Teiche, die von bösen Wesen bewohnt sind. Wollt ihr Früchte irgend welcher Art essen, die ihr nicht kennt, und Wasser trinken, von dem ihr noch nicht getrunken habt, müßt ihr zuvor mich fragen." Die versprachen das zu tun. Und eines Tages kamen sie in eine unbekannte Gegend. Da gingen sie den Tag über umher, und wie sie nach Trinkwasser suchten, sahen sie einen Lotusteich. Aber sie tranken nicht vom Wasser, sondern setzten sich hin und warteten, bis der Bodhisatta käme. Als der kam, sagte er: „Warum trinkt ihr das Wasser nicht, meine Lieben?" „Wir haben auf Euer Kommen gewartet." „Das ist schön von euch", sagte der Bodhisatta, ging um den Teich und untersuchte die Fußspuren, die dort waren. Da sah er, daß die alle hinabgingen und keine heraufkam. So erkannte er, daß da unzweifelhaft ein böser Unhold wohnen mußte, und sagte: „Ihr habt recht getan vom Wasser nicht zu trinken; hier wohnt ein böser Unhold." Als nun der Nix merkte, daß sie nicht zum Wasser herabstiegen, kam er, das Wasser zerteilend hervor, mit blauem Bauch, weißem Gesicht, hochroten Händen und Füßen, scheußlich anzusehen, und sprach: „Was sitzt ihr da? Kommt doch herunter und trinkt Wasser?" Der Bodhisatta aber fragte ihn: „Bist du der Nix, der hier wohnt?" „Ja, der bin ich", antwortete er. „Ergreifst du die, die in den Lotusteich hinabsteigen?" „Ja, das tue ich. Ich lasse Niemanden los, der hierher kommt, bis herab zum kleinsten Vögelchen, und euch alle werde ich fressen." „Wir werden uns schon von dir nicht fressen lassen!" „Werdet ihr denn Wasser trinken?" „Gewiß, Wasser werden wir trinken, aber in deine Gewalt kommen werden wir

---

[1] Buddha erzählt die Geschichte in einem Gehölz im Kosalalande.

nicht." „Wie wollt ihr es denn machen das Wasser zu trinken?" „Du meinst wohl, daß wir zum Trinken hinabsteigen werden. Wir werden aber, ohne hinabzusteigen, alle achtzigtausend jeder einen Rohrstamm nehmen und aus deinem Teich trinken, wie wenn man mit einem hohlen Lotusstengel Wasser trinkt: so wirst du uns nicht fressen können." Indem der Meister hieran zurückdachte, sprach er später nach Erlangung der Buddhaschaft die beiden ersten Zeilen dieser Strophe[1]:

„Man sieht die Spur hinabgehen;
Hinaufgehn sieht man keine Spur.
Wir werden mit dem Rohr trinken,
So droht von dir uns nicht der Tod."

So sprach der Bodhisatta, ließ sich einen Rohrstamm bringen, überdachte die Vollkommenheiten[2], vollzog eine Beschwörung und blies mit seinem Munde in das Rohr. Da wurde das Rohr in seinem Innern überall ganz hohl, und auch nicht ein einziger Knoten blieb zurück. Hätte er nun auf diese Weise sich immer mehr Rohr bringen lassen, hineingeblasen und es den Affen gegeben, so wäre er nie fertig geworden: darum muß man es sich so nicht vorstellen. Sondern der Bodhisatta befahl, daß jedes um den Teich herum wachsende Rohr eine lange Röhre bilden sollte. Infolge der Großartigkeit des segensreichen Wandels der Bodhisattas gehen solche Befehle von ihnen in Erfüllung. Von da an also bildete alles Rohr, das um jenen Teich herum wuchs, lange Röhren ...

Als der Bodhisatta dies Wunder getan hatte, nahm er ein Rohr und setzte sich nieder. Und auch die achtzigtausend Affen nahmen je eines und setzten sich rund um den Teich. Und als der Bodhisatta das Wasser durch das Rohr aufzog und trank, tranken

---

[1] Die beiden letzten Zeilen sind natürlich Worte des Affen oder der Affenschar, und der ursprünglichen Absicht nach unzweifelhaft auch die beiden ersten. Den Späteren schienen diese eine erzählende Konstatierung des Sachverhalts in sich zu schließen, die sie vorzogen, dem erzählenden Buddha selbst zuzuschreiben.

[2] Er denkt an die zehn Vollkommenheiten, deren Erwerb zur Laufbahn eines Bodhisatta gehört. Die dann folgende Beschwörung wird so vorzustellen sein, daß er, so wahr er jene Vollkommenheiten betätigt hat, die Verwirklichung des und des Sachverhalts befiehlt.

auch sie alle am Ufer sitzend. Als sie so getrunken hatten, ging der Nix, unzufrieden, daß er keinen hatte fressen können, in seine Behausung. Der Bodhisatta aber mit seinem Gefolge ging in den Wald hinein.

119.
DIE AFFEN DILETTIEREN ALS GÄRTNER

Einst, als in Benares Brahmadatta König war, wurde in Benares ein Fest[1] ausgerufen. Sobald man den Paukenklang hörte, der das Fest verkündete, kümmerten sich alle Leute in der Stadt um nichts mehr als um das Fest. Damals wohnten nun im Lustgarten des Königs viele Affen. Der Gartenaufseher dachte: „In der Stadt ist das Fest ausgerufen. Ich will diesen Affen auftragen, den Garten zu begießen; dann kann ich selbst mich am Fest vergnügen." So ging er zum Ältesten der Affen und sagte: „Freund Affenältester! Von diesem Garten habt ihr ja so viel Gutes; ihr dürft hier Blumen, Früchte und Sprossen essen. Nun hat man in der Stadt das Fest ausgerufen, das möchte ich gern mitfeiern. Könntet ihr nicht, bis ich wiederkomme, die jungen Bäumchen in diesem Garten begießen?" „Gern, wir wollen sie begießen." „Seid also recht fleißig" – und er gab ihnen zum Begießen Lederschläuche und hölzerne Eimer und ging fort.

Die Affen nahmen die Lederschläuche samt den Holzeimern und begossen die jungen Bäumchen. Der Affenälteste aber sagte zu ihnen: „Heda, ihr Affen! Mit dem Wasser muß man sparsam umgehen. Wenn ihr die jungen Bäumchen begießt, müßt ihr jedes ausreißen und euch die Wurzel besehen. Wenn die Wurzeln tief hinunterreichen, dann gebt dem Baum viel Wasser; wenn sie nicht tief reichen, wenig Wasser. Sonst kommen wir später in Verlegenheit und haben kein Wasser mehr!" Die Affen sagten: „So wollen wir es machen", und taten, wie er gesagt hatte.

Ein verständiger Mann nun sah dies Treiben der Affen im königlichen Garten und sprach zu ihnen: „Heda, ihr Affen! Warum reißt ihr diese jungen Bäumchen eins nach dem andern aus und

[1] Wörtlich: „ein Gestirn" (der Mondbahn). Diese Gestirne zeigten die Festzeiten an.

begießt sie nach der Größe der Wurzeln?" Sie antworteten: „So hat der Affenälteste es uns aufgetragen." Wie jener das hörte, dachte er: „Um's Himmels willen, was richten diese Toren und Dummköpfe, um die Sache ganz recht zu machen, für Schaden an!" Und er sprach den Vers:

„Schlimm ist's, wenn Jemand will nützen,
Der nicht versteht, was Nutzen bringt.
Dem Toren muß es fehlschlagen,
Wie's dem Affen als Gärtner ging."

Mit diesem Vers sprach der verständige Mann dem Affenältesten seinen Tadel aus. Dann verließ er mit seinem Gefolge den Garten.

120.
DIE BEIDEN AFFEN

Einst, als in Benares Brahmadatta König war, war der Bodhisatta im Walde als Baumgottheit [1] zur Welt gekommen. Damals regnete es während der nassen Jahreszeit immer sieben Tage ununterbrochen hintereinander. Da wohnte nun in einer vor dem Regen geschützten Felshöhle ein kleiner rotgesichtiger Affe. Der saß eines Tages behaglich an einer trockenen Stelle im Eingang der Höhle. Da kam ein großer schwarzgesichtiger Affe, naß und von Kälte gequält. Wie der jenen dort sitzen sah, dachte er: „Den muß ich durch eine List herauslocken und mir selber diese Wohnung aneignen." Er tat also, als ob er einen ganz vollen Bauch hätte, nahm ein vergnügtes Aussehen an und trat vor den andern hin, indem er den ersten Vers sprach:

„Feigen von aller Art gibt's hier,
Reife Frucht des Kapitthana.
Laß deine Höhl' und komm essen.
Willst du sterben den Hungertod?"

Jener glaubte seinen Worten und hatte Lust nach all den Früchten. So kam er heraus, suchte hier und suchte dort, fand aber

---

[1] Vermutlich weil sich die beiden eigentlichen Personen der Erzählung nicht dazu eignen, das höchste Wesen zu verkörpern. So bleibt diesen nur eine Zuschauerrolle.

nichts. Endlich kehrte er um: da sah er, daß jetzt der Andre in seine Höhle gegangen war und darinnen saß. Er dachte: „Den muß ich anführen", trat vor ihn hin und sprach den zweiten Vers:

„Wie reichen Glückes Lohn erntet,
Wer nach Gebühr das Alter ehrt,
So glücklich ich mich heut fühle,
Da ich der Bäume Früchte aß."

Als der große Affe das hörte, sprach er den dritten Vers:

„Wenn der Waldmensch den Waldmenschen,
Affe den Affen trügen will,
Kann selbst ein Kind den Trug merken:
Nun gar ein Affengreis wie ich!"

Da mußte der Andre fortgehn.

121.
FURCHT STECKT AN

Einst, als in Benares Brahmadatta König war, wurde der Bodhisatta als Löwe wiedergeboren, wuchs heran und wohnte in der Wildnis. Damals stand am Ufer des westlichen Meeres ein Wald von Fächerpalmen vermischt mit Beluvabäumen [1]. Dort wohnte am Fuß eines Beluvabaumes unter einem Palmengebüsch ein Hase. Als der eines Tages mit dem Futter, das er sich gesucht hatte, nach Hause gekommen war, legte er sich unter einem Palmblatt hin und dachte: „Wenn die Erde untergeht, was soll dann aus mir werden?" In diesem Augenblick fiel eine reife Beluvafrucht auf das Palmblatt nieder. Als er das Geräusch hörte, dachte er: „Gewiß geht da die Erde unter!", sprang auf und lief davon, ohne sich umzusehen. Wie er so in Todesfurcht auf das eiligste davonjagte, sah ihn ein andrer Hase und fragte ihn: „Warum läufst du so, mein Bester, in solch furchtbarer Angst?" „Frage mich nicht, mein Freund!" Der Andre aber lief hinter ihm her und fragte einmal über das andre: „Was soll das bedeuten? Was soll das bedeuten?" Da hielt er an und sagte, ohne sich umzublicken: „Hier geht

[1] Es ist Aegle Marmelos.

die Erde unter." Darauf lief auch der Andre davon hinter ihm drein. Ebenso sah den ein Andrer, und den wieder ein Andrer, und so fanden sich hunderttausend Hasen zusammen, die alle miteinander davonliefen. Die sah eine Gazelle, ein Wildschwein, eine bunte Antilope, ein Büffel, ein Gayalochse, ein Rhinozeros, ein Tiger, ein Löwe, ein Elefant; die fragten alle: „Was ist das?", hörten: „Hier geht die Erde unter" und liefen davon. So kam schließlich ein Heer von Tieren zusammen, das über eine Meile reichte. Als nun der Bodhisatta dies fliehende Heer sah, fragte er: „Was bedeutet das?" Und wie man ihm antwortete: „Die Erde geht hier unter", dachte er: „Erduntergang gibt es überhaupt nicht. Gewiß haben die irgend ein furchterregendes Geräusch gehört. Wenn ich mich nicht um die Sache kümmere, kommen sie alle um. Ich will ihnen das Leben retten." So eilte er mit Löwenschnelle voran zum Fuß eines Berges und ließ dreimal sein Löwengebrüll erschallen. Da faßte die Tiere Furcht vor dem Löwen, sie hielten still und standen in einem großen Haufen da. Der Löwe trat in ihre Mitte und fragte: „Warum lauft ihr alle davon?" „Die Erde geht unter!" „Wer hat sie denn untergehen gesehen?" „Die Elefanten wissen davon." Da fragte er die Elefanten, die sagten: „Wir wissen nichts, die Löwen wissen es." Und ebenso sagten die Löwen: „Wir wissen nichts, die Tiger wissen es." Und die Tiger: „Die Rhinozerosse wissen es." Und die Rhinozerosse: „Die Gayalochsen." Und die Gayalochsen: „Die Büffel." Und die Büffel: „Die bunten Antilopen." Und die bunten Antilopen: „Die Wildschweine." Und die Wildschweine: „Die Gazellen." Und die Gazellen: „Wir wissen nichts, die Hasen wissen es." Als nun die Hasen gefragt wurden, zeigten sie auf jenen Hasen und sprachen: „Der hat es uns gesagt." Da fragte der Löwe den Hasen: „Ist das wahr, mein Freund, daß die Erde untergeht?" „Gewiß, Herr, ich habe es gesehen!" Und er fragte weiter: „Wo warst du, als du das gesehen hast?" „Nahe am Meere, Herr, in dem Palmenwald, wo auch die Beluvabäume stehen. Ich lag dort in einem Palmengebüsch am Fuß eines Beluvabaumes unter einem Palmblatt und dachte: ‚Wenn die Erde untergeht, wo soll ich dann hingehen?' Und in dem Augenblick hörte ich das Getöse des Erduntergangs. Da bin ich davongelaufen." Der Löwe dachte: „Gewiß ist eine reife Beluvafrucht auf das Palmblatt gefallen, und das hat einen Krach gegeben. Da hat dieser Hase, wie er das hörte, sich vorgestellt, die Erde gehe unter, und ist davongelaufen. Ich will doch den wahren Zusammenhang ergründen. So nahm er den Hasen und sagte beruhigend zu allen den Tieren: „An der Stelle, wo dieser es gesehen hat, werde ich die Wahrheit feststellen, ob die Erde wirklich untergeht oder ob sie nicht untergeht, und dann will ich wiederkommen. Wartet ihr hier, bis ich wieder da bin." Mit diesen Worten setzte er den Hasen sich auf den Rücken und sprang mit Löwenschnelle davon. Wie er zum Palmenwald gekommen war, ließ er den Hasen absteigen und sagte: „Nun komm und zeige mir die Stelle, wo du das gesehen hast." „Das wag ich nicht, Herr." „Komm nur, habe keine Furcht." An den Beluvabaum heran wagte sich der Hase aber doch nicht, sondern blieb in der Nähe stehen und sagte: „Herr, dies ist die Stelle, wo es das große Bumbum gegeben hat"; und er sprach den ersten Vers:

„Bum bum, mein edler Herr, hört' ich
An dem Fleck, wo mein Lager ist,
Und mir ist in der Tat unklar:
Was ist es, das bum bum dort macht?"

Als er so gesprochen hatte, ging der Löwe zum Fuß des Beluvabaumes hin und sah dort die Stelle, wo der Hase unter dem Palmblatt gelegen hatte, und auf dem Palmblatt die Beluvafrucht, die heraufgefallen war. Da erkannte er, daß es sich in Wahrheit nicht um den Erduntergang handelte, nahm den Hasen auf den Rücken und kehrte rasch mit Löwenschnelle zu den Massen der Tiere um. Denen sagte er alles, was er gesehen hatte, beruhigte die Tierscharen: „Habt keine Furcht!" und ließ sie gehen. Wäre damals der Bodhisatta nicht gewesen, so wären sie alle ins Meer gerannt und umgekommen; dem Bodhisatta verdankten sie ihr Leben.

„Der Hase, wie die Frucht abfiel,
Hörte bum bum und lief davon.
Der Tiere Heer ergriff Schrecken,
Als man des Hasen Wort vernahm.

„Die selbst die Sache nicht prüfen
Mitgerissen von Andrer Lärm,
Törichten Sinnes sich gehn lassen,
Die hängen ab von fremdem Tun.

„Doch die, so tugendreich wandeln,
An Weisheit fest und friedensvoll,
Vom Bösen lassend, ablassend,
Hängen nicht ab von fremdem Tun."

122.
DIE VIER KATZEN

Einst, als in Benares Brahmadatta König war, wurde der Bodhisatta in einer Steinmetzfamilie wiedergeboren, und als er herangewachsen war, gelangte er in diesem Handwerk zur Meisterschaft. Im Reich von Kāsi [1] nun lebte in einem Marktflecken ein sehr reicher Kaufmann. Er besaß ein Vermögen von vierzig Koṭis [2] Gold, die in guter Verwahrung niedergelegt waren. Seine Gattin starb, und um ihrer Liebe zum Gelde willen wurde sie als Maus, die bei jenen Reichtümern hauste, wiedergeboren. Mit der Zeit aber kam jene ganze Familie in Verfall und starb schließlich aus. Auch das Dorf wurde verlassen und ging zugrunde. Da brach nun der Bodhisatta an der Stätte jenes einstigen Dorfs Steine und bearbeitete sie. Die Maus aber, wie sie auf Futter ausging, sah den Bodhisatta immer wieder, faßte Zuneigung zu ihm und dachte: „Ich habe so viele Schätze; die werden ungenutzt umkommen. Ich will mich mit diesem zusammentun und die Schätze verzehren." So nahm sie eines Tages einen Kahāpaṇa [3] in ihr Mäulchen und ging damit zum Bodhisatta. Als er sie sah, sprach er zu ihr freundlich und sagte: „Was kommst du mit dem Kahāpaṇa zu mir, Mütterchen?" „Väterchen, nimm dies Geldstück, verbrauche es für dich und bringe mir ein Stück Fleisch." Er antwortete: „Das soll gelten",

---

[1] D. h. um Benares herum.
[2] Die Koṭi beträgt zehn Millionen.
[3] Eine Münze, die es von Gold, Silber und Kupfer gab. Hier wird die Goldmünze zu verstehen sein.

ging mit dem Kahāpaṇa nach Hause, kaufte für einen Māsaka[1] Fleisch und brachte es ihr. Das nahm sie, kroch damit in ihr Loch und verzehrte es in allem Behagen. Von da an gab sie immer in der gleichen Weise dem Bodhisatta Tag für Tag einen Kahāpaṇa; er aber brachte ihr Fleisch.

Eines Tages nun fing die Katze die Maus. Die sagte zu ihr: „Meine Liebe, mach' mich nicht tot!" „Warum denn nicht? Ich habe Hunger, und mich verlangt nach Fleisch. Dir das Leben zu schenken, ist einfach unmöglich." „Hast du denn nun allein diesen einen Tag Verlangen nach Fleisch oder zu jeder Zeit?" „Wenn ich es haben kann, verlangt mich danach allezeit." „Liegt die Sache so, will ich dir allezeit Fleisch verschaffen. Laß mich also los!" Da ließ die Katze sie los und sagte: „Du mußt aber fleißig sein und das Deine tun." Von da an machte die Maus von dem Fleisch, das sie bekam, zwei Teile. Das eine Teil gab sie der Katze, das andre fraß sie selbst.

Eines Tages nun fing eine andre Katze unsre Maus. Die machte ihr dieselben Vorstellungen und erreichte wieder, daß sie sie losließ. Nun wurde das Fleisch in drei Teile geteilt und so verzehrt. Und wieder fing eine andre Katze sie. Auch der stellte sie dasselbe vor und kam los. Nun hatte jedes Tier nur ein Viertel des Fleisches zu verzehren. Wieder fing eine Katze sie, zu der sie ebenso sprach und wieder loskam. Von da an waren es fünf Teile, die sie fraßen. Wie die Maus so von ihrem Fünftel lebte, wurde sie infolge der knappen Ernährung elend und mager, abgezehrt und blutarm. Als da der Bodhisatta sie sah, sagte er: „Mütterchen, wie kommt es, daß du so verfallen bist?" „Das hat den und den Zusammenhang." „Warum sagst du mir das erst jetzt? Ich will da wohl eine Abhilfe finden" – so beruhigte er sie, baute aus durchsichtigem Kristall eine Höhle auf, brachte ihr die und sagte: „Mütterchen, in diese Höhle mußt du hineinkriechen, dich darin niederlegen, und wenn sie kommen, sie mit groben Worten anfahren." Die Maus kroch in die Höhle und legte sich hin. Da kam die eine Katze und sagte: „Gib mir mein Fleisch." Die Maus aber fuhr sie an: „Du gemeine Katze, bin ich dazu da, dir Fleisch zu be-

[1] Eine kleinere Münze.

sorgen? Friß deine eignen Kinder!" Die Katze erkannte nicht, daß jene in einer Kristallhöhle lag und wollte im Zorn die Maus fassen. Sie sprang mit aller Kraft auf sie los und stieß mit ihrem Herzen gegen die Kristallhöhle. Da zerbrach ihr Herz, und ihre Augen sahen aus, als wollten sie aus dem Kopf treten. So kam sie ums Leben und blieb an einer verborgenen Stelle liegen. Auf diese Weise fanden die vier Katzen eine nach der andern den Tod. Fortan war die Maus von aller Furcht befreit und brachte dem Bodhisatta zum Dank täglich zwei oder drei Kahāpaṇas. So gab sie im Lauf der Zeit jene ganzen Schätze dem Bodhisatta zum Geschenk. Und die beiden bewahrten ihre Freundschaft ungetrübt, solange ihr Leben währte, und gingen dann hin nach dem Verdienst ihrer Taten.

Nachdem der Meister diese vergangene Begebenheit erzählt hatte, sprach er, der der höchsten Buddhaschaft teilhaft war, diesen Vers:

„Kriegt Katze eins bei dir Futter,
Alsbald stellt Katze zwei sich ein.
Auch Katze drei und vier kommen.
Der Tod harrt ihrer im Kristall."

123.
DER ELEFANT UND DER MISTWURM

Einst pflegten die Leute aus den Ländern Anga und Magadha[1], wenn sie aus dem einen Land in das andre gingen, einen Tag an der Grenze in einem Hause Station zu machen, wo sie Branntwein tranken und Fischfleisch aßen. Dann spannten sie am nächsten Morgen ihre Wagen an und reisten weiter. Einmal, als die Reisenden fortgezogen waren, kam ein Mistfresserwurm, durch den Mistgeruch angezogen, herbei. An der Stelle, wo die Leute gezecht hatten, sah er den vergossenen Branntwein, trank aus Durst dieses Getränk und kroch betrunken auf einen Misthaufen. Wie er da hinaufkam, gab der feuchte Mist ein wenig nach. Da schrie er:

[1] Von den oft erwähnten Magadhas (Hauptstadt Rājagaha = Rajgir) wohnten die Angas östlich, im Distrikt von Bhagalpur.

„Mich kann die Erde nicht tragen!" In diesem Augenblick kam ein brünstiger Elefant angelaufen. Als er aber dorthin kam, roch er den Mistgeruch und lief voll Ekel wieder fort. Wie der Wurm das sah, glaubte er, der liefe aus Furcht davon, und dachte: „Mit dem muß ich kämpfen." So sprach er, ihn herauszufordern, den ersten Vers:

„Mit mir Helden als Held kämpfe,
Dem Dreinschläger, dem mächtigen.
Komm, Elefant, kehre zurück!

Was läufst du feige vor mir weg?
Meine und deine Kraft sollen
Sehn die Angas und Magadhas."

Der Elefant merkte auf und hörte seine Worte. Darauf kehrte er um, ging zu ihm hin und tat ihn ab, indem er den zweiten Vers sprach:

„Nicht soll mein Fuß dir Tod bringen,
Nicht mein Rüssel und nicht mein Zahn.
Du sollst durch meinen Kot sterben,
Der Mist geh' unter durch den Mist."

Mit diesen Worten entleerte er seinen Mist in einem großen Klumpen ihm auf den Kopf und ließ sein Wasser. Als er ihn so ums Leben gebracht hatte, ließ er seinen Trompetenton erschallen und ging zum Walde hinein.

121.
DER KÖNIG UND DER MISTWURM

Im Königreich Kāsi, in der Stadt mit Namen Potali regierte einst ein König mit Namen Assaka. Dessen erste königliche Gemahlin hieß Ubbarī. Sie war seine Freude und Wonne, eine glänzende Schönheit, schöner als alle andern menschlichen Frauen und fast einer Göttin gleich. Die starb, und ob ihres Todes war der König von Schmerz überwältigt, voll Trauer und Kummer. Er ließ ihren Leib in einen Sarg legen, Öl und Balsam darüber schütten und so unter sein Bett stellen, auf dem er weinend und klagend lag, ohne Speise zu sich zu nehmen. Seine Eltern und die übrigen Verwandten, Freunde und Hausgenossen, Brahmanen, Bürger und alle andern Leute sprachen: „Sei nicht traurig, großer König; alles Irdische ist ja vergänglich." Aber für solche Reden fanden sie bei ihm kein Gehör. Und sieben Tage lang fuhr er fort so zu jammern.

Damals nun war der Bodhisatta ein Asket, der fünf höheren Erkenntniskräfte und der acht Versenkungen teilhaft, und er wohnte im Himalaya. Als der einmal seine übernatürliche Sehkraft anspannend mit seinem göttlichen Auge über Jambudīpa[1] hinblickte, sah er jenen König, wie er in Jammer versunken war. „Es ist meine Pflicht, ihm festen Halt zu bieten", dachte er bei sich, flog durch seine Wunderkraft in die Luft auf, kam im Park des Königs herab und setzte sich dort, einer goldnen Bildsäule gleich, auf einer steinernen Altarplatte nieder. Da sah ein in der Stadt Potali wohnhafter Brahmanenschüler, der nach dem Park herausgegangen war, den Bodhisatta, bezeigte ihm seine Verehrung und setzte sich zu ihm. Der Bodhisatta begrüßte ihn freundlich und fragte ihn: „Regiert euer König, mein junger Brahmane, auch in Gerechtigkeit?" „Freilich, Herr; unser König ist der Gerechtigkeit ergeben. Aber seine Gemahlin ist gestorben; da hat er ihre Leiche in einen Sarg legen lassen und liegt jammernd da. Heute ist schon der siebente Tag. Warum befreit Ihr den König nicht von solchem Leid? Wenn da tugendhafte Männer sind, wie Ihr, sollten sie sich doch um dies Leid des Königs kümmern!" „Ich kenne den König nicht, mein junger Mann. Wenn er aber kommen und mich fragen will, kann ich ihm zeigen, wo die Königin wiedergeboren ist, und kann sie vor ihm zum Reden bringen." „So will ich, Herr, den König hierherführen. Bleibt Ihr so lange sitzen." Das sagte der Bodhisatta dem Jüngling zu; dieser aber ging zum König, erzählte ihm, was er gehört hatte, und sagte: „Zu diesem Mann, der das göttliche Auge besitzt, müßt Ihr gehen." Der König war froh und dachte: „Ich werde Ubbarī wiedersehen." und er bestieg seinen Wagen, fuhr dorthin, bezeigte dem Bodhisatta seine Verehrung, setzte sich zu ihm und fragte: „Wißt Ihr wirklich, wo die Königin wiedergeboren ist?" „Ja, großer König!" „Wo

[1] Den inmitten des Weltmeeres liegenden Kontinent, den wir bewohnen.

ist sie denn wiedergeboren?" „In ihrem Stolz auf ihre Schönheit, großer König, hat sie nicht daran gedacht, gute Werke zu tun, und so ist sie in ebendiesem Park in der Gestalt eines Mistwurms wiedergeboren worden." „Das glaube ich dir nicht." „So will ich sie dir zeigen und sie reden lassen." „Gut, laßt sie reden." Da verfügte der Bodhisatta durch seine hohe Kraft: „Die beiden, die dort gerade einen Klumpen Kuhmist fortwälzen, sollen zum Könige kommen." So befahl er den Würmern, und sie kamen herbei. Der Bodhisatta zeigte sie dem König: „Das, großer König, ist deine Königin Ubbarī, die dich verlassen hat und hier hinter diesem Mistwurm einherkriecht. Sieh sie dir an!" „Nein, Herr, das kann ich nicht glauben, daß Ubbarī als Mistwurm wiedergeboren ist." „Ich will sie selbst reden lassen, großer König." Gut, laßt sie reden, Herr." Da ließ der Bodhisatta durch seine hohe Kraft sie reden und sprach zu ihr: „Ubbarī!" Sie antwortete in menschlicher Sprache: „Was soll ich, Herr?" „Wer bist du in deiner vergangenen Existenz gewesen?" „Herr, ich bin Ubbarī gewesen, die erste königliche Gemahlin des Königs Assaka." „Wen liebst du nun jetzt mehr, den König Assaka oder den Mistwurm?" „Herr, jenes war meine frühere Geburt, da lebte ich mit ihm in diesem Park und freute mich an allem, was zu sehen, zu hören, riechen, schmecken, berühren mir Genuß bringen konnte. Jetzt aber, seit ich mein früheres Dasein abgelegt habe, was ist er mir da noch? Jetzt wäre ich imstande, den König Assaka zu töten und mit dem Blut, das aus seinem Halse hervorquillt, meinem Gatten, dem Mistwurm, die Füße zu salben." So redete sie und sprach vor allem versammelten Volk mit menschlicher Stimme diese Verse:

„An diesem Ort dereinst lebt' ich
Vereint mit König Assaka.
Ich liebt' ihn, wie er mich liebte.
Als Gatte war er teuer mir.

„Doch vergangnes Geschick schwindet
Vor neuem Glück und neuem Leid.
Drum ist mir dieser Wurm jetzo
Lieber als König Assaka."

Als König Assaka dies hörte, empfand er Reue über sein Benehmen, ließ sofort den Leichnam wegnehmen, wusch sich das Haupt, bezeigte dem Bodhisatta seine Verehrung, kehrte in die Stadt zurück, machte eine Andre zu seiner ersten Gemahlin und regierte in Gerechtigkeit. Der Bodhisatta aber, nachdem er dem König Ermahnung erteilt und seine Schmerzen von ihm genommen hatte, kehrte zum Himalaya zurück.

125.

DAS HÄSCHEN

Einst als in Benares Brahmadatta König war, wurde der Bodhisatta als Hase wiedergeboren und wohnte im Walde. Auf der einen Seite dieses Waldes war der Fuß eines Berges, auf der andern ein Fluß, auf der dritten lag ein Grenzdorf. Der Hase hatte drei Freunde: einen Affen, einen Schakal, einen Fischotter. Diese vier lebten weise miteinander, und wenn jeder in seinem Bereich sich Futter gesucht hatte, kamen sie um die Abendzeit zusammen. Der weise Hase aber ermahnte die drei andern und lehrte sie: „Man muß Gaben spenden, nach den Geboten leben, den Fasttag feiern." Sie nahmen seine Ermahnung an, und dann ging jeder in das Gebüsch, wo er hauste, und brachte dort die Nacht zu. So ging die Zeit hin. Eines Tages aber, wie der Bodhisatta zum Himmel aufblickte und den Mond sah, erkannte er, daß morgen Fasttag sein würde, und sprach zu den drei andern: „Morgen ist Fasttag. Da müßt ihr alle drei nach den Geboten leben und den Fasttag feiern. Gabenspendung, die auf Gehorsam gegen die Gebote ruht, bringt reiche Frucht. Kommt also ein Bittender, müßt ihr ihm von dem, was ihr zu essen habt, geben und dann selbst essen." Sie sagten: „Ja, das wollen wir tun", und gingen nach ihren Behausungen, um zu übernachten. Am nächsten Morgen aber ging der Otter früh zum Gangesufer und suchte dort Futter. Da hatte ein Fischer sieben Rotfische gefangen; die hatte er mit einer Ranke zusammengebunden, sie fortgebracht, am Gangesufer sie mit Sand bedeckt, und dann war er Fische fangend gangesabwärts gegangen und verschwunden. Der Otter witterte den Fischgeruch und scharrte den Sand weg. So fand er die Fische und holte sie sich hervor. Dann rief er dreimal: „Ist da jemand, dem diese Fische gehören?", und als Niemand zum Vorschein kam, faßte er die Ranke mit den Zähnen, brachte die Fische nach seinem Gebüsch, bedachte, wie er dem Gebot gehorchen wolle – „erst wenn die Zeit gekommen ist, werde ich sie essen" – und legte sich nieder.

Auch der Schakal ging aus, Futter zu suchen. Er fand in eines Feldhüters Hütte zwei Bratspieße, eine Eidechse und einen Krug mit saurer Milch. Da rief er auch dreimal: „Ist da jemand, dem diese Dinge gehören?", und als sich Niemand zeigte, hing er sich den Strick, der an dem Krug befestigt war, um den Hals, faßte die Bratspieße samt der Eidechse mit dem Maul, brachte sie nach seinem Gebüsch, bedachte, wie er dem Gebot gehorchen wolle – „erst wenn die rechte Zeit gekommen ist, werde ich sie essen" – und legte sich nieder.

Auch der Affe ging in ein Gehölz hinein, holte sich einen Haufen Mangofrüchte, brachte sie nach seinem Gebüsch, bedachte, wie er dem Gebot gehorchen wolle – „erst wenn die rechte Zeit gekommen ist, werde ich sie essen" – und legte sich nieder.

Der Bodhisatta aber war zur gewohnten Stunde ausgegangen, um Darbhagräser zu fressen. Als er dann in seinem Gebüsch lag, dachte er: „Wenn Bittende zu mir kommen, kann ich ihnen Gras doch nicht geben. Sesam und Reis aber habe ich nicht. Wenn Jemand bittend zu mir kommt, will ich ihm mein eignes Fleisch geben." Durch die Glut dieser seiner Tugend wurde Gott Sakkas Thronsitz aus weißem edlem Gestein heiß [1]. Der Gott suchte nach der Ursache, und als er sie gefunden hatte, dachte er bei sich: „Diesen König der Hasen will ich doch auf die Probe stellen." Er ging in der Tracht eines Brahmanen zuerst nach der Behausung des Otters und stellte sich dort hin. Der Otter sagte: „Brahmane, was stehst du da?" „Weiser, könnte ich etwas zu essen bekommen, so würde ich den Fasttag feiern und die Asketenpflicht erfüllen."

---

[1] Die gewöhnliche Wirkung in solchen Fällen. Sakka ist der Indra der alten Mythologie.

Der andre erwiderte: „Schön! Zu essen sollst du haben!", und sprach zu ihm den ersten Vers:[1]

„Ich habe sieben Rotfische
Aus dem Wasser ans Land gebracht[2].
Nimm, Brahmane, was ich gebe!
Iß und verweil' in diesem Wald!"

Der Brahmane sagte: „Das hat Zeit; morgen früh wollen wir sehen", und ging zum Schakal. Der sagte auch: „Was stehst du da?" und bekam dieselbe Antwort. Der Schakal sagte gleichfalls: „Schön, du sollst etwas haben!" und sprach zu ihm den zweiten Vers:

„Ich habe dort des Feldhüters
Abendessen mir weggeholt:
Zwei Bratspieße, 'ne Eidechse
Und einen Krug voll saurer Milch.
Nimm, Brahmane, was ich gebe!
Iß und verweil' in diesem Wald!"

Der Brahmane sagte wieder: „Das hat Zeit; morgen früh wollen wir sehen" und ging zum Affen. Der sagte gleichfalls: „Was stehst du da?" und bekam dieselbe Antwort. Auch der Affe sagte: „Schön, du sollst etwas haben" und sprach zu ihm den dritten Vers:

„Reife Mango, Wasser gar frisch,
Kühlen Schatten, erquickenden –
Nimm, Brahmane, was ich gebe!
Iß und verweil' in diesem Wald!"

Wieder sagte der Brahmane: „Das hat Zeit; morgen früh wollen wir sehen" und ging jetzt zum weisen Hasen. Auch dieser sagte: „Was stehst du da?", worauf er dieselbe Antwort bekam. Als der Bodhisatta die vernommen hatte, erfüllte ihn Freude und er

---

[1] Vgl. S. 391 A. 1.

[2] So ist es wohl gemeint; ganz wörtlich steht da: „Ich habe sieben Stockfische, die aus dem Wasser ans Land gebracht sind." Hier könnte eine der vielen Unstimmigkeiten zwischen den alten Versen und der jüngeren Prosa vorliegen. Nach der alten Vorstellung hatte vielleicht der Otter die Fische ganz ehrlich selbst gefangen, nicht fremden Fang gefunden. Später wollte man ihn von solcher Gewalttat entlasten.

sprach: „Brahmane, du hast wohlgetan, daß du Speise suchend zu mir gekommen bist. Heute will ich dir eine Gabe geben, wie ich sie nie zuvor gegeben habe. Du wirst freilich, da du ein Tugendleben führst, keinem Weisen das Leben rauben wollen. Geh darum, mein Lieber, häufe Holz zusammen, versetze es in Glut und sage es mir dann: so will ich mein Leben opfern und mich in die brennenden Kohlen stürzen. Bin ich gebraten, magst du mein Fleisch essen und die Asketenpflicht erfüllen." Und er sprach zu ihm den vierten Vers:

„Nicht Bohnen und nicht Reis hab' ich,
Keinen Sesam, ich Häslein arm.
Mich selbst will ich am Feu'r braten.
Iß mich und weil' in diesem Wald!"

Als Sakka das hörte, schuf er durch seine göttliche Macht einen Kohlenhaufen und meldete es dem Bodhisatta. Der stand von seinem Darbhagraslager auf und ging dorthin. „Wenn in meinem Fell etwas Lebendiges sitzt, das soll nicht umkommen", sagte er, schüttelte sich dreimal aus, widmete seinen ganzen Leib als Gabe, tat einen Sprung und wie ein Flamingo in ein Gebüsch von Lotusblumen stürzte er sich frohen Mutes in den Kohlenhaufen. Von den Kohlen aber wurde auch nicht eine Haarpore am Leibe des Bodhisatta warm; es war, als wäre er mitten in Schnee hineingefallen. Da sagte er zu Sakka: „Brahmane, das Feuer, das du gemacht hast, ist aber sehr kühl; auch nicht eine Haarpore an meinem Leibe wird davon warm. Was hat das zu bedeuten?" „Weiser, ich bin kein Brahmane. Ich bin Sakka, der zu dir gekommen ist, dich auf die Probe zu stellen." „Sakka, es handelt sich nicht allein um dich. Wenn auch die ganze Welt meine Gebelust auf die Probe stellt, sollte sie mich nicht unlustig zum Geben erfinden" – so sprach der Bodhisatta und ließ sein Löwengebrüll hören [1]. Sakka aber sprach: „Weiser Hase, deine Tugend soll das ganze Weltalter hindurch berühmt bleiben", und er preßte einen Berg zusammen, nahm den Saft des Berges und zeichnete auf die Mondscheibe die Gestalt eines Hasen [2]. Dann nahm er Abschied von Bodhisatta,

---

[1] Er erhob den Ruf, der ihn als künftigen Buddha kennzeichnete.
[2] Der „Mann im Monde" erschien dem Inder als Hase.

ließ ihn in jenem Waldgebüsch auf einem Lager von zartem Darbhagras sich niederlegen und kehrte zu seinem himmlischen Wohnsitz zurück. Die vier Weisen aber erfüllten in Freundschaft und Eintracht die Gebote, feierten den Fasttag und gingen hin nach dem Verdienst ihrer Taten.

126.

DER INDISKRETE UND DER DISKRETE PAPAGEI

Einst, als in Benares Brahmadatta König war, wurde der Bodhisatta als Papagei wiedergeboren. Er hieß Rādha und hatte einen jüngeren Bruder, der hieß Poṭṭhapāda. Als die beiden noch ganz jung waren, fing sie ein Jäger; der gab sie einem Brahmanen in Benares. Der Brahmane hielt sie wie seine Söhne und sorgte für sie. Das Weib des Brahmanen aber war lasterhaft, und es war nicht möglich, sie im Zaum zu halten. Als er einmal verreiste, um Geschäfte zu besorgen, und von den jungen Papageien Abschied nahm, sprach er: „Meine Kinder, ich muß in Geschäften verreisen. Achtet ihr zu jeder Tages- und Nachtzeit darauf, was eure Mutter tut, und ob fremde Männer aus- und eingehen." So legte er sein Weib den jungen Papageien ans Herz und zog davon. Sobald er sich nun entfernt hatte, gab sie sich nun lasterhaftem Leben hin, und des Kommens und Gehens der Männer bei Nacht und bei Tage war kein Ende. Wie Poṭṭhapāda das sah, fragte er Rādha: „Der Brahmane hat, wie er fortreiste, uns sein Weib anvertraut, und sie führt ein schlechtes Leben. Soll ich nicht mit ihr sprechen?" Rādha erwiderte: „Sprich nicht mit ihr!" Der Andre aber achtete seines Rats nicht und sagte: „Mutter, warum tust du so Übles?" Da beschloß sie, ihn zu töten, und sagte: „Kind, du bist ja mein Sohn! Fortan werde ich so etwas nicht mehr tun. Komm her zu mir, mein Kind!" So sprach sie zum Schein liebreiche Worte, rief ihn zu sich, faßte ihn dann, wie er zu ihr kam, und sprach: „Du willst mich ermahnen! Du weißt ja nicht, was sich für dich schickt." Mit diesen Worten packte sie ihn am Hals, tötete ihn und warf ihn in den Ofen.

Als der Brahmane wiedergekommen war und sich ausgeruht hatte, fragte er den Bodhisatta: „Mein Kind Rādha, hat eure Mutter Böses getan oder hat sie das nicht?" Und er sprach den ersten Vers:

„Soeben, liebes Kind, bin ich
Von meiner Reise heimgekehrt.
Hat die Mutter, mein Sohn, sag' mir,
Auch keinen fremden Mann berührt?"

Rādha aber erklärte ihm: „Was geschehen oder nicht geschehen ist, Vater, erzählen weise Leute nicht, sofern es keinen Nutzen bringt." Und er sprach den zweiten Vers:

„Nicht gut ist's, freien Lauf lassen
Seiner Rede, so wahr sie sei.
Sonst Poṭṭhapāda gleich liegt man
Versengt in heißer Kohlenglut."

So belehrte der Bodhisatta den Brahmanen. Und er dachte: „Hier kann ich nicht länger weilen", nahm Abschied von dem Brahmanen und kehrte in den Wald zurück.

127.
DIE KRÄHEN UND DAS MEER

Einst, als in Benares Brahmadatta König war, lebte der Bodhisatta im Meere als ein Meergott. Da kam ein Krähenmännchen zusammen mit seiner Gattin, dem Krähenweibchen, Futter suchend, zum Ufer des Meeres. Damals hatten die Menschen gerade am Ufer des Meeres den Schlangendämonen[1] Spenden von Milch, Milchreis, Fischfleisch, Branntwein und anderm dargebracht und waren dann wieder fortgegangen. Die Krähe kam zu der Stelle, wo die Darbringung vollzogen war, und sah dort die Milch und alle die übrigen Dinge. Da nahm sie zusammen mit dem Weibchen Milch, Milchreis, Fischfleisch und das Übrige zu sich und trank vielen Branntwein. Beide Tiere von Branntwein berauscht sagten: „Nun wollen wir das Meeresspiel spielen", setzten sich am Ufer-

[1] Die hier im Meere wohnen.

strande hin und fingen an zu baden. Da kam eine Woge, faßte die Krähenfrau und riß sie ins Meer hinaus. Ein Fisch fraß ihr Fleisch und verschlang sie. Da weinte und jammerte das Krähenmännchen: „Mein Weib ist tot!" Auf dies Jammern kamen viele Krähen herbei und fragten: „Worüber weinst du?" „Eure Freundin badete am Uferrande; da hat eine Woge sie fortgerissen." Nun erhoben sie alle miteinander ein Geschrei und weinten. Aber dann dachten sie: „Was will dies Meerwasser uns denn anhaben? Wir wollen das Wasser ausschöpfen, das Meer ausleeren und unsre Freundin herausholen!" So füllten sie einmal nach dem andern ihre Schnäbel mit Wasser und gossen es draußen aus. Der Hals wurde ihnen von dem Salzwasser trocken; da standen sie eine nach der andern auf, gingen ans Ufer und ruhten sich aus. Die Kinnbacken wurden ihnen müde; ihr Mund war ausgetrocknet; ihre Augen waren rot. Sie waren todmüde und sagten zueinander: „Nein, da schöpfen wir das Meerwasser und gießen es fort, aber die Stellen, an denen wir geschöpft haben, werden immer wieder voll von Wasser. Das Meer ausschöpfen können wir nicht!" Und sie sprachen diesen Vers:

„Müde sind unsre Kinnbacken,
Trocken worden ist unser Mund.
Unmöglich! Laßt uns aufhören!
Voll bleibt der große Ozean!"

So sprachen sie, und alle Krähen erhoben vieles Geschwätz: „Solchen Schnabel hatte die Krähenfrau, solche runden Augen, solches Fell, solche liebliche Stimme. Das hat dieser Räuber, der Ozean, getan, daß wir die verloren haben!" Während sie solches Geschwätz vollführten, erschien der Meergott ihnen in furchtbarer Gestalt und jagte sie weg. Das war ihre Rettung.

128.
DER PFAU IN BABYLON

Einst, als in Benares Brahmadatta König war, wurde der Bodhisatta als Pfau wiedergeboren. Und wie er groß wurde, lebte er, ein wunderschönes Tier, im Walde. Damals reisten Kaufleute, die eine landfindende Krähe[1] mit sich genommen hatten, zu Schiff nach dem Königreich Babylon[2]. Zu dieser Zeit nun gab es im Lande Babylon keine Vögel. Alle Leute aus jenem Lande, die herzukamen, sahen den Krähenvogel auf der Mastspitze sitzen und sagten: „Seht die Farbe seines Fells, und wie sein Hals abschließt, und den Schnabel in seinem Gesicht, und die Augen wie kugelrunde Edelsteine!" So priesen sie die Krähe und sprachen zu den Kaufleuten: „Gebt uns diesen Vogel, ihr Herren. Den müssen wir haben. Ihr könnt in eurem Lande gewiß einen andern bekommen." „So zahlt uns seinen Preis." „Gebt ihn uns für einen Kahāpaṇa[3]." „Dafür können wir ihn nicht geben." Da steigerten sie ihr Angebot Schritt für Schritt, und als sie sagten: „Gebt ihn uns für ein Hundert!", erwiderten die Andern: „Der Vogel ist uns von größtem Nutzen. Aber weil ihr es seid, sollt ihr ihn haben." So gaben sie den Vogel jenen für hundert Kahāpaṇas. Die nahmen ihn, setzten ihn in einen goldnen Käfig und fütterten ihn mit vielerlei Speisen, mit Fischfleisch und mit Früchten aller Art. Da es in jenem Lande keine andern Vögel gab, genoß die Krähe trotz ihrer zehn schlechten Eigenschaften[4] doch höchste Ehre und empfing die reichsten Gaben.

Ein andresmal nun hatten jene Kaufleute einen Pfauenkönig, den hatten sie abgerichtet zu schreien, wenn man mit den Fingern schnippte, und zu tanzen, wenn man in die Hände klatschte. Mit dem fuhren sie nach dem Lande Babylon. Da kam eine große

---

[1] Die Krähe erspähte das Land, flog darauf zu und zeigte damit den Schiffern die Richtung an. Vgl. oben S. 177.

[2] „Bāveru." Der Text ist von Wichtigkeit für die Geschichte des indischen Handels.

[3] Siehe S. 400 A. 3.

[4] In einem kanonischen Text werden zehn schlechte Eigenschaften der Krähe aufgezählt (daß sie frech, gefräßig ist usw.): dieselben Eigenschaften, heißt es dort, hat auch der schlechte Mönch.

Menschenmenge zusammen, und der Pfau stand vorn auf dem Schiff, entfaltete seine Schwingen, ließ einen lieblichen Ton hören und tanzte. Wie das die Leute sahen, freuten sie sich und sagten: „Diesen herrlichen Vogelkönig, der solche Künste versteht, müßt ihr uns geben, ihr Herren!" „Zuerst haben wir eine Krähe hergebracht, die haben wir euch geben müssen. Jetzt bringen wir diesen Pfauenkönig, den wollt ihr auch haben. Wenn man in euer Land kommt, darf man nicht auch nur den Namen eines Vogels aussprechen!" „Laßt es gut sein, ihr Herren. In eurem Lande werdet ihr schon einen andern bekommen. Diesen aber gebt uns!", so sprachen sie, boten mehr und mehr und bekamen ihn schließlich für ein Tausend. Da setzten sie ihn in einen Käfig, der mit edlem Gestein von den sieben Arten geschmückt war, und fütterten ihn mit Fischfleisch und Früchten aller Art, sowie mit Honig, geröstetem Getreide, Zuckerwasser und vielem andern. So empfing der Pfauenkönig die reichsten Gaben und höchsten Ehren. Von der Zeit an, wo er dorthin gekommen war, brachte man der Krähe keine Gaben und Ehren mehr, und Niemand mochte sie mehr ansehen. Wie so die Krähe keinerlei Speisen erhielt, rief sie „Krah! Krah!", flog weg und setzte sich auf einen Misthaufen.

Der Meister, der Buddhaschaft teilhaft, ... sprach diese Verse:

„Als man noch nicht den Pfau kannte,
Den Sänger mit dem Haubenschmuck,
Der Krähe Ehr' und Preis wurde;
Früchte brachte man ihr und Fleisch.

„Doch als der Pfau, der klangreiche,
Hinkam nach Babylon der Stadt,
Wo blieb des Krähentiers Ansehn,
Die Spenden, die man ihm geweiht?

„Solange nicht der Lichtbringer,
Buddha, der Wahrheitsfürst, erschien,
Andern Ehre zuteil wurde,
Asketen und Brahmanen viel.

„Doch wie Buddha, der Glanzreiche,
Der Wahrheit Lehre kündete,
Wo blieb der Ruhm der Irrlehrer?
Der Spenden Fülle, sie war hin!"

129.
DER AFFE BERICHTET ÜBER DAS TREIBEN DER MENSCHEN

Einst als in Benares Brahmadatta König war, kam der Bodhisatta im Himalaya als Affe zur Welt. Ein Waldbewohner fing ihn, brachte ihn zum König und schenkte ihn dem. So lebte er lange im Hause des Königs, betrug sich gut und lernte das ganze Leben und Treiben der Menschenwelt kennen. Der König war mit seinem Betragen zufrieden, ließ jenen Waldbewohner rufen und befahl ihm, den Affen zu der Stelle, wo er ihn gefangen hatte, zurückzubringen und ihn dort in Freiheit zu setzen. Der tat, wie ihm befohlen war. Als nun das Affenvolk hörte, daß der Bodhisatta wieder da war, kamen sie alle auf einer großen Felsplatte zusammen, ihn zu sehen, begrüßten sich mit dem Bodhisatta und fragten ihn: „Freund, wo bist du die ganze lange Zeit gewesen?" „Zu Benares am Königshofe!" „Und wie bist du von dort losgekommen?" „Der König hatte mich zu seinem Leibaffen gemacht, und weil er mit meinem Betragen zufrieden war, hat er mich freigelassen." Da sagten die Affen zu ihm: „Ihr werdet[1] Leben und Treiben der Menschenwelt kennengelernt haben. Erzählt uns doch auch davon; wir möchten das gern hören!" „Fragt mich nicht nach dem Treiben der Menschen!" „Ach, erzählt uns doch; wir möchten es so gern hören!" Da sagte der Bodhisatta: „Die Menschen, mögen sie nun Adlige sein oder Brahmanen, sagen immer nur: ‚Mein! Mein!' Sie wissen nichts von der Vergänglichkeit, daß was gewesen ist, nicht mehr ist. Hört, wie diese blinden Toren es treiben" – und er sprach die Verse:

„Das Gold, das güldne Gold, mein ist's –
So reden sie bei Tag und Nacht,
Die nicht der Wahrheit Wort kennen,
Das wahnumhüllte Menschenvolk.

„Zwei Herrn in jedem Haus walten,
Bartlos Gesicht der eine hat,

---

[1] Man bemerke, wie die Affen, die zuerst „Du" zu ihrem Mitaffen sagen, dann, wie sie hören, daß er eine Hofcharge bekleidet hat, alsbald zum „Ihr" übergehen.

Große Brüste, im Ohrläppchen
Ein Loch, zum Zopf geflochtnes Haar.
Für teures Geld gekauft wird er;
Bitter plagt er das ganze Haus."

Wie das die Affen hörten, riefen sie alle: „Seid still, seid still! Unziemliches haben wir gehört!" Mit beiden Händen hielten sie sich die Ohren fest zu, erklärten sogar den Ort für eine Stätte der Schande, weil sie dort so Unziemliches gehört hatten, und zogen anderswohin. Seitdem heißt jene Felsplatte der Schandenfels.

130.
DAS SALOMONISCHE URTEIL

Die nachstehende Erzählung, die ich aus naheliegenden Gründen nicht habe übergehen wollen, bildet eine Episode einer größeren Erzählung. Sie enthält keinen Vers, beruht mithin ausschließlich auf der Autorität des Kommentators. Doch haben wir Grund anzunehmen, daß sie dem Inhalt nach alt und echt ist. Über ihr vielbesprochenes Verhältnis zu der allbekannten alttestamentlichen Erzählung (I. Könige 3) verweise ich auf R. Garbe, Indien und das Christentum, Tübingen 1914, S. 25ff., Gunkel, Das Märchen im Alten Testament, Tübingen 1917, S. 144ff., und auf die dort verzeichnete Literatur.

Es war einmal eine Frau, die nahm ihren Sohn und ging mit ihm, das Gesicht zu waschen, zum Lotusteich des weisen Mannes [1]. Da badete sie ihren Knaben, setzte ihn auf ihr Gewand, wusch sich dann selbst das Gesicht und stieg ins Wasser zu baden. In diesem Augenblick sah ein Koboldsweib den Knaben und wollte ihn gern fressen. Sie nahm die Gestalt einer Frau an und sprach zur Mutter: „Nachbarin, was ist das für ein schöner Knabe! Ist das dein Sohn?" Jene erwiderte: „Ja, meine Gute, das ist er." Da sagte die andre: „Ich will ihm zu trinken geben." „Schön, gib ihm zu trinken." Da nahm jene ihn, ließ ihn ein Weilchen spielen, griff ihn dann und

[1] Des Weisen, dessen überragende Weisheit zu verherrlichen diese und andere Geschichten erzählt werden.

lief mit ihm davon. Wie das die Mutter sah, lief sie ihr nach, hielt sie fest und rief: „Wohin willst du mit meinem Sohn?" Das Koboldsweib sagte: „Wie kommst du zu einem Sohn? Das ist mein Sohn!" Wie sie so untereinander stritten, kamen sie an der Tür der Halle[1] vorbei. Der weise Mann hörte ihren lauten Zank, rief sie herein und fragte sie, was sie miteinander hätten. Sie sagten es ihm. Er aber erkannte das Koboldsweib als das, was sie war, an ihren roten Augen und daran, daß sie mit ihnen nicht blinzelte. „Werdet ihr euch meiner Entscheidung unterwerfen?" „Ja, das werden wir!" Da zog er einen Strich und ließ das Kind sich genau auf dessen Mitte legen. Dann ließ er das Koboldsweib es an den Händen, die Mutter an den Füßen fassen und sprach: „Zieht jetzt beide, und welche ihn auf ihre Seite ziehen kann, deren Sohn ist er." Da fing das Kind, dem das Ziehen weh tat, zu schreien an. Das zerriß der Mutter das Herz; sie ließ ihren Sohn los und stand weinend da. Da fragte der Weise die vielen Leute, die dort waren: „Wessen Herz ist wohl weich gegen das Kind, der wahren Mutter oder der falschen Mutter?" „Der wahren Mutter, o Weiser!" „Wer ist also die Mutter, die dasteht und den Knaben festhält, oder die ihn losgelassen hat?" „Die ihn losgelassen hat, Weiser!" „Wißt ihr auch, wer diese Kindesräuberin ist?" „Nein, Weiser, das wissen wir nicht." „Ein Koboldsweib ist sie. Sie hat den Knaben geraubt, um ihn zu fressen." „Woran siehst du das, Weiser?" „An ihren Augen; mit denen blinzelt sie nicht, und sie sind rot. Und weiter daran, daß sie keinen Schatten hat, und an ihrer Frechheit und Grausamkeit." Und er fragte sie: „Wer bist du?" „Ein Koboldsweib, Herr!" „Und warum wolltest du diesen Knaben rauben?" „Um ihn zu fressen, Herr!" „Du blinde Törin! Schon früher hast du Böses getan und bist darum als Koboldsweib wiedergeboren, und jetzt tust du wieder Böses! Pfui, du bist eine blinde Törin!" – so redete er ihr ins Gewissen, brachte sie dazu, die fünf Gebote auf sich zu nehmen, und ließ sie gehen. Des Knaben Mutter aber pries den weisen Mann: „Lebe lange, Herr!" Und sie nahm ihren Sohn und ging mit ihm von dannen.

---

[1] Der Halle, in der der Weise thront.

131.
VOM BRANNTWEINTRINKEN

Einst, als in Benares Brahmadatta König war, wurde der Bodhisatta im Reich Kāsi in einer nördlichen Brahmanenfamilie wiedergeboren. Als er heranwuchs, vollzog er die Weltentsagung nach der Ordnung der Seher[1], erreichte die höheren Erkenntnisse und die Konzentrationen, und am Spiel der Versenkungen sich erfreuend, wohnte er an einer Stätte des Himalaya, umgeben von fünfhundert Schülern. Als nun die Regenzeit gekommen war, sagten seine Schüler zu ihm: „Herr Lehrer, wir wollen zu den Wohnungen der Menschen gehen und uns Salz und Essig beschaffen." „Meine Freunde, ich werde hier bleiben. Ihr aber könnt gehen; sorgt für euren Leib, und wenn die Regenzeit vorüber ist, kommt wieder." Sie sprachen: „So sei es", nahmen vom Lehrer in Ehrerbietung Abschied und gingen nach Benares. Dort blieben sie die Nacht im königlichen Lustgarten. Am nächsten Tage sammelten sie Almosen in einem Dorf vor dem Tor, ließen es sich wohlgehen und gingen am folgenden Tage in die Stadt. Die Leute waren freundlich zu ihnen, gaben ihnen Almosen und sagten, als einige Tage so hingegangen waren, dem Könige: „Herr, vom Himalaya sind fünfhundert Weise[2] gekommen; die wohnen im Lustgarten. Sie sind groß in Kasteiungen, haben ihre Sinne abgetötet und führen ein tugendreiches Leben." Als der König so ihr Lob hörte, ging er in seinen Lustgarten, begrüßte sie in Ehrfurcht, sprach freundlich mit ihnen, ließ sich von ihnen zusagen, daß sie die vier Monate der Regenzeit dort verweilen wollten, und lud sie zu sich ein. Von da an nahmen sie ihr Mahl immer nur im königlichen Palast und wohnten im Lustgarten. Eines Tages nun wurde in der Stadt das Branntweinfest gefeiert. Der König dachte: „Wer die Welt verläßt, bekommt nicht leicht Branntwein", und ließ ihnen reichlich Branntwein von bester Qualität geben. Als die Asketen getrunken hatten und wieder in den Park kamen, standen die Einen im

---

[1] D. h. nach der Ordnung vedischen Asketentums.

[2] Es steht dasselbe Wort da, das vorher mit „Seher" wiedergegeben ist; vgl. A. 1.

Branntweinrausch auf und fingen an zu tanzen; Andre sangen; Viele aber tanzten und sangen, streuten ihre Körbe am Boden hin, schliefen ein, und als sie aufwachten und ihr Rausch verflogen war und sie hörten und sahen, wohin es mit ihnen gekommen war, weinten und jammerten sie: „Wir haben getan, was sich für Weltentsagende nicht schickt. Wir waren ohne unsern Lehrer; darum haben wir so Böses getan!" Und augenblicks verließen sie den Lustgarten und kehrten zum Himalaya zurück. Als sie ihr Gepäck abgelegt, den Lehrer in Ehrfurcht begrüßt und sich niedergesetzt hatten, fragte er sie: „Nun, meine Kinder, habt ihr unter den Wohnungen der Menschen keine Mühe gehabt, Almosen zu bekommen? Habt ihr die Zeit angenehm und in Eintracht verlebt?" „Herr Lehrer, angenehm gelebt haben wir. Aber wir haben getrunken, was wir nicht hätten trinken sollen. Da sind uns die Sinne vergangen; wir sind unser nicht mehr Herr gewesen und haben gesungen und getanzt." Das erzählten sie ihm und machten einen Vers, den sie ihm sagten:

„Getrunken haben wir, getanzt wir haben.
Wir sangen und wir weinten heiße Tränen.
Den Trank, der die Besinnung raubt, wir tranken.
Ein Wunder, daß wir nicht zu Affen wurden."

Da sprach der Bodhisatta: „So geht es, wenn man ohne seinen Lehrer lebt", tadelte die Asketen und ermahnte sie, so etwas nicht wieder zu tun. Er aber unentwegt in Versenkung verharrend gelangte zu Brahmas Himmel.

132.
UNGLÜCKSNAMEN

Einst war in Takkasilā[1] der Bodhisatta ein Lehrer, berühmt in allen Landen, und fünfhundert Schüler lernten bei ihm die heiligen Lieder. Einer seiner Schüler aber hieß mit Namen Bösewicht. Wenn man zu dem sagte: „Komm, Bösewicht! Geh, Bösewicht!" so

[1] Das Taxila der Griechen, im äußersten Nordwesten, beim heutigen Shādheri, im Distrikt von Rawal Pindi. In der buddhistischen Literatur erscheint Takkasilā als ein bedeutender Sitz der Wissenschaften.

dachte er: „Mein Name bedeutet nichts Gutes. Ich will gehen und mir einen andern Namen besorgen." So ging er zu seinem Lehrer und sagte: „Herr Lehrer, mein Name bedeutet nichts Gutes. Gebt mir einen andern Namen!" Der Lehrer antwortete ihm: „Geh, mein Sohn! Wandere im Land umher, und wenn du einen glücklichen Namen gefunden hast, der dir gefällt, komm wieder. Dann will ich deinen Namen ändern und dir den andern Namen geben." Der Jüngling sagte: „So soll es sein", nahm Reisezehrung mit, zog fort und wanderte von Dorf zu Dorf, bis er zu einer Stadt kam. Da war soeben ein Mann gestorben mit Namen Lebensreich. Er sah, wie dessen Verwandte ihn zur Verbrennungsstätte brachten, und fragte: „Wie hat dieser Mann geheißen?" „Er hat Lebensreich geheißen!" „So muß auch Lebensreich sterben?" „Lebensreich muß sterben und Lebensarm muß sterben. Der Name ist eben nur zum Nennen da; du aber, scheint es, bist ein Dummkopf." Als er das hörte, fing er an gegen den Namen gleichgültig zu werden. Nun kam er in die Stadt hinein. Da war eine Sklavin, die hatte keinen Lohn verdient und nichts abgeliefert. Die wurde von ihrer Herrschaft an der Haustür hingesetzt und mit Stricken gepeitscht. Sie hieß aber Frau Geldmann. Wie jener nun durch die Straßen ging und sah, wie sie geschlagen wurde, fragte er: „Warum schlagt ihr dies Weib?" „Sie kann keinen Lohn nach Hause bringen!" „Wie heißt sie denn?" „Sie heißt Geldmann." „Solch einen Namen hat sie, Geldmann, und bringt nicht einmal Lohn nach Hause!" „Arm kann man immer sein, ob man nun Geldmann heißt oder Nichtgeldmann. Der Name ist eben nur zum Nennen da; du aber, scheint es, bist ein Dummkopf." Da nahm seine Gleichgültigkeit gegen den Namen zu. Und er verließ die Stadt und zog seine Straße. Da sah er auf der Landstraße einen Mann, der seinen Weg verloren hatte; den fragte er: „Was soll das, mein Lieber, daß du so herumgehst?" „Ich habe meinen Weg verloren, Herr!" „Und wie heißt du?" „Ich heiße Wegemann." „Also auch Wegemänner verlieren ihren Weg?" „Das kann so gut einem Wegemann wie einem Nichtwegemann begegnen. Der Name ist eben nur zum Nennen da, und du bist, scheint es, ein Dummkopf." Jetzt erreichte seine Gleichgültigkeit gegen den Namen die höchste Höhe, und er kehrte um zum Bodhisatta. Der fragte ihn:

„Nun, mein Sohn, mit was für einem Namen kommst du wieder, den du dir ausgesucht hast?" Er erwiderte: „Herr Lehrer, die Lebensreichs sterben und die Lebensarms. Die Geldmänner sind arm und die Nichtgeldmänner. Die Wegemänner verlieren ihren Weg und die Nichtwegemänner. Der Name ist nur zum Nennen da. Der Name bringt kein Glück; nur das Tun bringt Glück. Ich brauche keinen andern Namen; ich will meinen alten Namen behalten."

Da faßte der Bodhisatta in eins zusammen, was jener gesehen und erlebt hatte, und sprach diesen Vers:

„Als er den Lebensreich tot sah,
Frau Geldmann als ein armes Weib,
Und Wegemann im Wald irrend,
Kam Bösewicht nach Haus zurück."

133.

DER BETROGENE BETRÜGER [1]

Diese Geschichte erzählte der Meister im Jetavana in bezug auf den Mönch, den man den „Kleiderhamster [2]" nannte. Ein im Jetavana lebender Mönch nämlich war besonders geschickt in der Herstellung von Gewändern – zuzuschneiden, die Stücke aneinanderzufügen, alles zu prüfen, zu nähen und sofort. Mit dieser Geschicklichkeit mehrte er seinen Kleiderbesitz; darum war er bekannt als der „Kleiderhamster". Fragt man, was er alles machte? Er bewies seine Handfertigkeit an alten Stofflappen: aus denen machte er ein hübsches Kleid, das sich angenehm anfühlte; wenn er mit dem Färben fertig war, verbesserte er die Farbe noch mit Hilfe von Mehlwasser, rieb es mit einer Muschel ab, gab ihm so ein glänzendes, bestechendes Aussehen und verwahrte es dann. Die Mönche, die sich auf die Arbeit an Kleidern nicht verstanden, kamen mit neuen Stoffen zu ihm und sagten: „Wir verstehen kein

---

[1] Hier füge ich die einleitende Erzählung aus der Gegenwart des Buddha hinzu (vgl. S. 386), die ein Bild von minderschönen Vorkommnissen im Leben der Mönche gibt.
[2] Wörtlich: den Kleidervermehrer.

Kleid zu machen. Mache uns ein Kleid und gib es uns." Dann antwortete er: „Ein Kleid zu machen, Freunde, kostet viel Zeit. Aber da habe ich gerade ein fertiges Kleid. Nehmt das und laßt mir euren Stoff dafür": und dann holte er jenes Kleid hervor und zeigte es ihnen. Die sahen dann, wie gut es sich ausnahm, wußten nicht, wie die Sache zusammenhing, hielten es für haltbar, vertauschten also dagegen ihren neuen Stoff dem Kleiderhamster und gingen von dannen. War dann ihr Kleid schmutzig geworden und wurde es etwas mit heißem Wasser gewaschen, so zeigte sich seine wahre Beschaffenheit; überall kamen die abgenutzten Stellen zum Vorschein. Dann tat ihnen der Handel leid. Jener Mönch war dafür allgemein bekannt, daß er auf diese Weise alle, die zu ihm kamen, mit seinen Lappen betrog.

Ganz ebenso nun, wie im Jetavana, gab es in einem Dorf solch einen Kleiderhamster, der die Leute betrog. Dem erzählten die Mönche, die ihm befreundet waren: „Herr, da ist im Jetavana auch solch ein Kleiderhamster, der die Leute betrügt." Da dachte er: „Diesen Städter will ich doch überlisten." So stellte er aus Lappen ein besonders schönes Kleid her, färbte es aufs beste und ging damit angetan zum Jetavana. Kaum hatte der andre das gesehen, als auch der Wunsch danach in ihm aufstieg. Er fragte jenen: „Herr, ist dies Kleid von Euch gemacht?" „Freilich, mein Freund." „Herr, gebt mir dies Kleid; ihr werdet leicht ein andres bekommen können." „Wir Leute aus dem Dorf, mein Freund, können nicht so leicht haben, was wir brauchen. Wenn ich dir dies gebe, was soll ich dann selbst anziehen?" „Ich habe da neue Stoffe, Herr. Nehmt die und macht euch ein Kleid daraus." „Mein Freund, gerade an diesem Kleid habe ich meine Kunst bewiesen. Aber wenn du so zu mir sprichst, was kann ich dann tun? Nimm es also!" – mit diesen Worten gab er ihm sein Lappenkleid, nahm dafür die neuen Stoffe, und als er ihn so betrogen hatte, ging er davon. Der Mönch im Jetavana legte sein Kleid an, und als nach einigen Tagen beim Waschen mit heißem Wasser die alten Lappen in die Erscheinung traten, schämte er sich. „Der Kleiderhamster aus dem Dorf hat den im Jetavana überlistet": dieser Hergang, daß er sich hatte überlisten lassen, wurde überall in der Gemeinde bekannt.

Eines Tages nun saßen die Mönche in der Lehrhalle und erzählten sich diese Geschichte. Da kam der Meister und fragte sie: „Wovon sprecht ihr untereinander, ihr Mönche, wie ihr da beisammensitzt?" Sie sagten es ihm. Da sprach der Meister: „Nicht jetzt allein, ihr Mönche, betrügt der Kleiderhamster vom Jetavana die andern; auch früher hat er sie betrogen. Und nicht jetzt allein hat der Kleiderhamster vom Jetavana sich von einem Dorfbewohner überlisten lassen; auch früher ist er so überlistet worden." Und er erzählte folgende Geschichte aus der vergangenen Zeit:

Einst war der Bodhisatta in einem Walde als Baumgottheit wiedergeboren, als die Gottheit eines Baumes, der an einem Lotusteich stand[1]. Da war nun weiter ein andrer nicht sehr großer Teich; in dem war in der heißen Jahreszeit das Wasser knapp, und viele Fische waren darin. Diese Fische sah ein Kranich und dachte: „Die will ich auf irgend eine Weise betrügen und fressen." Er ging hin und setzte sich am Wasser, wie in Gedanken versunken, nieder. Die Fische sahen ihn und fragten: „Was sitzt du da, edler Herr, in Gedanken versunken?" „Ich sitze hier und denke über euch nach." „Inwiefern denkst du über uns nach, Herr?" „In diesem Teich ist wenig Wasser. Das Futter ist knapp und die Hitze groß. Was wird da aus diesen Fischen werden? – so denke ich, wie ich hier sitze, über euch nach." „Was sollen wir da aber tun, Herr?" „Wenn ihr meinem Rat folgt, so will ich einen nach dem andern von euch mit meinem Schnabel fassen, euch nach dem großen Teich dort bringen, der mit Lotus in allen fünf Farben bedeckt ist, und euch dort hinein setzen." „Herr, solange die Welt besteht, hat es noch keinen Kranich gegeben, der so für die Fische besorgt war. Du willst uns einen nach dem andern fressen!" „Vertraut mir nur; ich werde euch nicht fressen. Wollt ihr mir aber nicht glauben, daß dort solch ein Teich ist, so schickt einen Fisch mit mir; der kann sich den Teich besehen." Da glaubten ihm die Fische und gaben ihm einen großen Fisch mit, der auf einem Auge blind war – der weiß sich auf dem Lande wie im Wasser zu helfen,

[1] Die eigentlichen Hauptpersonen der Geschichte, Kranich und Krebs, eigneten sich beide nicht dazu, den Bodhisatta zu inkarnieren. So mußte dieser als zuschauende Baumgottheit erscheinen und in dieser Gestalt die Moral der Geschichte aussprechen. Vgl. oben S. 396 A. 1.

dachten sie[1] – „den könnt ihr mitnehmen." Er nahm ihn, brachte ihn dorthin, setzte ihn in den Teich, zeigte ihm den ganzen Teich, dann brachte er ihn zurück und ließ ihn inmitten jener Fische wieder los. Der rühmte den Fischen die Herrlichkeit des Teiches. Als sie seine Reden hörten, bekamen sie Lust, dorthin zu reisen, und sagten: „Bitte, Herr, nimm uns und gehe mit uns hin. Da nahm der Kranich zuerst jenen großen einäugigen Fisch, brachte ihn zum Ufer des Teichs, ließ ihn den Teich sehen, setzte sich dann auf einen Varaṇabaum, der am Ufer stand, warf den Fisch zwischen das Geäst, stieß mit dem Schnabel auf ihn los und tötete ihn. Dann verzehrte er das Fleisch, warf die Gräten an den Wurzeln des Baumes nieder, kehrte um und sagte: „Den Fisch habe ich also hingebracht. Jetzt kommt der nächste." Auf diese Weise bekam er sie, einen nach dem andern, zu fassen, fraß alle Fische auf, und als er wieder zurückkam, sah er auch nicht einen einzigen Fisch mehr. Nur ein Krebs war dort noch übrig. Der Kranich wollte auch den fressen und sagte: „Herr Krebs, ich habe alle Fische fortgebracht und sie in den großen Teich gesetzt, der von Lotusblumen bedeckt ist. Komm, ich will dich auch hinbringen!" „Wie willst du mich aber fassen, wenn du mich dorthin bringst?" „Ich werde dich mit dem Schnabel fassen." „Wenn du mich auf dem Wege so hältst, wirst du mich fallen lassen. Ich werde nicht mit dir gehen." „Fürchte dich nicht. Ich werde dich unterwegs schon gut festhalten." Da dachte der Krebs: „Damit, daß er die Fische hingebracht und in den Teich gesetzt hat, wird es wohl nichts sein. Setzt er mich in den Teich: schön und gut. Setzt er mich nicht hinein, werde ich ihm den Hals abschneiden und ihn ums Leben bringen." Und er sagte zu ihm: „Mein lieber Kranich, du wirst mich gar nicht fest genug fassen können. Fest zu fassen aber verstehen wir. Wenn du mir erlaubst, mit meiner Schere deinen Hals zu fassen, dann kann ich den festhalten, und so komme ich mit dir." Der Andre merkte nicht, daß er ihn betrügen wollte, und war damit zufrieden. So packte der Krebs mit seinen Scheren

[1] Daß der Fisch nur ein Auge hat, spielt in der Erzählung weiter keine Rolle. Ist „der Einäugige" die – freilich, soviel ich weiß, sonst nicht nachweisbare – Bezeichnung einer bestimmten Fischart?

fest wie mit einer Schmiedezange des Kranichs Hals und sagte: „Nun geh los!" Da trug der ihn hin, zeigte ihm den See und flog dann weiter in der Richtung auf den Varaṇabaum. Der Krebs sagte: „Onkel, der See liegt doch hier, du aber fliegst dorthin!" Der Kranich antwortete: „Hier wird nicht geonkelt und wird nicht genefft! Du meinst, scheint mir, weil ich dich in die Höhe genommen habe und mit dir abziehe, daß ich dein Diener bin! Sieh dir einmal an der Wurzel des Varaṇabaums diesen Haufen Gräten an. Wie ich alle die Fische gefressen habe, so werde ich dich auch fressen!" Da sprach der Krebs zu ihm: „Diese Fische waren dumm; darum hast du sie fressen können. Ich werde mich aber nicht von dir fressen lassen, sondern du wirst es sein, der durch mich ins Verderben gerät. In deiner Dummheit merkst du nicht, daß ich dich überlistet habe. Sterben wir, so sterben wir beide zusammen. Ich werde dir den Kopf abschneiden und ihn auf die Erde werfen." Und er kniff ihn mit seinen Scheren in den Hals, wie mit einer Schmiedezange. Da riß der Kranich den Mund weit auf; aus seinen Augen stürzten die Tränen, und in Todesfurcht sprach er: „Herr, ich werde dich nicht fressen; laß mir nur das Leben!" „Dann fliege hinab und setze mich in den Teich." Jener kehrte um, flog zum Teich hinunter und setzte den Krebs auf den Schlamm am Rande des Teiches ab. Der Krebs aber schnitt ihm den Hals ab, wie man mit einer Schere einen Lotusstengel durchschneidet, und ging ins Wasser. Als die Baumgottheit, die im Varaṇabaum wohnte, diesen wunderbaren Vorgang sah, rief sie Beifall und mit süßer Stimme, von der der ganze Wald widerhallte, sprach sie den Vers:

„Nicht gedeiht dem, der Trug aussinnt,
Sein Trug zum Heile bis zuletzt.
Oft geschieht dem, der Trug aussinnt,
Wie hier dem Kranich tat der Krebs."

„Nicht jetzt allein, ihr Mönche, ist dieser Bruder von dem Kleiderhamster aus dem Dorf überlistet worden; auch früher wurde er von ihm überlistet": so sprach der Meister und erzählte dazu diese lehrreiche Geschichte. Darauf stellte er den Zusammenhang (des alten und des neuen Vorgangs) fest und verband das Jātaka (mit der Gegenwart): „Damals war der Kleiderhamster aus dem Jetavana der Kranich, der Kleiderhamster aus dem Dorf war der Krebs; ich aber war die Baumgottheit."

134.
WEIBERTUGEND

Einst als in Benares Brahmadatta König war, kam der Bodhisatta als Sohn seiner ersten königlichen Gemahlin zur Welt. Herangewachsen, brachte er es in allen Künsten zur Vollendung, und wie er nach seines Vaters Tode König wurde, herrschte er in Gerechtigkeit. Der pflegte nun mit seinem Hofpriester zu spielen und warf die goldenen Würfel auf ein silbernes Brett, indem er dazu das Spiellied sang:

„Gar krumm fließt jeder Fluß,
Jeder Baum ist von Holz,
Jedes Weib das tut Böses,
Wo's nur Böses tun kann."

Wenn sie so spielten, gewann immer der König, und der Hofpriester verlor. Als so das ganze Besitztum in dessen Hause allmählich auf die Neige ging, dachte er: „Auf diese Weise komme ich um alle Habe in meinem Hause. Ich muß ein Weib ausfindig machen, das noch nie mit Männern verkehrt hat; die muß ich in mein Haus nehmen." Darauf aber sagte er sich, daß er nicht imstande sein würde, ein Weib zu behüten, die einen andern Mann auch nur gesehen hätte. Es würde darum nötig sein, vom Mutterleib an ein weibliches Wesen zu bewachen und sie, wenn sie herangewachsen wäre, sich zu eigen zu machen. Sie dürfte nur *einen* Mann kennen und müßte auf das strengste überwacht werden: dann würde er dem König wahre Schätze abgewinnen können. Nun war er kundig darin, aus der Gliederbildung der Menschen die Zukunft zu erkennen. Als er da einmal ein schwangeres armes Weib sah, erkannte er, daß sie eine Tochter gebären würde. Er ließ sie zu sich rufen, gab ihr das Notwendige zur Bestreitung aller Kosten, ließ sie allein in seinem Hause sich aufhalten und, als sie geboren hatte, gab er ihr Geld und entließ sie. Das Mädchen aber durfte keine andern Männer sehen. Er gab sie nur Weibern in die

Hände, zog sie auf und, als sie herangewachsen war, machte er sie zu seiner Frau. Solange sie nun im Wachsen war, spielte er nicht mit dem König. Als er sie aber zu seiner Frau gemacht hatte, sagte er: „Großer König, laß uns miteinander spielen." Der König antwortete: „Ja, das wollen wir", und spielte wieder so wie früher. Der Hofpriester aber, wenn der König die Würfel warf und sein Lied sang, fügte die Worte hinzu: „Außer meinem Weibchen". Von da an gewann immer der Hofpriester und verlor der König. Der Bodhisatta dachte: „In seinem Hause muß ein Weib sein, das nur *einen* Mann kennt." Er ließ das untersuchen und fand, daß es sich in der Tat so verhielt. „Deren Tugend will ich zu Fall bringen" dachte er, ließ sich einen Spitzbuben kommen und sagte zu ihm: „Wärest du imstande, die Tugend der Hofpriesterfrau zu Falle zu bringen?" „Das will ich wohl leisten, Herr!" Da gab ihm der König Geld und entließ ihn mit den Worten: „Führe die Sache rasch zu Ende." Jener nahm das Geld des Königs, beschaffte sich Wohlgerüche, Räucherwerk, Toilettenpulver, Kampfer und dergleichen, und eröffnete unfern von jenem Hause einen Parfümerieladen. Das Haus des Hofpriesters nun hatte sieben Stockwerke und sieben Portale. An jedem Portal stand eine Wache nur von Weibern. Außer dem Brahmanen konnte kein Mann in das Haus hineinkommen. Sogar den Müllkorb ließ man erst herein, nachdem man ihn untersucht hatte. Das junge Weib bekam nur der Hofpriester zu Gesicht und eine einzige Aufwärterin. Wie nun diese Aufwärterin ausging mit Geld, um Wohlgerüche und Blumen für sie einzukaufen, kam sie beim Laden jenes Schelms vorüber. Der wußte, daß es ihre Aufwärterin war, und als er sie eines Tages vorbeigehen sah, kam er aus seinem Laden hervor, fiel vor ihr nieder, umfaßte fest mit beiden Händen ihre Füße und sprach schluchzend: „Mutter, wo bist du all die lange Zeit gewesen?" Die Helfershelfer des Schwindlers aber kamen herzu und sagten: „Das sind ja dieselben Hände und Füße, Gesicht und Gestalt bei der Mutter wie beim Sohn, ja sogar wie sie sich anziehen, ist gleich!" Als sie so alle einer wie der andre redeten, verlor die Frau jenen Glauben an sich selbst und dachte: „Das muß mein Sohn sein", und fing auch an zu weinen. So standen die beiden weinend und schluchzend da und hielten sich umschlungen. Der Schelm aber sprach: „Mutter, wo wohnst du?“ Sie antwortete: „Beim jungen Weib des Hofpriesters. Die ist schön wie eine Fee und ein Ausbund von Liebreiz. Deren Dienerin bin ich.“ „Und wohin gehst du jetzt, Mutter?“ „Ich will für sie Wohlgerüche und Kränze einkaufen.“ „Mutter, da brauchst du nicht anderswohin zu gehen, das kannst du von jetzt ab bei mir bekommen.“ Und er gab ihr Betel, Bdellium und dergleichen, dazu vielerlei Blumen, und nahm kein Geld dafür. Wie die junge Frau alle die Wohlgerüche und Blumen sah, sagte sie: „Heute ist aber der Brahmane liebenswürdig gegen uns!“ „Wie meinst du das?“ „Weil ich sehe, daß du so viel mitgebracht hast.“ „Der Brahmane hat mir nicht so viel Geld gegeben. Ich habe das von meinem Sohn bekommen.“ Von da an nahm sie das Geld, das der Brahmane gab für sich und ließ sich die Wohlgerüche und Blumen von jenem geben. Nach einigen Tagen nun stellte der Schwindler sich krank und legte sich zu Bett. Wie die Frau zu seiner Ladentür kam und ihn nicht sah, fragte sie: „Wo ist mein Sohn?“ „Deinem Sohn ist heute nicht wohl.“ Da ging sie hinein, setzte sich an sein Lager, streichelte ihm den Rükken und fragte: „Kind, was fehlt dir?“ Er antwortete ihr nicht. „Warum willst du es mir nicht sagen, mein Kind?“ „Mutter, wenn es auch mein Tod wäre, könnte ich es dir nicht sagen!“ „Sagst du es mir nicht, wem willst du es denn sagen, Kind?“ „Mutter, sonst fehlt mir nichts. Aber wie ich von der Schönheit jener jungen Frau hörte, habe ich mich in sie verliebt. Kann ich sie erlangen, so bleibe ich leben. Erlange ich sie aber nicht, werde ich hier an diesem Ort sterben“ Da sprach sie ihm Mut ein: „Kind, laß das meine Sorge sein; mach' dir keine Gedanken um sie.“ Und mit vielen Wohlgerüchen und Blumen ging sie zu der jungen Frau und sagte: „Mein Sohn, Verehrte, dem ich deine Schönheit beschrieben habe, hat sich in dich verliebt. Was soll man da nur tun?“ „Wenn es möglich ist, ihn hierherzubringen, soll es mir recht sein.“ Wie sie dies Wort hörte, fing sie an aus allen Ecken und Winkeln des Hauses massenhaften Schmutz zusammenzufegen, nahm den jedesmal in den Blumenkorb, und wenn sie damit fortging und der Korb untersucht werden sollte, schüttelte sie alles über das wachhabende Weib aus. Die ging wütend davon; und ebenso schüttelte sie über jede andre, die irgend etwas zu sagen wagte, den Schmutz aus. Von da an wagte keine mehr zu untersuchen, was sie herein- oder hinausbrachte. Als sie gekommen war, ließ sie den Schelm in den Blumenkorb kriechen und trug ihn so zu der jungen Frau herein. Der Schelm brachte deren Tugend zu Fall und verweilte ein oder zwei Tage in dem Palast. War der Hofpriester ausgegangen, vergnügten sich die beiden miteinander; kam er wieder, versteckte der Schelm sich. Nach einem oder zwei Tagen aber sagte sie zu ihm: „Liebster, jetzt mußt du aber gehen." „Ich will wohl gehen, aber erst muß ich dem Brahmanen tüchtig eins überziehen!" Da sprach sie: „Das sollst du haben!", versteckte den Schelm, und als der Brahmane kam, sagte sie: „Herr, ich möchte gern tanzen; spielt Ihr die Laute." Er antwortete: „Gut, Liebste, tanze nur", und fing an die Laute zu spielen. „Wenn Ihr zuseht, schäme ich mich. Ich will Euer schönes Antlitz mit einem Tuch verbinden und dann tanzen." „Gut, wenn du dich genierst, mach' das so." Da nahm das junge Weib ein dickes Tuch und band es ihm um, so daß er nichts sehen konnte. Nun spielte der Brahmane mit verbundenen Augen die Laute. Als sie eine kleine Weile getanzt hatte, sprach sie: „Herr, ich möchte dir gern ein einziges Mal einen Schlag auf den Kopf geben." Der Brahmane ahnungslos und in das Weib vernarrt sagte: „Schlag nur zu." Da gab das Weib dem Schelm ein Zeichen. Er schlich heran, stellte sich hinter den Brahmanen und gab ihm mit dem Ellbogen einen solchen Stoß gegen den Kopf, daß seine Augen aussahen, als wollten sie aus dem Kopf treten, und an der Stelle eine große Beule entstand. Voll Schmerz sagte er: „Gib deine Hand her." Da streckte die junge Frau die Hand aus und legte sie in die seine. „Die Hand ist weich," sagte der Brahmane, „aber der Schlag war hart." Der Schelm aber, nachdem er den Brahmanen geschlagen hatte, versteckte sich wieder. Da nahm das Weib dem Brahmanen das Tuch vom Gesicht ab und rieb die Beule auf seinem Kopf mit Öl ein. Als er aber fortgegangen war, ließ die alte Frau den Schelm wieder in den Korb kriechen und trug ihn hinaus. Und er ging zum König und erzählte dem alles, was geschehen war. Wie nun der Brahmane kam, seine Aufwartung zu machen, sagte der König: „Wir wollen ein Spiel machen, Brahmane." „Schön, großer König." Da ließ der König den Spielkreis ziehen[1] und warf die Würfel so wie früher, indem er dazu sein Spiellied sang. Der Brahmane, der nicht wußte, daß seines jungen Weibes Tugend zu Fall gekommen war, sagte wieder: „Außer meinem Weibchen", und indem er so sprach, verlor er. Wie der König das sah, sagte er: „Brahmane, was soll das heißen, daß du diese Ausnahme machst? Deines jungen Weibes Tugend ist zu Falle gekommen. Du hast gemeint, daß du ein Weib hüten könntest, wenn du von Mutterleib an über sie wachtest und an sieben Toren eine Wache aufstelltest! Ein Weib aber ist nicht zu hüten, wenn man sie auch in seinen eignen Leib hineintäte und sie mit sich herumführte. Ein Weib, das es nur mit einem Manne hält, gibt es eben nicht. Die deinige hat gesagt: ‚Ich habe Lust zu tanzen', und wie du die Laute spieltest, hat sie dir das Gesicht mit einem Tuch verbunden; dann hat sie ihren Liebhaber mit dem Ellenbogen dir einen Stoß gegen den Kopf geben lassen und hat ihn fortgeschickt. Was soll das also, daß du jetzt von einer Ausnahme redest?" – und er sprach diesen Vers:

„Sieh da, wie mit verhülltem Angesicht
Die Laute seinem Weib der Priester spielt.
Er hat sie schon vor der Geburt bewacht.
Doch Weibertreue – wer könnt' ihr vertrau'n?"

Solche Lehre spendete der Bodhisatta dem Brahmanen. Der Brahmane aber, als er des Bodhisatta Lehre gehört hatte, ging nach Hause und sagte zu dem Weibe: „So Böses, höre ich, hast du getan!" „Herr, wer sagt das? Das habe ich nicht getan! Ich selbst habe Euch geschlagen, kein andrer. Wollt ihr mir das nicht glauben, so will ich einen Eid schwören, daß ich keines andern Mannes Berührung außer der Euren kenne, und daraufhin will ich die Feuerprobe machen: so werdet Ihr mir glauben müssen!" Der Brahmane sagte: „So soll es sein", ließ einen großen Holzstoß aufhäufen, ihn in Brand stecken und das Weib rufen: „Jetzt gehe ins Feuer, wenn du deiner Sache vertraust!" Das Weib aber hatte ihrer Dienerin vorher den Auftrag gegeben: „Sage deinem Sohn, Alte, er soll kommen und, wenn ich in das Feuer schreiten will, mich vorher

[1] Vor Beginn des Spieles wurde um die Spieler ein Kreis gezogen. Sie durften den nicht verlassen, ehe sie alle ihr Verpflichtungen erfüllt hatten.

mit der Hand berühren." Die Alte ging hin und sagte ihm das. Da kam der Schelm herzu und stellte sich mitten in der Volksmenge auf. Das Mädchen, den Brahmanen zu betrügen, trat hin unter allem Volk und sprach: „Brahmane, außer dir gibt es keinen Mann, dessen Hand mich je berührt hätte. So gewiß das wahr ist, soll dies Feuer mich nicht brennen." Und sie schickte sich an, in die Flammen zu schreiten. In diesem Augenblick rief der Schelm: „Seht, was dieser Brahmane, der Hofpriester tut! Solch ein Weib läßt er ins Feuer gehen!" Und er lief herzu und faßte sie bei der Hand. Sie aber machte ihre Hand los und sprach zum Priester: „Herr, mein Schwur ist vereitelt worden; ich kann nicht ins Feuer gehen." „Weshalb nicht?" „Eben habe ich geschworen: ‚Außer meinem Herrn hat keines andern Mannes Hand mich berührt.' Jetzt aber hat mich dieser Mensch bei der Hand gefaßt." Da erkannte der Brahmane, daß er von ihr betrogen war, und jagte sie mit Schlägen fort.

So von Bösem erfüllt sind die Weiber. Haben sie noch so große Sünde getan, so betrügen sie ihren Gatten. Sie sagen: „So etwas tue ich nicht" und wagen es, selbst das Tageslicht als Zeugen ihres Schwurs anzurufen. Aber das ist nichts als Falschheit! Darum heißt es:

„Diebinnen sind sie, listreiche,
Das Weibervolk, an Wahrheit arm.
Verborgen ist des Weibs Wesen
Wie im Wasser des Fisches Weg.

„Der Wahrheit gilt ihr gleich Lüge,
Der Lüge gleich ihr Wahrheit gilt.
Wie auf grasreicher Trift Kühe,
Reißt sie an sich, was ihr gefällt.

„Die Weiber sind wie Sand unstet,
Voll Tücke, Räuberinnen, hart.
Nichts gibt es, das sie nicht kennen,
Was sich von Ränken lernen läßt."

135.
DIE ENTLARVTE FRAU

Einst, als in Benares Brahmadatta König war, wurde der Bodhisatta im Königreiche[1] in einer Familie von Haushältern[2] wiedergeboren, und als er herangewachsen war, führte er ein häusliches Leben. Seine Gattin aber war sittenlos und unterhielt ein Verhältnis mit dem Dorfschulzen[3]. Der Bodhisatta wußte darum und beobachtete ihr Benehmen. Damals war nun in der Regenzeit der Samen fortgeschwemmt, und es war eine Hungersnot entstanden. Es war aber die Zeit gekommen, wo das Getreide Körner ansetzt. Da taten sich alle Dorfbewohner zusammen und sprachen zum Dorfschulzen: „Über zwei Monate werden wir ernten und können dir dann Reis abliefern." Daraufhin ließen sie sich von ihm ein altes Rind geben und verzehrten dessen Fleisch.

Eines Tages nun hatte der Dorfschulze den Augenblick abgepaßt und, wie der Bodhisatta ausgegangen war, ging er in dessen Haus. Gerade aber als die beiden da behaglich zusammenlagen, kam der Bodhisatta zum Dorftor herein und ging auf sein Haus zu. Die Frau, deren Gesicht nach dem Dorftor hinsah, erblickte ihn, dachte: „Wer ist denn das?", trat auf die Schwelle, sah hin und erkannte, daß er es war. Wie sie das dem Dorfschulzen sagte, fing der an vor Furcht zu zittern. Sie aber sprach zu ihm: „Fürchte dich nicht. Wir wollen uns schon helfen. Wir haben doch das Rindfleisch gegessen, das von dir kam. Stelle dich also, als wolltest du die Bezahlung für das Fleisch eintreiben. Ich will zum Vorratsraum hinaufsteigen, mich in die Tür des Vorratsraumes stellen und werde sagen: ‚Wir haben keinen Reis!' Dann mußt du mitten im Hause dastehen und sagen: ‚In meinem Hause sind Kinder geboren. Gib mir den Preis für das Fleisch!' – und so mußt du einmal über das andre mich drängen." So stieg sie denn zum Vorratsraum hinauf und setzt sich an dessen Tür nieder. Der Andre stellte sich mitten ins Haus und sagte: „Gib mir den Preis für mein Fleisch",

---

[1] Dem zu Benares gehörigen Lande.
[2] Angehörige der dritten Kaste.
[3] Wörtlich vielmehr: dem, der die Einkünfte des Dorfes genoß.

und sie antwortete an der Tür des Vorratsraumes sitzend: „Wir haben keinen Reis auf unserm Boden. Nach der Ernte will ich ihn dir geben. Gehe weg!" Der Bodhisatta, wie er ins Haus kam, sah, was die beiden trieben, und erkannte: „Das muß eine List dieses bösen Weibes sein." Und er sagte zum Dorfschulzen: „Höre, Schulze, wir haben doch das Fleisch deines alten Rindes unter der Bedingung erhalten und aufgegessen, daß wir den Reis dafür in zwei Monaten abliefern sollten. Was fällt dir nun ein, ihn jetzt einzufordern, wo noch kein halber Monat verflossen ist? Du bist auch gar nicht um deswillen gekommen; dein Kommen muß einen andern Zweck haben. Was du tust, will mir nicht gefallen. Und dieses sittenlose, bösartige Weib weiß ganz genau, daß im Vorratsraum kein Reis ist, und doch steigt sie hinauf und sagt: ‚Wir haben keinen Reis!', und du sagst: ‚Gib uns den Reis!' Was ihr beide tut, will mir nicht gefallen." Und diese Betrachtung führte er aus, indem er die Verse sprach:

„Dies beides will mir nicht scheinen,
Dies beides übel mir gefällt:
Zum Vorratsraum die Frau hingeht
Und sagt: ‚Zu geben hab' ich nichts.'

„Und nun zu Euch, Herr Dorfschulze!
Da wir leben in Dürftigkeit,
Zwei Monate Kredit gabt Ihr
Für Euer altes, magres Rind.
Jetzt mahnt Ihr, eh' der Tag da ist!
Auch dies gar übel mir gefällt."

Während er noch am Sprechen war, hatte er schon den Dorfschulzen am Schopf gepackt, riß ihn mit sich und warf ihn mitten im Hause zu Boden. „Weißt du nicht, daß ich der Dorfschulze bin?" „Du wagst es, das Gut zu berühren, das ein Andrer sich behütet und bewacht!" – mit solchen Reden schalt er ihn, schlug ihn, bis er schwach und elend wurde, dann packte er ihn am Halse und warf ihn aus dem Hause. Das böse Weib aber faßte er bei den Haaren, riß sie vom Boden herunter, prügelte sie und drohte ihr: „Tust du so etwas noch einmal, sollst du sehen!" Fortan wagte der Dorfschulze nicht jenes Haus auch nur anzusehen, und das böse Weib wagte nicht auch nur in Gedanken zu sündigen.

136.
DIEB UND KURTISANE

Einst, als in Benares Brahmadatta König war, wurde der Bodhisatta in einem Dorf des Kāsilandes[1] in eines Haushälters Hause unter einem Diebsgestirn geboren. Als er herangewachsen war, betrieb er das Diebshandwerk und lebte davon. Überall war er dafür bekannt, ein starker Mann von Elefantenkraft, den Niemand fassen konnte.

Eines Tages hatte er in einem Kaufmannshause einen Einbruch verübt und große Beute gemacht. Die Leute gingen zum König und sagten: „Herr, ein gefährlicher Dieb plündert unsre Stadt; den muß man ergreifen!" Der König gab dem Stadtwächter Auftrag, ihn zu fassen. Der stellte nachts an verschiedenen Punkten truppweise seine Leute auf; denen fiel er samt seiner Beute in die Hände. Als der Stadtwächter das dem König meldete, befahl der König, jenem das Haupt abzuschlagen. Da ließ der Stadtwächter ihn fest fesseln, die Hände auf dem Rücken, ließ ihm um den Hals einen roten Oleanderkranz[2] hängen, auf den Kopf Ziegelstaub streuen und führte ihn durch die Stadt von Platz zu Platz mit Peitschenschlägen und unter scharfem Trommelklang zur Richtstätte. Als es hieß, daß der Dieb, der in der Stadt von Räubereien lebte, gefaßt war, geriet die ganze Stadt in Aufregung.

Damals nun lebte zu Benares eine Kurtisane, namens Sāmā („die Dunkle"), die von ihren Besuchern ein Tausend zu nehmen pflegte. Sie wurde vom Könige geliebt und hatte eine Dienerinnenschar von fünfhundert Dirnen. Die stand auf dem Söller ihres Palastes am offenen Fenster und sah ihn vorüberführen. Er aber, ein schöner Mann von wohlgefälliger, höchst vorteilhafter Erscheinung, wie ein Gott anzusehen, ragte vor allen andern hervor. Als sie sah, wie er da einhergeführt wurde, verliebte sie sich in ihn und dachte: „Wie fange ich es an, diesen Mann mir zum Gatten

---

[1] D. h. des Landes um Benares.

[2] Im Original ist die Geschichte nach dem Oleander, offenbar weil dieser auch in dem ersten Vers erwähnt ist, das Kaṇaverajātaka genannt. Der rote Kaṇavera (Sanskrit Karavīra, Oleander) ist eine Pflanze von übelster Vorbedeutung.

zu verschaffen? Ich weiß, was ich da tun muß" – und sie schickte durch eine ihrer Dienerinnen, die für sie Botendienste tat, dem Stadtwächter ein Tausend mit folgender Botschaft: „Dieser Dieb ist ein Bruder der Sāmā. Außer an Sāmā hat er nirgends eine Stütze. Nehmt dies Tausend und laßt ihn los." Die Dienerin führte den Auftrag aus. Der Stadtwächter antwortete ihr: „Dies ist ein berüchtigter Dieb. So ihn loszulassen, ist unmöglich. Höchstens wäre es möglich, wenn ich einen andern Menschen statt seiner bekäme, ihn in einen geschlossenen Wagen[1] zu setzen und euch zu schicken." Sie kehrte um und berichtete das.

Damals nun liebte der Sohn eines Großkaufmanns die Sāmā und gab ihr täglich ein Tausend. Der kam auch an diesem Tage um die Zeit des Sonnenuntergangs mit seinem Tausend zu ihrem Hause. Sāmā nahm die Börse mit dem Gelde, stellte sie auf ihren Schoß und brach, wie sie da saß, in Tränen aus. „Was hast du?" fragte er sie. „Herr, jener Dieb ist mein Bruder. Da ich dies niedrige Gewerbe betreibe, kommt er nie zu mir. Ich schickte zum Stadtwächter, und der ließ mir sagen, wenn er ein Tausend bekäme, würde er ihn loslassen. Jetzt aber habe ich Niemanden, der dies Tausend zum Stadtwächter bringt." Verliebt, wie er war, sagte der Andre: „Ich will gehen." „So nimm also, was du mir gebracht hast, und gehe damit zu ihm." Er nahm es und ging zum Hause des Stadtwächters. Dieser brachte den Kaufmannssohn an einen geheimen Ort. Den Dieb aber setzte er in einen geschlossenen Wagen und schickte ihn der Sāmā. Nun sagte er sich, bei diesem im ganzen Königreich bekannten Diebe müsse er mit der Hinrichtung warten, bis es dunkel geworden sei und die Menschen sich verlaufen hätten. So ließ er unter einem Vorwand einige Zeit vorübergehen, und als dann die Menschen sich verlaufen hatten, führte er den Kaufmannssohn unter starker Bewachung nach dem Richtplatz. Dort schlug er ihm mit dem Schwert das Haupt ab, steckte den Rumpf auf einen spitzen Pfahl und kehrte zur Stadt zurück.

Von da an nahm Sāmā von keinem andern Geld an und ver-

---

[1] Es könnte hier (und entsprechend im folgenden) auch ein Palankin gemeint sein.

gnügte sich allein mit diesem. Er aber dachte: „Sobald sie sich in einen andern verliebt, wird sie auch mich töten lassen, um sich mit jenem zu vergnügen. Sie ist höchst treulos. So ist es besser, wenn ich nicht hier bleibe, sondern eilig entfliehe." Und weiter beschloß er, wenn er fortginge, nicht mit leeren Händen zu gehen, sondern ihre Schmucksachen mitzunehmen. So sprach er eines Tages zu ihr: „Schönste, wir sitzen hier unaufhörlich im Hause, wie ein Mitrahahn [1] im Käfig. Wir sollten uns doch einmal im Lustgarten vergnügen!" „Das laß uns tun", erwiderte sie. Und sie ließ feste und flüssige Speisen und was man sonst brauchte, bereit machen, und mit all ihrem Schmuck angetan, fuhr sie mit ihm in einem geschlossenen Wagen nach dem Lustgarten. Wie er sich dort mit ihr belustigte, dachte er, daß jetzt für ihn die Zeit zur Flucht gekommen sei. So tat er, als wolle er sich mit ihr der Liebe erfreuen, und ging mit ihr in ein Oleandergebüsch. Dort gab er sich den Anschein, sie zu umarmen, preßte sie so fest, daß sie das Bewußtsein verlor, warf sie hin, nahm ihr allen Schmuck ab, band ihn in ihr eignes Obergewand, hob das Bündel auf die Schulter, sprang über den Zaun des Lustgartens und ging davon.

Sie aber, als sie wieder zu sich gekommen war, stand auf, ging zu ihren Dienerinnen und fragte: „Wo ist der junge Herr?" „Das wissen wir nicht, Gnädige." Da dachte sie: „Er wird geglaubt haben, ich sei tot, und wird aus Furcht entflohen sein", und voll Trauer kehrte sie in ihr Haus zurück. Sie sprach: „Auf geschmücktem Lager will ich erst ruhen, wenn ich meinen Liebsten wiedersehe": so schlief sie am Boden. Und sie legte fortan keine schönen Gewänder an, nahm nicht mehr zwei Mahlzeiten des Tages ein und enthielt sich der Wohlgerüche, Kränze und aller ähnlichen Dinge. „Unter allen Umständen muß ich den jungen Herrn aufsuchen und ihn zu mir rufen lassen", sagte sie und ließ sich Tänzer kommen, denen gab sie ein Tausend. Sie fragten: „Was sollen wir dafür tun, Gnädige?", worauf sie den Tänzern folgenden Auftrag gab: „Für euch gibt es ja keine Stätte, wohin ihr nicht kommt. So geht denn zu allen Dörfern, Flecken und Königsstädten, gebt dort

[1] D. h. ein zahmer Hahn? Oder nach andrer Lesung des Textes: „ein Hahn, den man in den Käfig gesperrt hat"? (W. *Geiger*.)

Vorstellungen und singt vor dem versammelten Volk zuerst diesen Vers" – und sie sagte ihnen den ersten Vers [1] und fuhr fort: „Wenn ihr dies Lied singt und der junge Herr ist in der Versammlung anwesend, so wird er euch anreden. Dann müßt ihr ihm sagen, daß ich gesund und wohlbehalten bin, und müßt mit ihm herkommen. Will er nicht kommen, so schickt mir Nachricht." Mit diesen Worten gab sie den Tänzern Geld und entließ sie. Die machten sich von Benares auf den Weg, und wie sie an vielen Orten ihre Vorstellungen gaben, kamen sie zu einem Dorf an der Grenze. Ebendort hielt sich der Dieb, der entflohen war, auf. Da gaben die Tänzer ihre Vorstellung und sangen den ersten Vers:

„Die du an jenem Lenztage,
In Oleanders Blütenpracht
Schlossest in deinen Arm, Sāmā
Vermeldet dir ihr Wohlergehn."

Wie das der Dieb hörte, ging er zu dem Tänzer und sprach: „Du sagst, Sāmā sei am Leben. Das kann ich aber nicht glauben." und mit ihm redend, sprach er den zweiten Vers:

„Nein, wie könnte man wohl glauben,
Daß einen Berg fortbläst der Wind?
Doch kann so gut er fortblasen
Berge, ja selbst das Erdenrund,
Wie Sāmā, die der Tod hinnahm,
Mir melden kann ihr Wohlergehn."

Als der Tänzer dieses Wort von ihm hörte, sprach er den dritten Vers:

„Daß sie am Leben ist, wisse,
Und daß sie keinen andern liebt.
Einmal nur speist am Tag Sāmā;
Nach dir allein sie Sehnsucht trägt."

Wie der Dieb das hörte, sagte er: „Gleichviel, ob sie lebt oder nicht! ich will mit ihr nichts zu schaffen haben!" Und er sprach den vierten Vers:

---

[1] Den ersten Vers des kanonischen Verstextes, den der Erzähler als etwas Gegebenes voraussetzt. Der Wortlaut des Verses folgt alsbald.

„Mich Unbekannten gegen lang Vertrauten
Tauschte sie ein, den Schwanken gegen Festes.
Sie könnt' auch mich vertauschen gegen Andre.
Drum fort von hier! Ich ziehe in die Ferne."

Die Tänzer kehrten um und berichteten ihr von seiner Handlungsweise. Da bereute sie ihr Tun und kehrte zu ihrem gewohnten Leben zurück.

137.
DER SKLAVE ALS GROSSER HERR

Einst als in Benares Brahmadatta König war, war der Bodhisatta dort ein reicher Großkaufmann. Seine Gattin gebar einen Sohn, und an ebendemselben Tage gebar eine seiner Sklavinnen gleichfalls einen Sohn. Die beiden wuchsen zusammen auf. Wie der Kaufmannssohn schreiben lernte, ging der junge Sklave mit ihm, trug ihm die Schreibtafel und lernte zugleich mit ihm schreiben. Er war tätig in diesem und jenem Geschäft und entwickelte sich mit der Zeit zu einem redegewandten jungen Mann von angenehmem Äußern; mit Namen hieß er Kaṭāhaka. Als er nun beim Kaufmann als Aufseher der Warenvorräte tätig war, dachte er bei sich: „Diese Aufsicht wird man mich nicht in alle Zukunft führen lassen. Man wird irgendeinen Fehler an mir entdecken und wird mich prügeln, fesseln, brandmarken und mich wieder als Sklaven leben lassen. Da wohnt nun an der Grenze ein Großkaufmann, der mit unserm Herrn befreundet ist. Ich will einen Brief unseres Kaufmanns fälschen, mit dem will ich dorthin gehen und mich für den Sohn des Kaufmanns ausgeben. So will ich jenen Kaufmann betrügen, seine Tochter heiraten und herrlich und in Freuden leben." Er schrieb also selbst einen Brief: „Hier schicke ich dir meinen Sohn, mit Namen Soundso. Es wäre schön, wenn zwischen dir und mir und zwischen mir und dir ein Band der Verschwägerung geschlossen würde. So gib denn diesem meinem Jungen deine Tochter und laß ihn bei dir leben. Sobald ich kann, werde ich selbst kommen." Dies schrieb er, versiegelte den Brief mit dem Siegelring des Großkaufmanns, nahm reichlich Reisegeld, Parfüms, Toilette und wessen er sonst bedurfte, mit und reiste nach der Grenze. Dort begrüßte er den Großkaufmann verehrungsvoll und stellte sich vor ihn hin. Der Kaufmann fragte ihn: „Woher kommst du, mein Lieber?“ „Aus Benares.“ „Wessen Sohn bist du?“ „Des Großkaufmanns von Benares.“ „Warum bist du hergekommen?“ Da gab ihm Kaṭāhaka den Brief und sagte: „Lest dies, so werdet Ihr es erfahren.“ Der Kaufmann las den Brief und rief voller Freuden: „Jetzt fängt für mich das rechte Leben erst an!“ Und er gab ihm seine Tochter und ließ ihn dort wohnen. Da lebte er nun auf großem Fuß. Wenn man ihm Reisbrühe und feste Speisen oder Kleider, Parfüms und dergleichen brachte, so kritisierte er das alles: „So kochen sie die Reisbrühe und die andern Speisen und das ganze Mahl – ach, diese Provinzler!“ Und nicht zufriedener war er mit den Leistungen der Schneider und mit allem übrigen: „Einem Anzug den rechten chic zu geben, Parfüms zu reiben, einen Kranz zu flechten: das verstehen sie nicht – dafür sind sie eben aus der Provinz!“

Als der Bodhisatta nun seinen Sklaven nicht mehr zu Gesicht bekam, sagte er: „Kaṭāhaka ist verschwunden. Wo ist er geblieben? Sucht ihn!“ – und er schickte nach allen Seiten Leute aus. Von denen kam einer an jenen Ort, sah und kannte ihn, und ohne daß er sich dort selbst zu erkennen gab, ging er hin und meldete es dem Bodhisatta. Als der die Sache hörte, sagte er: „Wie unziemend hat er gehandelt! Ich will gehen und ihn zurückholen.“ So beurlaubte er sich beim Könige und zog mit großem Gefolge von dannen. Überall wurde bekannt, daß der Großkaufmann nach der Grenze reiste. So hörte auch Kaṭāhaka von seinem Kommen und dachte: „Der kommt aus keinem andern Grunde; um mich allein handelt es sich bei seiner Reise. Fliehe ich, so kann ich nicht mehr zurückkehren. Da gibt es einen Ausweg: ich muß meinem Herrn entgegengehen, ihm Sklavendienste tun und ihn so versöhnen.“ Von da an begann er vor seiner Umgebung Reden dieser Art zu führen: „Die andern törichten Menschen wissen in ihrer Torheit nicht, was Vater und Mutter zu bedeuten haben. Wenn die essen, tun sie ihnen keinen Dienst, sondern essen mit ihnen zusammen. Wir aber, wenn Vater und Mutter essen, reichen ihnen das Gefäß für die Abfälle und reichen ihnen den Spucknapf und reichen ihnen alles Geschirr und warten ihnen auf mit dem Trinkwasser und mit dem Fächer" – und so zählte er alles auf, was Sklaven ihren Herren zu tun haben, bis herab zu ihrer Pflicht, wenn jene ein Bedürfnis befriedigen, mit dem Wassergefäß an den verborgenen Ort zu gehen. Als er seiner Umgebung solche Belehrungen erteilt hatte, sprach er, wie die Zeit für das Erscheinen des Bodhisatta in der Nähe der Grenze gekommen war, zu seinem Schwiegervater: „Vater, mein Vater kommt, wie ich höre, Euch zu besuchen. So laßt denn Speise, feste und flüssige, bereiten. Ich werde ihm mit Geschenken entgegenziehen." „Gut, mein Sohn", sagte jener und stimmte ihm bei. Da nahm Kaṭāhaka viele Geschenke und machte sich mit großem Gefolge auf den Weg. Und er begrüßte den Bodhisatta voll Verehrung und überreichte ihm die Geschenke. Die nahm der Bodhisatta an, wechselte mit ihm freundliche Reden, schlug um die Frühstückszeit sein Lager auf und ging, ein Bedürfnis zu befriedigen, an einen verborgenen Ort. Da entfernte Kaṭāhaka sein Gefolge, nahm ein Wassergefäß, ging zum Bodhisatta und fiel nach vollendeter Waschung ihm zu Füßen: „Herr, ich will Euch so viel Geld geben, wie Ihr verlangt; richtet nur nicht meine Ehre zugrunde!" Dem Bodhisatta gefiel sein gutes Benehmen, und er sprach ihm Mut ein: „Fürchte dich nicht; von mir soll dir keine Gefahr drohen." Endlich kam er zur Grenzstadt. Dort gab es große Ehrungen. Und Kaṭāhaka tat ihm unablässig Sklavendienste. Als er nun dort einmal in allem Behagen dasaß, sagte der Kaufmann von der Grenze zu ihm: „Großer Kaufmann, als ich Euren Brief sah, habe ich Eurem Sohn meine Tochter gegeben." Der Bodhisatta ließ den Kaṭāhaka als seinen Sohn gelten und erfreute den Kaufmann durch angemessene freundliche Worte. Von da an aber vertrug er es nicht mehr, das Gesicht des Kaṭāhaka zu sehen. Eines Tages nun rief das Große Wesen [1] die Tochter des Kaufmanns zu sich und sprach: „Komm, mein Kind, suche mir die Läuse vom Kopf ab." Die kam und suchte seine Läuse. Da redete er freundlich zu ihr und sagte: „Ist mein Sohn auch in Freude und Leid gegen dich immer unveränderlich aufmerksam? Lebt ihr beiden Leute auch in Frieden und Eintracht miteinander?" „Vater, der Kaufmannssohn hat keinen andern

[1] D. h. der Bodhisatta.

Fehler, nur daß er die Speisen zu tadeln liebt." „Meine Tochter, diese schlechte Gewohnheit hat er immer gehabt. Aber ich will dich einen Spruch lehren, der ihm den Mund verschließt. Den mußt du sorgfältig merken, und wenn mein Sohn zur Essenszeit mit seinen Kritiken anfängt, mußt du vor ihn treten und den Spruch, wie du ihn gelernt hast, hersagen." So teilte er ihr seinen Spruch mit, verweilte noch einige Tage dort und kehrte dann nach Benares zurück. Kaṭāhaka aber nahm viel feste und flüssige Speisen mit sich, begleitete ihn auf dem Wege und gab ihm reiche Geschenke. Dann verabschiedete er sich von ihm voller Verehrung und kehrte um.

Nach der Abreise des Bodhisatta nun schwoll ihm der Kamm gewaltig. Als eines Tages die Kaufmannstochter ihm Speisen von vielerlei vorzüglichem Geschmack vorsetzte und mit dem Löffel in der Hand ihn bediente, fing er an gegen das Mahl seinen Tadel loszulassen. Da sprach die Kaufmannstochter, wie der Bodhisatta es sie gelehrt hatte, den Vers:

„Man kann gar leicht nach Lust großtun
Der Heimat fern im fremden Land.
Kommt, der dich stürzen kann, wieder?
Genieß dein Mahl, Kaṭāhaka!"

Da dachte Kaṭāhaka: „Gewiß hat der Großkaufmann ihr meinen Namen genannt und ihr alles erzählt." Und fortan tadelte er die Speisen nicht mehr, sondern aß bescheiden, was man ihm vorsetzte, und fuhr endlich hin nach dem Verdienst seiner Taten.

138.
DIE KARAWANE IN DER WÜSTE

Einst, als im Königreich von Kāsi Brahmadatta König war, wurde der Bodhisatta in einer Kaufmannsfamilie wiedergeboren. Wie er herangewachsen war, zog er mit fünfhundert Wagen auf eine kaufmännische Unternehmung aus. Da kam er einmal zu einer Sandwüste, sechzig Tagereisen groß. In dieser Wüste war der Sand so fein, daß, wenn man ihn mit der Faust faßte, er zwischen den Fingern durchlief. Von Sonnenaufgang an war der Boden heiß wie glühende Kohlen; man konnte nicht darauf gehen. Deshalb nahm man, wenn man dort reiste, Holz, Wasser, Öl, Reis und dergleichen auf seinen Wagen mit, reiste nur des Nachts, stellte um das Morgenrot die Wagen im Kreise auf und errichtete an der Spitze ein Zelt: dann nahm man in der Frühe das Mahl ein, brachte den Tag im Schatten sitzend hin, genoß nach Sonnenuntergang das Abendessen, und wenn der Boden sich abgekühlt hatte, spannte man die Wagen wieder an und zog weiter. Die Reise ging vor sich wie eine Seereise: man mußte einen „Wüstenlotsen" haben, der leitete die Karawane durch Beobachtung der Sterne. Auch unser Kaufmann reiste damals auf diese Weise durch die Wüste und hatte schon neunundfünfzig Tagereisen zurückgelegt. Er dachte: „Jetzt werden wir in *einer* Nacht aus der Sandwüste hinauskommen", nahm das Abendessen zu sich, ließ alles Holz fortwerfen, das Wasser ausgießen, die Wagen anspannen und brach auf. Der Lotse ließ sich auf dem ersten Wagen einen bequemen Sitz breiten, blickte nach den Sternen am Himmel und sagte: „Zieht in dieser Richtung." Dann legte er sich nieder. Da es ihm auf der langen Reise an Schlaf gefehlt hatte, war er müde und schlief ein; so merkte er nicht, daß die Ochsen sich umdrehten und den Weg zurückgingen, den sie gekommen waren. Die Ochsen gingen durch die ganze Nacht. Als die Morgenröte herannahte, wachte der Lotse auf, sah nach den Sternen und rief: „Dreht die Wagen um! Dreht die Wagen um!" Als sie die Wagen umdrehten und eine Reihe bildeten, war die Morgenröte da. Da sahen sie: „Das ist ja wieder unsre gestrige Lagerstätte! Unser Holz und Wasser ist zu Ende; wir sind verloren!" Man spannte die Wagen ab, stellte sie im Kreise auf, errichtete an der Spitze das Zelt, und jeder legte sich jammernd unter seinen Wagen nieder. Der Bodhisatta aber dachte: „Wenn ich mich jetzt nicht kräftig zeige, sind wir alle verloren", und früh, solange es noch kühl war, umhergehend, sah er einen Busch Darbhagras. Da dachte er: „Dies Gras muß aus der Feuchtigkeit von Wasser in der Tiefe erwachsen sein", ließ einen Spaten herbeibringen und an jener Stelle nachgraben. Sie gruben sechzig Fuß tief. Als sie so weit gegraben hatten, stieß der Spaten unten auf einen Stein. Alsbald, wie das geschah, verloren sie alle den Mut. Der Bodhisatta aber dachte: „Unter diesem Stein muß Wasser sein", stieg hinab, beugte sich auf dem Stein stehend, nieder und horchte, ob da ein Geräusch zu hören sein würde. Da hörte er, wie unten das Wasser floß, stieg heraus und sagte zu seinem kleinen Diener: „Wenn du jetzt die Sache aufgibst, mein Junge, sind wir alle verloren. Darum laß den Mut nicht sinken, nimm diesen eisernen Hammer, steige in die Grube hinab und tue einen Schlag auf den Stein." Jener gehorchte dem Befehl, und obwohl alle mutlos dastanden, behielt er Mut, stieg hinunter und tat auf den Stein einen Schlag. Der Stein brach mitten durch, fiel in die Tiefe und blieb liegen, so daß er dem Wasser den Weg versperrte. Eine Wassersäule sprang in die Höhe so hoch wie ein Palmenstamm. Da tranken alle und wuschen sich. Was von Achsen und Jochen der Wagen entbehrlich war, spaltete man, kochte sich ein Mahl von Reisbrühe, aß, gab den Ochsen zu fressen, und nach Sonnenuntergang zog man, nachdem man an der Stelle jener Quelle eine Fahne aufgerichtet hatte, weiter zu seinem Ziel. Da verkaufte man die Waren, erhielt den doppelten und vierfachen Wert und kehrte wieder in die Heimat zurück. Dort lebten die Leute, solange ihnen Leben beschieden war, und gingen dann hin nach dem Verdienst ihrer Taten. Auch der Bodhisatta spendete Gaben und tat andre gute Werke und ging nach dem Verdienst seiner Taten hin. – Als nach Erlangung der Buddhaschaft Buddha durch diese Erzählung Belehrung gespendet hatte, sprach er den Vers:

„Unermüdlich am Sandwege
Grabend die Quelle fanden sie.
So finden Weise, Kraftreiche
Unermüdlich des Herzens Ruh'."

139.
DER GOTT, DER ZU NICHTS NÜTZE IST

Einst, als in Benares Brahmadatta König war, wurde der Bodhisatta in einer Brahmanenfamilie des Nordens wiedergeboren. Am Tage seiner Geburt nahmen seine Eltern sein Geburtsfeuer [1] und verwahrten es. Als er nun sechzehn Jahre alt war, sagten sie zu

[1] Das rituelle Feuer, das während der Entbindung in der Nähe gehalten wird.

ihm: „Mein Sohn, dies Feuer haben wir am Tage deiner Geburt für dich verwahrt. Willst du ein weltliches Leben führen, so lerne die drei Veden. Verlangt dich aber nach der Welt Brahmas, so nimm das Feuer, geh damit in den Wald und erwirb dir durch Verehrung des Feuers die Gnade des großen Brahma: so wirst du der Welt Brahmas teilhaftig werden." Er erwiderte: „Nach irdischem Leben verlangt mich nicht", nahm das Feuer und ging in den Wald. Dort baute er sich eine Einsiedelei, und so lebte er im Walde und verehrte das Feuer. Eines Tages nun hatte er in einem Grenzdorf ein Rind geschenkt bekommen. Das führte er zu seiner Einsiedelei und dachte: „Ich will dem heiligen Aggi [1] Rindfleisch zu essen geben." Aber dann erwog er bei sich: „Hier haben wir kein Salz. Der heilige Aggi kann das nicht ohne Salz essen. Ich will aus dem Dorf Salz holen und es dem heiligen Aggi mit Salz zu essen geben." So band er das Tier dort fest und ging in das Dorf nach Salz. Als er fortgegangen war, kam eine Menge von Dieben. Die sahen das Rind, schlachteten es, brieten das Fleisch und verzehrten es. Schwanz, Unterschenkel und Fell warfen sie fort, und mit dem Fleisch, das übriggeblieben war, verschwanden sie. Wie der Brahmane wiederkam und nichts mehr sah als den Schwanz und das übrige, dachte er: „Dieser heilige Aggi ist nicht einmal imstande zu schützen, was ihm selbst gehört. Wie wird er da mich schützen? Es kann nur zwecklos sein, daß ich mich mit diesem Aggi abgebe. Hieraus kann kein Heil und kein Gedeihen erwachsen!" So verging ihm die Lust zur Verehrung des Feuers, und er sagte: „Holla, heiliger Aggi! Du kannst ja nicht einmal schützen, was dir selbst gehört. Wie willst du da mich schützen! Fleisch ist nicht mehr da. Dies ist gut genug für dich!" Mit diesen Worten warf er den Schwanz und die andern Überreste ins Feuer und sprach den Vers:

„Mehr als genug ist's, Feuergott, du Dummkopf,
Daß wir dir diesen Schwanz zum Opfer bringen.
Sonst bist du Fleisch gewohnt, das gibt es heut nicht.
Laß dir statt dessen an dem Schwanz genügen!"

---

[1] Der Feuergott, im Sanskrit *Agni*, dasselbe Wort wie das lateinische *Ignis*.

So sprach das Große Wesen[1], löschte das Feuer mit Wasser aus, vollzog die Weltentsagung in der Weise der Seher[2], erwarb die höheren Erkenntniskräfte, wurde der Entrückungszustände teilhaftig und gelangte zur Welt Brahmas.

140.
DIE BEDEUTUNGSVOLLEN VERSE

Einst, als in Benares Brahmadatta König war, war der Bodhisatta in Takkasilā[3] in einem Brahmanengeschlecht wiedergeboren und war ein weltberühmter Lehrer. Bei ihm hatte der Sohn des Königs von Benares mit Namen „Prinz Gerste" alle Künste mit großem Eifer gelernt. Dieser wollte wieder abreisen und nahm vom Lehrer Abschied. Der Lehrer, der aus der Körperbildung der Menschen ihre Zukunft vorauszuerkennen verstand, sah, daß jenem von seinem Sohn Gefahr für das Leben drohen würde. Er nahm sich vor, ihn von dieser Gefahr zu befreien, und dachte über ein Gleichnis nach, das dazu helfen könnte.

Nun hatte er ein Pferd, an dessen Fuß sich ein Geschwür gebildet hatte; um dies Geschwür zu behandeln, hielt man das Pferd im Stall. Da war nun dicht dabei ein Brunnen. Und ein Mäuschen kam heraus und benagte dort das Geschwür am Fuß des Pferdes. Das Pferd konnte dem nicht wehren. Als es aber eines Tages den Schmerz nicht mehr aushielt, schlug es das Mäuschen, das zum Nagen herbeigekommen war, mit dem Fuß, tötete es und stieß es in den Brunnen. Als die Pferdeknechte das Mäuschen nicht mehr sahen, sagten sie: „Alle diese Tage ist das Mäuschen gekommen und hat an dem Geschwür genagt. Jetzt läßt es sich nicht mehr blicken. Wo mag es geblieben sein?" Der Bodhisatta aber durchschaute den Zusammenhang und dachte: „Die Andern wissen es nicht und fragen: ‚Wo ist das Mäuschen?' Daß das Mäuschen tot und in den Brunnen geworfen ist, das weiß nur ich allein." Diesen

[1] Der Bodhisatta.
[2] Vgl. oben S. 418 A. 1.
[3] Siehe S. 419 A. 1.

Vorgang nahm er zum Gleichnis, verfaßte seinen ersten Vers und teilte ihn dem Königssohn mit.

Nun sann er auf ein zweites Gleichnis. Dasselbe Pferd war, geheilt von seinem Geschwür, nach einem Gerstenplatz hinausgelaufen, um Gerste zu fressen, und steckte durch ein Loch des Zaunes seinen Kopf hinein. Das sah er, entnahm dem wiederum ein Gleichnis, verfaßte einen zweiten Vers und lehrte ihn dem Königssohn.

Den dritten Vers aber verfaßte er allein mit Hilfe seines eignen Verstandes, lehrte ihn auch den und sprach: „Mein Sohn, wenn du König geworden bist und abends zum Lotusteich baden gehst, dann mußt du, wenn du dich der Treppe vorn am Teich näherst, im Gehen den ersten Vers sprechen. Wenn du in den Palast eintrittst, den du bewohnst, mußt du am Fuß der Treppe im Gehen den zweiten Vers sprechen. Dann, wenn du zum oberen Ende der Treppe kommst, mußt du im Gehen den dritten Vers sprechen." Mit diesen Worten entließ er ihn.

Der Prinz ging fort, wurde Unterkönig und nach seines Vaters Tode König. Ihm wurde ein Sohn geboren. Als der sechzehn Jahre alt war, faßte ihn Begierde nach der Herrschaft. Er setzte sich vor, seinen Vater zu töten, und sprach zu seinem Gefolge: „Mein Vater ist noch jung. Bis ich den Rauch seines Scheiterhaufens abgewartet habe, bin ich alt und grau geworden. Komme ich so spät zur Herrschaft, was habe ich dann davon?" Man gab ihm zur Antwort: „Herr, man kann doch nicht an die Grenze gehen und dort ein Räuberleben führen. Du mußt auf irgendeine Art deinen Vater ums Leben bringen und dich der Herrschaft bemächtigen." Er stimmte dem zu, ging in der Residenz des Königs abends zum Lotusteich, wo der König zu baden pflegte, und dachte: „Hier will ich ihn töten." So stellte er sich dort mit einem Schwert hin. Der König schickte abends eine Dienerin namens Mäuschen und trug ihr auf: „Geh hin und reinige den Wasserspiegel des Lotusteichs; ich will baden." Sie ging, reinigte den Teich und sah dabei den Prinzen. Der fürchtete, sein Vorhaben möchte verraten werden, hieb sie in zwei Stücke und warf sie in den Teich. Nun kam der König und wollte baden. Die Leute sagten: „Heute kommt ja unsre Dienerin Mäuschen gar nicht wieder. Wohin ist sie nur gegangen? Welchen Weg ist ist gegangen?" Da sprach der König seinen ersten Vers:

„,Wo ging sie? Welchen Weg ging sie?'
So schwatzt die Menge hin und her.
Von allen ich allein weiß es:
Tot im Wasser das Mäuschen liegt."

Mit diesen Worten ging er zum Lotusteich heran. Der Prinz aber dachte: „Mein Vater durchschaut mein Tun," und voll Furcht flüchtete er und erzählte seinem Gefolge, was geschehen war.

Nun vergingen sieben oder acht Tage, da sprachen sie von neuem zu ihm: „Herr, wenn der König etwas wüßte, würde er nicht stillschweigen. Ihm wird nur irgendein Gedanke durch den Sinn gegangen sein, daß er so gesprochen hat. Bring' ihn ums Leben!" So stellte der Prinz sich eines Tages wieder, das Schwert in der Hand, am Fuß der Treppe auf, und als der König herankam, sah er sich hierhin und dorthin um, ob er Gelegenheit fände, seinen Schlag zu führen. Der König aber ging und sprach den zweiten Vers:

„Drehst und wendest ohn' Aufhören
dich ja herum dem Esel gleich[1]!
Im Wasser machtst du tot Mäuschen,
Worauf du Gerste fressen willst."

Da dachte der Prinz wieder: „Der König hat mich durchschaut", und entfloh zitternd.

Nun verfloß wieder ein halber Monat, da dachte der Prinz: „Ich will den König mit einer löffelförmigen Waffe töten." Und er nahm eine Waffe in Gestalt eines Löffels mit einem langen Stiel und ließ sie herunterhängen. Der König stieg zur Höhe der Treppe hinauf, indem er den dritten Vers sprach:

„Du blöder Tor, noch jung bist du,
Du bist ein Kind gar schwach und klein.
Mit diesem langen Ding kommst du –
Diesmal schon' ich dein Leben nicht."

---

[1] Die Vermutung liegt nah, daß in dem Vorfall, der den Vers inspiriert hat, ursprünglich nicht ein Pferd, sondern ein Esel eine Rolle gespielt hat. Eine der Abweichungen zwischen der uns verlorenen alten Gestalt der Erzählung und der vorliegenden (vgl. S. 408 A. 2.).

Jetzt konnte Jener nicht mehr entfliehen, warf sich dem König zu Füßen und sprach: „Schenke mir das Leben, Herr!" Der König fuhr ihn hart an, ließ ihn in Ketten legen und in das Gefängnis werfen, und als er dann selbst unter dem weißen Sonnenschirm auf dem geschmückten Königsthron saß, rief er in hoher Freude aus: „Unser Lehrer, der weltberühmte Brahmane, hat diese Gefahren, die mir drohten, vorausgesehen und mir darum diese drei Verse auf den Weg mitgegeben!" Und er sprach dann die übrigen Verse:

„Nicht fand im Luftreich ich Rettung,
Nicht durch den Sohn, mein zweites Selbst.
Nein, als mein Sohn mir nachstellte,
Brachten die Rettung Verse mir!

„Alles Wissens Erwerb suche,
Des niedern, hohen, mittleren.
Von allem mußt den Sinn merken.
Zwar wendest du nicht alles an –
Sicher wird doch die Zeit kommen,
Wo das Wissen dir Nutzen bringt!"

Wie die Zeit weiter hinging, starb der König und der Königssohn wurde König.

141.
DAS GRAUE HAAR

Einst war im Königreich Videha [1] ein König mit Namen Makhādeva, ein gerechter Fürst, der in Gerechtigkeit herrschte. Der verlebte vierundachtzigtausend Jahre in jugendlichen Spielen, ebenso lange Zeit als Unterkönig und wieder ebenso lange als Großkönig. Als er solch weiten Lebensweg zurückgelegt hatte, sprach er eines Tages zu seinem Barbier: „Wenn du, mein guter Barbier, auf meinem Haupt graue Haare siehst, so melde es mir." Und wieder verging lange Zeit, da sah der Barbier eines Tages unter den Haaren des Königs, die schwarz wie Augensalbe waren, ein einziges graues Haar und meldete dem König: „Herr, ein graues Haar hat sich bei dir gezeigt." Jener erwiderte: „So reiße mir denn, Lieber, das graue Haar aus und gib es mir in die Hand." Da riß der Barbier es ihm mit einer goldnen Zange

[1] Dem heutigen Tirkut.

aus und legte es in seine Hand. Damals hatte der König noch eine Lebenszeit von vierundachtzigtausend Jahren vor sich. Trotzdem, wie er das graue Haar sah, war ihm, als wäre der König Tod herangekommen und stände schon vor ihm, und als befände er selbst sich in einer brennenden Laubhütte. In Aufregung dachte er: „Du Tor Makhādeva! Bis dein Haar grau wird, hast du die Unreinheiten dieses Weltlebens nicht zu verlassen vermocht!" Wie er so immer weiter über das Erscheinen des grauen Haares nachdachte, wurde er innerlich heiß davon; der Schweiß brach ihm aus; seine Gewänder bedrückten ihn, und ihm war, als müsse er sie von sich abwerfen. Er dachte: „Heute ist die Zeit für mich gekommen, die Welt zu verlassen und das Asketentum zu ergreifen." Dem Barbier verlieh er ein schönes Dorf, das ein Einkommen von Hunderttausend brachte, ließ seinen ältesten Sohn rufen und sprach zu ihm: „Mein Sohn, auf meinem Haupt ist ein graues Haar erschienen. Ich bin alt geworden. Die Freuden des Menschenlebens habe ich genossen; jetzt will ich den Himmelsfreuden nachtrachten. Die Zeit der Entsagung ist für mich gekommen. Übernimm du das Königreich; ich aber will die Welt verlassen und will im Garten des Makhādeva-Mangohains ein Asketenleben führen." Als er sich so entschlossen hatte die Welt zu verlassen, kamen seine Hofleute zu ihm und fragten ihn: „Herr, was ist der Grund, aus dem Ihr die Welt verlassen wollt?" Da faßte der König das graue Haar mit der Hand und sprach zu seinen Höflingen diesen Vers:

„Die Lebenskraft mir fortreißend,
Ergraut mein hauptentsproßnes Haar.
Als Götterbot' es mir kündet:
Geh vom Hause! Die Zeit ist da!"

So redete er, gab am selbigen Tage seine königliche Herrschaft auf und vollzog die Weltentsagung in der Weise der Seher [1]. In ebenjenem Makhādeva-Mangohain weilend, betätigte er durch vierundachtzigtausend Jahre die vier „Brahmazustände", und in unaufhörlichen Versenkungen verweilend, erreichte er schließlich sein Ende und kam in der Brahmawelt zu neuem Dasein …

---

[1] D. h. er verließ die Welt nach dem alten vedischen Ritus. Vgl. S. 445.

ANHANG

EIN JÜNGERER TEXT ÜBER BUDDHAS TÄGLICHES LEBEN

Nachkanonische Darstellung, von Buddhaghosa, einem hervorragenden Schriftsteller des 5. Jahrhunderts n. Chr. Vgl. die Einleitung.

Alle Beschäftigung ist eine doppelte: zielvoll oder ziellos. Da hat nun jede ziellose Beschäftigung für den Erhabenen ein Ende genommen, als er unter dem Baum der Erkenntnis sitzend, den Pfad der Heiligkeit erreicht hat. Des Erhabenen Beschäftigung ist allein zielvoll. Und zwar zerfällt sie in fünf Teile: seine Beschäftigung vor dem Mahl, die Beschäftigung nach dem Mahl, die Beschäftigung während der ersten Nachtwache, die Beschäftigung während der letzten Nachtwache.

Die Beschäftigung *vor dem Mahl* nun ist die folgende.

Der Erhabene steht in der Frühe auf, besorgt aus Rücksicht für seinen Aufwärter[1] und um seines körperlichen Wohlbefindens willen die körperlichen Verrichtungen, wie das Reinigen seines Mundes, und bringt dann die Zeit, bis die Stunde für den Almosengang gekommen ist, in der Einsamkeit sitzend hin. Ist die Zeit des Almosenganges da, kleidet er sich an, bindet sich den Gürtel um, legt das Obergewand um, nimmt die Almosenschale, und bald allein, bald von einer Mönchsschar umgeben, geht er in das Dorf oder in den Flecken und sammelt dort Almosen, bald in alltäglicher Weise, bald unter mannigfachen Wundern wie den folgenden.

Wenn der Herr der Welt, Almosen sammelnd, zum Ort hineingeht, wehen sanfte Winde vor ihm her und reinigen den Boden. Wolken träufeln Wasser nieder, befreien seinen Weg von Staub und werden zu einem Baldachin, der über ihm sich erhebt. Andre Winde führen Blumen herbei und streuen sie auf seinen Pfad. Gesenkter Boden hebt sich; Erhöhungen des Bodens senken sich. Wenn er den Fuß niedersetzt, wird der Boden eben und ist ange-

[1] Der Mönch, der den Dienst bei der Person Buddhas hat. Die Rücksicht auf diesen wird dahin zu deuten sein, daß ihm Gelegenheit gegeben wird, Buddha Dienste zu leisten und sich dadurch geistliches Verdienst zu erwerben.

nehm zu berühren, oder Lotusblumen empfangen seinen Fuß. Sobald er mit dem rechten Fuß die Torschwelle überschritten hat, gehen von seinem Leibe Strahlen in den sechs Farben aus. Die bewegen sich hierhin und dorthin, indem sie Paläste, getürmte Gebäude und andre Bauwerke wie mit goldgelbem Schimmer, wie übergossen mit den Farben bunter Gemälde schmücken. Elefanten, Rosse, Vögel und andres Getier bleiben alle an ihrem Ort und erheben lieblichen Ruf; und so ertönen auch die Musikinstrumente wie Pauken und Lauten, und man hört das Klirren der Schmucksachen am Körper der Menschen. An solchen Zeichen erkennen die Leute: „Heute ist der Erhabene hierher gekommen, Almosen zu sammeln." Und in schönen Unter- und Obergewändern, mit Wohlgerüchen und Blumen kommen sie aus den Häusern hervor auf die Straße, und sie ehren den Erhabenen und huldigen ihm voll Eifer mit Wohlgerüchen, Blumen und Ähnlichem. Sie bitten ihn: „Herr, gebt uns zehn Mönche, gebt uns zwanzig, gebt uns hundert!," nehmen dem Erhabenen die Almoschale ab, bereiten ihm einen Sitz und verehren ihn eifrig mit Speisegaben.

Hat der Erhabene sein Mahl eingenommen, betrachtet er den Zustand ihres Innern und predigt die Lehre entsprechend so, daß die Einen dazu gelangen, ihre Zuflucht bei ihm zu nehmen [1], Andre zur Ablegung der fünf Gelübde, wieder andre zur Erreichung der Bahn, die zur Heiligkeit führt, noch Andre zur Frucht der Einmalwiederkehrenden oder der Nichtwiederkehrenden [2], daß Andre endlich der Welt entsagen und die höchste Frucht der Heiligkeit erlangen. Nachdem er den großen Menschenmassen solche Gnade erwiesen hat, steht er von seinem Sitz auf und geht in das Klosterhaus hinein. Dort setzt er sich in der runden Halle auf den herrlichen Buddhasitz nieder, der für ihn bereitet ist, und wartet, bis die Mönche ihr Mahl beendet haben. Ist dann das Mahl der Mönche beendet, meldet der Aufwärter es dem Erhabenen. Dann geht der Erhabene in „das Gemach der Düfte" ein.

---

[1] D. h. sie erklären sich als Laiengläubige, indem sie „beim Buddha, bei der Lehre, bei der Gemeinde ihre Zuflucht nehmen".

[2] Die verschiedenen Stufen der Annäherung an die Heiligkeit.

So weit seine Beschäftigung vor dem Mahl.

Wenn nun der Erhabene so sein Werk, das vor dem Mahl ihm obliegt, vollendet hat, läßt er sich in dem Gemach der Düfte auf dem Sitz nieder, den sein Aufwärter ihm bereitet hat, und wäscht sich die Füße. Darauf tritt er auf die mit Juwelen geschmückte Treppenstufe des Gemaches der Düfte und ermahnt die Gemeinde der Mönche: „Ihr Mönche, strebet unablässig. Es geschieht selten, daß in der Welt ein Buddha erscheint. Es ist schwer, als Mensch wiedergeboren zu werden. Es ist schwer, den rechten Augenblick zu erlangen. Es ist schwer, zur Weltentsagung durchzudringen. Es ist schwer, des Hörens der wahren Lehre teilhaftig zu werden." Dann bitten Einige den Erhabenen um einen Gegenstand der geistlichen Übung. Der Erhabene gibt ihnen einen solchen Gegenstand je nach ihrem Wandel. Dann drücken alle dem Erhabenen ihre Ehrfurcht aus und gehen fort an die Orte, wo ein Jeder die Nacht oder den Tag zubringen will, die Einen in die Wildnis, Andre zum Fuß eines Baumes, noch Andre ins Gebirge oder an ähnliche Orte, Manche in den Cātummahārājika-Himmel ... *folgen die übereinandergelagerten Himmel,* Manche in den Vasavatti-Himmel.

Dann geht der Erhabene in das Gemach der Düfte ein und, wenn es ihm gefällt, legt er sich mit wachem Bewußtsein eine Weile auf der rechten Seite nieder, wie der Löwe sich lagert. Hat er so seinen Leib erfrischt, steht er auf und blickt im zweiten Teil der Zeit über die Welt hin. Im dritten Teil kommen aus dem Dorf oder Flecken, bei dem er sich aufhält, die Leute, die vor dem Mahl ihm ihre Gaben gegeben haben, nach dem Mahl in schönen Unter- und Obergewändern mit Wohlgerüchen, Blumen u. dgl. zum Klosterhause. Dann geht der Erhabene mit dem Gefolge, das sich um ihn gesammelt hat, unter angemessenen Wundern zum Predigtsaal, läßt sich auf dem dort bereiteten herrlichen Buddhasitz nieder und predigt die Lehre, wie es der Zeit und Gelegenheit angemessen ist. Wenn er es dann an der Zeit hält, entläßt er die Versammlung. Die Leute zeigen dem Buddha ihre Ehrfurcht und gehen fort. Dies ist seine *Beschäftigung nach dem Mahle.*

Hat er so vollbracht, was ihm nach dem Mahle zu tun obliegt, steht er, wenn er sich die Glieder mit Wasser zu netzen wünscht, von dem Buddhasitze auf, geht zum Badehaus und erfrischt sich dort mit dem vom Aufwärter bereiteten Wasser. Der Aufwärter holt den Buddhasitz herbei und stellt ihn in der Zelle des Gemachs der Düfte bereit. Dann legt der Erhabene ein Untergewand aus doppeltem rotem Stoff an, bindet sich den Gürtel um, legt das Obergewand so an, daß es eine Schulter frei läßt, geht dorthin und setzt sich nieder; so verharrt er eine Weile allein in Zurückgezogenheit. Dann kommen von allen Seiten die Mönche herbei, dem Erhabenen aufzuwarten. Die Einen stellen ihm Fragen; Andre erbitten von ihm einen Gegenstand der geistlichen Übung, noch Andre Predigt der Lehre. Der Erhabene erfüllt ihr Begehren und bringt so die erste Nachtwache hin. Dies ist seine *Beschäftigung in der ersten Nachtwache.*

Hat er so seine Obliegenheiten der ersten Nachtwache vollbracht und sind die Mönche mit ehrfurchtsvollem Gruß fortgegangen, erhalten die Gottheiten des ganzen zehntausendfachen Weltsystems Zutritt. Sie kommen zum Erhabenen und stellen ihm Fragen, wie sie sich die zurechtgelegt haben, bis herab zu solchen von nur vier Silben. Der Erhabene beantwortet die Fragen dieser Gottheiten und bringt so die mittlere Nachtwache hin. Dies ist seine *Beschäftigung in der mittleren Nachtwache.*

Die *Beschäftigung in der letzten Nachtwache* aber zerfällt in drei Teile. Um seinen Leib, der vom Vormittag an durch vieles Sitzen ermüdet ist, von der Mattigkeit zu befreien, verbringt er den einen Teil der Zeit mit Auf- und Abgehen. Im zweiten Teil geht er in das Gemach der Düfte und ruht mit wachem Bewußtsein auf der rechten Seite, wie der Löwe sich lagert. Im dritten Teil endlich steht er auf, setzt sich und schaut mit dem Buddhaauge über die Welt hin, um die Wesen zu erblicken, denen es gegeben war, vermöge ihrer Freigebigkeit, ihres tugendlichen Wandels und ähnlicher Vorzüge, vor dem Antlitz früherer Buddhas den Entschluß (des Erwerbes der Heiligkeit oder Buddhaschaft) zu fassen. Dies ist seine Beschäftigung in der letzten Nachtwache.

NACHWEIS
DER HERKUNFT DER ÜBERSETZTEN STÜCKE

AN. = Aṅguttara Nikāya. – Dh. = Dhammapada. – DN. = Dīgha Nikāya. – J. = Jātaka. – MN. = Majjhima Nikāya. – S. = Sutta Nipāta. – SN. = Samyutta Nikāya. – Thag. = Theragāthā. – Thīg. = Therīgāthā. – U. = Udāna.

Nummer des Bandes und Seitenzahl beziehen sich auf die Ausgaben der Pāli Text Society, beim Vinaya Piṭaka auf meine Ausgabe. Dhammapada, Suttanipāta, Theragāthā und Therīgātha sind nach den Versnummern, Jātaka nach den Erzählungsnummern (ggf. Seitenzahlen nach der Ausgabe von Fausböll), die Stellen aus Mahāvagga, Cullavagga, Saṃghādisesa und Nissaggiya-Pācittiya nach der Einteilung in meiner Ausgabe des Vinaya Piṭaka und die Stellen aus Udāna nach der Einteilung in der Ausgabe von Steinthal zitiert.

1. S. 1142. – 2. S. 679ff. – 3. S. 405ff. DN. Nr. IV. AN. vol. I p. 145f. – 4. MN. I p. 166. 240. 79. – 5. S. 425ff. – 6. Vinaya Piṭaka vol. III p. 3f. MN. I p. 167. Thag. 626. – 7. Mahāvagga I, 1ff. – 8. SN, I p. 124. – 9. Mahāvagga I, 5. – 10. Mahāvagga I, 6. – 11. Mahāvagga I, 11. – 12. Mahāvagga I, 21. – 13. Mahāvagga I, 23. – 14. Mahāvagga I, 54. – 15. Cullavagga VII, 3f. – 16. U. IV, 8. SN. I p. 33. – 17. SN. I p. 116. – 18. SN. I p. 114. – 19. SN. III p. 119. – 20. AN. I p. 185. – 21. U. VII, 9. – 22. DN. Nr. XXI. – 23. S. 18ff. – 24. S. I, 4 p. 12. – 25. SN. III p. 84. – 26. S. 554f. 544f. Dh. 179f. 387. S. 455f. – 27. DN. Nr. XVI. – 28. AN. I p. 282. – 29. SN. V p. 437. – 30. SN. V p. 439. – 31. MN. I p. 184. – 32. MN. I p. 426ff. – 33. U. VI, 4. S. 791. 796. 797. 824ff. 829f. – 34. MN. I p. 264f. – 35. AN. II p. 48. SN. IV p. 93. – 36. DN. Nr. XI. – 37. SN. II p. 17. – 38. SN. IV p. 38. – 39. SN. I p. 134. – 40. SN. II p. 13. – 41. SN. III p. 103. – 42. SN. III p. 25. – 43. MN. I p. 54. SN. III p. 171. – 44. SN III p. 149; II p. 179. – 45. SN. II p. 181. – 46. AN. I p. 35. – 47. DN. Nr. XXIII. – 48. AN. I p. 138. – 49. SN. III p. 140. – 50. SN. IV p. 157. – 51. SN. I p. 2. – 52. SN. III p. 155. – 53. SN. I p. 100. – 54. SN. I p. 108. 109. – 55. SN. I p. 71. – 56. SN. III

p. 138. – 57. SN. II p. 94. – 58. U. II, 7. – 59. U. VIII, 8. – 60. SN. I p. 76. – 61. SN. I p. 79. – 62. MN. I p. 85. – 63. U. VI, 9. – 64. SN. I p. 5. – 65. S. 772. 776. 777. 576–581. 589–593. Dh. 34. 47 f. 60. 62. 71. 127 f. 146. 277 ff. 286. 334. 394. SN. I p. 133. 97. Thag. 255 ff. – 66. MN. Nr. LXXXII. – 67. MN. Nr. XXVI. – 68. DN. Nr. II. – 69. AN. II p. 106. – 70. AN. I p. 110. – 71. DN. II p. 93. – 72. AN. I p. 106. – 73. AN. IV. p. 117. – 74. AN. IV p. 418. – 75. Itivuttaka Nr. 59. – 76. S. 207 ff. – 77. U. I, 8. – 78. DN. I p. 2. – 79. Itivuttaka Nr. 27. S. 149.150. Thag. 33. – 80. SN. V. p. 419. – 81. AN. I p. 124. – 82. S. 35 ff. – 83. S. 1 ff. – 84. Dh. 19 f. 304. SN. I p. 7. Dh. 160. 103. 105. 100 f. 33. 46. 80. 121 f. 239. 172 f. 188 ff. 372. – 85. U. II, 2. 10. – 86. SN. II p. 86. – 87. U. VII, 1. 2. – 88. Dh. 81 f. 94. 114 f. 153 f. 170. 175. 197 ff. 212 ff. 296 ff. 373. 420 f. S. 822 f. 1088 f. 1119. – 89. U. I, 10. – 90. SN. IV p. 40. – 91. SN. I p. 120 f. – 92. MN. I p. 486. SN. IV p. 375. III p. 109. – 93. MN. I p. 304. – 94. SN. IV p. 251 f. U. VIII, 1–4. S. 1092 ff. 1074 ff. – 95. Cullavagga IX, 1, 3 ff. – 96. Mahāvagga X, 4. – 97. Dh. 91. Thag. 203. S. 424. 707 ff. Dh. 49. Thīg. 273 ff. S. 413. 972. 970. Thag. 193. S. 331. 333. 720. Thag. 21. Dh. 61. 311. 260 f. Thag. 50. 524. 537 ff. – 98. Mahāvagga I, 76–78. – 99. Mahāvagga II, 3. Saṃghādisesa 2. 5. 8. 10. 13. Nissaggiya-Pācittiya 6. 18. 23. 30. Pācittiya 1. 2. 3. 10. 16. 17. 27. 37. 39. 57. 63. 66. 71. 72. 74. 77. – 100. Mahāvagga III, 1. – 101. Mahāvagga VIII, 15, 6 ff. – 102. Vinaya Piṭaka p. 236 f. (zu Nissaggiya-Pācittiya 18). – 103. Cullavagga X, 1. SN. I p. 129. – 104. Thag. 73. 125 f. 167 f. 606 f. 211 f. 480 ff. 557 ff. 510 ff. 747 ff. 267 ff. 222 ff. 249 ff. 287 ff. 345 ff. 1091 ff. Thīg. 51 ff. 29 f. 72 ff. – 105. S. II, 14. – 106. Itivuttaka Nr. 107. – 107. AN. III p. 295. – 108. DN. Nr. XXVII. – 109. DN. Nr. III.XIII. – 110. U. I, 9. Thīg. 240 ff. – 111. U. V, 1. – 112. DN. Nr. XXXI. DN. vol. I p. 4. – 113. Dh. 183. 219 f. 3–5. 227. – 114. J. 215. – 115. J. 107. – 116. J. 308. – 117. J. 189. – 118. J. 20. – 119. J. 46. – 120. J. 298. – 121. J. 322. – 122. J. 137. – 123. J. 227. – 124. J. 207. – 125. J. 316. – 126. J. 198. – 127. J. 146. – 128. J. 309. – 129. J. 219. – 130. J. 546 (vol. VI p. 336). – 131. J. 81. – 132. J. 97. – 133. J. 38. – 134. J. 62. – 135. J. 199. – 136. J. 318. – 137. J. 125. – 138. J. 2. – 139. J. 144. – 140. J. 373. – 141. J. 9.

Anhang: Sumaṅgalavilāsinī von Buddhaghosa I p. 45 ff.

Hugo M. Enomiya-Lassalle
Der Versenkungsweg
Zen-Meditation und christliche Mystik
Herder/Spektrum Band 4142
In jedem Menschen steckt ein Mystiker – hier vermittelt der große Lehrer fernöstlicher Weisheit die Essenz seiner Erfahrung.

Katsuki Sekida
Zentraining
Das große Buch über Praxis, Methoden, Hintergründe
Herder/Spektrum Band 4184
„Das erste umfassende Handbuch für Zen-Meditation" (Psychology today).

Lebensweisheit aus China
Herausgegeben von Josef Reding und Friedhelm Denninghaus
Herderbücherei Band 1277
Von Generation zu Generation übermittelte Fabeln, Sprichwortgeschichten und Gedichte aus dem Reich der Mitte.

Unter dem Lächeln Buddhas
Märchen aus Indien und Japan
Herausgegeben von Margareta von Borsig
Herderbücherei Band 1557

Karl Neumann
In Japan ist alles anders
Herderbücherei Band 1738
„Karl Neumanns Schilderungen von Erlebnissen und Erfahrungen, seine Charakterisierungen fremder Lebensgewohnheiten sind überaus erfrischend, unterhaltsam, lebendig" (Bayerischer Rundfunk).

Edward Schillebeeckx
Jesus
Die Geschichte von einem Lebenden
Band 4070

„Schillebeeckx überblickt souverän biblische Quellen, kirchliche Lehren und philosophische Rezeption" (Rheinischer Merkur).

Das Neue Testament
Einführung von Heinz Zahrnt. Mit Zeichnungen von Rembrandt
Band 4087

Die Leseausgabe eines packenden Stückes Weltliteratur, das keinen unberührt läßt: voll Lebensweisheit, aber auch voller Provokation.

Lexikon der Religionen
Phänomene – Geschichte – Ideen
Herausgegeben von Hans Waldenfels
Begründet von Franz König
Band 4090

„In Fachkompetenz, Klarheit und Aktualität einzigartig" (Süddeutscher Rundfunk).

Die Bhagavadgita
Herausgegeben von Sri Aurobindo
Mit einem Nachwort von Anand Nayak
Band 4106

Die älteste heilige Schrift der Menschheit in der tiefschürfenden Übertragung eines der bedeutendsten indischen Yogis.

Johann Maier
Geschichte der jüdischen Religion
Band 4116

Die aufregende und wechselvolle Biographie einer der ältesten Menschheitsreligionen der Welt.

HERDER / SPEKTRUM

Georg Fohrer
Geschichte der israelitischen Religion
Band 4144

Von Macht und Ohnmacht, phantastischen Aufbrüchen und verheerenden Niederlagen: ein Meisterwerk lebendiger Geschichtsschreibung.

Imam Abd ar-Rahim ibn Ahmad al-Qadi
Das Totenbuch des Islam
Die Lehren des Propheten Mohammed über das Leben nach dem Tode
Band 4150

Die faszinierende Vision eines großen Religionsstifters über die lange Reise der Seele nach dem Tod.

Aufrichtige Erzählungen eines russischen Pilgers
Herausgegeben und eingeleitet von Emmanuel Jungclaussen
Band 4156

Eine Kostbarkeit aus dem Schatz der Weltliteratur. Der Klassiker russisch-orthodoxer Spiritualität in der vollständigen Ausgabe.

Das Ethos der Weltreligionen
Islam, Hinduismus, Buddhismus, Judentum, Christentum, Konfuzianismus
Herausgegeben von Adel Theodor Khoury
Band 4166

Die Herausforderungen der Gegenwart können nur im Zusammenwirken aller Religionen gemeistert werden. Eine realistische Vision.

Kultur macht Geschichte

Gerd Heinz-Mohr
Lexikon der Symbole
Bilder und Zeichen der christlichen Kunst
Band 4008

Carl Friedrich von Weizsäcker
Die Sterne sind glühende Gaskugeln und Gott ist gegenwärtig
Über Religion und Naturwissenschaft
Herausgegeben von Thomas Görnitz
Band 4077

Jacques Gélis
Das Geheimnis der Geburt
Rituale, Volksglaube, Überlieferung
Band 4103

Mircea Eliade
Schamanen, Götter und Mysterien
Die Welt der alten Griechen
Band 4108

Hildegard von Bingen
Scivias – Wisse die Wege
Eine Schau von Gott und Mensch in Schöpfung und Zeit
Band 4115

Hartmut Stegemann
Die Essener, Qumran, Johannes der Täufer und Jesus
Ein Sachbuch
Band 4128

Hans-Peter Hasenfratz
Die religiöse Welt der Germanen
Ritual, Magie, Kult, Mythus
Band 4145

Hugo Rahner
Griechische Mythen in christlicher Deutung
Band 4152

Johannes Hirschberger
Kleine Philosophiegeschichte
Band 4168

Mircea Eliade
Schmiede und Alchemisten
Mythos und Magie der Machbarkeit
Band 4175

HERDER / SPEKTRUM